DIE SCHNELLE KÜCHE

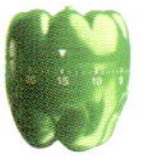

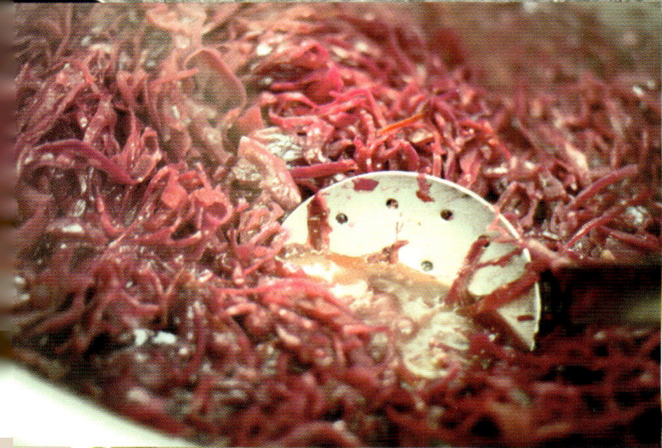

Toni Mörwald · Christoph Wagner

DIE SCHNELLE KÜCHE

Die 444 besten 15-MINUTEN-REZEPTE der Welt

Unter Mitarbeit von
Martin Weiler

Fotografiert von
Uli Kohl

Pichler Verlag

Besonderer Dank gilt der Brigade des Restaurants
„Zur Traube" sowie den Mitarbeitern der „moerwald company"
3483 Feuersbrunn, Kleine Zeile 10–17
www.moerwald.at

Abbildungen der Küchenzeituhren mit freundlicher Genehmigung von
Ningbo Goodwill Foreign Trade Co., LTD., Ningbo, China

ISBN-10: 3-85431-396-9
ISBN-13: 978-3-85431-396-0

Pichler Verlag im Internet: www.pichlerverlag.at

Foodstyling: Martin Weiler

Redaktion und Fachlektorat: Renate Wagner-Wittula
Lektorat: Olivia Volpini de Maestri und Jürgen Ehrmann

Fotos: Uli Kohl

Umschlag- und Buchgestaltung: Bruno Wegscheider

Reproduktion: Pixelstorm, Wien
Druck und Bindung: Druckerei Theiss GmbH, St. Stefan im Lavanttal

Inhalt

Fast Breakfast

WIE MAN DEN TAG VITAL UND MIT GENUSS BEGINNT

Fast Eggs

Kernweiche Eier

ZUTATEN FÜR 2 PORTIONEN
2 topfrische Eier

ZUBEREITUNG
In einem Topf Wasser aufkochen. Eier einlegen und 4 Minuten kochen lassen. Herausheben und ungeschält sofort in Eierbechern servieren.

TIPPS
Wachsweiche Eier werden 5 Minuten gekocht, dann in kaltes Wasser gelegt und sehr vorsichtig geschält. Sie können bei Bedarf auch noch in heißem Salzwasser kurz „nachgewärmt" werden. Geschälte, wachsweich gekochte Eier können auch anstelle von pochierten Eiern verwendet werden.

Pochierte Eier mit Speck

ZUTATEN FÜR 2 PORTIONEN
120 g durchwachsener Speck · 1 EL Butter zum Anbraten · 2 EL Pflanzenöl 4 Scheiben Baguette · 50 g Schalotten Salz, Pfeffer · 2 EL Butter zum Aufschäumen · etwas gehackte Petersilie

FÜR DIE POCHIERTEN EIER
2 EL Weißweinessig · 4 gut gekühlte Eier

ZUBEREITUNG
Etwa 500 ml Wasser mit Essig vermengen und in einem Topf zum Kochen bringen. Einen Knödelheber (Schaumlöffel) in das Wasser halten, ein Ei aufschlagen, hineingleiten lassen (so behält es seine Form) und 3–4 Minuten leicht köchelnd ziehen lassen. Vorsichtig aus dem Wasser heben und in lauwarmes Salzwasser legen. Nacheinander die restlichen Eier ebenso pochieren (oder die Eier vorsichtig einzeln in eine Tasse schlagen, ins Wasser gleiten lassen und das Eiklar mit zwei Suppenlöffeln über das Eidotter ziehen).
Währenddessen Butter und Öl in einer Pfanne erhitzen, Baguettescheiben von beiden Seiten darin anrösten und auf Küchenpapier abtropfen lassen. Schalotten in Spalten, Speck in etwa 4 mm dicke Streifen schneiden und beides gemeinsam anbraten. Mit Salz und Pfeffer würzen. Baguettescheiben auf die vorgewärmten Teller legen, Speck und Schalotten darauf verteilen und die pochierten Eier darauf anrichten. Salzen und pfeffern. Butter mit einer Prise Salz in einer Kasserolle braun aufschäumen, gehackte Petersilie zugeben und über die Eier träufeln.

Das Comeback des Frühstückseis

Selbst notorische Cholesterinpolizisten unter den Ernährungsmedizinern geben mittlerweile zu, dass die „bösen Cholesterine" woanders zu suchen sind und Eier durchaus auch ihre ernährungsphysiologischen Meriten haben. Sie sind, vor allem was das Eiklar betrifft, relativ fett- und kalorienarm, dafür aber reich an Vitaminen fast aller Gruppen sowie an Mineralstoffen wie Natrium, Kalium, Kalzium, Magnesium oder Phosphor.
Auch das Protein des oft geschmähten Dotters hat seine untadeligen Vorzüge. Es ist zwar etwas weniger stabil als jenes des Eiklars, eignet sich dafür aber ideal zum Binden und Eindicken, vor allem von Saucen und Suppen.
An Möglichkeiten aus Eiern in Windeseile köstliche Gerichte zu zaubern, herrscht wahrlich kein Mangel. Die berühmteste und einfachste davon ist wohl das klassische Spiegelei, das seinem ursprünglichen Namen „Ochsenauge" alle Ehre macht – vor allem wenn das Dotter innen noch schön kernweich und außen nicht durch hässliche Salzflecken beeinträchtigt ist. Um Letztere zu vermeiden, gibt es zwei recht einfache Methoden: Die eine besteht darin, das Spiegelei während des Bratens zuzudecken, wodurch sich ein hauchdünner, weißer Film über das Dotter zieht, der sich dann ohne Eigelbtrübung salzen und pfeffern lässt. Die zweite Methode ist etwas komplizierter: Man trennt das Ei vor dem Braten in Eiweiß und Dotter. Nun lässt man zuerst das Eiweiß in die Pfanne gleiten, salzt es und setzt erst danach das Dotter darauf, welches das Salz von unten her aufnimmt und daher nicht mehr extra gewürzt werden muss. Schon gar nicht, wenn man dazu noch Speck oder Schinken brät oder gar Trüffeln darüber hobelt.
Das Erfolgsrezept des Eis (das nicht zwangsläufig ein Hühnerei sein muss, sondern gerade in der modernen Küche auch ein kleines, feines Wachtelei sein kann) ist seine Anpassungsfähigkeit. Es vermählt sich problemlos mit Zucker oder Salz, Butter oder Öl, Milch oder Obers, Spinat oder Tomaten, Kaviar oder Trüffeln, Nudeln oder Toast. Und selbst auf einem kleinen Good-Morning-Steak macht ein Ei immer eine gute Figur.

Eier im Glas

ZUTATEN FÜR 2 PORTIONEN
4 topfrische Eier · Salz

ZUBEREITUNG
In einem Topf Wasser aufkochen. Eier einlegen und 3 Minuten kochen. Herausheben, aber nicht abschrecken, sondern gleich aufschlagen. Je 2 Dotter in ein vorgewärmtes dekoratives Glas (am besten mit Stiel) fallen lassen. Die gestockten Eiklar mit einem Kaffee- oder Teelöffel herausnehmen und zu den Dottern geben. Etwas salzen und ganz leicht durchrühren.

Ei im Nest

ZUTATEN FÜR 2 PORTIONEN
2 Eier · 1/2 Stange Lauch · 1 EL glattes Mehl · Pflanzenöl und Butter zum Braten · Salz, Pfeffer · frisch gehackter Schnittlauch

ZUBEREITUNG
Den Lauch putzen, waschen und in feine Ringe schneiden. Lauchringe mit Mehl vermengen und überschüssiges Mehl leicht abschütteln. In einer Pfanne Öl erhitzen und die Lauchringe darin frittieren. Herausheben und auf Küchenpapier abtropfen lassen. Butter in einer frischen Pfanne erhitzen. Eier hineinschlagen und zu Spiegeleiern braten. Mit Salz und Pfeffer würzen. Den Lauch auf vorgewärmten Tellern anrichten und je ein Ei in die Mitte des „Lauchnests" setzen. Mit frisch gehacktem Schnittlauch garnieren.

Rührei mit Steinpilzen und Petersilie

ZUTATEN FÜR 2 PORTIONEN
**250 g Steinpilze (oder Eierschwammerl, Champignons etc.) · Salz, Pfeffer
2 EL gehackte Petersilie · 4 Eier · 2 EL Schlagobers · ca. 50 g Butter**

ZUBEREITUNG
Die Steinpilze putzen und in Scheiben schneiden. In einer Pfanne etwa einen Esslöffel Butter erhitzen und die Pilze darin 4–5 Minuten dünsten. Salzen, pfeffern und mit gehackter Petersilie vermengen. Warm stellen.
Die Eier in eine Schüssel schlagen und mit Obers, Salz sowie Pfeffer gut verrühren. Restliche Butter in einer Pfanne schmelzen lassen. Die Eiermasse zugeben, leicht stocken lassen und dabei mit einer Bratschaufel ständig rühren. Steinpilze einmengen, auf vorgewärmten Tellern anrichten und sofort servieren.

Wiener Eierspeise

ZUTATEN FÜR 2 PORTIONEN

4 Eier · etwas Butter · Salz, Pfeffer · fein gehackter Schnittlauch

ZUBEREITUNG

Die Eier in eine Schüssel schlagen und mit Salz sowie Pfeffer würzen. Mit einer Gabel verschlagen. In einer Pfanne (oder in zwei kleinen dekorativen Pfannen) etwas Butter erhitzen und die verschlagenen Eier hineingießen. Die leicht gestockte Masse mit einer Gabel immer wieder von allen Seiten vorsichtig zur Mitte ziehen, bis die Eier schön cremig sind. Auf vorgewärmten Tellern anrichten oder in den kleinen Pfannen servieren. Vor dem Auftragen mit fein geschnittenem Schnittlauch bestreuen.

Eierspeise mit Zwiebeln und Kernöl

ZUTATEN FÜR 2 PORTIONEN

4 Eier · Butter zum Andünsten · 1 fein gehackte Zwiebel · Salz, Pfeffer
frisch gehackter Schnittlauch · Kürbiskernöl

ZUBEREITUNG

Die Eier in eine Schüssel schlagen und mit Salz sowie Pfeffer würzen. Mit einer Gabel verschlagen. In einer Pfanne Butter erhitzen und die gehackte Zwiebel darin glasig anschwitzen. Die verschlagenen Eier hineingießen. Die stockenden Eier mit einer Gabel von allen Seiten vorsichtig immer wieder zur Mitte ziehen, bis sie cremig gestockt sind. Eierspeise auf vorgewärmten Tellern anrichten. Mit fein geschnittenem Schnittlauch bestreuen und mit Kernöl beträufeln.

Ziegenkäse-Omelett mit Basilikum

ZUTATEN FÜR 2 PORTIONEN

4 Eier · Salz, Pfeffer · 200 g Ziegenkäse · 2 EL grob geschnittenes Basilikum
60 g Butter

ZUBEREITUNG

Die Eier in eine Schüssel schlagen, salzen und pfeffern und alles gut verquirlen. Den Ziegenkäse in Würfel schneiden und zusammen mit dem frisch gehackten Basilikum unter die Eier mischen. Die Hälfte der Butter in einer Pfanne erhitzen, die Hälfte der Eier-Mischung eingießen und die Pfanne schwenken, damit sich die Masse gleichmäßig verteilt. Hitze etwas reduzieren. Das Omelett langsam fest werden lassen, in der Mitte zusammenklappen und auf einem vorgewärmten Teller anrichten. Das zweite Omelett genauso zubereiten.

Omelett mit Tomaten und Paprika

ZUTATEN FÜR 1 GROSSE PORTION

3–4 Eier · 1 Zwiebel · 2 rote Paprikaschoten · 4 Tomaten · Salz, Pfeffer Tabascosauce · etwas frisch gehackte Petersilie · Butter zum Andünsten

VORBEREITUNG

Tomaten einige Sekunden in siedendes Wasser halten, herausheben, Haut abziehen und Fruchtfleisch grobwürfelig schneiden.

FÜR BESONDERS EILIGE

Tomaten mit der Haut grobwürfelig schneiden.

ZUBEREITUNG

Die Zwiebel in Streifen schneiden. Paprikaschoten entkernen, waschen und ebenfalls in Streifen schneiden. Etwas Butter in einer Pfanne erhitzen und die Zwiebel darin anschwitzen. Paprikastreifen zugeben und mitdünsten. Nach ca. 3 Minuten die grobwürfelig geschnittenen Tomaten zugeben. Mit Salz, Pfeffer und Tabascosauce würzen und alles weich dünsten. Währenddessen die Eier verschlagen, salzen und pfeffern. Etwas Butter in einer anderen Pfanne erhitzen, Eier eingießen und langsam rühren, damit das Omelett gleichmäßig stockt. Nun die Paprika-Tomaten-Masse auf eine Hälfte des Omeletts auftragen und die zweite Hälfte vorsichtig darüber klappen. Auf einem vorgewärmten Teller anrichten und mit gehackter Petersilie bestreuen.

Das Gabelfrühstück kommt wieder in Mode

In kaum einer Sache sind sich Ernährungsmediziner so einig wie darin, dass ein zweites Frühstück in einem zeitgemäßen Ernährungsplan unbedingt seinen Platz haben sollte. Dies soll nicht nur bezwecken, dass der Energiehaushalt im Lot bleibt, sondern so ein Frühstück beugt auch – in der Schule, auf der Uni und am Arbeitsplatz – der Vormittagsmüdigkeit vor. Es sollte vorzugsweise gesunde Ballaststoffe inkludieren, wie sie etwa in Vollkornbrot, Obst und Gemüse enthalten sind.
Ganz so neu ist diese Erkenntnis freilich auch wieder nicht. Weniger obst- und vollkornorientiert hat das zweite Frühstück schon zur Zeit der Donaumonarchie als „Wiener Gabelfrühstück" eine glorreiche Karriere gemacht: Es handelte sich dabei um eine kleine warme Zwischenmahlzeit, die traditionsgemäß zwischen elf und zwölf Uhr vormittags in Beiseln, Buffets oder Wirtshäusern eingenommen wurde. Dabei wurden kleine Köstlichkeiten wie Beuschel, kleines Gulasch, „faschierte Laberl", Leberkäse mit Spinat und Spiegelei, Schinkenomelett oder Serbische Bohnensuppe serviert. Auch wenn das alles für unsere heutigen Begriffe ein bisschen opulent klingen mag – so ganz daneben dürften die Alt-Wiener „Phäaken" mit ihren Ernährungsgewohnheiten nun auch wieder nicht gelegen haben.

Räucherlachs-palatschinke

ZUTATEN FÜR 2 PORTIONEN

150 g Räucherlachs · 1 Ei · 3 EL glattes Mehl · 125 ml Milch · Salz, Pfeffer · etwas frisch gehackte Dille · 125 g Sauerrahm · 1 TL Senf · etwas Honig · Öl zum Backen

ZUBEREITUNG

Mehl, Milch und Ei mit einem Schneebesen zu einem glatten Teig verrühren. Mit Salz und etwas gehackter Dille würzen. In einer (am besten beschichteten) Pfanne etwas Öl erhitzen. Die Hälfte des Teiges eingießen, gleichmäßig verteilen und unter einmaligem Wenden eine dünne Palatschinke goldgelb backen. Die zweite Palatschinke ebenso backen. Für die Senfsauce den Sauerrahm zunächst glatt rühren, dann Senf sowie Honig dazugeben und pikant würzen. Die Palatschinken mit Räucherlachs belegen und jeweils einrollen. Auf vorgewärmten Tellern in dekorative Stücke schneiden und mit der Senfsauce anrichten. Die Palatschinken warm auftragen.

Emmentaler-toast mit Wachtelspiegelei

ZUTATEN FÜR 2 PORTIONEN
100 g geriebener Emmentaler · 1 Eidotter · 2 cl Schlagobers · Salz, Pfeffer · 2 Scheiben Toastbrot · 2 Wachteleier (ersatzweise 2 Eier) · etwas frisch geschnittener Schnittlauch · Butter für die Form

VORBEREITUNG
Das Backrohr auf 180 °C vorheizen.

ZUBEREITUNG
Geriebenen Emmentaler mit dem Dotter und Schlagobers vermengen. Mit Salz und Pfeffer würzen. Das Toastbrot auf beiden Seiten kurz toasten. Toasts in eine mit Butter ausgestrichene (oder mit Backpapier ausgelegte) Form legen, die Käsemischung dick auftragen und im vorgeheizten Backrohr bei 180 °C etwa 5 Minuten backen. Währenddessen in einer beschichteten Pfanne die Wachteleier in wenig geschmolzener Butter zu Spiegeleiern braten. Toasts herausnehmen, die Wachteleier darauf platzieren und mit frisch geschnittenem Schnittlauch garnieren.

Breakfast – fast and healthy

Obst ist beim Frühstück nicht nur in Sekundenschnelle aufgetischt, sondern es enthält auch die für uns so wichtigen Vitamine A, C und E. Als Faustregel gilt: Wer täglich rotes, grünes und gelbes Obst isst, versorgt sich mit der ganzen Vitaminpalette. Bananen sind reich an Vitamin B und Folsäure und daher vor allem für jene empfehlenswert, die viel Zeit am Schreibtisch verbringen. Immerhin ist Vitamin B, das auch in Vollkornprodukten reichlich enthalten ist, einer der Hauptenergielieferanten für Hirn und Nerven.
Auch Orangensaft (am besten gemischt mit Grapefruitsaft) sollte – Stichwort Vitamin C und Eisen – auf keinem Frühstückstisch fehlen. Frisch gepresst schmeckt er nicht nur besser, sondern ist auch gesünder. Das Auspressen lässt sich, wenn man morgens Zeit sparen will, auch vor dem Schlafengehen besorgen.
WICHTIG: *im Kühlschrank aufbewahren und vor dem Genuss gründlich aufschütteln oder durchrühren.*

Kalte **Köstlichkeiten** und **Rohkost**

Beef Tatar „Toni M.“

ZUTATEN FÜR 2 PORTIONEN

200 g Rindsfilet (Lungenbraten)
1 fein gehackte Essiggurke · 1 fein gehackte Schalotte · 1 TL Dijonsenf
2 TL Tomatenketchup · 4 EL Olivenöl
5 Tropfen Tabascosauce · 1 Spritzer Worcestershiresauce · 1 TL gehackte Petersilie · Salz, Pfeffer · 1 Eidotter nach Belieben

VORBEREITUNG

Das gut zugeputzte Rindsfilet mit einem scharfen Messer ganz fein hacken.

FÜR BESONDERS EILIGE

Rindslungenbraten möglichst unmittelbar vor der Zubereitung durch den Fleischwolf drehen oder gleich vom Fleischer faschieren lassen. Diese Variante entspricht zwar nicht dem Originalrezept, geht aber um einiges schneller.

ZUBEREITUNG

Das Fleisch mit sämtlichen Zutaten, am besten mit einer Gabel, vermengen. Nach Wunsch das rohe Eidotter einrühren. Pikant abschmecken und auf gekühlten Tellern dekorativ anrichten. Nach Belieben mit dem Gabelrücken Karo- oder Linienmuster hineindrücken.

GARNITUREMPFEHLUNG: getoastetes oder frisches, knuspriges Weißbrot mit Butter

Veggie-Sticks mit Thunfisch-Dipsauce

ZUTATEN FÜR 2 PORTIONEN

Je nach Jahreszeit und Appetit: Karotten · Kohlrabi · Salatgurke · Radieschen Paprikaschoten · Zucchini · Kirschtomaten

FÜR DIE THUNFISCH-DIPSAUCE

1 Eidotter · 2 EL Essiggurkerlwasser · 2 TL weißer Balsamicoessig · 1 Msp. Dijonsenf
1 EL gehackte Kapern · 100 g grob zerkleinerte Thunfischstücke (aus der Dose)
80 ml Olivenöl · ca. 4 Basilikumblätter · Salz, Pfeffer · 1 kleine Knoblauchzehe

ZUBEREITUNG

Gemüse waschen, putzen, bei Bedarf schälen und in mundgerechte längliche Stifte schneiden. Die Stifte dekorativ, eventuell farblich geordnet, auf Tellern anrichten. Für die Dipsauce Eidotter, Essiggurkerlwasser, Balsamicoessig, Senf, Kapern, Thunfischstücke, Basilikumblätter, Knoblauch und Olivenöl zu einer sämigen Sauce aufmixen. Die Sauce durch ein Sieb passieren und mit Salz sowie Pfeffer würzen. In kleinen Schälchen zu den Gemüsesticks servieren.

Tomaten-Kohlrabi-Rohkost

ZUTATEN FÜR 2 PORTIONEN

1 Kohlrabi · 2 Tomaten · 80 g Sauerrahm · 1 TL gehackte Minze · Salz, Pfeffer etwas Zitronensaft · 1/2 grüne Paprikaschote zum Garnieren

ZUBEREITUNG

Kohlrabi schälen und in Stifte schneiden. Tomaten halbieren und in Scheiben schneiden. Den Sauerrahm mit der gehackten Minze glatt rühren und das geschnittene Gemüse unterheben. Mit Salz, Pfeffer und Zitronensaft würzen.

Auf kleinen Tellern oder in Schalen anrichten und mit in Streifen geschnittenem Paprika garnieren.

BEILAGENEMPFEHLUNG: knuspriges Weiß- oder Vollkornbrot

TIPP

Die Tomatenscheiben können auch als „Sockel" angerichtet werden, worauf man dann den Kohlrabi-Rahm platziert.

Chicoréesalat mit Äpfeln

ZUTATEN FÜR 2 PORTIONEN

2 Chicorée · 60 g Sauerrahm · 1 TL Honig · Saft von 1/2 Zitrone gemahlener Ingwer · 2 EL Distelöl · 1/2 würfelig geschnittener Apfel frisch gehackter Schnittlauch · Karottenstreifen als Garnitur

ZUBEREITUNG

Für die Marinade den Sauerrahm mit Honig, Zitronensaft, etwas gemahlenem Ingwer und Distelöl verrühren.

Chicorée in einzelne Blätter teilen, kurz in lauwarmem Wasser, danach in kaltem Wasser waschen. Pro Teller 3 „Chicorée-Schiffchen" anrichten. Restlichen Chicorée in Streifen schneiden und auf die Schiffchen verteilen.

Apfelwürfel in die Rahmmarinade einrühren und diese über den Chicorée träufeln. Mit frisch gehacktem Schnittlauch bestreuen. Mit darüber gelegten Karottenstreifen dekorativ garnieren.

Matjesfilet mit Erbsenschoten

ZUTATEN FÜR 2 PORTIONEN
2 Matjesheringsfilets · 100 g Erbsenschoten · Dille zum Garnieren

FÜR DIE MARINADE
**3 EL Nussöl · 3 EL Olivenöl · 2 EL Sherryessig · 1 Msp. Dijonsenf
1 Prise Zucker · Salz, Pfeffer**

FÜR DEN APFEL-SCHALOTTEN-RAHM
**1 feinwürfelig geschnittene Schalotte · 1/2 würfelig geschnittener Apfel
1 EL Mayonnaise · 2 EL Sauerrahm · Salz, Pfeffer**

ZUBEREITUNG
Die Erbsenschoten kurz in Salzwasser bissfest blanchieren und in eiskaltem Wasser abschrecken. Sämtliche Zutaten für die Marinade verrühren. Für den Apfel-Schalotten-Rahm ebenfalls alle Zutaten miteinander vermengen. Die Erbsenschoten mit der Marinade abmachen. Mit Salz sowie Pfeffer würzen und jeweils in der Mitte des Tellers anrichten. Je ein Matjesfilet darauf platzieren. Den Apfel-Schalotten-Rahm darüber träufeln und mit Dille garnieren.
BEILAGENEMPFEHLUNG: frisches, dunkles Vollkornbrot

Kohlrabisalat mit Joghurt und Kräutern

ZUTATEN FÜR 2 PORTIONEN
200 g Kohlrabi · 100 g Joghurt · Saft von 1 Zitrone · 1 TL geriebener Kren · 2 TL gehackter Kerbel · 1 TL gehackte Petersilie · Salz, Pfeffer · Radieschenscheiben und Salatblätter zum Garnieren

ZUBEREITUNG
Geschälten Kohlrabi in Streifen oder Stifte schneiden. Joghurt mit Zitronensaft, Kren, Kerbel und Petersilie gut vermischen. Mit Salz und Pfeffer würzen. Die Kohlrabistreifen untermengen. In tiefen Tellern oder passenden Schalen anrichten und mit Salatblättern und in Scheiben geschnittenen Radieschen garnieren.

Das schnellste Frühstück heißt Joghurt

Die „Zubereitungszeit" von Joghurt dauert genau jene zwei Sekunden, die man braucht, um die Folie vom Becher zu reißen. Dafür liefert ein solcher Becher Joghurt dem Körper genügend Kalzium für einen ganzen Tag sowie andere wertvolle Stoffe von Phosphor über Milchzucker bis Eiweiß. In jedem Fall gilt: Lieber ganz normales Joghurt selbst mit ein paar Früchten oder Getreide vermischen, als gezuckerte und künstlich eingedickte industrielle Joghurtzubereitungen verwenden. Übrigens: Je mehr frische Früchte im Joghurt sind, desto überflüssiger wird es, zu teuren probiotischen Marken zu greifen.

Ein besonders heißer Frühstückstipp ist Schafjoghurt: Das Schaf ist nämlich – sowohl was den Fett- als auch den Eiweißgehalt betrifft – mit seiner Milch doppelt so freigiebig wie die Kuh. Zudem ist Schafmilch noch besser verdaulich als Kuhmilch. Kein Wunder also, dass bulgarische Schafhirten so überdurchschnittlich häufig bei bester Gesundheit ihren Hunderter feiern …

Appetizer für Streicher

Paprikatopfen

ZUTATEN FÜR 2–3 PORTIONEN

Je 1/2 rote und 1/2 grüne Paprikaschote · 1/2 Schalotte · 1/2 Bund Schnittlauch · 250 g Topfen 50 g Kapern · Salz, Pfeffer · etwas edelsüßes Paprikapulver

ZUBEREITUNG

Die Paprikaschoten waschen, halbieren, entkernen und danach feinwürfelig schneiden. Schalotte und Kapern fein hacken. Den Schnittlauch in Röllchen schneiden. Den Topfen glatt rühren und mit allen Zutaten gut vermengen. Mit Salz, Pfeffer und Paprikapulver pikant abschmecken. In einer Schale anrichten und mit frischem Brot oder Gebäck auftragen.

Avocadopüree mit Eiern und Sprossen

ZUTATEN FÜR 2 PORTIONEN

1 Avocado · 100 g Joghurt · Saft von 1 Zitrone · Salz, Pfeffer
3 hart gekochte Eier · einige Salatblätter · 100 g Sprossen nach Wahl

ZUBEREITUNG

Die hart gekochten Eier mit kaltem Wasser abschrecken, schälen und der Länge nach halbieren. Die Avocado halbieren, entkernen, Fruchtfleisch mit einem Kaffeelöffel herauslösen und klein schneiden. Sofort mit Joghurt und Zitronensaft im Mixer pürieren (damit sich das Fruchtfleisch nicht braun verfärbt). Durch ein Sieb streichen und mit Salz und Pfeffer würzen. Gewaschene, abgetropfte Salatblätter auf Teller legen, das Avocadopüree darauf anrichten und mit jeweils 3 Eierhälften belegen. Mit den Sprossen bestreuen.

BEILAGENEMPFEHLUNG: getoastetes oder frisches, knuspriges Weißbrot

Kräuter-Eier-Aufstrich

ZUTATEN FÜR 2 PORTIONEN

2 Eier · 1 Tomate · je 1 EL Petersilie und Basilikum, gehackt (oder andere Kräuter nach Wahl) · 100 g Topfen
1 TL Senf · Salz, Pfeffer · Salatblätter zum Anrichten

VORBEREITUNG

Eier hart kochen und kalt abschrecken. Tomate einige Sekunden in kochendes Wasser tauchen, herausheben, eiskalt abschrecken, schälen und kleinwürfelig schneiden.

FÜR BESONDERS EILIGE

Verwenden Sie bereits gekochte Eier, die im Lebensmittelhandel angeboten werden. Verzichten Sie auf das Schälen der Tomate oder verarbeiten Sie gut abgetropfte geschälte Tomaten aus der Dose.

ZUBEREITUNG

Die gekochten Eier schälen und klein hacken. Geschälte Tomate entkernen und würfelig schneiden. Den Topfen mit Senf und den fein gehackten Kräutern gut verrühren. Gehackte Eier sowie Tomatenwürfel untermengen und mit Salz und Pfeffer pikant abschmecken. Salatblätter auf einem Teller rosettenartig anrichten, den Aufstrich darauf platzieren und mit frischem Gebäck servieren.

Müsli und Shakes

Beerenmüsli

ZUTATEN FÜR 2 PORTIONEN

3 EL Vollkorn-Früchte-Müslimischung · 50 ml Milch · 125 g Joghurt
1 Banane · 150 g gemischte Beeren (Himbeeren, Erdbeeren, Blaubeeren)
1 Pfirsich · Saft von 1 Zitrone · 1 EL Honig · Mandelsplitter zum Garnieren

ZUBEREITUNG

Müslimischung mit der Milch bedecken und leicht quellen lassen. Währenddessen den Pfirsich (nach Belieben) schälen und in Spalten schneiden. Dann nacheinander Joghurt, Honig, die zerdrückte Banane, Pfirsichspalten und Zitronensaft unter das Müsli mischen. Müsli in tiefen Tellern anrichten und mit Beeren belegen. Mandelsplitter darüber streuen und servieren.

Haferbrei macht sexy

Diese vom britischen Filmkomiker Marty Feldmann schon in den 70ern des 20. Jahrhunderts verbreitete Weisheit geht in Wahrheit auf den Schweizer Arzt Maximilian Oskar Bircher-Benner zurück. Auch er hat das Müsli jedoch nicht erfunden, sondern sein Rezept in Wahrheit lediglich den Schweizer Sennern abgeschaut, denen ein aus Getreide und Wasser angerührtes „Mues", in Österreich auch Melkermus genannt, als kräftigende Alltagsnahrung für den harten Job auf der Alm diente. Bircher-Benner erkannte schon um 1900 den diätetischen Stellenwert dieses Gerichts und verordnete es abnehmwilligen Patienten im Rahmen einer Vollwertdiät. Seither hat es als (in der Schweizer Verkleinerungsform) Müsli die Frühstückstische der Welt erobert.
Das Originalrezept des Schweizer Doktors eignet sich übrigens besonders gut für eilige Frühstücker, denn wirklich entfalten kann das Müsli seine Nährstoffe nur, wenn man es bereits am Vorabend ansetzt. In der Früh genießt man dann in Ruhe das fertige Müsli.
Der „Klassiker" unter den Müslis geht so: Einen gestrichenen Esslöffel Haferflocken mit 3 Esslöffeln Wasser 12 Stunden lang einweichen. 1 Esslöffel Zitronensaft und 1 Esslöffel gezuckerte Kondensmilch hinzufügen und alles gut durchmischen. 200 g möglichst säuerliche Äpfel unmittelbar vor dem Servieren mit der (gut gewaschenen) Schale darüber raffeln und dabei öfters umrühren, damit das Apfelfleisch nicht braun wird. Zum Schluss noch einen Esslöffel geriebene Haselnüsse oder Mandeln darüber streuen.
Das klingt zugegebenermaßen etwas frugal – umso mehr ist dabei die Phantasie jedes Einzelnen angesprochen, sein „ganz persönliches" Müsli mit Getreideflocken und Körnern aller Art, vielerlei Obst oder Dörrobst, Milch, Joghurt oder Fruchtsaft individuell zu komponieren.
Länger als 15 Minuten dauert das, bei aller Anstrengung, keinesfalls.

Flockenmüsli

ZUTATEN FÜR 2 PORTIONEN

6 EL Hafer- oder andere Getreideflocken · 1 Apfel · 1 Banane · 50 g gemischte Beeren, frisch oder tiefgekühlt · 2 EL gehackte Walnüsse · Saft von 1 Zitrone 2 EL geschlagenes Obers · Honig nach Belieben

ZUBEREITUNG

Die Getreideflocken in Wasser quellen lassen und dabei nur so viel Wasser zugeben, wie das Getreide aufnimmt. Währenddessen die Banane zerdrücken und den Apfel reiben. Nach dem Aufquellen Banane, Apfel und Beeren mit den Getreideflocken vermengen. Mit Zitronensaft aromatisieren und mit den gehackten Nüssen sowie geschlagenem Obers verfeinern. Nach Belieben mit etwas Honig süßen. In zwei Schalen füllen und servieren.

Hafermüsli

ZUTATEN FÜR 2 PORTIONEN

200 g geschroteter Hafer · Saft von 2 Orangen · Saft von 1 Zitrone · 2 Äpfel 50 g Joghurt · 200 g gemischte Früchte nach Belieben · 2 EL Honig

VORBEREITUNG

Den Hafer 1 Stunde vor der Zubereitung in Orangen- und Zitronensaft einweichen.

FÜR BESONDERS EILIGE

Verwenden Sie eine Müslimischung, die nur kurz quellen muss.

ZUBEREITUNG

Die Äpfel reiben und mit Joghurt und Hafer vermengen. Müsli mit Honig abschmecken. Den Großteil der Früchte unterrühren, den Rest als Garnitur zur Seite legen. Müsli in zwei Schalen füllen und mit den restlichen Früchten dekorativ garnieren.

Joghurt mit Beeren und Hirse

ZUTATEN FÜR 2 PORTIONEN

160 g Hirse · 50 g Kürbiskerne · 400 g Joghurt · 200 g gemischte Beeren 1 EL gehackte Zitronenmelisse · Saft von 1 Zitrone · Honig nach Belieben

VORBEREITUNG

Hirse am Vortag einweichen.

FÜR BESONDERS EILIGE

Verwenden Sie eine Müslimischung, die nur kurz quellen muss.

ZUBEREITUNG

Hirse in kochendem Wasser 10 Minuten garen und überkühlen lassen. Währenddessen die Kürbiskerne in einer beschichteten Pfanne ohne Fett anrösten, bis sie schön prall sind. Joghurt mit Hirse, Beeren und Melisse mischen. Dabei jeweils einige Beeren und etwas Melisse als Dekor zur Seite legen. Mit Zitronensaft und Honig abschmecken. Auf Tellern oder in Schalen anrichten und mit den verbliebenen Beeren sowie der restlichen Melisse garnieren. Die gerösteten Kürbiskerne darüber streuen.

Bananenmilch (HIMBEER- UND ERDBEERMILCH)

ZUTATEN FÜR 2 PORTIONEN

2 Bananen · 1 cl Zitronensaft · etwas Zucker · 400 ml Milch

VARIANTE HIMBEERMILCH

200 g Himbeeren · etwas Zucker · 400 ml Milch

VARIANTE ERDBEERMILCH

200 g Erdbeeren · etwas Zucker · 1 cl Zitronensaft · 400 ml Milch

ZUBEREITUNG

Für die Bananenmilch die Bananen pürieren und mit Zitronensaft sowie Zucker abschmecken. Unter ständigem Rühren die gekühlte Milch einfließen lassen. In Gläser füllen und mit einem Trinkhalm servieren.

Für Himbeer- oder Erdbeermilch die Beeren (auch Tiefkühlware ist möglich) pürieren und mit den angegebenen Zutaten vermengen.

Zehn rasante Frühstücksideen aus aller Welt

■ **SKANDINAVISCHES FRÜHSTÜCK** *Vollkorn- oder Knäckebrot wie beim Smörgåsbord (schwedisches Butterbrotbuffet) mit Butter bestreichen und nach Lust und Laune mit Krabben, Räucherlachs, mariniertem Hering, Räucherhering, gehacktem Eigelb, Radieschen und Schnittlauch, Räucheraal, Rührei oder auch mit Leberpastete und Senfgurken belegen.*

■ **IRISCHES FRÜHSTÜCK** *Nieren, Hühnerleber oder andere Innereien in Butter braten und mit Rührei servieren. Dazu passt neben Tee auch Guiness.*

■ **BLOODY MARY** *Ideal gegen den morgendlichen Kater: eisgekühlter Wodka mit eisgekühltem Tomatensaft, je einem Spritzer Worcestershiresauce, Tabascosauce und Selleriesalz.*

■ **WELSH RAREBIT** *Toastbrotscheiben mit einer Masse aus scharfem Senf, einem Schuss Bier, Worcestershire- und Tabascosauce und geschmolzenem Cheddar (Edamer, Gouda etc.) bestreichen und im heißen Rohr goldbraun überbacken, bis der Käse Blasen wirft.*

■ **JAPANISCHES FRÜHSTÜCK** *Lachsscheiben beidseitig 2–3 Minuten braten und vor dem Servieren mit ewas Sojasauce ablöschen. Unterdessen Misosuppe aus Wasser, Misopaste und Bonitopulver aufkochen und eventuell mit Tofustückchen, Algenblättern und Shiitakepilzen verfeinern. Bei Bedarf auch Reis vom Vortag in einem Bambuskörbchen aufdämpfen.*

■ **CHINESISCHES DIM-SUM-FRÜHSTÜCK** *Pro Person drei Dim-Sum-Happen (tiefgekühlt aus dem Asia-Shop) im Bambuskörbchen aufdämpfen, mit Chili- und Sojasauce servieren und dazu in Orangensaft marinierte Früchte reichen.*

■ **OBERÖSTERREICHISCHES SPECKLIPPERL** *Vollkornweckerl dick mit Liptauer bestreichen, mit Frühstücksspeckstreifen belegen und bei hoher Hitze überbacken, bis der Speck knusprig ist.*

■ **STRAMMER MAX** *Für diese Version eines deutschen Frühstücks wird eine getoastete Schwarzbrotscheibe mit Schinken belegt, mit Schnittlauch bestreut und obenauf ein gebratenes Spiegelei drapiert.*

■ **RUSSISCHE BLINI** *Germküchlein aus Buchweizenteig (gibt's auch als Fertigprodukt) mit Lachs und/oder Kaviar sowie einem Häubchen Sauerrahm oder Crème fraîche; bedürfen zur vollen Entfaltung ihrer Wirkung Champagner, Sekt, Prosecco & Co.*

■ **KLEINES GULASCH** *Sollte man, in kleinen, schnell auftaubaren Portionen, immer vorrätig haben. Macht, gemeinsam mit einem Pfiff Bier und einem knusprigen Salzstangerl, erschöpfte Lebensgeister wieder munter. Kann auch mit Spiegelei und Gurkerln verfeinert werden. Einziger Nachteil: Es erhöht nicht unbedingt die Arbeitsfreude.*

Powerlunch im Büro

WAS SICH ZWISCHEN SCHREIBTISCH UND TEEKÜCHE
MIT EINFACHEN MITTELN UND VIEL PHANTASIE „ZAUBERN" LÄSST

Die optimale Büromahlzeit beginnt schon zu Hause

Gesunde und wohlschmeckende Büronahrung muss man – und kann man auch – organisieren. Nicht jedes Büro verfügt über eine zufrieden stellende Küchenausstattung, und je weniger Technik es gibt, desto mehr muss man improvisieren.
Damit die Improvisationskunst jedoch nicht in ein mittägliches Büro-Chaos mündet, sollte man schon einen gewissen „Mittagspausenplan" im Kopf und bereits vorbereitete Zutaten (etwa Aufstriche, Salatmarinaden, Chutneys, vorgekochte Teigwaren für Salate etc.) in dicht schließenden Frischhaltedosen im Aktenkoffer haben, wenn man die Wohnung verlässt. Die „Endfertigung" im Büro nimmt dann meist nur noch wenige Minuten in Anspruch.
Und noch ein Tipp: Versteifen Sie sich bei der Zubereitung von Bürogerichten nicht auf genaue Gramm-Angaben. Vertrauen Sie Ihrem natürlichen „G'spür" und nehmen Sie lieber etwas mehr als etwas weniger mit. Der nächste Hunger kommt bestimmt, und falls wirklich etwas Feines übrig bleibt, so findet sich in der Kollegenschaft mit Sicherheit jemand, der gerne ein wenig mitnascht.

Schnelle, feine **Happen**

Lachsschinken-Brötchen

ZUTATEN FÜR 1–2 PORTIONEN

2 große oder 4 kleine Scheiben Weiß- oder Vollkornbrot · ca. 160 g dünn geschnittener Lachsschinken, (ersatzweise aromatischer Rohschinken oder Schinkenspeck) · 2 kleine Maiskölbchen · 2 frische grüne Pfefferonischoten 2 Kirsch- oder Cocktailtomaten · Butter zum Bestreichen

ZUBEREITUNG

Die Brote mit Butter bestreichen und mit Lachsschinken belegen. Maiskölbchen nach Belieben der Länge nach halbieren und auf den Schinken legen. Pfefferonischoten und Tomaten ebenfalls nach Wunsch halbieren bzw. in Spalten schneiden und die Brötchen damit garnieren.

Thunfisch-Häppchen

ZUTATEN FÜR 2 PORTIONEN

6 Scheiben Baguette oder Stangenbrot · 6 Salatblätter · 200 g Thunfisch aus der Dose · 1–2 Eier · 1 EL Kapern · 1–2 Jungzwiebeln · 1 EL gehackte Petersilie 6 schwarze Oliven, entkernt · 1 Schuss Zitronensaft · 1 Schuss Pfefferoni-Öl 2 EL Ricotta (oder Frischkäse) · Salz, Pfeffer aus der Mühle · etwas kalt gepresstes Olivenöl

VORBEREITUNG ZU HAUSE

Die Eier in kochendes Wasser einlegen und ca. 8 Minuten hart kochen. Herausnehmen und in kaltem Wasser abschrecken.

FÜR BESONDERS EILIGE

Kaufen Sie im Supermarkt bereits fertig gekochte Eier.

ZUBEREITUNG

Thunfisch aus der Dose nehmen, in einem Sieb abtropfen lassen und klein hacken bzw. zerdrücken. Hart gekochte Eier schälen und kleinwürfelig schneiden. Kapern klein hacken, Jungzwiebeln ebenfalls klein schneiden. Die entkernten Oliven halbieren. In einer Schüssel den zerdrückten Thunfisch, gehackte Eier, Kapern, Jungzwiebeln, Oliven und die gehackte Petersilie gut vermengen. Mit Zitronensaft und einem – je nach Wunsch – mehr oder weniger kräftigen Schuss Pfefferoni-Öl würzen. Ricotta untermengen und abschließend mit Salz und frisch gemahlenem Pfeffer abschmecken. Auf je eine Scheibe Stangenbrot ein gewaschenes und trockengetupftes Salatblatt legen. Thunfischmasse auftragen und nach Geschmack mit einigen Tropfen feinem, kalt gepresstem Olivenöl beträufeln.

TIPP

Die Thunfischmasse lässt sich je nach Lust und Laune selbstverständlich mit unterschiedlichen Gemüsesorten, etwa rohen Zucchiniwürfeln, vorgekochten Karottenscheiben oder grünem Spargel sowie Tomatenwürfeln noch weiterverfeinern.

Matjesfilet-Happen

ZUTATEN FÜR 1–2 PORTIONEN

2 große oder 4 kleine Scheiben Weiß- oder Vollkornbrot · 200 g Matjesheringsfilet 1 TL Dijonsenf · 1 TL gehackte Dille · Vogerlsalat · 4 ungeschälte Gurkenscheiben Zwiebelringe zum Garnieren · frisch geschroteter Pfeffer · Butter zum Bestreichen

ZUBEREITUNG

Die Brote mit Butter bestreichen, Dijonsenf dünn auftragen und die gehackte Dille darüber streuen. Die Matjesheringsfilets in kleinere Streifen oder Stücke schneiden und darauf legen. Etwas gewaschenen, trockengeschleuderten Vogerlsalat darauf anrichten. Mit ungeschälten Gurkenscheiben und Zwiebelringen garnieren. Abschließend geschroteten Pfeffer darüber streuen.

Apfel-Topfenkren auf Vollkorntoast

ZUTATEN FÜR 1–2 PORTIONEN

1 Apfel · 1 Schuss Zitronensaft · 2 EL geriebener Kren · 125 g Topfen Salz, Pfeffer · 2 Vollkorn- oder Nussbrotscheiben · Gartenkresse nach Belieben 4 Cocktailtomaten

VORBEREITUNG ZU HAUSE

Den Apfel schälen, fein raspeln und sofort mit Zitronensaft beträufeln. Mit geriebenem Kren und Topfen vermischen, salzen und pfeffern. In eine Frischhaltedose füllen und kalt stellen.

ZUBEREITUNG

Die Brotscheiben beidseitig antoasten. Vorbereiteten Apfel-Topfenkren nochmals gründlich durchrühren und auf die Toasts streichen. Mit frischer Gartenkresse und halbierten Cocktailtomaten garnieren.

Räucherlachs-Brioche

ZUTATEN FÜR 1–2 PORTIONEN

2 Scheiben Brioche · ca. 150 g in Scheiben geschnitter Räucherlachs, ca. 2 EL zimmerwarme Butter · Salz, Pfeffer · gehackte Dille · 1 EL Mayonnaise 1 EL Sauerrahm · 1 Msp. Dijonsenf · 1 Spritzer Tabascosauce · 2 Kirsch- oder Cocktailtomaten · Dillzweiglein zum Garnieren · 2 Zitronenscheiben 2 Blättchen Friséesalat · Kaviar (oder Lachskaviar) nach Belieben

VORBEREITUNG ZU HAUSE

Die Butter mit Salz, Pfeffer sowie Senf mit einem Schneebesen schaumig rühren. Mayonnaise, Sauerrahm, Tabascosauce und gehackte Dille unterrühren. Kräuterbutter in eine kleine Frischhaltedose füllen und kühl lagern.

ZUBEREITUNG

Die Briochescheiben beidseitig zart antoasten. Die vorbereitete Kräuterbutter nochmals kurz durchrühren und auf die Briochescheiben streichen. Nun Räucherlachs darauf legen. Mit Friséesalat, Zitronenscheiben und Dille garnieren. Tomaten halbieren und nach Belieben auflegen oder aber auch mit einem Löffel aushöhlen und Kaviar einfüllen. Gefüllte Kirschtomaten als Garnitur darauf setzen.

Kleine Wunschliste an den Chef

Moderne Chefinnen und Chefs wissen, dass sie nur so erfolgreich sein können, wie ihre Belegschaft motiviert ist. Und zu einer guten Motivation gehört auf jeden Fall eine „anständige" Mittagspause, in der die Batterien aufgetankt und – physisch wie psychisch – neue Kräfte geschöpft werden können.
Aufgeschlossene Vorgesetzte werden daher auch nicht kleinlich sein, wenn es um die Grundausstattung der „Bürokantine" geht.
Wenn der Bürolunch nicht zur freudlosen Sandwich-Knabberei neben dem laufenden Computer verkommen, sondern mit wenigen Handgriffen kulinarisch zu einem produktiven Lichtblick im Büroalltag werden soll, bedarf es folgender Grundausstattung:

- **KÜHLSCHRANK** *Dieser sollte möglichst einen Basisvorrat an Käse, Wurst, Eiern, Butter, Joghurt, Salat, Senf, Mayonnaise etc. beinhalten und regelmäßig nachgefüllt werden. Dann geht während der Mittagspause keine unnötige Zeit verloren. Übrigens: Wenn der Kühlschrank über ein großes Dreisterne-Tiefkühlfach verfügt, erweitert das die Möglichkeiten schneller Büroverpflegung bedeutend.*

- **BROTDOSE ODER BROTKASTEN** *Brot sollte nie im Kühlschrank, sondern in einem geeigneten Behältnis mit Luftdurchzug aufbewahrt werden.*

- **WASSERKOCHER** *Dieser erweist sich nicht nur für das Kochen von Tee und Kaffee als ideal, sondern auch für die Zubereitung schneller Suppen (z. B. Misosuppe).*

- **KOCHPLATTE** *Bereits eine einzelne Kochplatte ermöglicht die schnelle Zubereitung zahlreicher Gerichte – vom Spiegelei bis zu faschierten Laibchen. Von zu Hause mitgebrachte Gerichte können auch schnell aufgewärmt werden.*

- **MIKROWELLENHERD** *Auch wenn es Feinschmecker nicht so gerne sehen: Die „Mikrowelle" (idealerweise kombiniert mit einer Backrohrfunktion zum Gratinieren) ist das perfekte Aufwärmgerät für Office-Food aller Art. Allerdings muss nicht unbedingt alles, was hineinkommt, Chilled oder Convenience Food sein. Talentierte Hobbyköchinnen und -köche können durch Mitnahme feiner, daheim bereits fertig zubereiteter Schmorgerichte oder Eintöpfe die ganze Belegschaft bezaubern. Einzige Voraussetzung: Entsprechendes Mikrowellengeschirr sollte unbedingt vorrätig sein.*

- **SANDWICH-TOASTER** *Der feinste gemeinsame Nenner jeder Bürogemeinschaft ermöglicht eine Vielzahl von Toastvariationen in kürzester Zeit.*

Salate wie im Nu

Brokkolisalat

ZUTATEN FÜR 2 PORTIONEN

300 g Brokkoli · 2 EL Olivenöl · 1 EL weißer Balsamicoessig · 1 fein gehackte Schalotte · 1 EL gehackte Petersilie · 100 g in Streifen geschnittener Speck etwas Pflanzenöl zum Anbraten · Salz, Pfeffer

VORBEREITUNG ZU HAUSE

Brokkoli in Röschen teilen und in Salzwasser bissfest, aber keinesfalls zu weich kochen. Eiskalt abschrecken, gut abtropfen lassen und in eine Frischhaltedose geben. Kühl lagern. Aus Salz, Pfeffer, Balsamicoessig, gehackter Schalotte, Petersilie und Olivenöl eine Marinade zubereiten. Ebenfalls in ein Frischhaltegefäß oder Glas füllen und kühl lagern.

ZUBEREITUNG

Gekochte Brokkoliröschen in eine Schüssel geben und mit der vorbereiteten Marinade übergießen. Sanft durchmischen. Speckstreifen mit wenig Pflanzenöl anbraten, auf Küchenpapier abtropfen und über den Brokkolisalat verteilen.

Bunter Bürosalat

ZUTATEN FÜR 2–3 PORTIONEN

100 g Karfiolröschen · 2 Tomaten · 200 g Gurke · 100 g Karotten · je 1 rote und gelbe Paprikaschote · 1 Schalotte (oder 1/2 kleine Zwiebel) · 1 fein geschnittene Knoblauchzehe · frisch geschnittene Kräuter nach Belieben (etwa Petersilie, Schnittlauch etc.) · schwarze Oliven zum Garnieren · Salz, Pfeffer · 2 EL Olivenöl 2 EL Obstessig

VORBEREITUNG ZU HAUSE

Karfiolröschen in Salzwasser bissfest kochen, kalt abschrecken, abseihen und in einer Frischhaltedose kühl lagern. Die Tomaten kurz in siedendes Wasser tauchen, schälen und in kleine Stücke schneiden. Tomaten mit Olivenöl, Essig, Salz und Pfeffer fein pürieren. In ein Einmachglas füllen und kühl lagern.

ZUBEREITUNG

Paprikaschoten halbieren, entkernen und in Streifen schneiden. Schalotte feinwürfelig, Karotten in Scheiben, Gurke in Stifte schneiden. Nun das Gemüse in einer Schüssel gut mit der vorbereiteten Tomatensauce vermengen. Schalotten- und Knoblauchstücke zugeben und mit den frisch gehackten Kräutern sowie Salz und Pfeffer abschmecken. Sanft durchmengen und mit den Oliven garnieren.

Mango-Gurken-Salat mit Sprossen

ZUTATEN FÜR 1–2 PORTIONEN
ca. 200 g Mango, Gurken, Karotten und Sprossen, in beliebigem Verhältnis gemischt · Minze zum Garnieren

FÜR DIE MARINADE
1 cl Balsamicoessig · 1 cl Zitronensaft · 1 cl Zuckersirup · 1 Msp. Knoblauch 2 cl Olivenöl · 1 EL scharfe Chilisauce · 1/2 EL Honig

VORBEREITUNG ZU HAUSE
Für die Marinade alle Zutaten mit einem Schuss Wasser gut miteinander verrühren. Kühl stellen und ziehen lassen. In ein Einmachglas umfüllen und gut verschließen.

ZUBEREITUNG
Die Gurke (je nach Wunsch geschält oder ungeschält) ebenso wie die geschälten Karotten und das Mangofleisch in feine Streifen schneiden. Mit den Sprossen vermengen und mit der vorbereiteten Marinade zart durchmischen. Mit Minze garnieren.

Orangensalat mit San-Daniele-Schinken

ZUTATEN FÜR 2 PORTIONEN

2 Orangen · 1 kleine Zwiebel · 2 Hand voll Feldsalat · 150 g San-Daniele-Schinken (oder anderer Rohschinken) · 1 TL rosa Pfeffer, grob gehackt

FÜR DIE MARINADE

4 EL frisch gepresster Orangensaft · 2 EL weißer Balsamicoessig · 1 Msp. Dijonsenf Salz, Pfeffer · Prise Zucker · 5 EL Olivenöl

VORBEREITUNG ZU HAUSE

Für die Marinade den Orangensaft mit Essig, Senf, Salz, Pfeffer und Zucker gründlich verrühren, bis sich der Zucker aufgelöst hat. Abschließend das Olivenöl einrühren. In ein Einmachglas füllen und kühl lagern.

ZUBEREITUNG

Orangen schälen und in etwa 5 mm dicke Scheiben schneiden. Zwiebel schälen und in feine Ringe schneiden. Feldsalat putzen, gründlich waschen und sehr gut abtropfen lassen. Orangenscheiben mit Zwiebelringen und Feldsalat auf Tellern anrichten, Schinken dekorativ dazulegen und alles mit der vorbereiteten Marinade beträufeln. Mit rosa Pfeffer bestreuen.

Häuptelsalat mit Sprossen und Prosciutto

ZUTATEN FÜR 2 PORTIONEN
6 Scheiben Prosciutto di Parma (oder anderer Rohschinken)
100 g Sprossen, nach Belieben gemischt · 1 kleiner Kopfsalat (Häuptelsalat)
4 cl Sherryessig · etwas Staubzucker · 1/2 TL Estragonsenf · 1 gepresste Knoblauchzehe · 8 cl Rapsöl · Salz, Pfeffer
Kräuter zum Garnieren

VORBEREITUNG ZU HAUSE
Für die Salatmarinade Sherryessig, 4 cl Wasser, Staubzucker, Senf, Knoblauch und Rapsöl gut miteinander verrühren. Mit Salz und Pfeffer abschmecken. In ein verschließbares Glas füllen und kühl stellen.

ZUBEREITUNG
Den Kopfsalat zerteilen, in mundgerechte Stücke zupfen und waschen. Gut trockenschleudern. Den Salat und die Sprossen in einer Schüssel mit dem vorbereiteten Dressing marinieren. Auf Tellern anrichten und mit den Prosciuttoscheiben belegen. Mit den frischen Kräutern garnieren.

Truthahnschinken-Salat mit Ananas

ZUTATEN FÜR 1–2 PORTIONEN
100 g Truthahnschinken · 1 Apfel (am besten Granny Smith)
75 g würfelig geschnittene Ananas · 150 g Mango

FÜR DAS SALATDRESSING
2 EL Mayonnaise · 1 EL Sauerrahm · Saft von 1/2 Limette (ersatzweise etwas Zitronensaft) · 1 Msp. Dijonsenf · 2 cl Ananassaft · Salz, Pfeffer · Cayennepfeffer
Blüten der Kapuzinerkresse, nach Möglichkeit · Friséesalatbätter zum Garnieren

ZUBEREITUNG
Truthahnschinken in 3 mm dicke Scheiben und dann in 5 cm lange Stifte schneiden. Apfel waschen, vierteln und in 5 mm große Würfel schneiden. Die Mango schälen, entkernen und in Streifen schneiden. Schinkenstifte, Apfel- und Ananaswürfel sowie Mangostreifen vermischen und dekorativ auf Tellern anrichten. Alle Zutaten für das Salatdressing gut miteinander verrühren und über den Salat träufeln. Etwas Dressing für den Friséesalat aufbewahren, diesen damit marinieren und auf den Salat setzen. Abschließend – so vorhanden – ein paar Blüten der Kapuzinerkresse darauf setzen.

Caesar's Salad mit Sardellen

ZUTATEN FÜR 2 PORTIONEN

2 Scheiben entrindetes Toastbrot · 1 Kopf römischer oder Kochsalat 1 Knoblauchzehe · 8 EL Olivenöl · 3 eingelegte Sardellenfilets für die Marinade 3 EL Zitronensaft · 1 Spritzer Worcestershiresauce · Pfeffer · 1/2 EL geriebener Parmesan · 2 EL Sauerrahm · 4 eingelegte Sardellenfilets zum Garnieren gehobelter Parmesan zum Garnieren

VORBEREITUNG ZU HAUSE

Für die Marinade die Sardellenfilets fein hacken und mit 5 Esslöffeln Olivenöl, dem Zitronensaft, der Worcestershiresauce, dem Pfeffer und dem Sauerrahm verrühren. In ein Einmachglas füllen und kühl lagern.

ZUBEREITUNG

Toastbrot in Würfel schneiden. Etwa 3 EL Olivenöl in einer Pfanne erhitzen, Knoblauch dazupressen und darin die Toastbrotwürfel bei kleiner Hitze zu knusprigen Croûtons bräunen. Währenddessen den Salat waschen und in mundgerechte Stücke zupfen. Den Salat mit der Salatsauce und dem geriebenen Parmesan mischen. In einer Schüssel anrichten und mit den Sardellenfilets, den Croûtons sowie dem gehobelten Parmesan garnieren.

TIPPS

Steht im Büro kein Herd zur Verfügung, so können die Croûtons auch zu Hause geröstet und kalt über den Salat gestreut werden.

Im Originalrezept wird unter den fertigen Salat auch noch ein (sehr) weich gekochtes Ei gezogen.

Caesar's Salad – nicht nur für den Boss

Gewiss: So mancher Big Boss sieht sich gerne in der Rolle des Julius Cäsar und unterstreicht das durch eine Vorliebe für jenen berühmten „Caesar's Salad", den der Italo-Amerikaner Caesar Cardini 1924 in seinem Restaurant „Caesar's Palace" im mexikanischen Tijuana erfunden und zu einem weltberühmten Klassiker gemacht hat.

Dabei eignet sich dieser Salat mindestens so gut für Gladiatoren aller Art wie für den Chef selbst. Denn er ist vitaminreich, kräftigend, ein bisschen viril (und daher auch für Powerfrauen bestens geeignet) – ein Energiespender der Sonderklasse.

Das Wichtigste bei der Zubereitung von „Caesar's Salad" ist die Wahl des richtigen Salates, der zwar immer knackig ist, aber viele Namen hat: Der bekannteste davon ist Kochsalat, manche nennen ihn auch Bundsalat, Bindesalat, Kasseler Strünkchen oder Sommerendivie. Am einfachsten merkt man sich – schon in Zusammenhang mit der cäsarischen Herkunft – den Namen Römersalat oder Romanasalat, oder am besten gleich auf gut Lateinisch: Lactuca Romana.

Wer immer noch nicht weiß, was gemeint ist, der suche im Supermarktregal einen der Form nach an Chinakohl erinnernden Salat, dessen lange Blätter sich von einem hellen, mitunter sogar rötlichen Grün zu einem satten, fast dotterigen Gelb entwickeln und dessen vollmundig-kräftiges Aroma in eine zarte Pfefferspitze am Gaumen mündet.

Selbstverständlich kann man Caesar's Salad auch mit anderen knackigen Salaten wie etwa Chicorée oder Radicchio zubereiten. Eine aparte Idee ist es auch, das Olivenöl durch Sesam- oder Kürbiskernöl zu ersetzen und den Salat dann je nachdem mit Sesamkörnern oder Kürbiskernen zu vollenden.

Was dann freilich mit Mr. Cardini und seinem Cäsarenpalast wirklich nur noch am Rande zu tun hat.

Pennesalat mit Gorgonzola

ZUTATEN FÜR 2 PORTIONEN

125 g Penne (oder eine andere Nudelsorte) · 100 g Burgunder- oder Beinschinken · 80 g Gorgonzola ca. 100 g gelbe Paprikaschoten ca. 50 g Erbsenschoten · 100 g Kirsch- oder Cherrytomaten 50 g Jungzwiebeln · Salz

FÜR DIE SCHNITTLAUCH-MAYONNAISE

3 EL Mayonnaise · 1 EL Senf 2 EL Joghurt · Salz, Cayennepfeffer 1 EL frisch geschnittener Schnittlauch

VORBEREITUNG ZU HAUSE

Die Penne in Salzwasser bissfest kochen, eiskalt abschrecken und gut abtropfen lassen. In eine Frischhaltedose füllen und kühl stellen. Erbsenschoten in Salzwasser 3 Minuten knackig blanchieren (überbrühen), kalt abschrecken und abtropfen lassen. Ebenfalls in eine Frischhaltedose füllen.

ZUBEREITUNG

Schinken und Gorgonzola in etwa 1 cm große Würfel schneiden. Erbsen- und Paprikaschoten in Streifen schneiden, die Tomaten halbieren. Jungzwiebeln fein hacken. Für die Schnittlauch-Mayonnaise alle Zutaten miteinander verrühren und abschließend den Schnittlauch zugeben. Die gekochten Penne mit Schinken, Gorgonzola sowie allen anderen Zutaten vermengen und mit der Schnittlauch-Mayonnaise übergießen. Sanft durchmengen und auf Tellern anrichten.

Nudelsalat mit Crevetten

ZUTATEN FÜR 2 PORTIONEN

250 g schmale, grüne Bandnudeln · 200 g gekochte und ausgelöste Crevetten
1 Karotte · Chicoréeblätter · Salz

FÜR DAS DRESSING

4 cl Sherryessig · 8 cl Nussöl · 1 TL Dijonsenf · 1 fein gehackte Schalotte
1 EL gehackte Petersilie · Salz, Pfeffer · 1 Prise Zucker

VORBEREITUNG ZU HAUSE

Die Nudeln in Salzwasser bissfest kochen, eiskalt abschrecken und abseihen. In eine Frischhaltedose füllen und kühl stellen. Für das Dressing den Sherryessig mit Nussöl, Dijonsenf, Schalotte, Petersilie, Salz, Pfeffer und einer Prise Zucker gut verrühren. In ein verschließbares Glas füllen und kühl lagern.

ZUBEREITUNG

Die geputzte Karotte in feine Streifen schneiden. Die gekochten Nudeln mit den Crevetten und Karottenstreifen vermengen. Mit dem vorbereiteten Dressing marinieren und auf einigen Chicoréeblättern anrichten.

Panzanella (TOSKANISCHER BROTSALAT)

ZUTATEN FÜR 2 PORTIONEN

12 Scheiben Ciabatta (ital. Weißbrot), dünn geschnitten · 1/2 Knoblauchzehe einige frische Oreganozweige · 2 Tomaten · 2 Schalotten · 1 rote Zwiebel ca. 100 g Gurke · 4 eingelegte Sardellenfilets · Olivenöl · Salz, Pfeffer · Basilikum und/oder Rucola zum Garnieren

VORBEREITUNG ZU HAUSE

Ciabattascheiben mit der halbierten Knoblauchzehe einreiben. In einer Pfanne Olivenöl erhitzen, Oreganozweige zugeben und die Brotscheiben beidseitig goldbraun braten. Herausnehmen, auf Küchenpapier abtropfen lassen und salzen. Schalotten sowie Zwiebel in Spalten schneiden und ebenfalls in Olivenöl andünsten. Gurke schälen, in Würfel schneiden und leicht salzen. Tomaten in Scheiben schneiden und abwechselnd mit den Gurken, am besten gleich in einer Frischhaltedose, übereinander schichten. Einige Brotscheiben darüber legen. Danach Zwiebeln und Schalotten einschichten und wiederum Brotscheiben darauf legen. Mit etwas Olivenöl begießen und einige Stunden ziehen lassen.

ZUBEREITUNG

Panzanella auf Tellern anrichten. Sardellenfilets darauf legen und dekorativ mit Basilikum garnieren. Nach Belieben mit etwas Rucola umlegen. Mit Pfeffer kräftig würzen und nochmals etwas Olivenöl darüber träufeln.

Brainfood – Schnelle Happen für Kopfarbeiter

Ob Nahrung tatsächlich in der Lage ist, jemanden klüger oder dümmer zu machen, darüber scheiden sich die Geister. Darüber, ob der Genuss von Kohlehydraten die Konzentration, Milch die Aufmerksamkeit, Tofu die Merkfähigkeit und Schokolade die gute Laune hebt, lässt sich immerhin diskutieren. Die Vorstellung, dass man sich seinen IQ auch „anessen" kann, ist allerdings mit Sicherheit eine zu verstiegene Behauptung. Keine Frage ist indessen, dass sich die Art der Ernährungsweise auf Konzentration, Gedächtnisleistung sowie auf die Balance von Physis und Psyche auswirkt.

Ohne große wissenschaftliche Feldstudien haben das schon unsere Vorfahren erkannt, wenn sie ihre Studiosi mit so genanntem „Studentenfutter" versorgten, das aus Trockenfrüchten, Nüssen und Mandeln bestand – heute nicht zufällig als „Brain Food" bezeichnet und jedem guten Müsli beigemengt. Hafer, Dinkel, Soja, Äpfel und Nüsse liegen in den Brain-Food-Charts der Ernährungsphysiologen heute generell in der Pole-Position und haben dem klassischen Hirnwecker Koffein längst den Rang abgelaufen. Übrigens: Auch der Genuss von Käse stärkt dank des hohen darin enthaltenen Kalziumanteils die Nervenfunktion. Wer am Nachmittag einem schwierigen Geschäftspartner gegenübertreten muss, der hat bestimmt einen Startvorteil, wenn er sich zu Mittag eine kleine Käseplatte mit Vollkornbrot vergönnt, die obendrein im Nu zubereitet ist.

Herzhafte **Energizer**

Rindersaftschinken mit Melone

ZUTATEN FÜR 2 PORTIONEN

200 g in Scheiben geschnittener Rindersaftschinken · 1/2 Melone (ca. 400 g)
1 Jungzwiebel · Saft und Schale von 1 Zitrone · Salz, grob gemahlener Pfeffer
3 EL Olivenöl · 6 schwarze Oliven · Vogerl- und Friséesalat

ZUBEREITUNG

Aus der halbierten Melone mit einem Löffel die Kerne entfernen, aus dem Fruchtfleisch mit einem Kugelausstecher Kugeln formen (oder in Würfel schneiden). Die Jungzwiebel in feine Ringe, Oliven klein schneiden. Zitronensaft mit der in dünne Streifen geschnittenen Zitronenschale sowie mit Salz und Pfeffer verrühren. Das Olivenöl einrühren. Melonenkugeln, Zwiebelringe und Olivenstücke in die Zitronensauce einmengen.

Rindersaftschinken auf Tellern anrichten. Vogerl- und Friséesalat in der Mitte platzieren. Marinierte Melonenkugeln, Olivenstücke und Zwiebelringe über den Schinken verteilen und mit der restlichen Zitronensauce die Salatblätter marinieren.

Geräucherte Entenbrust mit Ananas

ZUTATEN FÜR 2 PORTIONEN

1/2 geräucherte Entenbrust (ca. 160 g) · 1/2 Ananas · Chilisauce · 1 Jungzwiebel Chilifäden · Schnittlauch

ZUBEREITUNG

Die Ananas schälen, in Würfel schneiden und je nach gewünschter Schärfe mit mehr oder weniger Chilisauce marinieren. Die Jungzwiebel in feine Ringe schneiden und unter den Ananassalat mengen. Die raumtemperierte (nicht direkt aus dem Kühlschrank!) geräucherte Entenbrust in Scheiben schneiden. Den Ananassalat auf Tellern anrichten, die Entenbrust darauf platzieren. Mit Chilifäden und gehacktem Schnittlauch bestreuen.

TIPP

Weniger als Büroimbiss geeignet, dafür eine umso eindrucksvollere, rasch zubereitete Vorspeise ist rosa gebratene Entenbrust, die ebenso auf Ananassalat angerichtet wird. Die Entenbrust dafür kreuzweise einschneiden, in etwas Öl auf der Hautseite kross braten, salzen und pfeffern, wenden. Danach wieder auf die Hautseite legen und bei 180 °C im Backrohr ca. 7 Minuten rosa braten. Etwa 5 Minuten warm rasten lassen. Noch warm aufschneiden.

Fleischlaberl mit Rahm-Gurkensalat

ZUTATEN FÜR 2 PORTIONEN

ca. 250 g Faschiertes (vorzugsweise vom Rind) · 1/2 kleine, fein gehackte Zwiebel 1 Knoblauchzehe · 1 EL gehackte Petersilie · 1 Msp. Senf · 1 Ei · Salz, Pfeffer, Cayennepfeffer · Öl und Butter zum Anrösten

FÜR DEN RAHM-GURKENSALAT

1/2 Gurke · 100 g Sauerrahm · 1 EL Mayonnaise · Salz, Pfeffer · etwas Zitronensaft gehackte Dille

VORBEREITUNG ZU HAUSE

Gehackte Zwiebeln gemeinsam mit dem gepressten Knoblauch und der Petersilie in etwas Butter anschwitzen. Herausnehmen und in einer Schüssel mit dem Faschierten, Ei und Senf vermischen. Mit Salz, Pfeffer und etwas Cayennepfeffer würzen. Aus der Masse kleine Laibchen formen (je ca. 40 g), diese in einer Pfanne in heißem Öl und Butter bei mittlerer Hitze beidseitig knusprig braun braten. Herausheben, auf Küchenkrepp abtropfen und auskühlen lassen.

ZUBEREITUNG

Für den Rahm-Gurkensalat die (nach Belieben geschälte) Gurke zuerst in etwa 2 mm dicke Scheiben, dann in feine Streifen schneiden. Sauerrahm, Mayonnaise, Zitronensaft und Dille verrühren und die Gurkenstreifen unterheben. Mit Salz und Pfeffer würzen. Den Gurkensalat auf Tellern anrichten und die nach Wunsch kalten oder wieder erwärmten Fleischlaberl darauf setzen.

GARNITUREMPFEHLUNG: Schnittlauch und Radieschen

TIPP

Besteht die Möglichkeit, die Laibchen im Büro zu braten, so kann die Masse auch zu Hause vorbereitet und erst in der Mittagspause weiterverarbeitet werden.

Schinkenrollen

ZUTATEN FÜR 2 PORTIONEN

2 große Scheiben nicht zu dünn geschnittener Pressschinken · Blattsalate nach Belieben zum Dekorieren

FÜLLE 1: **FRANZÖSISCHER SALAT**

200 g Mischgemüsewürfel (Tiefkühlware) oder 1/2 Karotte, 1 Kartoffel, 2 EL Erbsen, 50 g Bohnen – alles gekocht · 1 EL Sauerrahm · 1 Msp. Dijonsenf · 3 EL Mayonnaise 1 Spritzer Worcestershiresauce · Salz, Pfeffer · Tabascosauce

FÜLLE 2: **KRÄUTERTOPFEN**

180 g Topfen · 1 guter EL Sauerrahm · 1/2 EL Estragonsenf · Salz, Pfeffer 2 Knoblauchzehen · 1 EL gehackte Petersilie · 1 EL fein geschnittener Schnittlauch

FÜLLE 3: **EIER-SCHINKENCREME**

2 Scheiben Schinken · 4 Eier · 2 EL Mayonnaise · 1 TL Dijonsenf · 1 TL gehackte Kapern · Salz, Pfeffer · Worcestershiresauce

FÜLLE 4: **EIERSCHWAMMERLMASSE**

ca. 100 g Eierschwammerl · 100 g Cottage Cheese (Frischkäse) · 1/2 Zwiebel 1 EL Butter · Salz, Pfeffer · Petersilie

VORBEREITUNG ZU HAUSE

FÜLLE 1

Mischgemüse in Salzwasser bissfest blanchieren, abgießen, kalt abschrecken und abtropfen lassen (frisch gekochtes Gemüse kleinwürfelig schneiden). Gemüse, Mayonnaise und Sauerrahm gut miteinander vermischen. Danach mit Senf, Worcestershiresauce, Tabascosauce, Salz und Pfeffer abschmecken. Eine Klarsichtfolie auflegen, ein Schinkenblatt darauf platzieren und die Mayonnaisefülle auftragen. Mit Hilfe der Folie einrollen. Zweites Schinkenblatt ebenso füllen. Schinkenrollen in Folie gehüllt kalt stellen.

FÜLLE 2

Topfen mit Sauerrahm und Senf glatt rühren. Knoblauchzehen hineinpressen, mit Salz und Pfeffer gut würzen. Die gehackten Kräuter unterheben. Eine Klarsichtfolie auflegen, das Schinkenblatt darauf legen und die vorbereitete Fülle auftragen. Mit Hilfe der Folie einrollen. Zweites Schinkenblatt ebenso füllen. Schinkenrollen in Folie gehüllt kalt stellen.

FÜLLE 3
Eier ca. 8 Minuten kochen und mit reichlich kaltem Wasser abschrecken. Schälen, passieren und mit der Mayonnaise gut verrühren. Mit den gehackten Kapern, Senf, Worcestershiresauce, Salz und Pfeffer abschmecken. Schinken in Würfel schneiden und unter den Eieraufstrich rühren. Eine Klarsichtfolie auflegen, das Schinkenblatt darauf legen und die Creme auftragen. Mit Hilfe der Folie einrollen. Zweites Schinkenblatt ebenso füllen. Schinkenrollen in Folie gehüllt kalt stellen.

FÜLLE 4
Eierschwammerl putzen und größere Stücke halbieren. Zwiebel klein schneiden. In einer Pfanne etwas Butter aufschäumen, die geschnittene Zwiebel darin farblos andünsten, dann die Eierschwammerl hinzufügen. Mit Salz und Pfeffer würzen. Fein gehackte Petersilie dazu, alles durchrösten und anschließend überkühlen lassen. Die überkühlten Eierschwammerl abseihen und mit dem Frischkäse vermengen. Eine Klarsichtfolie auflegen, das Schinkenblatt darauf legen und die Schwammerlfülle auftragen. Mit Hilfe der Folie einrollen. Zweites Schinkenblatt ebenso füllen. Schinkenrollen in Folie gehüllt kalt stellen.

VOLLENDUNG
Schinkenrollen aus der Folie wickeln und nach Belieben mit mariniertem Blattsalat dekorativ anrichten.
GARNITUREMPFEHLUNG: gefüllte Oliven, Wachteleierscheiben, französische Petersilie, Schnittlauch, Cherrytomaten, eingelegte Maiskolben oder Perlzwiebeln, Essiggurkerlfächer usw.

Süße **Muntermacher**

Apfel-Bananen-Creme

ZUTATEN FÜR 2–3 PORTIONEN
2 Äpfel · 1 Banane (schön reif)
Saft von 1/2 Zitrone
3–4 EL geriebene Mandeln
Honig

ZUBEREITUNG
Äpfel schälen, fein reiben und sofort mit Zitronensaft vermischen. Banane mit dem Gabelrücken zerdrücken oder pürieren. Bananenpüree mit der Apfelmasse vermengen, die geriebenen Mandeln einrühren und mit Honig abschmecken.

Joghurtcreme mit Früchten

ZUTATEN FÜR 1–2 PORTIONEN

250 g Joghurt · ca. 2 EL Staubzucker · Saft von 1 Zitrone · 2 Gelatineblätter
ca. 120 g geschlagenes Obers (im Büro am einfachsten aus der Dose)
100 g Beeren · 1 Kiwi · 1 Apfel

ZUBEREITUNG

Gelatineblätter in kaltem Wasser einweichen. Joghurt mit Zitronensaft und Zucker glatt rühren. Etwa 2 Esslöffel der Joghurtmasse in einem kleinen Topf leicht erwärmen, die ausgedrückte Gelatine darin auflösen und unter die Joghurtmasse rühren. Das geschlagene Obers unterheben. In tiefe Teller oder Gläser füllen und im Tiefkühlfach kurz überkühlen lassen. Kiwi schälen und in Scheiben schneiden. Apfel nach Belieben schälen und in Spalten schneiden. Die Beeren und Früchte dekorativ auf der Creme verteilen.

TIPP

Wird die Creme in einer Kühltasche mit Kühlpatronen transportiert, so kann sie auch zu Hause zubereitet und erst im Büro mit den Früchten garniert werden.

Eierlikör-Mascarino-Creme

ZUTATEN FÜR
1–2 PORTIONEN
**ca. 100 g Mascarino (ital. Frischkäse)
ca. 1 EL Staubzucker
2 EL Eierlikör für den Mascarino · 4 cl Eierlikör zum Auffüllen · 1 Hand voll (ca. 60 g) Erdbeeren
Kakaopulver und Minze zum Garnieren**

ZUBEREITUNG
Mascarino mit Staubzucker und 2 Esslöffeln Eierlikör verrühren. Creme in zwei Gläser füllen. Mit Eierlikör auffüllen. Erdbeeren vierteln und darüber verteilen. Etwas Kakaopulver darüber sieben und mit Minze garnieren.

Fruchtsalat

ZUTATEN FÜR 1–2 PORTIONEN
**200 g Früchte der Saison · 50 g Kristallzucker · Saft von 1 Zitrone
2 EL Mascarino (ital. Frischkäse) · 1 EL gehackte Pistazien**

ZUBEREITUNG
Früchte nach Bedarf schälen und würfelig oder blättrig schneiden. Mit Zitronensaft beträufeln. Zucker und 5 Esslöffel Wasser aufkochen. Überkühlen lassen und über die Früchte gießen. Den Fruchtsalat anrichten und mit Mascarino und gehackten Pistazien garnieren.

Topfencreme mit Heidelbeeren

ZUTATEN FÜR 2 PORTIONEN

125 g Topfen · 1/3 Becher Sauerrahm (ca. 80 g) · Saft von 1 Orange 1–2 EL Staubzucker · 1 Prise Vanillezucker · ca. 200 g Heidelbeeren 2 EL Rum · 4 EL Kristallzucker · Hippen zum Garnieren

ZUBEREITUNG

Den Topfen mit Sauerrahm, Orangensaft, Staubzucker und Vanillezucker glatt rühren. Etwa ein Drittel der Heidelbeeren mit einem Löffelrücken zerdrücken oder mixen. Unter die Topfenmasse heben. Die restlichen Beeren mit Rum und Kristallzucker vermischen und in einem kleinen Topf lauwarm erhitzen. Beeren in Gläser füllen. Die Topfenmasse darüber verteilen und mit Hippen garnieren.

Die sieben Todsünden der Büroverpflegung

- *Niemals zugleich arbeiten und essen. Die Mittagspause, so kurz sie auch sein mag, ist eine Erholungszeit. Idealerweise sollte man den Arbeitsplatz zum Essen auch verlassen.*
- *Die Esskultur nicht vergessen. Messer, Gabel, Serviette, Sets und Gläser sind keine große Investition und machen das Essen letztlich doch genussreicher als Pappbecher und schmutzige Finger.*
- *Auch wenn die Versuchung verlockend sein mag: Keine schweren Gerichte, möglichst auch keine zu kalorienreichen Naschereien einplanen. Stattdessen lieber auf ausreichend Obst, Vollkornprodukte und Gemüse achten. Dann kommen Sie ohne Ermüdungserscheinungen durch den Nachmittag.*
- *Setzen Sie keine Gerichte auf den Menüplan, die zu kompliziert und aufwändig sind. Wenn Sie zeigen wollen, was Sie kochtechnisch alles drauf haben, so laden Sie Ihre Arbeitskollegen lieber zu sich nach Hause ein.*
- *Verzichten Sie auf allzu farbenfrohe Gerichte wie Gulasch oder Currysuppe. Wer geht schon gerne mit einer „Speisekarte" auf Hemd oder Bluse ins nächste Meeting?*
- *Nichts gegen ein Gläschen Prosecco nach Dienstschluss, wenn z. B. jemand aus dem Team Geburtstag hat, aber meiden Sie Alkohol, soweit es möglich ist. Gegen einen Schuss Rum oder Eierlikör in der Mehlspeis wird allerdings selbst ein strenger Chef kaum etwas einzuwenden haben. Achten Sie lieber darauf, dass immer frische, möglichst naturtrübe Fruchtsäfte und Mineralwässer im Kühlschrank sind. Im Übrigen stillt auch frisches Leitungswasser den Bürodurst ganz hervorragend.*
- *Den Arbeitsalltag während des Essens nicht hereinlassen. Sprechen Sie weniger über Geschäftliches als über Abendprogramm, Urlaubspläne und ähnlich Entspannendes. Und über den Chef schimpft sich's sowieso am sichersten in den eigenen vier Wänden.*

Der kleine Hunger zwischendurch

KLEINE APPETIZER UND SCHNELLE SATTMACHER, DIE DAS GLEICHGEWICHT VON KÖRPER UND SEELE SCHNELL WIEDER HERSTELLEN

Sterben die Hauptgerichte aus?

Nun, ganz soweit ist es erfreulicherweise noch nicht. Dennoch haben sich unsere Ernährungsgewohnheiten während der letzten Jahrzehnte stark verändert. Die kulinarische Reise geht in einer Arbeitsgesellschaft der Flex-Workers und Multi-Taskers, die den Tag lieber stückeln als großräumig strukturieren, immer mehr in Richtung „klein, fein, exotisch oder mediterran". Nach Italien zu den Antipasti, nach Spanien zu den Tapas. In die Levante zu den herrlichen Mézes. Nach China zu den Dim sum. Nach Japan zu Sushi und Sashimi. Nach Mexiko zu Tacos und Tortillas. Viele Namen für ein in noch mehr Facetten schillerndes Essvergnügen: die Lust an vielen appetitlichen Kleinigkeiten und ein Genuss, der keine – oder zumindest fast keine – Reue kennt.
Freilich: Was in der unprätentiösen Atmosphäre einer urbanen Szene-Osteria, einer schicken Tapas- oder designigen Sushi-Bar an Spaßfaktor möglich ist, das kriegt man zu Hause mit wenigen Mitteln auch leicht hin. Wie es scheint, betrachtet eine gleichermaßen lebenslustige wie ernährungsbewusste Mehrheit ihr kulinarisches Umfeld ohnedies immer mehr wie ein einziges großes Picknick, das sich aus vielerlei Happen und Häppchen zusammensetzt. Das Picknick ist allerdings keine Errungenschaft der Multitasking-Gesellschaft, sondern stammt aus Zeiten, in der man Nachrichten nicht mit dem Handy zu übermitteln, sondern mit dem Pferd zu überbringen pflegte. Das „Pic un nic" entstammt jedenfalls entschleunigteren Zeiten, kommt aus dem Französischen und bedeutet: „Komm, schnapp dir eine Kleinigkeit!"
Guten Appetit dabei!

Schnelle kalte **Sattmacher**

Thunfischtatar

ZUTATEN FÜR 2 PORTIONEN
ca. 150 g frischer Thunfisch, Topqualität
1 EL gehackte Kapern · 1 EL gehackte Essiggurkerl · Saft von 1/2 Zitrone · 2 EL Olivenöl · 5 Blätter frisches Basilikum
Salz, Pfeffer · Weißbrot als Beilage

ZUBEREITUNG
Den Thunfisch mit einem scharfen Messer fein hacken. Mit gehackten Kapern und Essiggurkerln vermengen, mit Zitronensaft und Öl sanft durchmischen. Basilikum in feine Streifen schneiden und ebenfalls unterheben. Mit Salz und Pfeffer pikant abschmecken.
Auf 2 Tellern anrichten und mit knusprigem Weißbrot servieren.

Apfel-Curry-Kaltschale

ZUTATEN FÜR 2 PORTIONEN

2 Äpfel · Schuss Zitronensaft · ca. 60 g Lauch · 100 g Joghurt · 100 ml Apfelsaft Salz, Pfeffer · 1/2 KL Curry · Kresse zum Garnieren

ZUBEREITUNG

Äpfel entkernen und in kleinere Stücke schneiden. Apfelstücke mit Zitronensaft, Lauch, Joghurt und Apfelsaft fein pürieren.

Mit Salz, Pfeffer und Curry pikant würzen. Durch ein Sieb seihen. Nochmals aufmixen und in tiefe Teller gießen. Mit Kresse garnieren.

GARNITUREMPFEHLUNG: knusprige Grissini oder Baguette

Räucherlachs-Rollmops mit Fenchel

ZUTATEN FÜR 2 PORTIONEN

100 g Scheiben vom Räucherlachs · 1/4 Fenchelknolle · Olivenöl Salz, Pfeffer · Zitronensaft

ZUBEREITUNG

Den Fenchel mit einem Gemüsehobel in feine Streifen hobeln. Salzen, pfeffern und mit Olivenöl sowie Zitronensaft marinieren. Den Fenchelsalat zu kleinen Bündeln formen, auf die Räucherlachsscheiben auflegen und darin einrollen. Jeweils mit einem Zahnstocher fixieren und servieren.

BEILAGENEMPFEHLUNG: knusprige Salzstangerl und frisches Gebäck

Matjes – Europas Antwort auf Japans Sashimi

Im Gegensatz zum Brathering wird Matjes roh gegessen und ist daher so etwas wie die nordische Antwort auf die japanischen Sashimi, deren Gesundheitszuträglichkeit die Söhne der Sonne, wie man immer wieder hört, ihre Energie und ihren wirtschaftlichen Erfolg verdanken sollen.

Da man auch den Holländern – den wichtigsten Matjesproduzenten – eine gewisse Erfahrung auf den Weltmärkten nicht absprechen kann, scheint Matjes daher mit einigem Recht den Ehrentitel einer typischen „Managernahrung" für sich beanspruchen zu können.

Doch auch der Onkel Doktor hat den Matjeshering gern. Matjes hat zwar im Gegensatz zu den erwähnten Sashimi einen gewissen Salzanteil, doch ist er „mild gesalzen" (was er mit dem Malossol-Kaviar gemeinsam hat) und daher auch für Hypertonie-Patienten, die an erhöhtem Blutdruck leiden, ziemlich unbedenklich.

Seinen unnachahmlichen Geschmack erhält der Matjes übrigens während einer achtwöchigen Reifeperiode, bei der es – vergleichbar mit dem Wein – auf die Temperatursteuerung ankommt, ob daraus zuletzt eine Gaumenfreude oder ein versalzener Happen wird.

Wenn der Matjeshering allerdings vollreif und richtig gesalzen auf den Tisch kommt, so kann er geradezu süchtig machen. Mediziner konstatieren, ähnlich wie bei Austern, bei diesbezüglich sensiblen Patienten sogar einen regelrechten „Matjes-Rausch" mit bewusstseinsverändernden Zuständen.

Der wahre Genießer konsumiert den Matjes jedoch wie den Wein (auch Matjes reift ja in Fässern) lieber in kleineren Dosen, und zwar am besten in Begleitung der klassischen Beilagen: Zwiebeln, Äpfel, Gurken, Rote Rüben, Rahm, Petersilie oder Dille. Die beste Art, Matjes zu servieren, ist immer noch die traditionelle Methode, ihn auf einer Steingutplatte auf gehacktem Eis mit krauser Petersilie, ein paar Salatblättern, Zitronenspalten sowie Tomatenscheiben anzurichten. Das ist im Übrigen auch die kürzeste aller denkbaren Zubereitungsmethoden.

Tramezzini mit Schinken und Gorgonzola

ZUTATEN FÜR 2 TRAMEZZINI

2 Scheiben Tramezzinibrot (weiches Weißbrot ohne Rinde)
80–100 g in Scheiben geschnittener Beinschinken · 50 g Gorgonzola
1 Tomate · etwas geschroteter Pfeffer

ZUBEREITUNG

Ein Tramezzinibrot mit der Hälfte des Schinkens belegen. Die Tomate in Scheiben schneiden und darauf legen. Gorgonzola mit einer groben Reibe direkt darauf reiben und gleichmäßig verteilen. Mit geschrotetem Pfeffer würzen. Mit dem restlichen Schinken belegen und mit der zweiten Brotscheibe abdecken. Mit einem scharfen Messer diagonal in zwei Dreiecke schneiden. Sofort servieren oder in Klarsichtfolie eingeschlagen kühl lagern, damit das saftige Weißbrot nicht austrocknet. *Foto oben links*

Tramezzini mit Dillrahm-Shrimps

ZUTATEN FÜR 2 TRAMEZZINI

2 Scheiben Tramezzinibrot (weiches Weißbrot ohne Rinde)
80–100 g eingelegte Shrimps · 1 EL Sauerrahm · 1 EL gehackte Dille
Salz, Pfeffer · Tabascosauce

ZUBEREITUNG

Den Sauerrahm mit gehackter Dille, Salz, Pfeffer und je nach gewünschter Schärfe mehr oder weniger Tabascosauce verrühren. Gut abgetropfte Shrimps einmengen und sanft durchmischen. Eine Brotscheibe auflegen, die Shrimps auftragen und mit der zweiten Brotscheibe abdecken. Mit einem scharfen Messer diagonal in zwei Dreiecke schneiden. Sofort servieren oder in Klarsichtfolie eingeschlagen kühl lagern. *Foto oben rechts*

Tramezzini mit Salami und Oliven

ZUTATEN FÜR 2 TRAMEZZINI

**2 Scheiben Tramezzinibrot (weiches Weißbrot ohne Rinde)
50–80 g aufgeschnittene Salami · 1 EL Mayonnaise · 1 EL geschnittene Jungzwiebeln · 40 g schwarze Oliven, ohne Kerne · Salz, Pfeffer**

ZUBEREITUNG

Die Mayonnaise mit den fein geschnittenen Jungzwiebeln verrühren und mit Salz sowie Pfeffer würzen. Auf ein Tramezzinibrot streichen. Die entkernten Oliven in Scheiben schneiden und auf dem Brot verteilen. Mit Salamischeiben belegen und mit der zweiten Brotscheibe abdecken. Mit einem scharfen Messer diagonal in zwei Dreiecke schneiden. Tramezzini entweder sofort servieren oder in ein leicht angefeuchtetes Küchentuch oder eine Klarsichtfolie eingeschlagen kühl lagern, um ein Austrocknen zu verhindern.

Tipps und Tricks für Tramezzini

- *Da das italienische Wort tramezzino nichts anderes bedeutet als „dazwischen schieben“, bedarf es in Sachen Tramezzinikultur nur zweier Brotscheiben – und etwas kulinarischer Phantasie, die weit über die klassischen Zutaten wie Lachs, Thunfisch, Shrimps, Prosciutto, Artischocken, Mozzarella, Sardellen, Eier und Tomaten hinausreichen kann.*

- *Ideal ist es, beim Broteinkauf nach echtem (meist allerdings leider nicht billigem) italienischem Tramezzinibrot Ausschau zu halten, das dichtporig, feucht und rindenlos ist. Tramezzini gelingen aber auch mit American Toasts oder ganz normalem Toastbrot. Entrinden sollte man das Brot jedoch auf jeden Fall. Sonst könnte es sein, dass man Tramezzini essen möchte und plötzlich ein Sandwich in der Hand hat.*

- *Der perfekte Tramezzino wird, fertig belegt, gefüllt oder bestrichen, mit einem scharfen Messer einmal diagonal durchgeschnitten und damit in zwei wesentlich leichter zu essende Dreiecke geteilt. Aber Achtung beim Durchschneiden: Wer nicht wirklich schnell schneidet, sondern sein – womöglich auch noch stumpfes – Messer durch das Brot hindurchdrückt, der darf sich nicht wundern, wenn die Tramezzini-Füllung auf allen Seiten herausquillt.*

- *Tramezzini sollten, damit sie außen nicht vertrocknen, möglichst gleich nach der Zubereitung serviert werden. Noch besser ist es allerdings, wenn die Tramezzini, gut in Klarsichtfolie verpackt, durchziehen können, bevor sie verspeist werden. Deshalb eignen sie sich auch so gut als Bürosnack. Am besten, man bereitet die Tramezzini am Vorabend zu, wickelt sie in Frischhaltefolie und lässt sie im Kühlschrank übernachten. Um die Lunch-Qualität am nächsten Tag braucht man sich dann keine Sorgen zu machen.*

Kleine Köstlichkeiten,
die das Herz erwärmen

Käsemelange

ZUTATEN FÜR 2 PORTIONEN

100 g Dolce Bianca (ersatzweise milder Blauschimmelkäse) · 100 g Gorgonzola (ersatzweise Österkron) · 125 ml Milch 125 ml Schlagobers · Cayennepfeffer 2 cl Cognac · Schwarzbrotcroûtons als Einlage

ZUBEREITUNG

Den Käse in kleine Stücke schneiden und in einem Topf mit Milch sowie Schlagobers kurz aufkochen lassen. Mit Cayennepfeffer würzen und mit Cognac abschmecken. Noch etwa 2 Minuten köcheln lassen. Dann mit dem Stabmixer aufmixen. In heiß ausgespülte Suppentassen füllen und mit Schwarzbrotcroûtons servieren.

Prosciuttopflaumen mit Salbei

ZUTATEN FÜR 2 PORTIONEN

6 getrocknete Pflaumen · 2 Scheiben Ciabatta (ital. Weißbrot) · 6 Mandeln 6 frische Salbeiblätter · 6 Scheiben Prosciutto di Parma (oder anderer Rohschinken) 1 KL gehackte Walnüsse · 1 KL gehackte Pinienkerne · Rucolasalat nach Belieben 1 EL Balsamicoessig · 2 EL Olivenöl zum Marinieren · Olivenöl zum Braten · Salz, Pfeffer

ZUBEREITUNG

Die Weißbrotscheiben in etwas Olivenöl beidseitig goldbraun braten und auf einem Küchenpapier abtropfen lassen. Die Pflaumen entsteinen und stattdessen jeweils mit einer Mandel füllen. Jede Pflaume mit einem Salbeiblatt belegen und in ein Schinkenblatt einrollen. Bei Bedarf mit einem Zahnstocher fixieren. Olivenöl in einer Pfanne erhitzen und die eingewickelten Pflaumen darin rundum knusprig braten. Herausheben und auf Küchenpapier abtropfen lassen. Die gehackten Nüsse und Pinienkerne im verbliebenen Bratfett anrösten. Den Rucolasalat mit Balsamicoessig und Olivenöl marinieren, salzen, pfeffern und auf Tellern anrichten. Die Pflaumen dekorativ darauf gruppieren. Ciabattascheiben dazugeben und schließlich die Nüsse und Pinienkerne darüber streuen.

Gebackene Rohschinkenröllchen mit Apfel-Lauch-Salat

FÜR 2 PORTIONEN

6 Scheiben Rohschinken · ca. 80 g Käse (Bergkäse, Edamer oder Emmentaler) Mehl · 1 Ei · 2 EL Milch · Semmelbrösel · 2 Äpfel (am besten Golden Delicious) 1 Stange Lauch · Salz, Pfeffer · 100 g Joghurt · Saft von 1/2 Zitrone · 1 EL Apfelbalsamessig · Öl zum Herausbacken · Kresse, Kerbel oder Petersilie zum Garnieren

ZUBEREITUNG

Den Käse in 6 Stifte schneiden. Rohschinkenscheiben auflegen, mit je einem Käsestift belegen und einrollen. (Eventuell mit Zahnstochern fixieren.) Röllchen zuerst in Mehl, dann in mit Milch verschlagenem Ei wenden und zuletzt leicht in Semmelbröseln wälzen. In heißem Öl schwimmend goldbraun backen. Herausheben und auf Küchenkrepp abtropfen lassen. Zahnstocher gegebenenfalls entfernen.

Für den Salat die Äpfel waschen, vierteln, Kerngehäuse ausschneiden und Äpfel in Stifte (ca. 2 cm lang und 3 mm stark) schneiden. Lauch putzen, halbieren und in etwa 3 mm dicke schräge Streifen schneiden. Joghurt mit Salz, Pfeffer, Zitronensaft sowie Apfelbalsamessig verrühren und die Lauch- und Apfelstreifen damit marinieren. Apfel-Lauch-Salat auf Tellern anrichten, Rohschinkenröllchen darauf setzen und mit Kresse, Kerbel oder Petersilie garnieren.

Kommt Ihnen Ihr Appetit manchmal spanisch vor?

Der spanische Gastrosoph und Krimiautor Juan Madrid hat einmal gemeint: „Man trinkt in Spanien nicht, um sich einen Schwips zu holen", so seine Analyse, „und um einen solchen zu vermeiden, isst man Tapas. Die Tapas gibt es also, unter anderem, um sich nicht zu betrinken."

Nirgendwo anders in Europa haben die Menschen ihre kulinarische Phantasie in vergleichbarem Maße in die Perfektionierung der kleinen Zwischenmahlzeit und des flüchtigen, im Vorbeigehen genommenen Happens investiert wie auf der Iberischen Halbinsel. Die Spanier mögen Franzosen oder Italienern, was die „große Küche" betrifft, möglicherweise unterlegen sein. In den „kleinen Dingen" haben sie Nase und Gaumen weit voran.

Dabei sollen die Tapas, so will es wenigstens die Legende wissen, ursprünglich gar nicht als Gaumenfreude, sondern zur Fliegenabwehr erfunden worden sein: Bevor ein Insekt sich ins Sherry-Glas verirrte, legte man lieber eine Salamischeibe oder ein kleines Canapé als Deckel darauf. Und „Tapas" bedeutet auch tatsächlich nichts anderes als „Deckel". Eine andere Erklärung für den Namen Tapas könnte allerdings auch darin bestehen, dass die als besonders trinkfest bekannten Spanier früher hofften, die Häppchen würden ihnen den Magen verschließen und damit die Wirkung der insgesamt doch recht beträchtlichen Alkoholmengen reduzieren, die sie in ihren Bars und Kneipen zu konsumieren gewohnt waren.

Mittlerweile hat die Tapas-Idee die ganze Welt fasziniert und ist von den Bars und Schenken Andalusiens auch in die heimischen Einbauküchen vorgedrungen. Zwei, drei Kleinigkeiten, schnell gemacht, und mit einem feinen Drink serviert, können oft mehr Freude bereiten als ein ganzes, kompliziertes Abendessen.

Und wenn Sie gerade keine Zutaten im Haus haben, die Ihnen „spanisch" vorkommen, so probieren Sie doch einfach einmal „Austro-Tapas". Ideen dafür finden sich vom „Schweinsbraten-Carpaccio mit Senf und Kren" übers Sülzerl mit Zwiebeln und Kernöl oder die gerösteten Blunzenscheiben bis hin zum Mini-Cordon-bleu oder zu gebackenen Hühnerflügerln auf Vogerlsalat mehr als genug.

Boquerones fritos (FRITTIERTE SARDELLEN)

ZUTATEN FÜR 2 PORTIONEN

200 g eingelegte Sardellen · Pfeffer · Mehl · Öl zum Frittieren · 1 Zitrone

ZUBEREITUNG

Die Sardellen aus der Lake nehmen und auf Küchenpapier abtupfen. In Mehl wenden und das Mehl dabei leicht andrücken. Überschüssiges Mehl leicht abschütteln. In einem Topf Öl erhitzen und die Fische darin 5 Minuten goldbraun frittieren. Mit einem Lochschöpfer herausheben und in einem Sieb oder auf Küchenpapier gut abtropfen lassen. Mit frisch gemahlenem Pfeffer würzen und auf einem Teller anrichten. Mit Zitronenspalten garniert servieren.

Andalusische Gambas

ZUTATEN FÜR 2 PORTIONEN
150–200 g Garnelen ohne Schale · 2 Tomaten · 1/2 Zwiebel
6 Oliven ohne Kerne · 1 EL gehackte Petersilie · Salz, Pfeffer
Weißwein zum Aufgießen · Olivenöl zum Anschwitzen

ZUBEREITUNG
Tomaten und Zwiebel in feine Würfel schneiden. Beides in Olivenöl anschwitzen. Oliven und gehackte Petersilie beimengen und mit Salz sowie Pfeffer würzen. Die Garnelen einlegen und 3 Minuten ziehen lassen. Mit Weißwein abschrecken, ganz kurz heiß werden lassen und auftragen.
BEILAGENEMPFEHLUNG: Weißbrot cder Reis

Foto rechte Seite

Safranäpfel mit Blauschimmelkäse überbacken

ZUTATEN FÜR 2 PORTIONEN
1 Apfel · 150 g Blauschimmelkäse
125 ml Apfelsaft · 4 cl Süßwein
ca. 4 Safranfäden · 2 EL Kristallzucker · Pfeffer

VORBEREITUNG
Das Backrohr auf 200 °C vorheizen.

ZUBEREITUNG
Den Apfel in Spalten schneiden und das Kerngehäuse entfernen. In einem Topf den Zucker erhitzen und hellbraun karamellisieren lassen. Mit Apfelsaft und Süßwein ablöschen. Safran zugeben und den Zucker unter wiederholtem Rühren auflösen. Mit Pfeffer würzen, Apfelspalten zugeben und diese etwa 3 Minuten im Sud ziehen lassen.
Apfelspalten auf 2 feuerfeste Teller verteilen, den Saft darüber träufeln und den Käse darüber legen. Teller ins Backrohr schieben und bei 200 °C kurz überbacken, bis der Käse schön geschmolzen ist.
BEILAGENEMPFEHLUNG: knuspriges Schwarz- oder Weißbrot

Kartoffelchips auf Ratatouille

ZUTATEN FÜR 2 PORTIONEN

**1 kleine Zucchini · ca. 70 g Auberginenwürfel · 1/2 gelbe Paprikaschote
1 kleine Tomate · 2 Champignons · 2 Schalotten · 2 Knoblauchzehen · 1 EL Butter
1 EL Balsamicoessig · Salz, Pfeffer · 1 große mehlige Kartoffel · Öl zum Frittieren**

ZUBEREITUNG

Gemüse würfelig schneiden und Knoblauchzehen zerdrücken. Butter erhitzen und das Gemüse gemeinsam mit dem Knoblauch darin anschwitzen. Mit Balsamicoessig ablöschen. Mit Salz sowie Pfeffer würzen, kurz durchschwenken und dann beiseite stellen.

Die gewaschene Kartoffel schälen und in hauchdünne Scheiben hobeln. Kurz in lauwarmes Wasser legen, herausnehmen und auf einem Tuch abtrocknen. In einer Pfanne Öl erhitzen und die Kartoffelscheiben darin schwimmend goldbraun frittieren. Mit einem Schaumlöffel herausheben und auf Küchenkrepp abtropfen lassen. Salzen. Ratatouille in vorgewärmten tiefen Tellern anrichten und mit den Chips garnieren.

Albondigas (FASCHIERTE BÄLLCHEN)

ZUTATEN FÜR 2 PORTIONEN
ca. 350 g Faschiertes vom Rind · 1 KL Pinienkerne · 2 Knoblauchzehen 1 Ei · 1 Scheibe Baguette · 1 Zwiebel · 1 EL Tomatenmark · 50 ml Weißwein 1 Thymianzweig · 1 EL gehackte Petersilie · Mehl zum Wenden Öl zum Braten · Salz, Pfeffer

ZUBEREITUNG
Die Baguettescheibe kleinwürfelig schneiden und in etwas Wasser einweichen. Das Faschierte mit Pinienkernen, gepresstem Knoblauch, Ei und Brotwürfeln durchkneten. Mit Salz sowie Pfeffer würzen und zu kleinen Bällchen bzw. Knödeln formen. In Mehl wenden und in Öl rundum anbraten.
Währenddessen die Zwiebel in Streifen schneiden und in einem Topf in etwas heißem Öl anschwitzen. Tomatenmark einrühren, mit Weißwein und 100 ml Wasser ablöschen. Thymianzweig, Petersilie, Salz und Pfeffer zugeben. Die Bällchen einlegen und etwa 5 Minuten köcheln lassen.
BEILAGENEMPFEHLUNG: knusprig-frisches Weißbrot

Crostini

Crostini mit Radieschen und Thunfisch

ZUTATEN FÜR 2 CROSTINI
2 Scheiben Toskanabrot (ital. Weißbrot, ersatzweise 4 Scheiben Baguette) 1–2 Eier · 100 g frisches Thunfischfilet · 2 Radieschen · 1 kleines Stück fein geschnittener Ingwer · etwas fein geschnittene Minze · 1 EL Sojasauce · 1 EL Honig 1 EL Olivenöl · etwas gehackter Schnittlauch · Olivenöl zum Anrösten

VORBEREITUNG
Die Eier hart kochen, abschrecken und schälen.

FÜR BESONDERS EILIGE
Bereits gekochte Eier kaufen, schälen und weiterverarbeiten.

ZUBEREITUNG
Die Brotscheiben in etwas Olivenöl beidseitig goldbraun braten. Herausheben, auf einem Küchenpapier abtropfen lassen und warm halten.
Den Thunfisch in Würfel, die Radieschen in dünne Scheiben schneiden. Die Sojasauce mit Honig und Olivenöl verrühren. Ingwer und fein geschnittene Minze einmengen und den Thunfisch damit marinieren. Die gekochten Eier schälen und direkt auf die Brotscheiben reiben (oder in Scheiben schneiden und auflegen). Thunfisch und Radieschen darauf setzen und mit etwas Schnittlauch garnieren. *Foto Seite 65/2*

Crostini mit Jungzwiebeln und Rohschinken

ZUTATEN FÜR 2 CROSTINI

2 Scheiben Toskanabrot (ital. Weißbrot, ersatzweise 4 Scheiben Baguette)
2 Jungzwiebeln · 1 EL geriebener Parmesan · Tabascosauce · 1/2 Knoblauchzehe
4 Scheiben Rohschinken (am besten Prosciutto di Parma) · 4 schwarze Oliven ohne Kerne · Olivenöl

VORBEREITUNG

Backrohr auf 200 °C Oberhitze vorheizen.

ZUBEREITUNG

Die Brotscheiben in etwas Olivenöl beidseitig goldbraun braten. Herausheben, auf einem Küchenpapier abtropfen lassen und warm halten.

Die Jungzwiebeln in feine Scheiben schneiden und mit dem geriebenen Parmesan, etwas Tabascosauce sowie dem gepressten Knoblauch vermischen. Die Zwiebelmasse auf die gerösteten Brotscheiben streichen und etwa 2 Minuten im Backrohr überbacken. Danach herausnehmen und mit Prosciutto und Oliven garnieren. *Foto Seite 65/1*

Crostini mit gedünsteten Salatherzen und Prosciutto di Parma

ZUTATEN FÜR 2 CROSTINI

2 Scheiben Toskanabrot (ital. Weißbrot, ersatzweise 4 Scheiben Baguette)
4 Salatherzen · 1 Knoblauchzehe · ca. 50 g Prosciutto di Parma (oder anderer Rohschinken), in Scheiben geschnitten · Schuss Süßwein · Balsamicoessig
Salz, Pfeffer · Butter und Olivenöl zum Braten

ZUBEREITUNG

Die Brotscheiben in etwas Olivenöl beidseitig goldbraun braten. Herausheben, auf einem Küchenpapier abtropfen lassen und warm halten.

Die Salatherzen halbieren, Knoblauch blättrig schneiden. In einer Pfanne etwa 1 Esslöffel Butter erhitzen und den Knoblauch darin kurz anschwitzen. Die Salatherzen mit der Schnittfläche nach unten einlegen, Süßwein zugießen und etwa 2 Minuten zugedeckt dünsten lassen. Mit Salz, Pfeffer und Balsamicoessig abschmecken. Die noch warmen Brotscheiben auf vorgewärmte Teller legen. Die Salatherzen darauf anrichten und die Schinkenscheiben dekorativ dazulegen.

1

2

3

4

5

6

Die Zwillinge des Crossen

Sie sind so knusprig wie aromatisch und so sättigend wie saftig. Bruschette und Crostini sind das Erfolgs-Duo der italienischen Osteria-Küche. Und wie es sich für echte Shooting Stars gehört, kamen sie keineswegs gefeiert und berühmt auf die Welt, sondern dienten ursprünglich, ähnlich wie die ersten Pizze, den ärmsten Bevölkerungsschichten als Tellerersatz. Als Bruschette (von ital. bruciare: rösten, brennen) bezeichnet man heute einen aus Mittel- und Süditalien stammenden Imbiss aus größeren Scheiben von knusprigem, aber lockerteigigem Weiß-, Kasten- oder Vollkornbrot, das noch vor dem Überbacken mit Knoblauch eingerieben und mit Olivenöl getränkt wird. Die ebenfalls gerösteten und in Olivenöl beidseitig gebratenen toskanischen Crostini können hingegen ruhig vom Vortag stammen, sollten dafür aber eher klein und dichtteigig-kompakt sein. Die Crostini haben ihren Namen vom Wort crostare (knusprig überbacken) und waren schon im 19. Jahrhundert nicht nur erklärte Lieblinge des einfachen Volkes, sondern auch der vornehmen Belle-Époque-Gesellschaft.

Crostini mit Schweinsleber und Preiselbeeren

ZUTATEN FÜR 2 CROSTINI

2 Scheiben Toskanabrot (ital. Weißbrot, ersatzweise 4 Scheiben Baguette)
ca. 100 g Schweinsleber · 1 EL eingemachte Preiselbeeren · Olivenöl · 1 EL Honig
Salz, Pfeffer

ZUBEREITUNG

Die Brotscheiben in etwas Olivenöl beidseitig goldbraun braten. Herausheben, auf einem Küchenpapier abtropfen lassen und warm halten.

Die Leber in sehr feine Scheiben schneiden. Salzen, pfeffern und in einer beschichteten Pfanne in etwa 1 Esslöffel Olivenöl kurz, aber scharf rundum anbraten. Honig einrühren und vom Feuer nehmen. Die Leber auf die noch warmen Brotscheiben auftragen und mit Preiselbeeren garnieren.

TIPP

Noch feiner schmecken diese Crostini, wenn Sie statt Schweins- eine Kalbsleber verwenden. In beiden Fällen sollte die Leber aber keinesfalls zu lange gebraten werden, damit sie schön zart und saftig bleibt.

Foto Seite 65/4

Crostini mit Garnelen, Gurke und Melone

ZUTATEN FÜR 2 CROSTINI

2 Scheiben Toskanabrot (ital. Weißbrot, ersatzweise 4 Scheiben Baguette)
4 Garnelen · 1/4 Gurke · 1/8 Honigmelone · Saft von 1/2 Zitrone · 4 Minzeblätter
1 EL Joghurt · 1 TL weißer Balsamicoessig · Olivenöl · Cayennepfeffer · Salz, Pfeffer

ZUBEREITUNG

Die Brotscheiben in etwas Olivenöl beidseitig goldbraun braten. Herausheben, auf einem Küchenpapier abtropfen lassen und warm halten. Die Honigmelone entkernen und in kleine Stücke schneiden. Gurke schälen, entkernen und in kleine Scheiben schneiden.
Beides in eine Schüssel geben und mit Balsamicoessig, Joghurt, Salz, Pfeffer sowie etwas Olivenöl marinieren. Mit Cayennepfeffer und Zitronensaft abschmecken. Die Garnelen putzen, salzen, pfeffern und in etwas Olivenöl insgesamt 4 Minuten rundum braten. Den Melonen-Gurken-Salat auf die noch warmen Brotscheiben auftragen und die Garnelen darauf gruppieren. Die Minze in Streifen schneiden und darüber streuen. *Foto Seite 65/6*

Crostini mit Kräuter-Frischkäse

ZUTATEN FÜR 2 CROSTINI

2 Scheiben Toskanabrot (ital. Weißbrot, ersatzweise 4 Scheiben Baguette)
200 g Frischkäse · 1 EL Mascarino · 4 cl Olivenöl · Petersilie, Kresse und Basilikum nach Belieben · Salz, Pfeffer · Saft von 1/2 Zitrone · Tabascosauce · Radieschen zum Garnieren · Olivenöl zum Braten

ZUBEREITUNG

Die Brotscheiben in etwas Olivenöl beidseitig goldbraun braten. Herausheben, auf einem Küchenpapier abtropfen lassen und warm halten. Die Kräuter mit dem Olivenöl in einer Küchenmaschine oder mit dem Stabmixer pürieren. Den Frischkäse gemeinsam mit Mascarino einrühren. Mit Salz, Pfeffer, Zitronensaft und Tabascosauce nach Geschmack würzen. Den Kräuter-Frischkäse auf die warmen Brotscheiben streichen und mit in Spalten oder Scheiben geschnittenen Radieschen garnieren. *Foto Seite 65/3*

Crostini mit Thunfisch und Apfelkren

ZUTATEN FÜR 2 CROSTINI

2 Scheiben Toskanabrot (ital. Weißbrot, ersatzweise 4 Scheiben Baguette)
100 g frisches Thunfischfilet · 3 Basilikumblätter · 1 Msp. gemahlener Ingwer
Salz, Pfeffer · 1 EL Olivenöl · 1/2 geriebener Apfel (Granny Smith), ersatzweise
1 EL Apfelmus · 1 TL geriebener Kren · 4 Kirschtomaten · Olivenöl zum Anrösten

ZUBEREITUNG

Die Brotscheiben in etwas Olivenöl beidseitig goldbraun braten. Herausheben, auf einem Küchenpapier abtropfen lassen und warm halten. Die Basilikumblätter in feine Streifen schneiden. Mit Olivenöl, Ingwer, Salz und Pfeffer verrühren. Das Thunfischfilet in feine Scheiben schneiden und mit dem Basilikum-Öl-Gemisch marinieren. Den geriebenen Apfel mit Kren vermengen. Den marinierten Thunfisch auf die warmen Brote auftragen. Mit Apfelkren und den halbierten Tomaten dekorativ garnieren. *Foto Seite 65/5*

Die schnelle Single-Küche

IM NU ZUBEREITETE GAUMENFREUDEN, DIE DAFÜR SORGEN, DASS MAN SICH AUCH IM EIN-FRAU- ODER EIN-MANN-HAUSHALT NIEMALS GANZ ALLEIN FÜHLT

„Mood Food" als Antidepressivum

Immer mehr Menschen leben in Single-Haushalten, und immer mehr Menschen leiden an Depressionen. Gleichgültig, ob diese beiden von Demographen wiederholt festgestellten Strömungen etwas miteinander zu tun haben – die moderne Ernährungswissenschaft weiß eine Antwort darauf: Sie heißt „Mood Food" und ist eine Kampfansage an die Gleichförmigkeit des Alltags.

Gutes, zuträgliches Essen soll Langeweile ebenso vertreiben wie Depressionen. Das hat etwa auch die führende österreichische Ernährungswissenschaftlerin Hanni Rützler erforscht: „Essen wird zunehmend als Regulativ für die eigenen Stimmungslagen eingesetzt: Ist uns langweilig, greifen wir zu Snacks, die eine knackige akustische Stimulanz versprechen. Fühlen wir uns ausgelaugt, so brauchen wir etwas Stärkendes, Weiches, Einlullendes. Exotische und luxuriöse Speisen dienen als Belohnung für erbrachte Leistungen oder als Waffe gegen die eigene Frustration."

Ganz besonders gilt das für das Leben im Single-Haushalt, wo man sich vor depressiven Phasen am besten schützt, indem man sich das Leben „all in one" auch kulinarisch erträglich macht. Wichtigste Regel: Gönnen Sie sich etwas wirklich Gutes, und verfallen Sie nicht in den Irrtum zu glauben, dass sich der Aufwand „nur wegen einer Person" nicht lohne.

Das Gegenteil ist der Fall. Der Aufwand lohnt sich, da Sie diese Person sind und es um Ihre gute Laune und Ihr Wohlgefühl geht. „Mood Food" kann hier wertvolle Hilfe leisten. Einige Tipps:

- *Wählen Sie Gerichte, mit denen Sie sich in Gedanken leicht in eine von Ihnen geliebte Landschaft – etwa in mediterrane oder fernöstliche Gefilde – versetzen können.*
- *Decken Sie Ihren Tisch so sorgfältig, wie Sie es auch für zwei tun würden, nämlich mit Liebe. Sie verwöhnen sich schließlich selbst.*
- *Kochen Sie etwas, womit Ihnen buchstäblich „warm ums Herz" wird. Besonders mollige, hocharomatische Suppen haben häufig antidepressiven Charakter.*
- *Achten Sie auf gesunde Kohlehydrate (Vollwertprodukte!) und verzichten Sie auf unnötige Kalorienbomben, die letztlich nur wieder müde und schwermütig machen.*
- *Gönnen Sie sich ruhig ein gutes Gläschen Wein zum und etwas Schokolade oder ein feines Bonbon nach dem Essen. Denn dass Wein beschwingt und Schokolade glücklich macht (beides natürlich in Maßen und nicht in Massen genossen), das konnte bis dato noch keine Ernährungsstudie widerlegen.*

Steirischer Bauernsalat mit Schafkäse

ZUTATEN FÜR 1 PORTION

ca. 100 g Blattsalat (Bummerlsalat, Lollo Rosso etc.) · 1 kleines Stück Salatgurke 1 Tomate · 50 g Schafkäse · 2 TL Kürbiskernöl · 1 EL Weinessig · 1–2 EL Kürbiskerne gehackte Petersilie und Basilikum · Salz, Pfeffer

ZUBEREITUNG

Die gewaschenen Salate in mundgerechte Stücke teilen. Gurke in etwa 3 cm lange Stücke schneiden und leicht salzen. Die Tomate waschen und in Scheiben, den Schafkäse in Würfel schneiden. Salat in eine Schüssel geben. Salzen und pfeffern. Die Kürbiskerne in einer beschichteten Pfanne ohne Fett rösten, bis sie schön prall sind, und gemeinsam mit den Tomaten, Kräutern sowie Gurken beigeben. Mit Weinessig sowie Kürbiskernöl marinieren und alles sanft durchmischen. Den Schafkäse über den Salat streuen.

Sommerlicher Wurstsalat

ZUTATEN FÜR 1 PORTION

100 g Wurstscheiben (feine Extra- oder Schinkenwurst) · 3 EL Weißweinessig 3 EL Olivenöl · Radieschen, Jungzwiebeln und Eichblattsalat nach Belieben 1/2 rote Zwiebel · Salz, Pfeffer aus der Mühle · gehackte Kräuter zum Garnieren

ZUBEREITUNG

Etwa ein Drittel der Wurstscheiben in Streifen schneiden. Die restlichen Wurstscheiben auf einen Teller legen. Aus Essig, Salz, frisch gemahlenem Pfeffer und Olivenöl eine Marinade anrühren. (Sollte der Essig zu sauer sein, mit etwas Zucker süßen, wobei die Marinade allerdings ruhig etwas säuerlicher sein sollte.) Den Eichblattsalat putzen, Radieschen und Jungzwiebeln in feine Scheiben schneiden. Alles mit einem Teil der Marinade vermengen und auf den Wurstscheiben anrichten. Restliche Marinade über die Wurst verteilen. Wurststreifen über den Salat streuen. Mit frisch gemahlenem Pfeffer bestreuen. Rote Zwiebel in feine Scheiben schneiden und den Wurstsalat damit garnieren. Mit gehackten Kräutern dekorieren.

Frühlingssalat mit Sprossen und Kernen

ZUTATEN FÜR 1 PORTION

50 g Sprossen nach Wahl (Mungobohnen-, Soja-, Linsen- oder Rettichsprossen)
100 g gemischte Blattsalate (Frisée-, Eichlaub-, Rucola- oder Vogerlsalat)
Pinien- und Sonnenblumenkerne nach Belieben

FÜR DIE SALATSAUCE

1 EL Balsamicoessig · 3 EL Nussöl · Salz, Pfeffer · Staubzucker

ZUBEREITUNG

Salate putzen, waschen und in mundgerechte Stücke teilen. Für die Marinade den Balsamicoessig mit dem Nussöl, Salz, Pfeffer und wenig Staubzucker verrühren. Die Pinien- und Sonnenblumenkerne in einer beschichteten Pfanne ohne Fett anrösten. Salate und Sprossen auf einem Teller anrichten, die gerösteten Kerne darüber streuen und mit der vorbereiteten Salatsauce abmachen.

Carpaccio vom Rind mit Senfsauce

ZUTATEN FÜR 1 PORTION

ca. 70–100 g Rindslungenbraten, gut zugeputzt und beste Qualität · 1 EL Olivenöl 1 KL Dijonsenf · Spritzer Zitronensaft · Salz, Pfeffer · Olivenöl für die Folie nach Bedarf · junger Parmesan zum Hobeln · marinierter Rucola oder Friséesalat zum Garnieren

FÜR DIE SENFSAUCE

1 EL leichte Mayonnaise · 1 TL Dijonsenf

VORBEREITUNG

Den Rindslungenbraten straff in eine Folie wickeln, leicht anfrieren und vor dem Servieren mit einer Schneidemaschine dünn aufschneiden.

FÜR BESONDERS EILIGE

Das Rindsfilet je nach Größe nochmals der Breite nach teilen, zwischen zwei mit Olivenöl bestrichenen Folien legen und mit dem Plattiereisen hauchdünn klopfen.

ZUBEREITUNG

Olivenöl und Dijonsenf auf einem Teller kreisförmig auftragen. Salz, frisch gemahlenen Pfeffer und einen Spritzer Zitronensaft darauf streuen bzw. träufeln. Dann die dünnen Filetscheiben dekorativ auf die gewürzten Teller legen. Für die Senfsauce die Mayonnaise mit dem Senf glatt rühren. In ein Stanitzel (mit feiner Öffnung) aus Butterbrotpapier füllen und dekorativ auf das Carpaccio aufspritzen. Den Parmesan darüber hobeln. Mit etwas mariniertem Rucola- oder Friséesalat garnieren.

BEILAGENEMPFEHLUNG: frisches Weißbrot oder Toasts

Räucherforellentatar mit Kartoffelchips

ZUTATEN FÜR 1 PORTION

100 g Räucherforellenfilet · 1 KL Sauerrahm · 1 KL Mayonnaise · Zitronensaft 1–2 mehlige Kartoffeln · gehackter Schnittlauch nach Belieben · Salz, Pfeffer Öl zum Herausbacken · Blattsalate nach Belieben

FÜR DIE DILL-SENFSAUCE

1–2 EL Sauerrahm · 1 KL Honig · 1 KL Senf · gehackte Dille · Salz, Pfeffer

FÜR DAS DRESSING

ca. 1 EL Kräuter-, Wein-, oder Balsamicoessig · 2–3 EL Nuss- und Olivenöl Salz, Pfeffer

ZUBEREITUNG

Die Haut von dem Räucherforellenfilet abziehen und noch eventuell vorhandene Gräten entfernen. Filet faschieren oder sehr fein hacken. Die Fischmasse mit Sauerrahm, Mayonnaise sowie Zitronensaft verrühren. Mit Salz und Pfeffer abschmecken. Etwas fein geschnittenen Schnittlauch unterrühren. Die Kartoffeln schälen und in feine Scheiben schneiden. In einer Pfanne Öl erhitzen, die Kartoffelscheiben einlegen und zu Chips backen. Herausheben und auf Küchenpapier abtropfen lassen.

Für die Dill-Senfsauce den Sauerrahm mit Honig, Senf und der gehackten Dille verrühren. Mit Salz und Pfeffer würzen. Für das Dressing alle Zutaten miteinander verrühren und den Salat damit marinieren. Den marinierten Salat auf einem Teller anrichten, das Räucherforellentatar daneben platzieren, mit etwas Dill-Senfsauce beträufeln und mit den knusprigen Chips garnieren.

Salatkunde auf die Schnelle

Die schnellsten Blattsalate …

… sind stets jene, die möglichst wenig Arbeit machen. Viele Supermärkte bieten heute vorgewaschene und speziell verpackte Salate an, die man nur noch marinieren muss. Kauft man unverpackte Salate, so ist es sinnvoll, vor allem solche Sorten zu wählen, die sich im Gemüsefach auch länger halten und daher auch in mehreren Portionen verspeist werden können. Besonders für die schnelle Single-Küche geeignet sind etwa:

- **EISSALAT** *(auch Krachsalat genannt) ist ein besonders fester, frischgrüner und daher relativ lange knackig bleibender Salat, der für viele Zubereitungen geeignet ist.*
- **KOCHSALAT** *(auch Römersalat) verdankt seinen Namen der Tatsache, dass er wegen seiner extremen Knackigkeit auch gerne gekocht und für Suppen verwendet wird. Die hohe Schule des Römersalats ist jedoch der „Caesar's Salad" (s. Rezept S. 36).*
- **LOLLO ROSSO** *Der dunkelrot bis violett geränderte Salat, der wie Eis- und Kochsalat ebenfalls aus der Gruppe der Schnitt- und Pflücksalate (Lactuca Sativa) stammt, hält sich länger als andere Salate frisch und kann auch im Gemüsefach des Kühlschranks aufbewahrt werden. Dabei sollten welke Blätter jedoch laufend entfernt werden. Ein Tipp: Lollo Rosso niemals neben Obst legen, da er durch Äthyleneinwirkung schnell verdirbt.*
- **ENDIVIE** *(Cichorium endivia latifolium, auch Escariol oder Glatte Endivie genannt), ist der klassische Wintersalat aus der Zichorienfamilie. Er ist mit dem Friséesalat (Krause Endivie) zwar verwandt, aber länger haltbar und zeichnet sich durch ein harmonisch-zartbitteres Aroma aus.*
- **RADICCHIO** *Der rote Chicorée zählt ebenfalls zur Zichorienfamilie, heißt aber auch Rote Endivie und ist aus botanischer Sicht eigentlich gar keine Salatpflanze. Seine Saison reicht etwa von Oktober bis Mai. Radicchio, der im Kühlschrank auch länger haltbar ist, erfreut sich als Salatgemüse aufgrund seiner knackigen Blätter großer Beliebtheit, kann aber auch – wie etwa der berühmte Radicchio di Treviso – gedünstet oder gegrillt werden.*

Salatzubereitung auf die Schnelle

- *Bereiten Sie immer größere Mengen von Dressing zu, die sich im Kühlschrank in gut verschlossenen Gläsern bequem mehrere Tage aufbewahren lassen.*
- *Setzen Sie Ihrer Phantasie keine Grenzen. Als bewährte Faustregel gilt: 1 Teil Essig, 2 Teile Öl sowie Kräuter, Zwiebeln, Knoblauch und je nach Geschmack Gewürze von Curry bis Kreuzkümmel, verschiedene Senfsorten, Blau- oder Grünschimmelkäse,*

Schaffrischkäse, Joghurt und vieles mehr. Wichtig: Alle Zutaten müssen dieselbe Temperatur haben.

- *Verwenden Sie nach dem Waschen der Salatblätter eine Salatschleuder zum Trocknen. Das geht nicht nur schneller, sondern funktioniert auch gründlicher und materialschonender als das händische „Auswinden" des Salats.*

- *Marinieren und zerkleinern Sie den Salat immer erst unmittelbar vor dem Auftragen. Nur so bleibt er knackig und fällt nicht in sich zusammen.*

Frische oder getrocknete Salatkräuter?

Dass frische Kräuter in der Salatküche (und keineswegs nur in dieser) getrockneten vorzuziehen sind, ist eine kulinarische Binsenweisheit. Ebenso selbstverständlich ist es allerdings auch, dass sich mit getrockneten Kräutern schneller arbeiten lässt, weil man sich das Verlesen, Hacken oder Schneiden erspart. Immerhin können auch getrocknete Kräuter durchaus Salatfreude bereiten. Wichtig ist nur, sie dunkel zu lagern, da Lichteinwirkung mittelfristig stets auch Aromaverlust bedeutet.

Das Aroma von Trockenkräutern lässt sich zusätzlich steigern, wenn man sie beim Würzen zwischen den Fingern zerreibt. Und noch etwas: Getrocknete Kräuter halten nicht ewig. Erneuern Sie Ihre Bestände also möglichst jährlich.

Auch Frischkräuter müssen nicht – obwohl das wünschenswert wäre – in jedem Fall unmittelbar nach dem Pflücken bzw. dem Einkauf verwendet werden. Im Kühlschrank erhalten frische Kräuter ihr Aroma am längsten, wenn man sie in feuchtes Küchenkrepp einschlägt und zusätzlich mit atmungsaktiver Frischhaltefolie umwickelt, damit im Kühlschrank keine Wasserpfützen entstehen.

Apropos Wasser: Frischkräuter sollte man niemals feucht verarbeiten, weil sie sich dann schlechter schneiden lassen und an Aroma verlieren.

Flotte Kräuter für feine Salate

- **PETERSILIE**, *das weltweit wohl beliebteste Küchenkraut, sollte man niemals zu fein hacken. Andernfalls bleibt das Aroma am Schneidbrett, und die Petersilie selbst schmeckt nur noch langweilig grasig. Dies gilt übrigens auch für alle anderen in der Küche verwendeten Kräuter. Aromaschonender ist es stets, wenn man nicht mit einer Kräuterwiege, sondern mit einem scharfen Messer arbeitet.*

- **BASILIKUM** *wird mit Recht auch als Königsbalsam bezeichnet. Es verbindet sich hervorragend mit Tomaten- und anderen Gemüsesalaten und vermag vor allem in Verbindung mit Rosmarin und Knoblauch fein-mediterrane Aromen zu erzeugen. Wichtig: Basilikum niemals hacken, sondern nur in grobe Streifen schneiden. Dies tut man am besten mit einer Schere. So verfärbt sich die Schnittstelle nicht.*

KERBEL *ist ein der Petersilie verwandtes Suppenkraut, das sich aufgrund seines frischen Aromas auch hervorragend als bestimmende Geschmackskomponente in Kräuterdressings eignet und obendrein ohne Probleme eingefroren werden kann.*

KRESSE *gilt mit Recht als eines der duftigsten, erfrischendsten und gesündesten Salatkräuter. Sie ist in kleinen Pappendeckel-Boxen im Supermarkt erhältlich, lässt sich jedoch auch ganz leicht daheim in Schalen oder tiefen Tellern ziehen. Weichen Sie dafür das Saatgut eine Nacht vor der Aussaat in lauwarmem Wasser ein und verteilen Sie dieses dann dicht und gleichmäßig auf der Oberfläche des Substrats (sandige Erde, dicke Watte oder mehrere Schichten Papierservietten). Wichtig ist, dass der Behälter immer feucht ist und an einem hellen Ort steht. Wer stets frische Kresse zur Verfügung haben möchte, muss sie alle 14 Tage neu aussäen. Sie gedeiht zu jeder Jahreszeit.*

SALBEI *ist nicht nur als Gewürzkraut beliebt, sondern spielt auch in der Heilkräuterkunde („Iss Salbei im Mai, und du wirst ewig leben!") eine große Rolle. Salbei vermag vielen Salaten eine spannende Geschmackskomponente zu verleihen, sollte jedoch wegen seiner Intensität nur sparsam verwendet werden.*

Häuptelsalat mit Kohlrabi-Apfel-Rohkost

ZUTATEN FÜR 1 PORTION

1/2 Kohlrabi · 1/2 Apfel
1 EL Pinienkerne · 1/2 Häuptelsalat · 50 g Joghurt
Salz, Pfeffer · Zitronensaft
Kresse zum Garnieren

FÜR DIE SALATSAUCE

1 EL weißer Balsamicoessig
Salz, Pfeffer · 2 EL Walnussöl

ZUBEREITUNG

Den Kohlrabi schälen und in Stifte, den ungeschälten Apfel in Scheiben schneiden. Den Häuptelsalat in mundgerechte Stücke zerpflücken und waschen. Für die Salatsauce den Balsamicoessig mit Walnussöl, Salz und Pfeffer verrühren. Den Häuptelsalat mit den Kohlrabistiften und Apfelscheiben vermengen und das Ganze mit der Marinade abmachen. Joghurt mit Salz, Pfeffer und Zitronensaft verrühren und über den Salat träufeln. Die Pinienkerne in einer beschichteten Pfanne ohne Fett anrösten und über den Salat streuen. Mit Kresse garnieren.

Blattsalat mit Kalbsbries

ZUTATEN FÜR 1 PORTION

ca. 60 g Kalbsbries · Butter zum Anbraten glattes Mehl zum Wenden · Blattsalate (Frisée-, Eichblatt- oder Vogerlsalate), nach Belieben · 2 Kirschtomaten · 1–2 EL Balsamicoessig · 2–4 EL Olivenöl · Salz, Pfeffer, Zucker · Kräuter zum Garnieren

VORBEREITUNG

Das Kalbsbries gut wässern, Häutchen entfernen und Bries in kleine Röschen teilen.
Das Backrohr auf 150 °C vorheizen.

FÜR BESONDERS EILIGE

Braten Sie statt dem gewässerten Bries einige Hühnerbruststreifen kurz in Butter.

ZUBEREITUNG

Die Kalbsbriesröschen mit Salz und Pfeffer würzen. In Mehl zart wenden und überschüssiges Mehl abklopfen. In einer Pfanne etwas Butter erhitzen und die Briesröschen darin von allen Seiten goldbraun braten. Für 2 Minuten bei 150 °C ins Backrohr stellen.
Währenddessen für das Dressing den Balsamicoessig mit Salz, Pfeffer, etwas Zucker und Olivenöl verrühren. Die gewaschenen Blattsalate in mundgerechte Stücke teilen, mit der Salatsauce mischen und auf einem Teller anrichten. Kirschtomaten in Spalten schneiden und dekorativ dazulegen. Die Briesröschen auf dem Salat anrichten und mit Kräutern garnieren.

Melonen-Gurken-Salat mit Garnelen

ZUTATEN FÜR 1 PORTION

3 ausgelöste Garnelen · 1/4 Honigmelone · 50 g Wassermelone (ohne Kerne) 1/4 Salatgurke · etwas frische Minze · 1 EL weißer Balsamicoessig · Salz, Pfeffer 2 EL Olivenöl · 50 g Joghurt · Cayennepfeffer · Schuss Zitronensaft · Olivenöl zum Braten

ZUBEREITUNG

Honigmelone entkernen und das Fruchtfleisch mit einem Kugelausstecher oder kleinen Löffel herauslösen. Die ebenfalls entkernte Wassermelone in Würfel schneiden. Beides in eine Schüssel geben. Die Salatgurke der Länge nach vierteln und die Kerne entfernen. Gurke in Streifen schneiden und unter die Melonenstücke mengen. Minze in Streifen schneiden und ebenfalls dazugeben. Balsamicoessig mit Salz, Pfeffer und Olivenöl verrühren und den Melonensalat damit marinieren. Joghurt mit etwas Cayennepfeffer und Zitronensaft verrühren. Etwas Olivenöl in einer Pfanne erhitzen und die Garnelen bei mittlerer Hitze darin kurz beidseitig braten, bis sie gerade durch, aber noch saftig sind. Mit Salz und Pfeffer würzen. Den Melonensalat auf einem Teller anrichten, die Garnelen darauf setzen und mit dem gewürzten Joghurt beträufeln. Mit einigen Minzeblättern garnieren.

Romanasalat mit Buttercroûtons und Senf-Vinaigrette

ZUTATEN FÜR 1 PORTION

1–2 Scheiben Toastbrot · 1 EL Butter · 1/2 Romanasalat (Römischer oder Kochsalat) 1 kleine rote Zwiebel · 2 EL Olivenöl · 1 TL Dijonsenf · 1 EL Joghurt · 1 TL frisch gepresster Zitronensaft · etwas frisch geriebener Parmesan · Salz, Pfeffer · Zucker 1 EL gehacktes Koriandergrün · 1 EL gehackte Petersilie

ZUBEREITUNG

Das Toastbrot entrinden und würfelig schneiden. Die Butter in einer Pfanne erhitzen und die Toastbrotwürfel darin rundum goldbraun braten. Den Romanasalat vom Strunk entfernen, in 2 cm breite Streifen schneiden, waschen und abtropfen lassen. Für die Vinaigrette das Olivenöl mit Senf und Joghurt verrühren. Mit Parmesan, Zitronensaft, Salz, Pfeffer und etwas Zucker abschmecken. Die rote Zwiebel in hauchdünne Scheiben schneiden. Die Zwiebelscheiben unter den Salat mengen und mit der Senf-Vinaigrette sanft durchmischen. Mit den gehackten Kräutern bestreuen und auf einem Teller anrichten. Mit den knusprigen Buttercroûtons bestreuen.

Salat mit Ziegenkäse und Sardellen

ZUTATEN FÜR 1 PORTION

50 g eingelegte Sardellen · 50 g Ziegenkäse · 1 Hand voll Rucola · etwas Eisbergsalat · 100 g Tomaten · ein paar schwarze Oliven (ohne Kerne) · Salz, Pfeffer etwas Zitronensaft · 1–2 EL Olivenöl

ZUBEREITUNG

Den Eisbergsalat in breite Streifen, Tomaten in Spalten schneiden. Eisbergsalat, Rucola und Tomaten in eine Schüssel geben. Den Ziegenkäse würfelig schneiden und gemeinsam mit den entkernten Oliven dazugeben. Salz, Pfeffer, Zitronensaft und Olivenöl in einer Schüssel verrühren. Den Salat anrichten, die Salatsauce darüber verteilen und die Sardellen obenauf legen.

BEILAGENEMPFEHLUNG: frisches Gebäck

Griechischer Salat

ZUTATEN FÜR 1 PORTION

1/4 ungeschälte Salatgurke · 1 Tomate · 1/2 grüne Paprikaschote · 1 Jungzwiebel Basilikum und Schnittlauch · 100 g Feta oder anderer schnittfester Schafkäse

FÜR DIE MARINADE

1 EL Weinessig · Salz, Pfeffer · 2–3 EL Olivenöl

ZUBEREITUNG

Die ungeschälte Gurke gut waschen und in Stifte, die Tomate in Spalten schneiden. Die Paprikaschote entkernen und in Streifen schneiden. Die Jungzwiebel in Ringe, Basilikum und Schnittlauch fein schneiden. Alle Zutaten in einer Schüssel sanft vermischen.

Für die Marinade alle Zutaten verrühren und den Salat damit abmachen. Den Salat anrichten, Feta in Würfel schneiden und darüber streuen.

BEILAGENEMPFEHLUNG: resches Weißbrot

Sing(u)l(är)e-Suppen

Knoblauchcremesuppe mit Nussbrotcroûtons

ZUTATEN FÜR 1 PORTION

1/2 kleine, fein gehackte Zwiebel · Butter zum Anschwitzen · 1 KL Vollkornmehl 200 ml Gemüsefond oder Rindsuppe · 2 zerdrückte Knoblauchzehen 40 ml Schlagobers · Salz, Pfeffer · 1 EL Schlagobers (geschlagen) Olivenöl für die Croûtons · Nussbrot zum Rösten (ersatzweise Schwarzbrot)

ZUBEREITUNG

Die fein gehackten Zwiebeln mit den zerdrückten Knoblauchzehen in etwas geschmolzener Butter anschwitzen. Vollkornmehl einrühren und kurz mitdünsten. Mit Gemüsefond oder Rindsuppe aufgießen und aufkochen lassen. Obers zugießen und noch einige Minuten kochen lassen. Währenddessen das Nussbrot in hauchdünne Scheiben oder Würfel schneiden und in heißem Olivenöl knusprig rösten. Die Suppe mit Salz sowie Pfeffer würzen und mit dem Stabmixer pürieren. Durch ein feines Sieb passieren und mit dem geschlagenen Obers aufmixen. In eine heiß ausgespülte Tasse füllen und die knusprigen Croûtons darüber streuen.

Foto Seite 82/1

Fast Soups: Aus eins mach zehn!

Wer jemals einen Kochkurs belegt oder ein Grundkochbuch gelesen hat, weiß: Wirklich gute Suppen können niemals schnell zubereitet werden. Ganz im Gegenteil: Es bedarf erst der „Erfindung der Langsamkeit", um einer Suppe in oft mehrstündiger Prozedur zu jenem Aroma zu verhelfen, das sie wirklich verdient.

Dennoch eignen sich Suppen geradezu ideal für die schnelle Single-Küche, da man das Grundprodukt dafür – eine gute Rind-, Hühner- oder Gemüsesuppe – bequem in 250 ml-Behältern portionieren und tiefkühlen kann. Wer sich also die Mühe macht – etwa an einem langen Schlechtwetter-Wochenende –, zweieinhalb Liter Suppe zuzubereiten (die im Grunde auch kaum Zeit, sondern nur Geduld braucht), der darf sich in den Tagen darauf auf zehn(!) schnelle, köstliche Suppenmahlzeiten freuen.

Selbstverständlich können Sie viele von den hier angeführten Suppen auch in größeren Mengen zubereiten und diese portionsweise einfrieren. Das Auftauen und die Fertigstellung ist dann oft nur noch Minutensache!

Tomatensuppe für Einsame

ZUTATEN FÜR 1 PORTION

**1 Schalotte oder 1/2 Zwiebel · 2 Tomaten · Tomatenmark · 200 ml Rindsuppe
Schuss Weißwein · Butter zum Anschwitzen · 2 EL geschlagenes Obers
Salz, Pfeffer**

ZUBEREITUNG

Die Schalotte oder Zwiebel feinwürfelig, die Tomaten in Scheiben schneiden. Etwas Butter in einem Topf schmelzen lassen und die Schalotte darin anschwitzen. Tomatenscheiben und etwas Tomatenmark zugeben und alles kurz durchrösten. Mit Weißwein ablöschen, mit Rindsuppe aufgießen und etwa 8 Minuten köcheln lassen. Dann mit dem Stabmixer pürieren. Mit Salz und Pfeffer abschmecken. Suppe durch ein Sieb passieren. Mit geschlagenem Obers aufmixen und in einem vorgewärmten Teller oder einer Suppentasse anrichten.

Foto Seite 83/6

Polenta-Lauch-Suppe

ZUTATEN FÜR 1 PORTION

**1 EL Polenta (Maisgrieß) · 1/2 Stange Lauch · Butter zum Anschwitzen
200 ml Rindsuppe · 50 ml Schlagobers · Salz, Pfeffer · gemahlene Muskatnuss
Kernöl und gehackte Petersilie zum Garnieren**

ZUBEREITUNG

Den Lauch in feine Scheiben schneiden, waschen und abtropfen lassen. Etwas Butter in einem Topf erhitzen und den Lauch darin anschwitzen. Polenta einrühren, kurz anschwitzen und mit Suppe und Obers aufgießen. Bei kleiner Flamme etwa 5 Minuten köcheln lassen. Mit Salz, Pfeffer und Muskatnuss abschmecken. In einem vorgewärmten tiefen Teller anrichten, mit etwas Kernöl beträufeln und gehackte Petersilie darüber streuen.

Foto Seite 82-83/5

Karottensuppe

ZUTATEN FÜR 1 PORTION

**2 Karotten · 1/2 Zwiebel · Salz, Pfeffer · 1 Knoblauchzehe · 250 ml Gemüsefond
1/2 EL Sauerrahm · 1 EL Semmelwürfel · Butter zum Anrösten · gehackte Petersilie**

ZUBEREITUNG

Die Zwiebel feinwürfelig schneiden und in etwas Butter anschwitzen. Die Karotten grob reißen und zu den Zwiebeln geben. Mit Salz, Pfeffer und zerdrücktem Knoblauch würzen. Mit Gemüsefond aufgießen und etwa 5 Minuten köcheln lassen. Den Sauerrahm einrühren, Suppe vom Herd nehmen und mit dem Stabmixer pürieren.

In einer Pfanne die Semmelwürfel in etwas Butter bräunen. Die Karottensuppe in einen vorgewärmten tiefen Teller gießen, mit den knusprigen Weißbrotwürfeln sowie gehackter Petersilie bestreuen und servieren.

Foto Seite 82/7

1

4

7

2

3

5

6

8

9

Petersilienwurzelsuppe mit Chips

ZUTATEN FÜR 1 PORTION

100 g Petersilienwurzel · Butter zum Anschwitzen · 250 ml Geflügelfond (ersatzweise Gemüse- oder Rindsuppe) · 50 ml Schlagobers · 1 EL geschlagenes Obers · 1/2 mehlige Kartoffel · Öl zum Herausbacken

ZUBEREITUNG

Die Petersilienwurzel waschen, schälen und klein schneiden. Etwas Butter in einem Topf schmelzen und die Wurzeln darin anschwitzen. Den Geflügelfond zugießen und etwa 8 Minuten köcheln lassen, bis die Petersilienwurzeln weich sind. Währenddessen die geschälte Kartoffel in feine Scheiben schneiden und in ausreichend heißem Öl zu knusprigen Chips frittieren. Herausheben und auf Küchenkrepp abtropfen lassen. Das Schlagobers in die Suppe einrühren, nochmals kurz aufkochen. Dann im Mixer pürieren und anschließend durch ein Sieb passieren. Das geschlagene Obers zugeben und nochmals kurz aufmixen. In einen vorgewärmten Suppenteller füllen und mit den knusprigen Chips garniert servieren.

Foto Seite 83/9

Fenchelsuppe

ZUTATEN FÜR 1 PORTION

120 g Fenchel · Butter zum Anschwitzen · 1 kräftiger Schuss Weißwein 2 cl Pernod · 250 ml Gemüsesuppe · 60 ml Schlagobers · Salz, Pfeffer

ZUBEREITUNG

Den gut geputzten Fenchel teilen und in Streifen schneiden. Die Fenchelstreifen in etwas Butter anschwitzen. Mit einem kräftigen Schuss Weißwein ablöschen, mit Gemüsesuppe aufgießen und den Fenchel weich dünsten. Obers zugießen, nochmals kurz aufkochen und dann die Suppe mit dem Stabmixer pürieren. Suppe durch ein Sieb passieren. Mit Pernod, Salz und Pfeffer abschmecken. In eine heiß ausgespülte Tasse füllen und servieren.

GARNITUREMPFEHLUNG: knusprige Weiß- oder Schwarzbrotcroûtons *Foto Seite 82-83/2*

Kräutercremesuppe

ZUTATEN FÜR 1 PORTION

70 ml Schlagobers · 1/2 EL Butter · ca. 30 g gehackte Petersilie, Basilikum, Schnittlauch etc.

FÜR DEN GEMÜSEFOND

250 ml Wasser · Salz, Pfeffer · 1 Hand voll Kräuter (Petersilie, Basilikum) nach Belieben · 1/2 Karotte

ZUBEREITUNG

Für den Gemüsefond die Karotte in grobe Würfel schneiden. Wasser mit den Karottenstückchen, Salz, Pfeffer sowie Kräutern aufkochen und 5 Minuten köcheln lassen. Diesen Gemüsefond abseihen, Schlagobers zugießen und abermals aufkochen lassen. Mit den gehackten Kräutern fein mixen. Butter zugeben, nochmals aufmixen und in einer heiß ausgespülten Suppentasse servieren.

Foto Seite 82/4

Gelbe Zucchinisuppe

ZUTATEN FÜR 1 PORTION

1/2 gelbe Zucchini · Butter zum Anschwitzen · 250 ml Geflügelfond (ersatzweise Gemüse- oder Rindsuppe) · 60 ml Schlagobers · Salz, Pfeffer etwas gemahlener Koriander

ZUBEREITUNG

Die Zucchini gut waschen und in Scheiben schneiden. In einer Kasserolle etwas Butter erhitzen und die Zucchini darin anschwitzen. Mit Geflügelfond ablöschen und 5 Minuten köcheln lassen. Schlagobers zugeben, aufkochen und mit Salz, Pfeffer sowie Koriander würzen. Mit dem Stabmixer pürieren und durch ein feines Sieb seihen. Vor dem Servieren nochmals rasch aufmixen und in einen heiß ausgespülten Teller oder eine Suppentasse füllen.
GARNITUREMPFEHLUNG: knusprige Weiß- oder Schwarzbrotcroûtons *Foto Seite 82-83/8*

Bärlauchcremesuppe

ZUTATEN FÜR 1 PORTION

60 g Bärlauch · 250 ml Gemüsefond oder Rindsuppe · 60 ml Schlagobers Salz, Pfeffer · gemahlene Muskatnuss

ZUBEREITUNG

Die Bärlauchstängel von den Blättern entfernen. Blätter waschen, abtropfen lassen und fein hacken. In einem Topf den Gemüsefond oder die Rindsuppe erhitzen. Schlagobers zugießen und nochmals kurz aufkochen lassen. Bärlauch einrühren und in der Küchenmaschine oder mit dem Stabmixer mixen. Mit Salz, Pfeffer sowie Muskatnuss abschmecken. In eine heiß ausgespülte Suppentasse füllen und auftragen. *Foto Seite 83/3*

Pot-au-Feu von Meeresfischen

ZUTATEN FÜR 1 PORTION

250 ml Gemüse- oder Hühnersuppe · 1 Msp. Safranfäden · 150 g entgrätete Fischfilets (z. B. Rotbarbe, Angler, Petersfisch, Rotzunge o. Ä.) · 1–2 geschälte und geputzte Scampi · 1 Schuss Sherry

ZUBEREITUNG

Die sorgfältig entgräteten Fischfilets in mundgerechte Stücke schneiden. Die Safranfäden in wenig lauwarmem Wasser einweichen, bis dieses sich tief gelb verfärbt. Währenddessen die Suppe in einem Topf aufkochen. Dann Hitze soweit reduzieren, dass die Suppe gerade leicht köchelt. Safran, Scampi und Fischfilets zugeben und langsam (nicht länger als 5 Minuten) gar ziehen lassen. Suppe mit einem Schuss Sherry abschmecken und in eine große vorgewärmte Suppenschale füllen.
BEILAGENEMPFEHLUNG: geröstetes Knoblauchbaguette

TIPP

Wer den Pot-au-Feu gerne etwas schärfer hat, der kann auch für ein paar Minuten eine kleine Chilischote mitkochen und diese vor dem Servieren wieder entfernen.

Ein-spänner und andere warme Gerichte

Berner Einspänner

ZUTATEN FÜR 1 PORTION

1 Frankfurter Würstel oder 1 Bockwurst · 30 g Hartkäse (Emmentaler, Bergkäse, Gouda etc.) · 2–3 Scheiben dünn geschnittener Frühstücksspeck · 1 KL Öl Senf und/oder Ketchup · 1 Semmel

ZUBEREITUNG

Die Wurst mit einem scharfen Messer der Länge nach aufschneiden, ohne sie dabei aber ganz durchzuschneiden. Den Hartkäse so zurechtschneiden, dass die Wurst damit gefüllt werden kann. Zusammenklappen und die Wurst von einem Ende zum anderen dicht mit Speckscheiben umwickeln. (Der Käse soll beim Braten nicht ausfließen können.) Wurst und Speck bei Bedarf mit zwei Zahnstochern zusammenstecken. Eine beschichtete Pfanne mit wenig Öl ausstreichen und den Einspänner darin rundum braten, bis der Speck goldbraun und der Käse darunter geschmolzen ist. Mit Senf und/oder Ketchup und einer Semmel servieren.

Tagliatelle mit Räucherlachs und Dille

ZUTATEN FÜR 1 PORTION

**100 g Tagliatelle (oder andere Bandnudeln mit kurzer Kochdauer)
ca. 80 g Räucherlachs · 1/2 kleine gehackte Zwiebel · 3 halbierte Kirschtomaten · 1 Schuss Weinbrand · 1 kräftiger Schuss Weißwein · 4 cl Schlagobers
Butter zum Anschwitzen · Salz, Pfeffer · etwas gehackte Dille
Parmesan zum Bestreuen**

ZUBEREITUNG

Die Tagliatelle in Salzwasser al dente kochen. Währenddessen die gehackte Zwiebel in etwas Butter glasig anschwitzen. Die halbierten Tomaten hinzufügen. Mit Weinbrand, einem kräftigen Schuss Weißwein und Schlagobers aufgießen und alles aufkochen lassen. Mit Salz sowie Pfeffer würzen und die Sauce mit einem Schneebesen glatt rühren.

Den Räucherlachs in Streifen schneiden, in die heiße Sauce einmengen und vom Herd nehmen. Die Nudeln abgießen, abtropfen lassen und in die Räucherlachssauce einmengen. Die gehackte Dille einrühren und in einem vorgewärmten Teller anrichten. Mit frisch geriebenem Parmesan bestreuen.

BEILAGENEMPFEHLUNG: Rucolasalat

Gemüsepuffer mit Basilikumcreme

ZUTATEN FÜR 1 PORTION

50 g Vollkornmehl · 1 Ei · 1 EL Schlagobers · 1/2 Zucchini · 1 kl. Stück Lauch 1 Schalotte (oder 1/2 Zwiebel) · 70 g Topfen · 2 EL Sauerrahm · frische Basilikumblätter · Salz, Pfeffer · Zitronensaft · frisch gehobelter Parmesan Butter zum Andünsten · Pflanzenöl zum Herausbacken

ZUBEREITUNG

Das Vollkornmehl mit dem Ei, Schlagobers, Salz und Pfeffer zu einem Teig verrühren. Die Zucchini grob reißen, den Lauch in feine Scheiben, die Schalotte in feine Würfel schneiden und das Gemüse in etwas Butter anschwitzen. Vom Herd nehmen und das Gemüse unter den Teig mischen.

Topfen, Sauerrahm und Basilikum im Mixer pürieren. Mit Salz, Pfeffer und Zitronensaft abschmecken. In einer Pfanne Öl erhitzen, die Puffermasse mit einem Löffel ins heiße Öl setzen und auf beiden Seiten goldgelb ausbacken. Herausheben und auf Küchenpapier abtropfen lassen. Puffer auf einen vorgewärmten Teller setzen, mit der vorbereiteten Basilikumcreme anrichten und mit frisch gehobeltem Parmesan bestreuen.

BEILAGENEMPFEHLUNG: Tomaten- oder Blattsalat

Gnocchi mit Eierschwammerln

ZUTATEN FÜR 1 PORTION

100 g fertige Gnocchi · ca. 100 g Eierschwammerl · 1–2 EL fein geschnittener Schnittlauch · 2 EL Rindsuppe (heiß) · 2 EL geschlagenes Obers · ca. 1 EL Butter zum Andünsten · frisch gehobelter Parmesan · Salz, Pfeffer

ZUBEREITUNG

Die Gnocchi nach Anleitung in Salzwasser kochen. Sobald die Gnocchi obenauf schwimmen, noch kurz ziehen lassen. Währenddessen in einer Pfanne Butter schmelzen und die geputzten Eierschwammerl darin anschwitzen. Mit Salz und Pfeffer würzen. Gnocchi aus dem Kochwasser heben, abtropfen lassen und zu den Schwammerln geben. Rindsuppe zugießen und geschlagenes Obers einmengen. Den gehackten Schnittlauch darüber streuen und alles kurz durchschwenken. Nochmals mit Salz und Pfeffer abschmecken. Gnocchi in einem vorgewärmten tiefen Teller anrichten und Parmesan darüber hobeln.

BEILAGENEMPFEHLUNG: Eisberg- oder Tomatensalat

Gebackenes Ei mit getrüffeltem Spinat

ZUTATEN FÜR 1 PORTION

200 g Blattspinat · Butter zum Anschwitzen · 4 cl flüssiges Schlagobers
1 Schuss Trüffelöl · 1 EL geschlagenes Obers · Salz, Pfeffer

FÜR DAS GEBACKENE EI

1 Ei · 1 Schuss Essig · Salz, Pfeffer · Mehl, Ei und Semmelbrösel zum Panieren
Öl zum Backen

ZUBEREITUNG

In einem Topf Wasser mit einem Schuss Essig aufkochen. Das Ei einlegen und 4 Minuten kochen. Herausheben, mit kaltem Wasser abschrecken und behutsam schälen. Mit Salz und Pfeffer würzen. Vorsichtig in etwas Mehl wenden, durch das verquirlte Ei ziehen und in Semmelbröseln wälzen. In einer kleinen Pfanne ausreichend Öl erhitzen und das Ei darin schwimmend goldgelb backen. Herausheben und auf Küchenkrepp trockentupfen.
Den Spinat waschen, in 5 mm breite Streifen schneiden und in etwas geschmolzener Butter anschwitzen. Schlagobers zugießen. Mit Salz, Pfeffer und Trüffelöl abschmecken. Nochmals kurz aufkochen lassen und unmittelbar vor dem Anrichten geschlagenes Obers unterheben. Spinat auf einem vorgewärmten Teller anrichten und das gebackene Ei darauf setzen.
BEILAGENEMPFEHLUNG: Salzkartoffel

TIPP

Wer sich davor scheut, das empfindliche wachsweiche Ei zu schälen und zu panieren, der brate einfach ein Spiegelei doppelt, d. h. auf beiden Seiten, und setze es dann auf den getrüffelten Spinat.

Trüffelöl – das Maggi der Nouvelle Cuisine

Zugegeben: Unter wahren Feinschmeckern erfreut sich Trüffelöl eines eher zwielichtigen Rufs, da es meist künstlich aromatisiert ist, den vollmundigen Geschmack einer echten Trüffel nur recht notdürftig ersetzen kann und mitunter eher aufdringlich als fein mundet.
Dennoch lässt sich Trüffelöl, von Spöttern darob als „Maggi der Nouvelle Cuisine" belächelt, gerade in der schnellen Küche auch saisonunabhängig und kostenschonend für Salate, Eier- und Nudelgerichte, Cremesuppen und Risotti optimal einsetzen.
Wer der Delikatessenindustrie misstraut, kann sein Trüffelöl übrigens auch problemlos selbst ansetzen. Man fülle dafür einen halben Liter möglichst geschmacksneutrales Öl in eine Flasche, deren Hals weit genug ist, dass man eine (notfalls auch zerkleinerte) Trüffel hineinschieben kann. Dann wird das Gebinde verkorkt und drei Tage an einem möglichst warmen Ort (Ofennähe oder südseitiges Fenster) aufbewahrt. Anschließend muss das Trüffelöl allerdings kühler (aber nicht im Kühlschrank) und vor allem dunkel aufbewahrt werden.
Ähnliche Effekte wie mit der Trüffel lassen sich auch mit leicht angerösteten Trüffelabfällen erzielen. Und wer statt des neutralen Öls lieber natives Olivenöl verwenden möchte, der kann das ruhig tun, muss aber dafür in Kauf nehmen, dass das Öl nicht nur nach Trüffeln duftet, sondern auch das Aroma des Olivenöls widerspiegelt.

Quickies für zwei

ZÄRTLICHE KULINARISCHE IDEEN FÜR ZWEI,
DIE WICHTIGERES ZU TUN HABEN ALS GROSS AUFZUKOCHEN –
ABER DENNOCH HUNGRIG SIND

Starters, die schnell abfahren

Eierschwammerlsuppe

ZUTATEN FÜR 2 PORTIONEN
150 g Eierschwammerl · 250 ml Gemüsesuppe · 125 ml Schlagobers · 1 EL Butter 1 Knoblauchzehe · Salz, Pfeffer · gehackte Petersilie

ZUBEREITUNG
Die Eierschwammerl putzen, in mundgerechte Stücke schneiden und in heißer Butter anschwitzen. Mit Gemüsesuppe aufgießen und 2–3 Minuten köcheln lassen. Schlagobers zugießen und mit der gepressten Knoblauchzehe, Salz sowie Pfeffer abschmecken. Nochmals kurz aufkochen und dann in heiß ausgespülte Suppentassen füllen. Mit gehackter Petersilie bestreuen.

Eierschwammerl-Eierspeis mit Häuptelsalat

ZUTATEN FÜR 2 PORTIONEN
150 g Eierschwammerl · 2 Jungzwiebeln · 2 EL fein geschnittener Schnittlauch 4 Eier · 60 ml Schlagobers · Salz, Pfeffer · Butter zum Braten · 1/2 Häuptelsalat

FÜR DAS DRESSING
2 EL Weißweinessig · 1 KL Staubzucker · 1 KL Estragonsenf · 4 EL Sonnenblumenöl Salz, Pfeffer

ZUBEREITUNG
Für das Dressing den Essig mit Staubzucker, Estragonsenf, Salz und Pfeffer verrühren. Das Sonnenblumenöl zugießen und alles zu einem sämigen Dressing verrühren. Den Häuptelsalat mit dem Dressing marinieren.
Die Eierschwammerl putzen, in mundgerechte Stücke teilen, die Jungzwiebeln in feine Ringe schneiden. Die Eier in eine Schüssel schlagen und mit dem Obers verquirlen. Mit Salz und Pfeffer würzen. In einer beschichteten Pfanne etwa einen Esslöffel Butter erhitzen und die Jungzwiebeln mit den Eierschwammerln darin anschwitzen. Wenn die Schwammerl Flüssigkeit verlieren, diese verdampfen lassen. Erst dann die Eiermischung darüber gießen und zu einer cremigen Masse stocken lassen. Dabei ständig mit einem Kochlöffel rühren. Die Eierspeise auf vorgewärmten Tellern anrichten, mit fein geschnittenem Schnittlauch bestreuen und mit dem Salat servieren.
BEILAGENEMPFEHLUNG: resches Schwarzbrot

Thunfisch auf Chicorée

ZUTATEN FÜR 2 PORTIONEN

100 g frisches Thunfischfilet · 70 g Thunfisch aus der Dose · frischer Thymian 2 Chicorée · 2 EL Mayonnaise · Salz, Pfeffer aus der Mühle · Tabascosauce Olivenöl

ZUBEREITUNG

Vom Chicorée die Enden entfernen und 6 äußere Blätter beiseite legen. Das Innere in feine Streifen schneiden und mit Salz sowie gehacktem Thymian abschmecken. Den Dosenthunfisch abtropfen lassen und mit der Mayonnaise verrühren. Mit Salz, Pfeffer und einem Spritzer Tabascosauce abschmecken.

Das Thunfischfilet in Würfel schneiden. In einer beschichteten Pfanne etwas Olivenöl erhitzen und die Thunfischwürfel darin kurz anbraten, so dass sie innen noch rosa sind. Salzen und mit grob geriebenem Pfeffer bestreuen. Herausheben und auf Küchenpapier abtropfen lassen.

Die Chicoréeblätter sternförmig auf Teller legen, mit dem geschnittenen Chicorée „füllen" und darauf die Thunfischcreme auftragen. Die Thunfischwürfel darüber streuen und mit Thymian garnieren.

BEILAGENEMPFEHLUNG: knuspriges Baguette oder Ciabatta

Morcheln in Petersil-Oberssauce

ZUTATEN FÜR 2 PORTIONEN

250 g frische Morcheln · 1 Schalotte · 200 ml Schlagobers · 2 EL gehackte Petersilie Butter zum Anbraten · Salz, Pfeffer · Spritzer Zitronensaft

ZUBEREITUNG

Die Morcheln gut putzen, waschen und auf einem Tuch trockentupfen. Größere Morcheln in mundgerechte Stücke schneiden, die Schalotte feinwürfelig schneiden. In einer Kasserolle etwas Butter erhitzen und die Morcheln gemeinsam mit den Schalottenwürfeln darin anschwitzen. Mit Salz, Pfeffer und Zitronensaft abschmecken. Mit 125 ml (!) Schlagobers aufgießen und kurz sämig einkochen lassen. Nochmals abschmecken. Restliches Obers aufschlagen und unmittelbar vor dem Servieren mit der gehackten Petersilie unterheben.

BEILAGENEMPFEHLUNG: Nockerl oder Kartoffelpüree

Kaviar: Luxus in Minutenschnelle

Er ist gewiss nicht die preisgünstigste, aber dafür eine besonders wohlschmeckende Form, im Nu Festesfreude auf den Tisch zu zaubern: Kaviar belebt die Sinne und macht Appetit, wohl auch auf Kommunikation und Zärtlichkeit. Kaviar wird in vielen Formen angeboten, die auch im Geldbörsel recht unterschiedlich zu Buche schlagen, vom russischen Malossol- über nordischen Keta- und spanischen Makrelenkaviar bis hin zu heimischem Forellen- und Saiblingskaviar sowie deutschen Seehasenrogen (falscher Kaviar).

Noch wesentlich vielfältiger als die Zahl der Kaviarsorten ist die Zahl seiner Zubereitungs- und Serviermöglichkeiten. Als Anregung nur einige der köstlichsten davon:

- *Salzkartoffeln oder ungeschälte, gekochte heurige Kartoffeln mit einem Tupfer Sauerrahm bedecken und Kaviar darauf drapieren.*
- *Kaviar mit leicht gebutterten Toastscheiben – und sonst nichts – servieren.*
- *Kaviar in der Dose (oder im Glas) auf zerstoßenem Eis mit Limonenspalten anrichten.*
- *Kaviar auf Räucherlachsrosetten anrichten.*
- *Aus einem gekochten Dotter und etwa einem Esslöffel Butter mit etwas Sardellenpaste ein russisches Ei zubereiten und mit Kaviar krönen.*
- *In einem geöffneten, weich gekochten Ei den Kaviar mit dem Dotter verrühren und heiß (wenn möglich mit wieder zugedeckter Kuppe) servieren.*
- *Linguine oder Tagliolini al dente kochen, dann ein „Crème-fraîche-Häubchen" und Kaviar aufsetzen.*
- *Kaviar mit weicher Butter vermengen und in kleinen Portionen mit gebratenen Störfilets oder anderen Fischen servieren.*
- *Kaviar mit Philadelphia Cream Cheese und Bagels (oder Laugengebäck) servieren.*
- *Besonders reifen Brie-de-Meaux (oder Camembert) mit Kaviar kredenzen.*

- *Eine abgemachte Portion Beef Tatar mit einer großzügigen Lage Kaviar abschließen.*
- *Kaviar auf Eis stellen und gemeinsam mit Buchweizen-Blini (im Feinkosthandel erhältlich), Sauerrahm, fein gehackten roten Zwiebeln, gehacktem Eiweiß und gehackten Eidottern servieren.*
- *Die oben erwähnten Zutaten über ein Omelett verteilen, den Kaviar darauf setzen und einschlagen.*
- *Artischockenherzen mit Kaviar und Crème fraîche füllen.*
- *Blätterteigschiffchen (im Feinkosthandel erhältlich) mit Kaviar füllen und eine frische oder pochierte Auster in der Mitte platzieren.*
- *Einen Borschtsch (russische Krautsuppe) mit einem Obershäubchen und einem Löffelchen Kaviar vollenden.*
- *Kaviar auf gut gebuttertem Wildreis anrichten.*
- *In einer gebutterten Ringform den Kaviar abwechselnd mit hauchdünn geschnittenen Scheiben von roh marinierten Jakobsmuscheln in mehreren Lagen anrichten und die Form vor dem Servieren abziehen.*
- *Kaviar mit gelierter Suppe aufgießen, überkühlen und anziehen lassen und mit einem pochierten Ei servieren.*
- *Kaviar mit in Butter angebratenen Schupfnudeln und kaltem Sauerrahm servieren.*

… und geschwind noch ein Gläschen Sekt oder Champagner dazu

Nichts ist schneller geöffnet als eine (zum Stimulieren reicht auch eine halbe) Flasche Sekt oder Champagner. Während die alkoholische Konkurrenz von Bier über Wein bis zum Branntwein im (nicht ganz ungerechtfertigten) Ruf steht, der Anbahnung von Liebesgetändel eher hinderlich als förderlich zu sein, gilt Schaumwein als Erotik pur.
Es ist zweifellos kein Zufall, dass die ersten bekannten Champagnerschalen der Tafelgeschichte originalgetreue Nachbildungen der Brüste Marie Antoinettes waren und der liebestolle Don Giovanni ausgerechnet eine „Champagnerarie" singt. „Der Hauptspaß beim Champagnertrinken", fiel auch Weinguru Hugh Johnson auf, „war früher das Durchschneiden der Kordel, die den Korken hielt, so dass der teure Schaum die holde Weiblichkeit besprühte." Und über die legendären Ausschweifungen, die unter der Regentschaft von Philippe d'Orléans im Pariser Palais Royal stattzufinden pflegten, schwärmte ein Zeitgenosse: „Die Orgien begannen immer erst, wenn alle in der übermütigen Verfassung waren, die der Champagner mit sich bringt."
Dass es auch heute nicht anders ist, inspirierte den Satiriker Robert Gernhardt sogar zum Reimen: „Schön ist es, Champagner bis zum Anschlag zu trinken und dabei den süßen Mädels zuzuwinken."

Fishing for compliments

Welsfilet auf Bärlauchsalat

ZUTATEN FÜR 2 PORTIONEN
200 g Welsfilet mit Haut · Salz, Pfeffer · Butter und Olivenöl zum Anbraten frischer Bärlauch nach Belieben · 1 Knoblauchzehe · Blattsalate (Frisée-, Rucola- oder Vogerlsalat)

FÜR DAS KERNÖLDRESSING
40 ml Himbeeressig · 60 ml Kürbiskernöl · Salz, Pfeffer · gehackte Petersilie 1 Prise Zucker

VORBEREITUNG
Das Backrohr auf 180 °C vorheizen.

ZUBEREITUNG
Welsfilet in 4 Stücke teilen und mit Salz sowie Pfeffer würzen. In einer beschichteten Pfanne Butter und Olivenöl erhitzen und die Welsfilets auf der Hautseite kross, d. h. scharf, anbraten. Ins vorgeheizte Backrohr stellen und ca. 6 Minuten fertig braten.
Den Bärlauch und die Knoblauchzehe fein schneiden und gemeinsam in einer Pfanne mit Olivenöl leicht andünsten und herausheben. Für das Dressing alle Zutaten mit einem Schuss Wasser verrühren. Die Blattsalate und den Bärlauch auf Tellern anrichten, das Dressing darüber träufeln und die fertig gebratenen Filets darauf setzen.
BEILAGENEMPFEHLUNG: knuspriges Baguette

Saiblingsschnitzerl mit Vogerlsalat

ZUTATEN FÜR 2 PORTIONEN
4 Saiblingsfilets à ca. 80 g · Zitronensaft · Salz, Pfeffer gehackte Petersilie · Mehl, 2 Eier und Semmelbrösel zum Panieren · Sonnenblumenöl und Butter zum Braten

FÜR DEN VOGERLSALAT
200 g Vogerlsalat · 1 Schalotte · 3 EL Kürbiskernöl 1 EL Sherryessig · 1 EL Balsamicoessig · Salz, Pfeffer

ZUBEREITUNG
Für das Kernöldressing die Schalotte feinwürfelig schneiden und mit Sherry- sowie Balsamicoessig und Kürbiskernöl vermischen. Mit Salz und Pfeffer würzen. Die Saiblingsfilets mit Salz, Pfeffer, Petersilie und Zitronensaft marinieren. Filets in Mehl wenden, durch die verquirlten Eier ziehen und abschließend in Semmelbröseln wälzen. Öl und Butter in einer Pfanne erhitzen und die Saiblingsschnitzerl darin leicht schwimmend auf beiden Seiten goldgelb braten. Herausheben und auf Küchenpapier abtropfen lassen. Den Vogerlsalat mit dem vorbereiteten Kernöldressing marinieren und mit den Saiblingsschnitzerln servieren.
BEILAGENEMPFEHLUNG: Petersil- oder Dillkartoffeln

Saiblingsfilet mit Paprikapolenta

FÜR 2 PORTIONEN
2 Saiblingsfilets à ca. 150 g · Salz, Pfeffer · Butter und Olivenöl zum Braten
Kresse zum Garnieren

FÜR DIE PAPRIKAPOLENTA
30 g Butter · je 1/2 rote und gelbe Paprikaschote · 250 ml Gemüsefond oder Milch
100 g Polenta (Maisgrieß) · Salz, Pfeffer · 1 EL geschlagenes Obers

ZUBEREITUNG
Die Saiblingsfilets mit Salz und Pfeffer würzen. In einer Pfanne Öl mit etwas Butter erhitzen. Die Filets auf beiden Seiten kräftig anbraten und unter ständigem Wenden bei reduzierter Hitze (nicht zu lang!) fertig braten.
Für die Polenta die Paprikaschoten entkernen und in Würfel schneiden. In einer Kasserolle Butter erhitzen und die Paprikaschoten darin anschwitzen. Mit Fond oder Milch aufgießen, Polenta einrieseln lassen und unter ständigem Rühren einige Minuten köcheln lassen, bis der Grieß schön aufgequollen ist. Mit Salz und Pfeffer abschmecken. Kurz vor dem Anrichten das geschlagene Obers unterheben, damit die Polenta schön cremig wird. Polenta auf vorgewärmten Tellern verteilen, Saiblingsfilets darauf setzen und mit Kresse garnieren.
BEILAGENEMPFEHLUNG: Tomaten-, Gurken- oder Blattsalat

Rotbarbenfilet mit Peperonata

ZUTATEN FÜR 2 PORTIONEN

2 Rotbarbenfilets à 100–150 g · 1 kleine Zucchini · 1 gelbe Paprikaschote · 1 Tomate 1 Schalotte (oder kleine Zwiebel) · 1TL Pinienkerne · 1 TL Balsamicoessig · Salz, Pfeffer · Olivenöl und Butter zum Braten · Basilikum oder Estragon zum Garnieren

VORBEREITUNG

Tomate kurz blanchieren (überbrühen), Haut abziehen und Tomate würfelig schneiden. Backrohr auf 180 °C vorheizen.

FÜR BESONDERS EILIGE

Die Tomate ungeschält in Würfel schneiden oder bereits geschälte Tomaten aus der Dose verwenden.

ZUBEREITUNG

Schalotte feinwürfelig, Zucchini in etwa 1 cm große Würfel schneiden. Paprikaschote entkernen, Stiel entfernen und ebenfalls würfelig schneiden. In einem Topf etwas Olivenöl erhitzen und darin Paprika, Schalotten und Zucchini anschwitzen. Die gewürfelten Tomaten sowie die Pinienkerne zugeben und mit Balsamicoessig abrunden. Mit Salz und Pfeffer würzen.
Die Rotbarbenfilets salzen und pfeffern. In einer Pfanne etwas Olivenöl mit Butter erhitzen und die Rotbarbenfilets auf der Hautseite rasch anbraten. Ins heiße Backrohr stellen und etwa 3–5 Minuten fertig braten. Die Peperonata auf heißen Tellern anrichten und die Fischfilets darauf setzen. Mit frischen Basilikum- oder Estragonblättern garnieren.
BEILAGENEMPFEHLUNG: Couscous oder Safranreis

TIPP

Die Peperonata alleine kann auch als Vorspeise gereicht werden. In diesem Fall sollte sie allerdings nicht heiß, sondern lauwarm bis zimmertemperiert und mit Rucola-Garnitur serviert werden.

Lachsforelle mit Kohlrabigemüse

ZUTATEN FÜR 2 PORTIONEN

2 Lachsforellenfilets à 150 g · 250 g Kohlrabi · 80 ml Rindsuppe · 80 ml Schlagobers Salz, Pfeffer · Olivenöl und Butter zum Braten · Petersilie zum Garnieren

VORBEREITUNG
Das Backrohr auf 180 °C vorheizen.

ZUBEREITUNG
Kohlrabi schälen und in Würfel schneiden. Etwa einen Esslöffel Butter in einer Pfanne erhitzen und den Kohlrabi darin anschwitzen, mit Salz und Pfeffer würzen. Schlagobers und Rindsuppe zugießen und alles 5 Minuten köcheln lassen.
Die Lachsforellenfilets salzen und pfeffern. In einer anderen Pfanne etwas Olivenöl und Butter erhitzen und die Filets darin auf der Hautseite anbraten. Wenden und im vorgeheizten Backrohr bei 180 °C ca. 6 Minuten fertig braten. Das fertige Kohlrabigemüse auf vorgewärmten Tellern anrichten, Fischfilet darauf setzen und mit Petersilie garnieren.
BEILAGENEMPFEHLUNG: Petersilkartoffeln

Lachsforellenfilet in Weinteig mit buntem Salat

ZUTATEN FÜR 2 PORTIONEN
4 kleine Lachsforellenfilets · 125 ml trockener Weißwein · 1 Eidotter 1 Eiklar · ca. 70 g glattes Mehl Salz, weißer Pfeffer aus der Mühle Öl zum Herausbacken

FÜR DEN SALAT
1 Tomate · 1/2 Gurke · 100 g Eichblattsalat · 1 EL Nussöl · Balsamicoessig Salz

VORBEREITUNG
Eiklar steif schlagen.

ZUBEREITUNG
In einer Schüssel aus Weißwein, Eidotter, Mehl, geschlagenem Eiklar und einer Prise Salz einen Backteig anrühren. Die Lachsforellenfilets mit Salz sowie Pfeffer würzen. In einer Pfanne Öl erhitzen. Die Filets durch den Backteig ziehen, ins heiße Öl einlegen und auf beiden Seiten goldgelb backen. Herausheben und auf Küchenkrepp abtropfen lassen.
Für den Salat die Gurke in Scheiben, die Tomate in Spalten schneiden. Eichblattsalat mit Nussöl, Balsamicoessig und Salz marinieren. Gurken und Tomaten untermischen und nochmals abschmecken. Forellenfilets auf vorgewärmten Tellern anrichten und den Salat dazu servieren.

Zanderfilet mit Zucchinischuppen und Sprossengemüse

ZUTATEN FÜR 2 PORTIONEN
300 g Zanderfilet · 100 g Zucchini · Butter und Olivenöl zum Anbraten Salz, Pfeffer · Butter zum Bestreichen

FÜR DAS SPROSSENGEMÜSE
50 g Sojasprossen · 50 g div. Sprossen nach Belieben · 50 g junge Erbsenschoten 3 Jungzwiebeln · 1 Chilischote · ca. 60 ml Gemüsefond · frisch gehackte Kräuter Salz · 1 EL Olivenöl

VORBEREITUNG
Das Backrohr auf 180 °C vorheizen.

ZUBEREITUNG
Das Zanderfilet in 2 Stücke schneiden und mit Salz sowie Pfeffer würzen. In einer beschichteten Pfanne Butter und Olivenöl erhitzen. Die Fischfilets einlegen, auf beiden Seiten rasch anbraten und für ca. 4 Minuten ins heiße Backrohr stellen. Währenddessen die Zucchini in dünne Scheiben schneiden, dann den gebratenen Fisch damit schuppenartig belegen. Mit etwas flüssiger Butter bestreichen und bei großer Oberhitze kurz überbacken. Herausheben, auf vorgewärmte Teller legen und mit dem vorbereiteten Sprossengemüse anrichten.
Für das Sprossengemüse die Erbsenschoten und Jungzwiebeln in Streifen schneiden. Olivenöl in einer Pfanne erhitzen, die Erbsenschoten, Jungzwiebeln und Sprossen darin kurz anschwitzen. Mit dem Gemüsefond aufgießen und kurz köcheln lassen, bis die Schoten bissfest sind. Die Chilischote in feine Streifen schneiden und zugeben. Mit Salz und den frisch gehackten Kräutern abschmecken.
BEILAGENEMPFEHLUNG: Kartoffelpüree oder Reis *Foto rechte Seite*

Seezungenfilets mit Olivenragout

ZUTATEN FÜR 2 PORTIONEN
4 Seezungenfilets · 2 Tomaten · 1 Knoblauchzehe · 1 Schalotte (oder 1/2 kleine Zwiebel) · 40 g Oliven ohne Kerne · Safran · je 1 Schuss Sherry und Noilly Prat 80 g kalte Butter · einige Kapern · Saft von 1 Limette · fein geschnittene Limettenschale · Olivenöl und Butter zum Anbraten · Salz, Pfeffer

VORBEREITUNG
Die Tomaten blanchieren (kurz überbrühen), häuten und vierteln.

FÜR BESONDERS EILIGE
Verwenden Sie bereits geschälte Tomaten aus der Dose oder schneiden Sie die ungeschälten Tomaten in Spalten.

ZUBEREITUNG
Schalotte und Knoblauch fein schneiden. In einem Topf etwas Olivenöl erhitzen und Knoblauch sowie Schalotten darin anschwitzen. Tomaten zugeben und kurz durchschwenken. Einige Safranfäden hinzufügen und mit Noilly Prat sowie Sherry ablöschen. Aufkochen lassen

und dann durch ein Sieb gießen. Wieder in einen Topf geben und grob gehackte Oliven, Kapern, Limettensaft und fein geschnittene Limettenschale einmengen. Mit Salz und Pfeffer abschmecken. Die kalte Butter einrühren und die Sauce damit binden, aber nicht mehr kochen.

Die Seezungenfilets mit Salz und Pfeffer würzen. In einer Pfanne etwas Olivenöl mit Butter erhitzen, Seezungenfilets einlegen und auf beiden Seiten 2 Minuten braten. Herausheben, auf vorgewärmten Tellern anrichten und mit dem Olivenragout servieren.

BEILAGENEMPFEHLUNG:
Reis (10-Minuten-Reis) oder Gnocchi

Kleines ABC der aphrodisischen Genüsse

- **AUSTERN** *verdanken ihren aphrodisischen Ruf vor allem der Tatsache, dass man nach Herzenslust darin schlürfen kann.*
- **BOHNEN** *verursachen laut hl. Hieronymus vor allem bei Nonnen gefährliches Kitzeln in gefährlichen Regionen.*
- **FEIGEN** *heißen auf Italienisch viel sagend „fica" und regen auch von ihrer Form her Männerphantasien an.*
- **LEBKUCHEN** *hieß früher auch Liebeskuchen.*
- **LIEBSTÖCKEL** *wird verräterisch auch Lustock oder Luststöckl genannt.*
- **PETERSILIE** *hilft, so waren zumindest die mittelalterlichen Mediziner überzeugt, gegen das „Nachlassen der Säfte".*
- **PISTAZIEN** *galten so manchem Renaissance-Gelehrten mit viel Vorstellungskraft als Sinnbild für Spermatozoen.*
- **REBHUHN** *steht unter Kennern im Ruf, ein besonders brunftiges und zügelloses Federvieh zu sein.*
- **SPARGEL** *hat, rein wissenschaftlich gesehen, eher harntreibende als schwellkörperbildende Wirkung, allein: die eindeutige Optik ist stärker.*
- **SÜSSWEIN** *erobert angeblich im Nu Frauenherzen und verdoppelt seine erotisierende Wirkung sogar noch, wenn man ein paar Safranfäden darin weichen lässt.*
- **TRÜFFELN** *machen zumindest in der Welt der Schweine und Hunde nachweislich die Mädels scharf. Sie erinnern phantasievolle Aphrodisiker jedoch auch an Hoden und stimulieren sowohl durch obszöne Düfte als auch durch luxuriöse Preise.*
- **ZITRONENKRAUT** *lädt, unters Bett gelegt, dem Vernehmen nach zur körperlichen Vereinigung.*

Zanderfilet mit Vanillebutter und Grießkoch

ZUTATEN FÜR 2 PORTIONEN

2 Zanderfilets à 150 g mit Haut · 1 Tomate · etwas frisch gehackter Kerbel
1 Vanilleschote · ca. 80 ml Weißwein · 2 EL kalte Butter · 1 EL geschlagenes Obers
Salz, Pfeffer · Butter und Olivenöl zum Anbraten

FÜR DAS GRIESSKOCH
100 ml Milch · 1 EL Weizengrieß · Salz, Pfeffer · frisch geriebene Muskatnuss

VORBEREITUNG
Die Tomate blanchieren (kurz überbrühen), häuten, entkernen und in Würfel schneiden.
Das Backrohr auf 180 °C vorheizen.

FÜR BESONDERS EILIGE
Die ungeschälte Tomate vierteln, die Kerne grob entfernen und Tomate in kleine Würfel schneiden.

ZUBEREITUNG
Die Vanilleschote der Länge nach halbieren und das Mark mit einem Messer herauskratzen. In einem Topf den Weißwein mit Vanillemark aufkochen und auf die Hälfte einkochen lassen. Währenddessen die Zanderfilets mit Salz sowie Pfeffer würzen und in einer beschichteten Pfanne in heißem Olivenöl und Butter auf der Hautseite rasch anbraten. Wenden und 6 Minuten im 180 °C heißen Backrohr fertig braten.
Für das Grießkoch die Milch mit Salz, Pfeffer und frisch geriebener Muskatnuss aufkochen. Grieß einstreuen und 3 Minuten köcheln lassen. Sobald der Grieß cremig ist, auf den vorgewärmten Tellern großflächig anrichten. Das fertig gebratene Zanderfilet darauf setzen. Die Weißweinreduktion mit kalter Butter aufmixen und das geschlagene Obers einrühren. Die Tomatenwürfel einmengen und mit gehacktem Kerbel abschmecken. Die Sauce über den Fisch träufeln.

Hühnergeschnetzeltes mit Krautfleckerln

ZUTATEN FÜR 2 PORTIONEN

2 Hühnerbrüste ohne Haut · 1/4 Krautkopf · 1 Knoblauchzehe · 2 Schalotten (oder 1 kleine Zwiebel) · 125 ml Schlagobers · 1 Msp. Curry · Salz, Pfeffer Butter zum Braten

ZUBEREITUNG

Kraut in Fleckerl (Rauten), die Schalotten blättrig schneiden. Schlagobers in einen Topf gießen und mit den Schalotten, der gepressten Knoblauchzehe und dem Curry aufkochen lassen. Kraut einrühren und 5 Minuten köcheln lassen.

Inzwischen die Hühnerbrüste in feine Streifen schneiden, salzen und pfeffern. In einer Pfanne etwas Butter erhitzen und die Hühnerstreifen darin kurz anbraten. Hühnergeschnetzeltes unter das Kraut mischen und auf vorgewärmten Tellern anrichten.

BEILAGENEMPFEHLUNG: Basmatireis oder Salzkartoffeln

Hühner-Saltimbocca

ZUTATEN FÜR 2 PORTIONEN

2 Hühnerbrüste ohne Haut · frischer Salbei · 2 große bzw. 4 kleine Scheiben Prosciutto di Parma (oder anderer Rohschinken) · 2 EL Olivenöl · 5 EL Marsala oder Sherry · Salz, Pfeffer · Butter zum Braten

ZUBEREITUNG

Hühnerbrüste mit Salz und Pfeffer würzen. Jede Brust mit Salbeiblättern belegen und mit Schinken gut umwickeln. In einer Pfanne Olivenöl erhitzen und das Fleisch beidseitig anbraten. Etwa einen Esslöffel Butter zugeben und unter gelegentlichem Wenden ca. 5 Minuten (je nach Stärke der Hühnerbrüste) fertig braten. Fleisch herausnehmen und warm stellen. Marsala oder Sherry in die Pfanne gießen, nochmals etwas Butter zugeben und den Bratenrückstand damit lösen. Hühner-Saltimbocca auf heißen Tellern anrichten und mit der Sauce übergießen.

BEILAGENEMPFEHLUNG: Penne oder Reis

Entenbrust mit Kürbiswürfeln und Erbsenschotencreme

ZUTATEN FÜR 2 PORTIONEN

1 Entenbrust mit Haut · 80 g junge Erbsenschoten · 100 g Kürbiswürfel 100 ml Rotwein · 1 EL Honig · 2 EL Butter · 70 ml Schlagobers · Salz, Pfeffer

VORBEREITUNG

Das Backrohr auf 200 °C vorheizen.

ZUBEREITUNG

Die Entenbrust salzen, pfeffern und auf der Hautseite mehrmals einschneiden. In einer beschichteten Pfanne auf der Hautseite kurz, aber scharf anbraten. Auf die Fleischseite wenden, danach wieder auf die Hautseite legen und im heißen Backrohr etwa 7 Minuten braten.
Währenddessen die Erbsenschoten in Salzwasser blanchieren (kurz überbrühen). Dann Erbsenschoten gemeinsam mit ca. 70 ml Kochwasser, Butter und Obers mixen. Mit Salz und Pfeffer abschmecken.
Die fertig gebratene Entenbrust aus der Pfanne nehmen und warm stellen. Das Fett aus der Pfanne abgießen, Rotwein zum Bratrückstand gießen und kräftig einkochen lassen. Honig einrühren und die Kürbiswürfel in der Sauce erhitzen.
Die Erbsencreme auf den vorgewärmten Tellern anrichten. Die Entenbrust aufschneiden und darüber drapieren. Mit der Kürbissauce überziehen.

TIPP

Stehen keine Erbsenschoten zur Verfügung, so können auch gekochte Erbsen aufgemixt werden.

Kalbsnaturschnitzel mit Wurzelgemüse

ZUTATEN FÜR 2 PORTIONEN

2 Kalbsschnitzel à 150 g · 1 Schalotte (oder kleine Zwiebel) · 1/2 Bund Wurzelgemüse · 125 ml Rotwein · 1 Knoblauchzehe · 1 TL Honig · Kräuter (wie etwa Kerbel, Thymian oder Bärlauch) · Öl und Butter zum Anbraten · Salz, Pfeffer

VORBEREITUNG

Das Backrohr auf 85 °C vorheizen.

ZUBEREITUNG

Die Kalbsschnitzel zart klopfen. In einer Pfanne etwas Öl und Butter erhitzen und die Schnitzel darin von beiden Seiten kurz anbraten. Mit Salz und Pfeffer würzen. In Alufolie wickeln und im temperierten Backrohr rasten lassen.
Währenddessen das Wurzelgemüse in feine Streifen schneiden, die Schalotte fein hacken und beides im Bratrückstand anbraten. Honig einrühren und das Gemüse karamellisieren lassen. Rotwein zugießen und Wurzelwerk bissfest dünsten. Bei Bedarf etwas Wasser nachgießen. Zum Schluss Knoblauch fein schneiden und mit den gehackten Kräutern dazugeben. Durchschwenken und die Kalbsschnitzel darin noch kurz ziehen lassen.

BEILAGENEMPFEHLUNG: Salzkartoffeln

Kalbsrückensteak mit Kartoffel-Lauch-Ragout

ZUTATEN FÜR 2 PORTIONEN

2 Kalbsrückensteaks à 150 g · 60 ml Kalbsfond · Salz, Pfeffer · Öl und Butter zum Braten · kalte Butter zum Montieren

FÜR DAS KARTOFFEL-LAUCH-RAGOUT

1/2 Stange Lauch · 2 mehlige Kartoffeln · 1 EL Butter · 60 ml Schlagobers 40 ml Gemüsefond · Salz, Pfeffer

VORBEREITUNG

Das Backrohr auf 180 °C vorheizen.

ZUBEREITUNG

In einer Pfanne Öl und Butter erhitzen. Die Kalbsrückensteaks pfeffern und in der Pfanne von beiden Seiten anbraten. Salzen und für ca. 5–7 Minuten, je nach gewünschtem Garungsgrad, ins Backrohr stellen. Dann Temperatur auf 85 °C absenken und weitere 5 Minuten warm stellen. Das Fleisch aus der Pfanne nehmen und in Alufolie wickeln. Den Bratenrückstand mit Kalbsfond ablöschen. Kurz aufkochen, ein nussgroßes Stück kalte Butter einrühren und die Sauce damit montieren (binden), aber nicht mehr kochen. Sauce durch ein Sieb gießen.
Für das Kartoffel-Lauch-Ragout den Lauch in Scheiben schneiden und waschen. Die Kartoffeln in 5 mm große Würfel schneiden. In einer Kasserolle die Butter erhitzen und die Kartoffeln darin anschwitzen. Den Lauch zugeben und ebenfalls kurz mitdünsten. Mit Schlagobers und Gemüsefond aufgießen und 5 Minuten köcheln lassen. Mit Salz und Pfeffer abschmecken. Die fertigen Kalbssteaks auf vorgewärmten Tellern anrichten, mit der Sauce überziehen und das Kartoffel-Lauch-Ragout dazugeben.

Schweinsfilet in dunkler Biersauce

ZUTATEN

300 g Schweinsfilet (Schweinslungenbraten) · 250 ml dunkles Bier
1 TL glattes Mehl · 1 TL Kristallzucker · Kümmel nach Belieben · Salz, Pfeffer
2 EL kalte Butter · Öl und Butter zum Braten

ZUBEREITUNG

Schweinsfilet in daumendicke Medaillons schneiden. Mit Salz und Pfeffer würzen. In einer Pfanne Öl und Butter erhitzen und die Medaillons darin beidseitig etwa 4 Minuten braten. Aus der Pfanne heben und in Alufolie gewickelt warm stellen (am besten im auf ca. 80 °C vorgeheizten Backrohr). Kristallzucker in den Bratenrückstand einrühren und leicht karamellisieren lassen. Mehl zugeben, durchrühren und mit Bier ablöschen. Einkochen lassen und dann mit Salz sowie Pfeffer würzen. Abschließend die kalte Butter und den Kümmel einrühren und die Sauce damit binden, aber nicht mehr kochen lassen. Die Schweinsmedaillons auf den vorgewärmten Tellern anrichten und mit der Sauce übergießen.

BEILAGENEMPFEHLUNG: in Butter geschwenkte Nockerl

Schweinsfilet in Parmesan-Kräuter-Panier

ZUTATEN FÜR 2 PORTIONEN
300 g Schweinsfilet (Schweinslungenbraten) · 2 Eier
150 g geriebener Parmesan
Kräuter nach Belieben
(Liebstöckel, Salbei, Petersilie)
Salz, Pfeffer · Mehl zum Wenden
6 EL Öl

ZUBEREITUNG
Gut zugeputztes Schweinsfilet in ca. 1 cm dicke Scheiben schneiden und flach klopfen. Die Eier verschlagen und mit dem geriebenen Parmesan vermischen. Die Kräuter hacken. Die Filetstücke mit Salz sowie Pfeffer würzen und mit den Kräutern bestreuen (diese eventuell leicht andrücken). Fleisch beidseitig in Mehl wenden und dann durch die Ei-Parmesan-Masse ziehen. In einer Pfanne Öl erhitzen und die Schweinsfilets darin auf beiden Seiten goldbraun braten. Herausheben und mit Küchenkrepp leicht abtupfen.
BEILAGENEMPFEHLUNG: Risibisi (mit 10-Minuten-Reis) und Tomaten- oder grüner Blattsalat

Rindsfilet auf Tomaten-Lauch-Tagliatelle

ZUTATEN FÜR 2 PORTIONEN
2 Rindsfilets (Steaks) à 150–180 g · 120 g Tagliatelle · 1/2 Stange Lauch
250 g Tomaten · 1 Schalotte · ca. 60 ml Weißwein · 2 Knoblauchzehen
gehackter Rosmarin · Salz, Pfeffer · Butter und Olivenöl zum Braten
Basilikum zum Garnieren

VORBEREITUNG
Das Backrohr auf 180 °C vorheizen.
Tomaten kurz in siedendem Wasser blanchieren (überbrühen), schälen und in Würfel schneiden.

FÜR BESONDERS EILIGE
Verwenden Sie bereits geschälte Tomaten aus der Dose.

ZUBEREITUNG
Die Schalotte feinwürfelig schneiden und in etwas Olivenöl anschwitzen. Mit Weißwein aufgießen und aufkochen lassen. Tomatenwürfel einmengen und alles mit Salz und Pfeffer würzen. Mit dem Mixstab pürieren, mit Rosmarin und den zerdrückten Knoblauchzehen abschmecken und köcheln lassen.

Die Steaks salzen, pfeffern. In einer Pfanne Butter und Öl erhitzen und die Steaks darin rasch auf beiden Seiten anbraten. In das auf 180 °C vorgeheizte Backrohr stellen und je nach gewünschtem Garungsgrad noch ein paar Minuten braten. Den Lauch in Ringe schneiden und in heißer Butter anschwitzen. Mit Salz sowie Pfeffer würzen. Währenddessen die Tagliatelle in Salzwasser bissfest kochen. Nudeln abseihen, abtropfen lassen und unter die Tomatensauce mengen. Die gedünsteten Lauchringe einrühren und alles nochmals abschmecken. Die Tagliatelle auf vorgewärmten Tellern anrichten und die Steaks darauf setzen. Mit Basilikumblättern garnieren.

Lammkoteletts mit Sherry-Schalotten und frittierten Kartoffelwürfeln

ZUTATEN FÜR 2 PORTIONEN
6 Lammkoteletts · 2 mehlige Kartoffeln · 10 Schalotten · 1 Knoblauchzehe frisch gehackter Thymian · 2 cl Sherry · 50 ml Lammfond (ersatzweise Rindsuppe) Butter und Öl zum Braten · Salz, Pfeffer · 2 Thymianzweiglein zum Garnieren

VORBEREITUNG
Das Backrohr auf ca. 80 °C vorheizen.

ZUBEREITUNG
Die Kartoffeln schälen, in kleine Würfel schneiden und in eine Schüssel mit lauwarmem Wasser legen. Die Lammkoteletts mit Salz und Pfeffer würzen. In einer Pfanne Öl und Butter erhitzen und die Koteletts darin auf beiden Seiten rasant anbraten. Die Knoblauchzehe in der Schale andrücken, gemeinsam mit dem Thymian in die Pfanne geben und alles im temperierten Backrohr 5 Minuten warm stellen.
Währenddessen die Schalotten schälen und vierteln. In einer Kasserolle etwas Butter erhitzen und die Schalotten darin anbraten. Mit Sherry und Lammfond ablöschen und leicht einkochen lassen, bis die Schalotten weich sind. Mit Salz und Pfeffer würzen. Die Kartoffelwürfel abseihen und auf einem Tuch gut abtropfen lassen. In einer Pfanne ausreichend Öl erhitzen und die Kartoffeln darin unter wiederholtem Wenden goldgelb und knusprig frittieren. Die Lammkoteletts auf vorgewärmte Teller legen und die Sherry-Schalotten sowie Kartoffelwürfel daneben anrichten. Mit je einem Thymianzweiglein garnieren.

Lammkoteletts mit Kräutersalat

ZUTATEN FÜR 2 PORTIONEN
6 Lammkoteletts · Thymian · 1 Knoblauchzehe · Öl und Butter zum Braten · Salz, Pfeffer · Friséesalat · Kräuter nach Belieben (Bärlauch, Minze, Zitronenthymian)

FÜR DIE SALATSAUCE
2 EL Himbeeressig · 2 EL Balsamicoessig · 1 KL Zucker · 1 KL Dijonsenf Salz, Pfeffer · 5 EL Olivenöl

VORBEREITUNG
Das Backrohr auf ca. 80 °C vorheizen.

ZUBEREITUNG
Für die Salatsauce beide Essigsorten mit Zucker, Dijonsenf, Salz und Pfeffer gut verrühren. Olivenöl einmengen und alles zu einem sämigen Dressing verrühren.
Die Lammkoteletts mit Salz und Pfeffer würzen. Öl und Butter in einer Pfanne erhitzen, die Lammkoteletts einlegen und bei großer Hitze auf beiden Seiten kurz anbraten. (Die Koteletts dürfen nicht zu lange gebraten werden, damit sie schön saftig bleiben und nicht zu trocken geraten.) Vom Feuer nehmen. Die Knoblauchzehe in der Schale andrücken und gemeinsam mit etwas Thymian in die Pfanne geben. Lammkoteletts noch etwa 5 Minuten im temperierten Backrohr rasten lassen.
Währenddessen den Friséesalat gemeinsam mit den Kräutern marinieren und auf Tellern anrichten. Die fertig gebratenen Lammkoteletts dazulegen und servieren.
BEILAGENEMPFEHLUNG: Toskana- oder anderes Weißbrot

Rehgeschnetzeltes mit Nockerln

ZUTATEN FÜR 2 PORTIONEN
300 g ausgelöster Rehrücken
100 g Kürbiswürfel · 150 ml Schlagobers · 80 g geriebener Bergkäse
1 TL Preiselbeeren · Salz, Pfeffer
Butter zum Anbraten

FÜR DIE NOCKERL
125 g glattes Mehl · 2 Eier
80 ml Milch · Salz · Muskatnuss

VORBEREITUNG
Für die Nockerl die Milch mit Eiern, Salz, Muskatnuss und Mehl zu einem Teig verrühren. In einem großen Topf Salzwasser aufkochen lassen und den Teig durch ein Nockerlsieb (oder Nockerlhobel) direkt in das kochende Wasser streichen. Nockerl etwa 2 Minuten köcheln lassen, bis sie aufsteigen. Abseihen und kalt abschrecken.

FÜR BESONDERS EILIGE
Verwenden Sie fertige Nockerl, die entweder noch gekocht werden müssen oder bereits vorgekocht sind und nur mehr in heißer Butter geschwenkt werden müssen.

ZUBEREITUNG
Den Rehrücken in dünne Scheiben schneiden und mit Salz sowie Pfeffer würzen. In einer Pfanne etwas Butter erhitzen und die Fleischscheiben darin beidseitig anbraten. Herausnehmen und warm halten. Die Kürbiswürfel in die Bratpfanne geben, mit Obers aufgießen und etwa 3 Minuten köcheln lassen. Fleischin die Oberssauce einlegen. Die Preiselbeeren sowie den Bergkäse einrühren und abschließend abschmecken.
Währenddessen die Nockerl in heißer Butter schwenken und gemeinsam mit dem Rehgeschnetzelten auf vorgewärmten Tellern anrichten.

Süße Früchtchen: Das optimale Dessert für zwei, die sich mögen

Schon Adam und Eva wussten: An einer Frucht ist fein gemeinsam naschen. Und da es im Paradies noch keine Küche gab, kann man getrost davon ausgehen, dass Evas Apfel das erste Convenience-Food der Welt war. Hier noch ein paar weitere Tipps für den zärtlichen Fruchtgenuss:

■ **ANANAS** *schmecken am besten, wenn sie relativ reif geerntet und dann sofort mit dem Flugzeug zu uns gebracht werden. Sie sind allerdings leicht verderblich und müssen besonders schnell verbraucht werden. Im Handel werden solche Früchte mitunter auch als „Flugananas" angeboten. Vorsicht: Die Farbe der Frucht lässt keine verlässliche Aus-*

sage über ihren Reifungsgrad zu. Wirklich reif ist die Ananas erst, wenn sich die inneren Blätter des grünen Blattschopfes leicht herauszupfen lassen. Machen Sie die Geruchsprobe: Sobald die Ananas ein wenig duftet, ist sie am Weg zur vollen Reife und sollte zum Nachreifen noch für einige Tage auf eine weiche Unterlage gelegt und bei etwa 15 °C aufbewahrt werden. Vor dem Ananasgenuss schneidet man die ungenießbare Schale weg und sticht hässliche „Augen" einzeln aus. Aber seien Sie nicht zu großzügig beim Zuputzen: Das Fleisch unter der Haut ist nämlich jenes, wo das köstliche Aroma sitzt.

■ **BEEREN** *sind sehr empfindliche Lebensmittel und sollten möglichst kurz gelagert werden. Für eine Lagerung im Kühlschrank schlägt man sie am besten in ein Tuch. Beeren sollten zudem möglichst nicht gewaschen, sondern nur verlesen werden, da sie andernfalls an Aroma, Saft und Form verlieren. Wenn Beeren so verschmutzt sind, dass man sie reinigen muss, sollte man sie in ein Sieb geben, nur ganz kurz abbrausen und danach gut abtropfen lassen. Beeren lassen sich übrigens gut einfrieren, indem man sie einfach einzeln auf ein Tablett legt, frostet und danach in eine verschließbare Gefrierdose umfüllt.*

■ **DATTELN** *werden für gewöhnlich nach der Ernte in tiefgekühltem Zustand nach Europa transportiert und erst zum Verkauf wieder aufgetaut. Früchte in optimalem Zustand kann man allerdings auch wieder einfrieren. Aber Vorsicht: Nasse Hautstellen und Zuckertröpfchen am Stiel sind Zeichen von zu langer Lagerung. Im Kühlschrank halten reife Datteln 3–4 Tage. Unreife Früchte erkennt man an ihrer hellbraunen Schale. Nach ein paar Tagen Lagerung bei Zimmertemperatur sind sie aber mit Sicherheit genussreif.*

■ **FEIGEN** *munden am besten, wenn sie eine schöne violette Farbe aufweisen und ihr Herkunftsland die Türkei, Italien, Spanien oder Griechenland ist. Die im Winter angebotenen grünen Feigen sind zumeist nicht sehr aromatisch und müssen unbedingt auf einer weichen Unterlage bei Zimmertemperatur nachreifen. Reife Feigen sollte man hingegen möglichst noch am Einkaufstag essen, da sie sich im Kühlschrank maximal zwei Tage halten. Der Reifegrad einer Feige lässt sich leicht daran erkennen, dass zu weiche Früchte leicht aufplatzen. Vorsicht: Überreife Früchte sind matschig, schmecken nicht gut und beginnen schnell zu gären!*

■ **MANGOS** *entfalten, sobald sie reif sind, einen intensiven Geruch und geben dem Fingerdruck leicht nach, sobald man ihre Schale berührt. Da Mangos während der Reifung in hohem Maße Äthylen abgeben, sollte man sie stets getrennt von anderem Obst und Gemüse aufbewahren, das sonst leicht verdirbt. Wenn Sie hingegen neben reife Mangos eine noch unreife Avocado legen, so reift dieselbe wesentlich schneller. Im Kühlschrank ist die Freisetzung von Äthylen allerdings so gut wie blockiert.*

■ **MELONEN** *duften, sobald sie reif sind, weithin riechbar. Ihr Reifegrad lässt sich allerdings auch durch einen Druck auf den Strunk überprüfen, der dabei leicht nachgeben muss. Unreife Melonen reifen bei Zimmertemperatur gut nach. In jedem Fall sollte man Melonen immer im Ganzen kaufen, da sie, sobald man sie anschneidet, leicht an Qualität verlieren. Es sei denn, man wickelt die Melonenhälften in Folie ein und gibt sie in den Kühlschrank, wo sie sich ohne Probleme einige Tage lagern lassen.*

Kinderjause

WIE SICH DIE KULINARISCHEN TRÄUME DER KIDS ERFÜLLEN LASSEN, OHNE ZU ALPTRÄUMEN FÜR DIE ELTERN ZU WERDEN

Große **Partyhits** für kleine Leute

Tonis Schinken-Käse-Sandwich

ZUTATEN FÜR 6 PORTIONEN
12 Scheiben Toast- oder Sandwichbrot · 12 grüne Salatblätter 6 kleine Tomaten · 6 EL Ketchup 300 g in dünne Scheiben geschnittener Schinken · 300 g in dünne Scheiben geschnittener Emmentaler

ZUBEREITUNG
Die Salatblätter waschen und trockentupfen. Die Tomaten in dünne Scheiben schneiden. Die Brotscheiben nach Belieben toasten oder ungetoastet verwenden. Brotscheiben mit Ketchup bestreichen und die Hälfte der Brote jeweils mit einem Salatblatt, etwas Schinken, Tomatenscheiben und Käse belegen. Mit je einer Brotscheibe abdecken und die Sandwiches mit einem scharfen Messer diagonal durchschneiden. Entweder sofort servieren oder in Klarsichtfolie einschlagen.

Happy Cracker

ZUTATEN FÜR 6 PORTIONEN
600 g Blätterteig · geriebener Parmesan · 1 große Zwiebel · Butter zum Anrösten Ei zum Bestreichen · Sesam oder Mohn zum Bestreuen · Mehl für die Arbeitsfläche

VORBEREITUNG
Das Backrohr auf 200 °C vorheizen.

ZUBEREITUNG
Die Zwiebel feinwürfelig schneiden. In einer Pfanne großzügig Butter schmelzen lassen und die Zwiebelwürfel darin goldbraun anrösten. Den Blätterteig auf einer leicht bemehlten Arbeitsfläche ausrollen. Nun mit Ausstechformen beliebige Formen (lustige Figuren oder runde Scheiben) ausstechen und auf ein mit Backpapier ausgelegtes Backblech legen. Ei verquirlen und den Teig damit bestreichen. Die gerösteten Zwiebelwürfel mit Sesam oder Mohn vermischen und auf die Teigscheiben auftragen. Mit geriebenem Parmesan bestreuen. Ins heiße Backrohr schieben und bei 200 °C 10–12 Minuten knusprig backen. Herausnehmen, leicht überkühlen lassen und lauwarm oder ausgekühlt servieren.

Heiße Schinken-Käse-Lipperl

ZUTATEN FÜR 6 PORTIONEN

6 Vollkornweckerl (ersatzweise Wachauer oder Vintschgerl) · 600 g Schinken (im Ganzen) · 300 g Emmentaler (im Ganzen) · 6 kl. Tomaten · 6 EL gehackte Petersilie

VORBEREITUNG

Das Backrohr auf 180 °C vorheizen.

ZUBEREITUNG

Die Vollkornweckerl halbieren, die Schmolle (das Innere) mit einem Löffel herausnehmen und in eine Schüssel geben. Schinken und Emmentaler in kleine Würfel schneiden. Die Tomaten halbieren und in Scheiben schneiden. Nun Schinken, Käse, Tomaten und Petersilie unter die Brotmasse mengen und gut verrühren. Die Masse in die ausgehöhlten Brothälften füllen und die halbierten Weckerl mit der Fülle nach oben auf ein Backblech setzen. Im 180 °C heißen Backrohr etwa 8 Minuten backen.

Truthahn-Gurken-Burger

ZUTATEN FÜR 6 PORTIONEN

600 g Truthahnschnitzel · 12 Salatblätter · 1 Salatgurke · 6 EL Mayonnaise
6 Baguettebrötchen (oder 1 großes Baguette) · Salz, Pfeffer · Butter zum Anbraten

ZUBEREITUNG

Die Salatblätter waschen und trockentupfen. Die Gurke waschen und in Scheiben schneiden. Die Truthahnschnitzel mit Salz sowie Pfeffer würzen. In einer Pfanne Butter erhitzen und die Schnitzel darin 4–5 Minuten auf beiden Seiten anbraten. Aus der Pfanne nehmen und in Streifen schneiden. Die Baguettebrötchen längs durchschneiden und die unteren Brothälften mit der Mayonnaise bestreichen. Salatblätter und Gurkenscheiben auflegen, darauf die Truthahnstreifen verteilen und das Baguette wieder zuklappen.

Die Kinder-Küchenparty

Kinder sind von Natur aus sehr kreativ und brauchen die Eltern im Grunde gar nicht als Partyanimatoren. Die Aufgabe der Erwachsenen besteht lediglich darin, für eine grobe organisatorische Struktur und ein entsprechendes „Grund-Catering" zu sorgen. Teilen Sie die kleinen Gäste also ruhig zur Mitarbeit am Erfolg der Party ein. Das muss freilich spielerisch geschehen, wofür sich erfahrungsgemäß am besten eine „Kinder-Küchenparty" eignet, die je nach Durchschnittsalter der Kinder verschiedene Gestalten annehmen kann.
Einige Ideen dafür:

- *Der* **„BELEGTE-BRÖTCHEN-WETTBEWERB"** *hält die lieben Kleinen erfahrungsgemäß lange bei Laune und erspart Ihnen selbst Arbeit. Sie brauchen nur Zutaten wie Sandwichscheiben, streichfähige Butter, Aufstriche, Wurst, Schinken, Käse, Mayonnaise, Salatblätter, Paprikastreifen etc. bereitzustellen, und ab diesem Zeitpunkt können sich die kleinen Gäste auch schon selbst verwirklichen. Sind alle Brötchen fertig, wird aus den Brötchenschmierern flugs eine Fachjury, die einen Sieger kürt, der sich dann als Erster vom Buffet bedienen darf. Aber Vorsicht: Behalten Sie die Kleinen im Auge und achten Sie darauf, dass keine scharfen Messer im Spiel sind.*

- *Das* **„JEDEM-SEIN-GUGELHUPF-SPIEL"** *lässt sich leicht vorbereiten. Es müssen lediglich die Biskuit- und/oder die Kakaomasse sowie für jedes Kind ein eigenes kleines Backförmchen zur Verfügung stehen. Auf diese Weise kann jedes Kind seinen eigenen Gugelhupf backen.*

- *Das* **„WIR-BACKEN-EINE-PIZZA-SPIEL"** *ist mit einem Mini-Gourmet-Quiz verbunden. Ein mit Pizzateig (kann auch ein gutes Fertigprodukt sein) ausgelegtes Backblech sollte bereits vorbereitet sein. Die Zutaten (Mozzarellawürfel, Schinkenstreifen, Speckwürfel, Oliven, blättrige Champignons, Hühnerfleischwürfel, Maiskölbchen, Spargel, Schwarzwurzeln, Mais, Tomaten, Wachteleier, Rucola, Oregano, Olivenöl u. v. m.) dafür sind wie bei einem Mise-en-place portionsweise in kleinen Schüsseln auf dem Tisch angerichtet und müssen erraten werden. Wer eine Zutat errät, darf sie auf den Pizzaboden auftragen – und dann wird gemeinsam gebacken.*

- *Das* **„GLÜCKSHAFEN-FÜR-LECKERMÄULER-SPIEL"** *kann von den Kindern selbst vorbereitet werden. Man benötigt dafür nur verschiedene Bonbons, Kekse, Schokoriegel und andere Süßigkeiten, mehrere Bögen Geschenkpapier sowie bunte Geschenkbänder. Die Kinder werden eingeladen, nach Belieben in die Geschenkskiste zu greifen und daraus Glückspäckchen zu schnüren, die in einen großen Glückskorb wandern. Wenn alle Köstlichkeiten gut verpackt und verschnürt sind, beginnt das Angeln im Glückshafen. Als „Hafenwärter" fungieren entweder die Eltern oder – jeweils abwechselnd – die Kinder selbst.*

WICHTIG: *Nicht alle Spiele hintereinander spielen, da das auf die Verdauung der kleinen Gäste möglicherweise verheerende Folgen hätte. „Gourmetspiele" sollte es pro Party maximal zwei geben, dazwischen sollten möglichst viele Bewegungsspiele („Reise nach Jerusalem" etc.) oder Konzentrationsspiele („Memory" etc.) liegen.*

Party-Puffer mit Schnittlauchsauce

ZUTATEN FÜR 6 PORTIONEN
1,5 kg fest kochende Kartoffeln 2 kleine Zwiebeln · 3 Eier · Salz, Pfeffer ·Öl zum Braten

FÜR DIE SCHNITTLAUCHSAUCE
300 g Sauerrahm · Salz, Pfeffer · 2 Knoblauchzehen · 1 Bund Schnittlauch

ZUBEREITUNG
Die Kartoffeln waschen, schälen und in eine Schüssel grob reiben. Zwiebeln ebenfalls in die Schüssel reiben. Die Eier unterrühren und mit Salz sowie Pfeffer würzen. Etwas Öl in einer Pfanne erhitzen und die Puffer mit Hilfe eines Esslöffels in die Pfanne setzen. Auf beiden Seiten etwa 3 Minuten knusprig braun braten. Herausheben und mit Küchenpapier trockentupfen.
Für die Schnittlauchsauce den Sauerrahm mit Salz, Pfeffer und den gepressten Knoblauchzehen verrühren. Den gehackten Schnittlauch unterrühren. Die fertigen Kartoffelpuffer anrichten und mit der Schnittlauchsauce servieren.

TIPP
Wollen Sie die drohende Gefahr der Kleckserei mit der Schnittlauchsauce am Kindertisch umgehen, so lassen Sie diese einfach weg. Stattdessen bestreichen Sie die Kartoffelpuffer einfach mit etwas Knoblauchöl (mit gepresstem Knoblauch verrührtes Pflanzenöl) und schlagen sie vorsichtshalber gleich in Servietten oder Butterbrotpapier ein.

Captain's Sandwich mit Thunfisch und Tomaten

ZUTATEN FÜR 6 PORTIONEN
12 Scheiben Toast- oder Sandwichbrot · 12 grüne Salatblätter · 300 g Thunfisch aus der Dose · 6 EL Mayonnaise · 6 EL Zitronensaft · 6 kleine Tomaten

ZUBEREITUNG
Den Thunfisch in einem Sieb abtropfen lassen und in kleinere Stücke teilen. Thunfischstücke mit Mayonnaise und Zitronensaft gut vermischen. Die Salatblätter waschen und trockentupfen. Die Tomaten in dünne Scheiben schneiden. Die Brotscheiben mit der Thunfischcreme bestreichen. Die Hälfte der Brote jeweils mit Salatblättern und Tomatenscheiben belegen. Mit den übrigen Brotscheiben abdecken. Die Sandwiches mit einem scharfen Messer diagonal durchschneiden und anrichten.

TIPP
Werden die Sandwiches im Voraus zubereitet, so müssen sie gut in Klarsichtfolie oder ein feuchtes Küchentuch eingehüllt werden, damit sie saftig bleiben und das Brot nicht antrocknet. Werden sie sofort serviert, so kann man das Brot vor dem Belegen auch kurz antoasten.

Hot Dogs

ZUTATEN FÜR 6 PORTIONEN
6 Hot-Dog-Brötchen bzw. mittelgroße Baguettes · 6 Frankfurter Würstel 1–2 Zwiebeln · Butter zum Anrösten Salz · Ketchup · Senf

VORBEREITUNG
Das Backrohr auf 180 °C vorheizen.

ZUBEREITUNG
Die Zwiebeln in feine Ringe schneiden und in Butter leicht braten. Etwas salzen. Die Frankfurter Würstel in einen Topf mit Wasser geben und einmal aufkochen lassen. Dann Hitze sofort reduzieren und nur mehr ziehen lassen, damit sie nicht aufspringen.

Die Brötchen quer mit einem Messer tief einschneiden, aber nicht durchschneiden. Die Brötchen auf ein Backblech legen und für 2 Minuten ins heiße Backrohr geben. Wieder herausnehmen. Die Brötchen aufklappen und jeweils ein Frankfurter Würstel hineinlegen. Ketchup und Senf auftragen und abschließend die Zwiebelringe darauf geben. Den Hot Dog wieder zuklappen. In eine Serviette einschlagen und rasch servieren.

TIPP
Einer anderen Hot-Dog-Variante kommen Sie relativ nahe, wenn Sie die Brötchen zunächst kurz aufbähen, dann jeweils ein Ende wegschneiden und mit einem Kochlöffelstiel der Länge nach eine Öffnung ins Innere hineindrücken, in die dann das Würstel sowie die restlichen Zutaten gefüllt werden. Das Füllen geht allerdings in diesem Fall nicht so leicht von der Hand wie bei dem oben angeführten Hot-Dog-Rezept.

Heiße Hunde bellen nicht, oder: Wie aus der Wurst ein Hündchen wurde

„Warum ist der Hot Dog eigentlich ein Hund?“
Diese Frage kommt keineswegs nur aus einem Kindermund. Und um sie zu beantworten, muss man in der amerikanischen Fast-Food-Geschichte gut bewandert sein.
Die Story beginnt 1904 auf einer Lebensmittelmesse, die im amerikanischen St. Louis stattfand. Dort verkaufte der aus Bayern in die USA ausgewanderte Antoine Feuchtwanger seine Frankfurter Würstchen unter dem damals in Deutschland dafür gebräuchlichen Namen Dackelwürste (engl. Dachshounds). Der Sport-Cartoonist Tad Dorgan sah das und widmete seine nächste Zeitungs-Karikatur einem aus einer Semmel herauskläffenden Würstel-Dackel. Darunter schrieb er statt Dachshund schlicht „Hot Dog“ – und der Name war geboren.

Pizzolinos

ZUTATEN FÜR 6 PORTIONEN

3 mittelgroße Baguettes · 6 EL Ketchup · 250 g geriebener Käse · 250 g Schinken 100 g Salami · 100 g eingelegte Champignons · 1 Zwiebel · 2 EL gehackte Petersilie getrockneter Oregano

VORBEREITUNG

Das Backrohr auf 200 °C vorheizen.

ZUBEREITUNG

Schinken, Salami und gut abgetropfte Champignons kleinwürfelig schneiden. Die Zwiebel fein hacken. Die Baguettes aufschneiden und die Brothälften jeweils mit Ketchup bestreichen. Den geriebenen Käse mit Schinken-, Salami- und Champignonwürfeln vermengen. Gehackte Zwiebel untermischen und mit Petersilie und Oregano würzen. Die Baguettehälften auf ein mit Backpapier ausgelegtes Backblech legen und die Masse mit einem Löffel auftragen. Leicht andrücken und im heißen Backrohr etwa 5 Minuten backen.

Hausgemachte Fischstäbchen mit Dillmayonnaise

Der schnelle Tipp für all jene, die ihre Kinder zur Abwechslung einmal mit Fischstäbchen abseits der Tiefkühltruhe verwöhnen möchten.

ZUTATEN FÜR 6 PORTIONEN
ca. 750 g Fischfilet ohne Haut (Zander, Waller etc.) · Salz, Pfeffer · Saft von 1 Zitrone Mehl, Eier und Semmelbrösel zum Panieren Öl zum Ausbacken · 3 EL Mayonnaise · 3 KL Estragonsenf · ca. 2 EL gehackte Dille Vogerlsalat nach Belieben · Zitronenspalten zum Garnieren

FÜR DAS DRESSING
2 EL weißer Balsamicoessig · Salz, Pfeffer · 1 Msp. Senf · 4 EL Kürbiskernöl

ZUBEREITUNG
Die Fischfilets mit einer Küchenpinzette sorgfältigst entgräten. (Streichen Sie mit der Fingerkuppe zart über das Filet, um noch allfällig vorhandene Gräten aufzuspüren.) Die Filets in Stäbchen bzw. Streifen zu je ca. 40 g schneiden. Mit Salz, Pfeffer und Zitronensaft würzen. Mit etwas gehackter Dille bestreuen. Zuerst in Mehl wenden, dann in verquirltem Ei und abschließend in Semmelbröseln wälzen. In einer Pfanne Öl erhitzen und die Fischstäbchen darin schwimmend beidseitig goldgelb backen. Herausheben und auf Küchenkrepp abtropfen lassen. Für das Dressing den Balsamicoessig mit einer Messerspitze Senf, Salz sowie Pfeffer vermengen. Kürbiskernöl einrühren und den Vogerlsalat damit marinieren. Für die Dillmayonnaise die Mayonnaise mit Senf und gehackter Dille verrühren. Die Fischstäbchen auf Tellern anrichten und mit Zitronenspalten garnieren. Gemeinsam mit der Dillmayonnaise und dem Salat servieren.

Kinder, bitte zu Tisch!

Pasta asciutta

ZUTATEN FÜR 6 PORTIONEN
600 g Spaghetti · 500 g faschiertes Rindfleisch · 1–2 Zwiebeln · 6 kleine Karotten 600 g Pelati (geschälte Tomaten aus der Dose) · gehackte Petersilie · Salz, Pfeffer Olivenöl · Oregano · etwas Ketchup · geriebener Parmesan

ZUBEREITUNG
Spaghetti in Salzwasser bissfest kochen. Währenddessen Zwiebeln und Karotten schälen, grob schneiden und in der Küchenmaschine kurz cuttern. Olivenöl in einem Topf erhitzen

und das faschierte Fleisch mit dem Gemüse darin scharf anrösten. Mit Salz, Pfeffer und Oregano würzen. Pelati mit dem Stabmixer pürieren und gemeinsam mit dem Ketchup zugeben. Etwa 8 Minuten kochen lassen. Petersilie einrühren und nochmals mit Salz und Pfeffer abschmecken. Spaghetti abseihen und auf vorgewärmten Tellern anrichten. Sugo darüber verteilen und mit geriebenem Parmesan bestreuen.

TIPP
Für eine Party mit kleineren Gästen ist es möglicherweise ratsam, die Spaghetti bereits vor dem Servieren im Topf mit dem Sugo zu vermengen.

Truthahntascherl auf Pizza-Art

ZUTATEN FÜR 6 PORTIONEN
6 Truthahnschnitzel zu je 100 g · 6 Scheiben Schinken · 6 Scheiben Mozzarella 6 Tomatenscheiben · Oregano · Salz, Pfeffer · Öl zum Braten

ZUBEREITUNG
Die Truthahnschnitzel flach und groß ausklopfen und auf einem Brett auflegen. Auf jedes Schnitzel eine Scheibe Schinken legen. Nun jeweils auf eine Schnitzelhälfte je eine Mozzarella- und Tomatenscheibe geben und mit Oregano würzen. Das Schnitzel zusammenklappen und mit dem Schnitzelklopfer gut festklopfen oder mit einem Holzspieß fixieren. Mit Salz und Pfeffer würzen. In einer Pfanne etwas Öl erhitzen und die Schnitzel darin auf beiden Seiten braten. Herausheben und vor dem Servieren die Holzspießchen entfernen.
BEILAGENEMPFEHLUNG: Risibisi und Salat

TIPP
Findet die Kinderparty im Garten statt, so können diese Truthahnschnitzel auch am Grill gebraten werden.

Bunte Hühner-Gemüse-Spieße

ZUTATEN FÜR 6 PORTIONEN

600 g Hühnerbrust · 1 rote Paprikaschote
1 gelbe Paprikaschote · 2 Zucchini
12 Champignons · Öl · Salz, Pfeffer

ZUBEREITUNG

Das Hühnerfleisch in möglichst gleich große Würfel (2 x 2 cm) schneiden. Die Paprikaschoten waschen, halbieren und die Stielansätze, Kerne und weißen Innenhäute entfernen. Paprika ebenfalls in gleich große Würfel schneiden. Die Zucchini waschen, Stiel und Blütenansätze abschneiden und in dickere Scheiben schneiden. Die Champignons putzen und das untere Ende vom Stiel abschneiden. Nun Hühnerfleisch, Paprika, Zucchini und Champignons abwechselnd auf die Spieße stecken.

Die Spieße auf einen Teller oder eine Platte legen, etwas Öl in eine Schale gießen und die Spieße mit einem Pinsel rundherum mit Öl bestreichen. Vorsichtig salzen und pfeffern. In einer Pfanne etwas Öl auf mittlerer Stufe erhitzen. Sobald es heiß genug ist, die Spieße einlegen. Einen Deckel auf die Pfanne legen und die Spieße etwa 3 Minuten braten. Die Spieße wenden und auf der anderen Seite ebenfalls 3 Minuten braten.

BEILAGENEMPFEHLUNG: Reis oder Pommes frites

Rindsschnitzerl mit Spiralnudeln

ZUTATEN FÜR 6 PORTIONEN

500–600 g bunte (oder weiße) Spiralnudeln · 6 Rindsschnitzel von der Beiried
glattes Mehl zum Wenden · 300 ml Rindsuppe · 3 Karotten · 1 große Zucchini
Salz, Pfeffer · Senf · Öl und Butter zum Braten · Olivenöl für die Nudeln

ZUBEREITUNG

In einem großen Topf ausreichend Salzwasser aufkochen und die Spiralnudeln darin bissfest kochen. Währenddessen die Karotten schälen und in feine Streifen schneiden, die Zucchini ungeschält in ebenso große Streifen schneiden. In einem Topf etwas Butter schmelzen und das Gemüse darin anschwitzen. Mit Salz und Pfeffer würzen. Mit 180 ml (!) Rindsuppe aufgießen und das Gemüse ziehen lassen, bis es bissfest ist. Dann vom Herd nehmen.

Die Rindsschnitzel flach klopfen. Mit Salz sowie Pfeffer würzen und mit Senf beidseitig bestreichen. Danach leicht in Mehl wenden. Öl und Butter in einer Pfanne erhitzen und das Fleisch auf beiden Seiten kurz braten. Herausnehmen und warm stellen. Das Fett abgießen und den Bratrückstand mit der restlichen Rindsuppe aufgießen. Kurz aufkochen und dann den Saft durch ein Sieb seihen.

Die mittlerweile gekochten Nudeln abgießen, etwas Olivenöl darüber träufeln. Auf vorgewärmten Tellern anrichten. Das Fleisch dazulegen, Gemüse auf das Fleisch geben und mit der Sauce übergießen.

Rindfleischpfanne Samurai

ZUTATEN FÜR 6 PORTIONEN

450 g chinesische Eiernudeln · 600 g Rindsfilet (Rindslungenbraten) · 6 EL Sojasauce 1 Prise Zucker · etwas Mehl · 6 Karotten · 3 Zucchini · 250 g Sprossen (Sojasprossen etc.) · 120 ml Rindsuppe · gehackte Petersilie · Öl zum Braten

ZUBEREITUNG

Die Eiernudeln nach Anleitung in Salzwasser kochen. Die Karotten und Zucchini schälen, halbieren und in feine Scheiben schneiden. Das Fleisch in feine Streifen schneiden und in einer Schüssel mit Zucker und Sojasauce vermengen. Etwas Mehl über das Fleisch stäuben und wiederum gut durchmischen.

Öl in einer beschichteten Pfanne (noch besser in einer Wokpfanne) erhitzen. Das Fleisch aus der Marinade nehmen und unter ständigem Rühren schnell braten. Fleisch wieder herausheben und nun die Karotten gemeinsam mit den Zucchini anschwitzen. Zum Schluss Fleisch und Sprossen zugeben. Restliche Marinade sowie Rindsuppe und Petersilie untermischen. Einmal kurz aufkochen lassen, dann mit den abgetropften Eiernudeln mischen und auf vorgewärmten Tellern anrichten.

1

2

3

Süße Kinderträume

Vanillepudding mit Himbeersauce

ZUTATEN FÜR 6 PORTIONEN
750 ml Milch · 3 EL Kristallzucker
3 Eidotter · 60 g Vanillepuddingpulver

FÜR DIE HIMBEERSAUCE
350 g Himbeeren (frisch oder tiefgefroren)
8–9 EL Staubzucker

ZUBEREITUNG
Rund 300 ml Milch mit den Eidottern und dem Puddingpulver glatt verrühren. Die restliche Milch mit dem Kristallzucker aufkochen. Sobald die Milch kocht, die Eidotter-Puddingmasse mit einem Schneebesen einrühren. Kurz aufkochen lassen. Gut durchrühren und in 6 kleine Puddingformen füllen. Überkühlen lassen. Für die Himbeersauce die Himbeeren gemeinsam mit dem Staubzucker pürieren und durch ein Sieb streichen. Den leicht überkühlten Pudding in der Form auftragen und dazu die Himbeersauce servieren. *Foto 1*

TIPP
Lauwarmer Pudding kann sein feines Aroma fast besser entfalten als zu kalter. Soll der Pudding gestürzt werden, so muss er etwas länger (am besten im Tiefkühlfach) gekühlt werden.

Schnelles Himbeereis

ZUTATEN FÜR 6 PORTIONEN

450 g tiefgekühlte Himbeeren · 100 g Kristallzucker · 300 ml Schlagobers · 6 EL Krokant

ZUBEREITUNG
Die Himbeeren gemeinsam mit dem Kristallzucker etwa 10 Minuten auf einem Teller ruhen lassen. Das Schlagobers halbfest aufschlagen. Die Himbeeren grob pürieren und das Obers einrühren. Sofort auf Schüsseln verteilen, mit Krokant bestreuen und servieren. *Foto 2*

Die zehn goldenen Regeln der Kinderparty

- *Nehmen Sie bei der Zusammenstellung der Gästeliste möglichst wenig Einfluss. Vergessen Sie nicht: Es ist die Party Ihres Kindes, nicht Ihre. Und eingeladen werden nicht nette Muttis und Vatis, sondern Kinder, mit denen sich Ihr Kind gut versteht.*
- *Überschätzen Sie die Möglichkeiten Ihrer Wohnung und Küche nicht. Halten Sie sich bei der Einladungsliste an die bewährte Faustregel für Kinder-Geburtstage: So alt Ihr Kind wird, so viele Freundinnen und Freunde darf es einladen. Wenn Ihr Kind mit der ganzen Kindergartengruppe oder der ganzen Klasse feiern möchte, könnte ein Ausweichen zu Ronald McDonald tatsächlich die stressfreiere Alternative sein.*
- *So vernünftig eine gesunde, ausgewogene und zeitgemäße Ernährung sein mag, vergessen Sie bei der Kinderparty alles, was Sie über Makrobiotik und Ernährungsphysiologie gehört haben. Kinder lieben nun einmal Pizzas, Spaghetti, Burgers, Pommes – und vor allem Süßigkeiten aller Art vom Schokoriegel bis zum Eis mit Schlag. Im Sinne der guten Laune der kleinen Gäste sollte ausnahmsweise gelten, dass einmal keinmal ist. Das gilt auch für Getränke. Mit ein paar Flaschen Limo oder Coke im Kühlschrank kommen Sie vermutlich viel besser an als mit Karottensaft, Früchtetee und Mineralwasser.*
- *Widerstehen Sie der Versuchung, die Kinderparty zu einer Leistungsschau Ihrer Kochkunst zu machen. Edle Delikatessen bleiben oft übrig, während „Handfestes" „dreimal weggeht". Auch ob etwas hausgemacht ist oder nicht, wird von den wenigsten der kleinen Gäste wirklich geschätzt.*
- *Im Gegensatz zum Einladen von Erwachsenen gilt: Die Wohnung vor einer Kinderparty so richtig gründlich sauber zu machen, ist kontraproduktiv. Stellen Sie vor der Party also am besten nur eine Minimalordnung her. Sie werden danach mit dem Aufräumen noch genug Arbeit haben.*
- *Lassen Sie Omas schöne Spitzendecke lieber im Wäscheschrank und verbannen Sie möglichst auch das Damasttischtuch dorthin. Plastik-Sets und/oder Papiertischdecken, die nach dem Essen zum Bemalen freigegeben werden, ersparen eine Menge Aufräumarbeit.*
- *Teller aus Papier oder Plastik sind solchen aus Porzellan oder Keramik bei jeder Kinderparty vorzuziehen und sehen obendrein meist bunter und lustiger aus als Zwiebelmustergeschirr oder wertvolles Designerporzellan.*
- *Sorgen Sie dafür, dass genügend bunte und lustige Papierservietten zum Abwischen zur Hand sind.*
- *Zu erwägen ist auch die Verwendung von Plastikbesteck, was jedoch von der Art der servierten Gerichte abhängt.*
- *Abgesehen davon kann es bei vielen Kinderparty-Gerichten ruhig auch das Kommando geben: Finger frei! „Erziehen" können Sie am nächsten Tag wieder. Ihr Kind hat ja nicht das ganze Jahr lang Geburtstag.*

Schoko-Frucht-Spieße

ZUTATEN FÜR CA. 12 SPIEßCHEN

6 Mandarinen · 24 Erdbeeren · 3 Kiwis · 3 Bananen · etwas Zitronensaft 1–2 Äpfel · 300 g Zartbitterkuvertüre · 300 g weiße Kuvertüre

ZUBEREITUNG

Mandarinen gut schälen (auch die weiße Haut sorgfältig abziehen) und in Spalten zerteilen. Die Kiwis schälen und in dicke Spalten schneiden. Von den geschälten Bananen die Enden abschneiden, in größere Stücke teilen und rasch mit Zitronensaft beträufeln. Äpfel nach Belieben schälen oder ungeschält lassen, vierteln und entkernen. Ebenfalls mit Zitronensaft beträufeln. Nun sämtliche Früchte in beliebiger Reihenfolge und Kombination auf die Holzspießchen stecken und nebeneinander auf ein Backpapier legen. Die beiden Kuvertüren getrennt jeweils in einer Schüssel im heißen Wasserbad zum Schmelzen bringen. Dann die Kuvertüren jeweils mit einem Löffel abwechselnd dekorativ über die Spieße ziehen. Im Kühlschrank erstarren lassen.

TIPP

Übrig gebliebene Früchte, die sich nicht aufspießen lassen, kann man einfach einzeln in die Kuvertüre tunken und dann abkühlen lassen.

Cornflakes-Bonbons

ZUTATEN FÜR CA. 28 STÜCK

60 g dunkle Kuvertüre · 160 g Nougat · 1 EL Butter · 60 g Cornflakes

ZUBEREITUNG

Die Cornflakes zerstoßen. Dunkle Kuvertüre gemeinsam mit dem Nougat in einer Schüssel im heißen Wasserbad zum Schmelzen bringen. Die Butter einrühren und etwas überkühlen lassen. Die zerstoßenen Cornflakes rasch unterheben. Mit einem kleinen Löffel kleine Häufchen entweder auf ein Backpapier setzen oder gleich in Papiermanschetten füllen.

Foto Seite 126/3

Kinder-Kaiserschmarren

ZUTATEN FÜR 6 PORTIONEN
600 ml Milch · 350 g glattes Mehl · 100 g Kristallzucker · 9 Eier · 6 EL Rosinen 3 EL Butterschmalz · Staubzucker und/oder bunter Schokostreusel zum Bestreuen

ZUBEREITUNG
Die Eier trennen. Die Eidotter mit Milch und Mehl glatt rühren. Eiklar aufschlagen und mit dem Kristallzucker zu Schnee ausschlagen. Den Eischnee vorsichtig unter die Dottermasse heben und die Rosinen untermischen. Butterschmalz in einer großen Pfanne (oder zwei kleineren Pfannen) erhitzen und den Teig eingießen. Etwa 2–3 Minuten bei mittlerer Hitze backen, dann mit einer Palette wenden und auch auf der anderen Seite goldbraun backen. Den Kaiserschmarren mit zwei Gabeln in Stücke zerreißen. Auf vorgewärmten Tellern anrichten und großzügig mit Staubzucker und/oder buntem Schokostreusel bestreuen.
BEILAGENEMPFEHLUNG: Apfelmus oder Zwetschkenröster

Sind sie nicht süß, die Kleinen?

Genau so ist es. Süß veranlagt sind sie, die Kinder, und zwar von Geburt an. Da hilft die Mahnung von Ernährungsexperten, dass Süßes völlig überflüssig, ja sogar schädlich sei, nur wenig weiter. Die lieben Kleinen lernen den süßen Wohlgeschmack bereits in der Muttermilch schätzen und wollen sich – manche von ihnen ein ganzes Leben lang – nicht mehr von der Lust am süßen Naschen trennen. Aber auch bei weniger ausgeprägten Naschkatzen wird die Freude am Pikanten und Sauren erst im Übergangsstadium zur Pubertät zunehmend ausgeprägt. Vernünftige Ernährungsexperten warnen daher auch davor, den Kindern Süßes ganz generell zu verbieten, sondern stattdessen das „Naschen in Maßen" zu erlauben, was im Klartext bedeutet: Süßigkeiten sollten höchstens zehn Prozent der täglich aufgenommenen Energiemenge ausmachen.
Und bei Kinderpartys darf es, sollte man vielleicht auch noch hinzufügen, ruhig ein bisschen mehr sein. Ausnahmsweise.

Weiberabend

WENN POWERFRAUEN VIEL ZU BEREDEN HABEN
UND DENNOCH „ETWAS AM TISCH" SEIN SOLL

*Dieses Kapitel wurde unter wesentlicher Mitarbeit unserer beiden Lektorinnen geschrieben.

Die dankbaren Autoren.

Bric-à-Brac

Carpaccio „lachsrosa"

ZUTATEN FÜR 4 PORTIONEN
400 g topfrisches Lachsforellenfilet · Meersalz, Pfeffer aus der Mühle · Blattsalat, Dille und Kräuter zum Garnieren · 1 EL Balsamicoessig 2–3 EL Olivenöl · 1 Prise Zucker

FÜR DIE PFEFFERMARINADE
**1 TL Honig · 8 cl Olivenöl
4 cl Balsamicoessig · Saft von 1 Zitrone · 1 Prise Staubzucker · Salz
1–2 EL rosa Pfeffer · 1/2 TL weißer Pfeffer**

VORBEREITUNG
Das Lachsforellenfilet mit einer Küchenpinzette sorgfältig entgräten. Mit der Fingerkuppe zart über das Fischfilet streichen, um auch die letzten kleinen Gräten aufzuspüren.

ZUBEREITUNG
Aus Honig, Olivenöl, Balsamicoessig, Zitronensaft, Staubzucker und Salz eine Marinade anrühren. Rosa Pfeffer fein hacken, weißen Pfeffer mahlen und beides mit der Marinade verrühren und abschmecken. Die Lachsforellenfilets mit einem scharfen Messer in dünne Scheiben schneiden. Für das Dressing den Balsamicoessig mit Olivenöl, einer Prise Zucker, Salz und Pfeffer verrühren. Den gewaschenen und trockengeschleuderten Salat sowie die Kräuter mit dem Dressing marinieren. Die Teller mit der vorbereiteten Pfeffermarinade bepinseln, die Lachsforellenscheiben dekorativ darauf legen und mit frisch gemahlenem Pfeffer sowie Meersalz würzen. Den marinierten Kräutersalat dazu anrichten und mit Dille garnieren.
BEILAGENEMPFEHLUNG: Ciabatta oder getoastete Briochescheiben

TIPP: Statt Lachsforellenfilet lässt sich auch frischer Lachs nach diesem Rezept zubereiten.

Asia-Carpaccio

ZUTATEN FÜR 4–6 PORTIONEN
**400 g Thunfischfilet, frisch und beste Qualität · 80 g Jungzwiebeln
2 EL Apfelessig · 3 EL Sesamöl · 1 EL Sojasauce · 2 EL Sesamsamen · Salz, Pfeffer
Sojasprossen als Garnitur · Öl für die Folie**

ZUBEREITUNG
Die Jungzwiebeln feinwürfelig schneiden. Den Essig mit Sesamöl, Sojasauce, Salz und Pfeffer zu einer Marinade rühren. Den Thunfisch in feine Scheiben schneiden, jede Scheibe zwischen zwei mit Öl bestrichene Klarsichtfolien legen und flach klopfen. Etwas Marinade auf die Teller streichen. Die Thunfischscheiben darauf dekorativ auflegen und mit der restlichen Marinade beträufeln. Die Sesamsamen in einer beschichteten Pfanne ohne Fett anrösten und über das Carpaccio streuen. Mit Sojasprossen und Jungzwiebeln garnieren.
BEILAGENEMPFEHLUNG: getoastetes Weißbrot

Foto rechte Seite

Erbsencremesuppe mit Prosciutto-Crackers

ZUTATEN FÜR 4 PORTIONEN

400 g Erbsen · 750 ml Geflügelfond oder Rindsuppe · 4 Scheiben Prosciutto di Parma (oder anderer Rohschinken) · 1 kleine Zwiebel · Salz · Pfeffer gemahlene Muskatnuss · Butter zum Anrösten · 1–2 EL geschlagenes Obers

ZUBEREITUNG

Die Zwiebel fein hacken. In einem Topf etwas Butter erhitzen und die gehackte Zwiebel darin anschwitzen. Die Erbsen dazugeben und mit Salz, Pfeffer sowie Muskatnuss würzen. Den Geflügelfond oder die Rindsuppe zugießen und die Erbsen etwa 10 Minuten leicht köcheln lassen, bis sie weich sind. Mit dem Stabmixer mixen und passieren.

Die Rohschinkenscheiben in einer beschichteten Pfanne anbraten, bei Bedarf etwas Butter zugeben. Suppe gegebenenfalls nochmals kurz erwärmen und erst unmittelbar vor dem Servieren etwas geschlagenes Obers einrühren. In heißen Tellern oder Suppenschalen anrichten und den gebratenen Prosciutto über die Suppe legen.

Schnelle Gemüsekunde für lebenskluge Frauen

Während Männer nach wie vor eher als „Fleischtiger“ gelten, sind Frauen (zumindest wenn sie für sich selber und nicht für die Männerwelt kochen) schon seit Hildegard von Bingen sensibel für Gemüse-Genüsse gewesen. Ein wohlgefüllter Gemüsekorb erweist sich daher für einen „Weiberabend“ auch als wahres kulinarisches Schatzkästlein.

HIER EINIGE TIPPS, WAS SIE BEI EINER „SCHNELLEN GEMÜSEKÜCHE“ BEACHTEN SOLLTEN

■ **AVOCADOS** *lassen sich, die richtige Reife vorausgesetzt, in Minutenschnelle zu feinen Aufstrichen oder Füllungen (z. B. mit Shrimps oder Räucherlachs) verarbeiten. Aber Vorsicht: Ist die Avocado einmal geöffnet, so verfärbt sich das gelb-grünliche Fruchtfleisch sehr schnell schwarz. Diesen unschönen optischen Effekt kann man durch das Beträufeln mit Zitronensaft vermeiden. Übrigens: Sollten die Avocados noch nicht ganz reif sein, so reifen sie – in Zeitungspapier eingewickelt – bei Zimmertemperatur rasch nach. Die Avocado besitzt eine optimale Reife, wenn sie bei einem zarten Druck mit dem Finger leicht nachgibt.*

■ **BROKKOLI** *lassen sich in der 15-Minuten-Küche recht bequem einsetzen. Man sollte sie nur vorher teilen: Während die Röschen nämlich nur kurz gedünstet oder blanchiert werden müssen, um bissfest zu sein, bedürfen die Strünke etwas längerer Garung. Will man die Brokkoli dennoch im Ganzen garen, sollte man die Stiele nach dem sorgfältigen Zuputzen kreuzweise einschneiden.*

■ **CHAMPIGNONS** *zählen zu den schnellsten Gemüse-Genüssen. Noch flotter geht die Arbeit von der Hand, wenn man die Champignons mit einem Eierschneider in gleich dicke Scheiben schneidet. Die Champignons müssen in diesem Fall freilich knackig frisch sein. Und noch ein Tipp: Wenn Sie die Champignons mit etwas Zitronensaft beträufeln, behalten sie auch während des Kochens ihre schöne helle Farbe.*

■ **CHICORÉE** *ist gesund, vielseitig verwendbar (marinieren, dünsten, braten), aber leider oft bitter. Daher: Unbedingt kühl und dunkel (am besten in Papier gewickelt) lagern und vor der Weiterverwendung kurz in Wasser (mit einer Semmel) aufkochen oder auch nur in warmes Wasser einlegen. Das entzieht die Bitterstoffe.*

■ **CHINAKOHL** *ist für die schnelle Küche besonders prädestiniert, weil man ihn problemlos roh als Salat essen, aber auch braten kann. Zudem ist seine Lagerfähigkeit optimal: Im Kühlschrank lässt er sich über eine Woche lang problemlos lagern.*

■ **KOHLRABI** *ist eine schnelle und sehr gesunde Rohkost, schmeckt aber auch knackig gekocht oder in mit etwas Obers gebundenen Saucen sehr gut. Werfen Sie die Kohlrabiblätter niemals weg! Sie enthalten besonders viele Vitamine sowie Nährstoffe und können wie Kräuter gehackt und als Würze über das fertige Gericht gestreut werden.*

■ **KARFIOL** gibt, knackig gekocht und mit Butter und Bröseln oder Obers, legiertem Ei und Schinkenstreifen serviert, eine perfekte Beilage ab. Karfiolrosen lassen sich übrigens, nachdem man sie in Salzwasser blanchiert hat, sehr gut tiefkühlen und sind dann, in kochendem Wasser regeneriert, im Nu wieder zur Hand.

■ **LAUCH** macht zwar Suppen trüb, lässt sich aber – besonders in der asiatischen Küche – schnell und bequem einsetzen. Aber niemals zu lange garen lassen, sonst wird er rasch matschig. Apropos: Je größer der Weißanteil des Lauchs, desto besser schmeckt er.

■ **LINSEN** sind im Gegensatz zu Bohnen als Garnitur oder Beilage für die schnelle Küche sehr wohl geeignet, da man etliche Linsensorten nicht einzuweichen braucht. Am besten geeignet sind rote Linsen, die beim Kochen leicht sämig werden, sich bei der Zubereitung gelb färben und im Geschmack milder als jene der grünen Sorte sind.

■ **MANGOLD** eignet sich wegen seiner großen, schönen Blätter perfekt zum „Verpacken" von Fisch- oder etwa auch Hühnerbrustfilets, die anschließend (z. B. im chinesischen Bambuskörbchen) gedämpft werden, was eine ebenso schnelle wie gesunde Mahlzeit ergibt. Von den Stielen sollte man dabei nur die faserigen Teile abschneiden, da der Stiel der eigentliche Sitz des „nussigen" Mangoldaromas ist.

■ **MELANZANI** bilden, in Scheiben geschnitten, eine ideale Grundlage für Gemüsesteaks. Vor der Zubereitung sollte man sie allerdings salzen, damit die darin enthaltenen Bitterstoffe verschwinden. Dann kann man sie beispielsweise mit Schinken und/oder Käse belegen oder nach dem Braten mit Dips und Steaksaucen servieren. Kleine Melanzani schmecken übrigens am besten. Und noch ein Tipp: Melanzani sollten mit möglichst wenig Fett gebraten werden, das sie leicht aufsaugen und dadurch schwer verdaulich werden.

■ **SALATE,** insbesondere Blattsalate, sind mit gutem Grund eine der beliebtesten kulinarischen Grundlagen vieler „Weiberabende". Damit sie auch wirklich frisch auf den Tisch kommen, sollte man sie nach dem Waschen immer gut mit einem Tuch abtrocknen bzw. in einer Salatschleuder trocknen. So verwässert das Salatdressing nicht. Blattsalat wird übrigens besonders knackig, wenn man ihn bis kurz vor der Zubereitung in einem speziell für Gemüse geeigneten Plastiksack im Kühlschrank lagert.

■ **SPARGEL** eignet sich nur in seiner grünen Façon als „schnelles Gemüse", da einerseits das mit der Zubereitung von weißem Spargel verbundene Schälen zu viel Zeit in Anspruch nimmt, dickerer weißer Spargel (Solospargel) andererseits mitunter eine längere Garungszeit benötigt. Grüner Spargel muss im Regelfall nicht geschält, sondern allenfalls von gelegentlichen „Schuppen" befreit werden. Ob die edlen Stangen frisch sind, erkennen Sie an der Schnittfläche: Sie darf nicht vertrocknet oder verfärbt sein. Im Idealfall tritt auf einen festen Fingerdruck noch etwas Flüssigkeit heraus.

Salat vom grünen Spargel und Räucherlachs

ZUTATEN FÜR 4 PORTIONEN
600 g grüner Spargel · 200 g in Scheiben geschnittener Räucherlachs · 80 g Joghurt 1 EL Honig · 1 EL gehackte Dille · 1 EL Apfelessig · Vogerlsalat · 1 EL Balsamicoessig 2 EL Olivenöl · Salz, Pfeffer · Zucker

ZUBEREITUNG
Beim Spargel die holzigen Enden (etwa 3 cm) wegschneiden. In einem großen Topf Wasser zum Kochen bringen. Mit Salz und einer Prise Zucker würzen und den Spargel darin einige Minuten bissfest (aber nicht zu weich) kochen. Herausnehmen und eiskalt abschrecken. Die Spargelspitzen für die Garnitur abschneiden und beiseite legen, den Rest in etwa 1 cm große Stücke schneiden.
Für die Marinade Joghurt mit Honig, Apfelessig und gehackter Dille verrühren. Mit Salz sowie Pfeffer würzen und die Spargelstücke untermengen. Den Spargelsalat auf Tellern anrichten und den Räucherlachs darüber legen. Den Vogerlsalat mit Balsamicoessig, Olivenöl, Salz und Pfeffer marinieren und dekorativ darauf bzw. rundum setzen. Mit den Sargelspitzen garnieren.

TIPP
Steht Ihnen etwas mehr Zeit zum Kochen zur Verfügung, so schmeckt natürlich auch der dicke Solospargel in dieser Kombination ganz vorzüglich!

Kalte Sachen – wärmstens empfohlen

Eierschwammerl auf Feldsalat

ZUTATEN FÜR 4 PORTIONEN
300 g Eierschwammerl · Vogerlsalat · 4 Tomaten · 1 Zwiebel · 1 EL gehackte Petersilie · Balsamicoessig · Traubenkernöl · Butter zum Braten · Salz, Pfeffer

VORBEREITUNG
Die Tomaten in kochendem Wasser kurz blanchieren (überbrühen), in Eiswasser abschrecken und die Haut abziehen. Tomaten halbieren, entkernen und in Würfel schneiden.

FÜR BESONDERS EILIGE
Die nicht geschälten Tomaten in Würfel schneiden.

ZUBEREITUNG
Den gewaschenen und trockengeschleuderten Vogerlsalat mit Salz, Balsamicoessig sowie Traubenkernöl marinieren und auf Tellern anrichten. Eierschwammerl putzen und die Zwiebel klein schneiden. In einer Pfanne etwas Butter erhitzen und die geschnittene Zwiebel darin anschwitzen. Schwammerl beigeben, mit Salz sowie Pfeffer würzen und durchrösten. Abschließend die gehackte Petersilie darüber streuen. Eierschwammerl auf dem Salat anrichten und mit den Tomatenwürfeln garnieren.
BEILAGENEMPFEHLUNG: frisches Vollkornbrot oder Wachauer Weckerl

Rindsfiletstreifen auf Toskana-Art

ZUTATEN FÜR 4 PORTIONEN

300 g Rindsfilet (Rindslungenbraten) · 250–300 g Rucola · 100 g Parmesan 1–2 EL Balsamicoessig · 3–4 EL Olivenöl · Salz, Pfeffer · Olivenöl zum Braten

ZUBEREITUNG

Rucola putzen, waschen und trockenschleudern. Das gut zugeputzte Rindsfilet in dünne Scheiben schneiden. Die Fleischscheiben salzen und pfeffern. In einer Pfanne etwas Olivenöl erhitzen und die Filetstreifen beidseitig rasch braten. Herausnehmen und warm halten.

Für das Dressing den Balsamicoessig mit Salz, Pfeffer und Olivenöl verrühren und den Rucola damit marinieren. Das Fleisch auf die Teller legen und den marinierten Rucola darüber verteilen. Den Parmesan darüber hobeln.

BEILAGENEMPFEHLUNG: knuspriges Stangenbrot

Polpette auf Erbsenschoten-Paprika-Salat

ZUTATEN FÜR 4–6 PORTIONEN

400 g faschiertes Schweinefleisch · 1 kleines Stück Ingwerwurzel · 1 Knoblauchzehe 2–3 Jungzwiebeln · 1 Ei · Öl zum Braten · 1 Hand voll Rucola · 100 g junge Erbsenschoten · 1 rote Paprikaschote · Salz, Pfeffer

FÜR DAS DRESSING

**2 EL Sonnenblumenöl · 1 EL Apfelessig
Saft von 1/2 Zitrone · 1 Knoblauchzehe · Salz**

ZUBEREITUNG

Für die Fleischbällchen Knoblauchzehe, Ingwer und Jungzwiebeln fein hacken und unter das Faschierte mischen. Das Ei einarbeiten und mit Salz sowie Pfeffer würzen. Aus der Fleischmasse ca. 24 Fleischbällchen mit jeweils etwa 20 Gramm formen und etwas flach drücken. Öl in einer Pfanne erhitzen und die Bällchen darin von beiden Seiten braten.

Für den Salat den Rucola waschen und trockenschleudern. Die Erbsenschoten in Salzwasser etwa 1 Minute blanchieren (überbrühen), herausnehmen und eiskalt abschrecken. Die Paprikaschote vierteln, Kerne und weiße Trennwände entfernen und das Fruchtfleisch in feine Streifen schneiden.

Für das Dressing die Knoblauchzehe in feine Streifen schneiden. Alle anderen Zutaten gut miteinander verrühren und Knoblauch zugeben. Rucola, Erbsenschoten und Paprikastreifen mit dem Dressing marinieren und auf Tellern anrichten. Die fertig gebratenen Bällchen auf dem Salat anrichten.

Hühnerfilets im Kohlrabibett

ZUTATEN FÜR 4 PORTIONEN

**2 kleine Kohlrabi · 1 gute Hand voll Rucola · 4 Hühnerfilets à 100 g · Salz, Pfeffer
Öl und Butter zum Braten · Kresse zum Garnieren**

FÜR DAS DRESSING

**2 EL Sauerrahm · 2 EL weißer Balsamicoessig · 1 KL Dijonsenf · Salz, Pfeffer
Staubzucker · 2 EL Olivenöl**

ZUBEREITUNG

Die Hühnerfilets mit Salz und Pfeffer würzen. Öl mit etwas Butter in einer Pfanne erhitzen und die Hühnerfilets darin beidseitig braten. Herausheben und warm halten. Kohlrabi schälen, halbieren und in feine Scheiben schneiden.

Für das Dressing den Sauerrahm mit Balsamicoessig, Olivenöl und Dijonsenf verrühren. Mit Salz, Pfeffer und etwas Staubzucker abschmecken. Rucola und Kohlrabi mit dem Dressing marinieren und auf Teller setzen. Die Hühnerfilets aufschneiden und auf den Salat legen. Mit Kresse bestreuen.

Rehrücken „Hélène"

ZUTATEN FÜR 4 PORTIONEN

400 g ausgelöster Rehrücken · 4 Birnen · geschroteter Wacholder · Salz, Pfeffer Olivenöl und Butter zum Braten · Blattsalate nach Belieben (Frisée, Rucola oder Chicorée) · Kresse zum Garnieren

FÜR DAS DRESSING

2 EL Balsamicoessig · 1 cl Cassislikör · Salz, Pfeffer · 4 EL Olivenöl

VORBEREITUNG

Das Backrohr auf 180 °C vorheizen.

ZUBEREITUNG

Den ausgelösten Rehrücken mit Salz, Pfeffer und geschrotetem Wacholder würzen. Etwas Olivenöl gemeinsam mit Butter in einer Pfanne erhitzen. Den Rehrücken einlegen und darin auf allen Seiten anbraten. Ins vorgeheizte Backrohr stellen und bei 180 °C noch ca. 6 Minuten fertig braten. Danach herausnehmen, in Alufolie hüllen und für weitere 5 Minuten warm stellen. Für das Dressing den Balsamicoessig mit Cassislikör und Olivenöl gut verrühren. Mit Salz und Pfeffer abschmecken. Die Birnen halbieren, Gehäuse und Stiele entfernen und der Länge nach in dünne Scheiben schneiden. Die Blattsalate waschen und trockenschleudern. Die Birnen sowie den Salat mit dem Dressing marinieren, dabei etwas zum Beträufeln zurückbehalten. Die Birnenscheiben auf die Teller legen, den Salat ebenfalls anrichten. Den Rehrücken aufschneiden und auf den Salat legen. Mit dem restlichen Dressing beträufeln und mit Kresse garnieren.

BEILAGENEMPFEHLUNG: getoastete Briochescheiben mit Butter

Lachsforellen-Jungzwiebelsalat mit Passionsfruchtdressing

ZUTATEN FÜR 4 PORTIONEN

12 Jungzwiebeln · 8 Radieschen · 4 Lachsforellenfilets (mit Haut) à 100 g
Salz, Pfeffer · Olivenöl zum Braten · Kräuter und marinierte Salate zum Garnieren

FÜR DAS DRESSING

40 ml Passionsfruchtsaft · 1 EL weißer Balsamicoessig · 1 TL Zucker
1 EL Walnussöl · 1 EL Olivenöl · Cayennepfeffer · Salz

ZUBEREITUNG

Für das Dressing den Passionsfruchtsaft mit den restlichen Zutaten verrühren. Die Lachsforellenfilets salzen, pfeffern und in einer Pfanne in heißem Olivenöl auf der Hautseite scharf braten, bis die Filets fast durch, aber noch schön glasig sind. Die Jungzwiebeln in 3 cm große Stücke schneiden und in einer anderen Pfanne in etwas heißem Olivenöl anschwitzen. Die warmen Zwiebeln mit einem Teil des Passionsfruchtdressings marinieren und lauwarm auf die Teller verteilen.

Die Lachsforellenfilets darauf setzen. Die Radieschen fein schneiden und darüber verteilen. Nach Belieben mit Kräutern und marinierten Salaten garnieren. Das restliche Dressing darüber träufeln.

BEILAGENEMPFEHLUNG: Ciabatta

Lachsfilet mit Honig-Balsamico-Chinakohl

ZUTATEN FÜR 4 PORTIONEN

400–600 g Lachsfilet mit Haut
1 Chinakohl · 2 Knoblauchzehen
2–3 EL Balsamicoessig
4–5 EL Olivenöl · Salz, Pfeffer
Staubzucker · Olivenöl und Butter zum Braten

FÜR DEN BALSAMICOSIRUP

60 ml Balsamicoessig
40 ml Sojasauce · 1 EL Honig

VORBEREITUNG

Das Backrohr auf 180 °C vorheizen. Für den Balsamicosirup den Balsamicoessig in einem Topf gemeinsam mit Sojasauce und Honig um die Hälfte einkochen lassen. Auskühlen lassen.

ZUBEREITUNG

Den Chinakohl putzen, in Streifen schneiden und in eine Schüssel geben. Salzen, pfeffern und mit gepresstem Knoblauch, Balsamicoessig, Staubzucker und Olivenöl marinieren.
Das gut entgrätete Lachsfilet in Portionsstücke teilen und mit Salz sowie Pfeffer würzen. In einer feuerfesten Pfanne Olivenöl mit etwas Butter erhitzen und den Lachs auf der Hautseite anbraten. Ins heiße Backrohr stellen und noch ca. 4 Minuten auf der Hautseite fertig garen.
Den fertig gebratenen Lachs gemeinsam mit dem marinierten Chinakohl anrichten und mit etwas vorbereitetem Balsamicosirup beträufeln.

TIPP

Der in diesem Rezept angeführte Balsamicosirup ist ein wahrer Tausendsassa, wenn es darum geht, feinen Salatkreationen und Vorspeisen den letzten Schliff zu verleihen. Der Sirup lässt sich in einem gut verschlossenen Gefäß problemlos auch längere Zeit aufbewahren und sollte daher immer vorrätig sein.

Branzino auf Basilikum-Tomaten-Concassé

ZUTATEN FÜR 4 PORTIONEN

4 Branzinofilets (Wolfsbarsch) à 150 g, mit Haut · 3 EL Pinienkerne · 4 Tomaten 16 schwarze Oliven ohne Kerne · 1 Knoblauchzehe · 6 EL Olivenöl für das Concassé Zitronensaft · Basilikumblätter · Salz, Pfeffer · Olivenöl zum Braten

VORBEREITUNG

Die Tomaten in kochendem Wasser kurz blanchieren (überbrühen), in Eiswasser abschrecken und die Haut abziehen. Tomaten halbieren, entkernen und in Würfel schneiden.

FÜR BESONDERS EILIGE

Die ungeschälten Tomaten in Würfel schneiden.

ZUBEREITUNG

Die entkernten Oliven halbieren, die Knoblauchzehe fein hacken. Die Tomatenwürfel mit den Olivenhälften, dem Knoblauch, den 6 Esslöffeln Olivenöl sowie dem Zitronensaft vermischen. Basilikumblätter in feine Streifen schneiden und dazugeben. Mit Salz und Pfeffer abschmecken.

Die sorgfältig entgräteten Branzinofilets mit Salz, Pfeffer und Zitronensaft würzen. In einer Pfanne etwas Olivenöl erhitzen und die Fischfilets darin beidseitig anbraten. Auf der Hautseite fertig braten.

Tomatenconcassé auf Tellern anrichten und die gebratenen Fischfilets darauf setzen. Die Pinienkerne kurz in der Fischpfanne anrösten und dann über das Gericht streuen.

BEILAGENEMPFEHLUNG: Blattsalate und getoastetes Weiß- oder Schwarzbrot

Kochen beim Weiberabend? – Nein danke!

Wenn „desperate housewives" aufeinander treffen, so kann es schon passieren, dass keine von ihnen auch nur die geringste Lust auf Kochen verspürt. Schließlich soll ja in erster Linie getratscht und nicht schon wieder gearbeitet werden. Die „ganz normale" Doppelbelastung ist schon mehr als reichlich.

EINIGE TIPPS, WIE DER WEIBERABEND DENNOCH „KULINARISCH" AUSFALLEN KANN

- *Vereinbaren, dass jede eine Portion Sushi oder Sashimi mitnimmt.*
- *Jede Menge Salzgebäck und Rohkost auf den Tisch stellen.*
- *Den Abend gleich zum Inder, Chinesen oder Italiener ums Eck verlegen.*
- *Für Kalorien-Furchtlose: den Pizzaservice anrufen.*
- *Vom nächsten Supermarkt eine kalte Platte anliefern lassen.*
- *Den Kühlschrank freigeben, und jede holt und isst, was sie will.*
- *Und dann die beste Idee von allen: die Männer vorkochen lassen und anschließend zum Bowling schicken.*

Ladies' **last orders**

Spargelragout mit Minze

ZUTATEN FÜR 4 PORTIONEN
1 kg grüner Spargel · 1 Bund Pfefferminze · 2 Schalotten · 400 ml Spargelkochwasser · 200 ml Schlagobers · gemahlener Koriander · 1–2 EL Butter · Salz, Pfeffer

ZUBEREITUNG
Beim Spargel die holzigen Enden (etwa 3–4 cm) wegschneiden und nur bei Bedarf schälen (grüner Spargel braucht üblicherweise nicht geschält zu werden). In einem großen Topf Wasser mit der Hälfte der Minze und etwas Salz zum Kochen bringen. Die Minze wieder entfernen, den Spargel einlegen und bissfest kochen.
Spargel herausheben und abtropfen lassen. Die Spargelstangen in etwa 1 cm lange Stücke schneiden und dabei die Spitzen ganz lassen. Etwa 400 ml Spargelkochwasser abschöpfen und in einer breiten Pfanne (verdampft darin schneller) mit Obers, geschnittenen Schalotten und etwas Pfefferminze auf die Hälfte einkochen lassen. Sauce abschmecken und abseihen.
Den restlichen Spargel-Pfefferminzfond nochmals aufkochen lassen, Butter einrühren und die Spargelstücke darin kurz erwärmen. Herausheben, abtropfen lassen und in vorgewärmten tiefen Tellern anrichten. Mit der fertigen Sauce übergießen und mit gemahlenem Koriander und Pfefferminze bestreuen.
BEILAGENEMPFEHLUNG: Kartoffelpüree oder gebratene Kartoffelscheiben

Überbackene Mozzarella-Tomaten mit Cremepolenta

ZUTATEN FÜR 4 PORTIONEN

6 Tomaten · frisch gehackte Kräuter nach Belieben · Olivenöl · Salz, Pfeffer etwas würfelig geschnittener Mozzarella · 2 fein geschnittene Knoblauchzehen Rucola nach Belieben · Balsamicoessig

FÜR DIE POLENTA

250 ml Gemüsefond · 100 g Polenta (Maisgrieß) · Salz, Pfeffer

VORBEREITUNG

Von den Tomaten den Stielansatz entfernen, kurz in kochendes Wasser tauchen und sofort in eiskaltem Wasser abschrecken. Vier Tomaten schälen und von der Stielseite her mit einem kleinen Löffel vorsichtig aushöhlen, ohne die Außenwand zu verletzen. Ausgelöstes Fruchtfleisch durch ein feines Sieb seihen, klaren Saft auffangen und beiseite stellen. Restliche Tomaten ebenfalls schälen, vierteln, entkernen und in Würfel schneiden.

FÜR BESONDERS EILIGE

Die vier Tomaten ungeschält aushöhlen und für die Füllmasse geschälte Tomaten aus der Dose verwenden.

ZUBEREITUNG

Die Tomatenwürfel gemeinsam mit dem geschnittenen Knoblauch in heißem Olivenöl anschwitzen. Vom Herd nehmen, mit Salz sowie Pfeffer würzen und gehackte Kräuter dazugeben. Würfelig geschnittenen Mozzarella unterrühren und die Masse in die ausgehöhlten Tomaten füllen. Etwas Olivenöl in einer Bratenform erhitzen, die Tomaten nebeneinander hineinstellen und im heißen Backrohr bei 200 °C etwa 12 Minuten garen. Mit dem Tomatensaft nach und nach übergießen.

Währenddessen den Rucola salzen, pfeffern und mit Balsamicoessig sowie Olivenöl marinieren. Für die Polenta den Fond aufkochen lassen, Polenta einstreuen und ca. 3 Minuten köcheln lassen. Mit Salz und Pfeffer abschmecken. Polenta in der Tellermitte anrichten, die Tomaten darauf stellen und mit Rucola garnieren.

Melonen-Zucchini-Geschnetzeltes

ZUTATEN FÜR 4 PORTIONEN

1 Honigmelone · 4 Zucchini
4 Jungzwiebeln · 2 Knoblauchzehen · ca. 120 ml Orangensaft
1–2 TL Honig · Zitronenmelisse
Cayennepfeffer · Koriander
Salz · Olivenöl

ZUBEREITUNG

Die Melone schälen, entkernen und dann das Fruchtfleisch in kleine Stücke schneiden. Zucchini waschen und der Länge nach in Spalten bzw. Streifen schneiden. Die Melisse in feine Streifen, die Jungzwiebeln und Knoblauchzehen in feine Scheiben schneiden.

Nun in einer Kasserolle etwas Olivenöl erhitzen und die Zwiebeln gemeinsam mit dem Knoblauch darin anschwitzen. Zucchini zugeben und alles ein wenig anbraten. Mit Orangensaft aufgießen. Melonenwürfel und Melisse zugeben und mit Salz, Honig, Cayennepfeffer sowie Koriander abschmecken.

BEILAGENEMPFEHLUNG: pochierte oder Spiegeleier

Zucchini-Käse-Gratin

ZUTATEN FÜR 4 PORTIONEN
600 g Zucchini · 300 g tiefgekühlte Erbsen · 150 g geriebener Emmentaler 2 EL Sesamkörner · Salz, Pfeffer Butter für die Form

VORBEREITUNG
Das Backrohr auf 200 °C vorheizen.

ZUBEREITUNG
Die Erbsen in Salzwasser weich kochen. Abseihen und mit dem Stabmixer pürieren. Salzen und pfeffern. Die Zucchini waschen, halbieren und ebenfalls 3 Minuten in Salzwasser kochen. Anschließend eiskalt abschrecken.
Eine ofenfeste Form mit Butter ausstreichen. Die Zucchinihälften mit der Schnittfläche nach oben nebeneinander hineinlegen und salzen. Das Erbsenpüree auf die Zucchini streichen, den geriebenen Käse darüber streuen und im heißen Backrohr bei 200 °C 5 Minuten überbacken. Währenddessen die Sesamkörner in einer beschichteten Pfanne trocken (ohne Fett) anrösten und vor dem Servieren über die Zucchini streuen.
BEILAGENEMPFEHLUNG: Ciabatta-Toasts

Foto rechte Seite

Eierschwammerl mit Kräutersauce und Nockerln

ZUTATEN FÜR 4 PORTIONEN
800 g Eierschwammerl
400 g Nockerl (Fertigprodukt oder selbst gemacht) · 1 Zwiebel
2 TL Maisstärke · 250–300 g Crème fraîche · 4 EL gehackte Kräuter (Liebstöckel, Petersilie, Schnittlauch etc.) gemahlener Kümmel · Salz, Pfeffer Butter

VORBEREITUNG
Die Nockerl in Salzwasser kochen, abseihen und kalt abschrecken.

FÜR BESONDERS EILIGE
Verwenden Sie ein Fertigprodukt, bei dem die Nockerl bereits gekocht sind.

ZUBEREITUNG
Die Zwiebel klein schneiden. In einem Topf etwas Butter erhitzen und die Zwiebel darin anschwitzen. Die gut geputzten Schwammerl zugeben und ebenfalls anschwitzen. Mit Salz sowie Pfeffer würzen und ca. 3 Minuten dünsten lassen. Den ausgetretenen Saft abseihen und aufbewahren. Dann die Maisstärke in die Schwammerl einrühren.
Die gehackten Kräuter gemeinsam mit der Crème fraîche und dem aufbewahrten Schwammerlsaft zugeben und alles aufkochen lassen. Mit Salz, Pfeffer und gemahlenem Kümmel abschmecken. Die gekochten Nockerl in Butter gut anbraten und mit Salz sowie Pfeffer würzen. Die Schwammerl auf vorgewärmten Tellern anrichten und mit den Nockerln servieren.

Zucchini-Tagliatelle

ZUTATEN FÜR 4 PORTIONEN
400 g Zucchini · 3–4 Schalotten 2 Knoblauchzehen · frische Salbeiblätter nach Belieben 400 g Tagliatelle (oder andere Bandnudeln) · 120 g Sauerrahm Bergkäse nach Belieben · 2 EL Olivenöl · Salz, Pfeffer

ZUBEREITUNG
In einem großen Topf Salzwasser aufkochen und die Tagliatelle darin nach Anleitung bissfest kochen.
Währenddessen die Zucchini waschen und grob schneiden. Schalotten und Knoblauch klein schneiden und in Olivenöl anschwitzen. Zucchini zugeben und mit Salz sowie Pfeffer würzen. Die Salbeiblätter klein schneiden (dabei etwas als Garnitur zur Seite legen) und gemeinsam mit dem Sauerrahm unter die Zucchini mengen. Die „al dente" gekochten Tagliatelle aus dem Wasser heben, abtropfen lassen und mit den Zucchini vermischen. Nudeln auf vorgewärmten, tiefen Tellern anrichten. Mit Salbei garnieren und nach Geschmack Bergkäse darüber hobeln.

Tagliatelle tonnate

ZUTATEN FÜR 4 PORTIONEN

350 g Tagliatelle (oder andere Bandnudeln) · 300 g frisches Thunfischfilet
150 ml Schlagobers · 30 ml Olivenöl · 2 Tomaten · Basilikum zum Garnieren
Salz, Pfeffer aus der Mühle

VORBEREITUNG

Die Tomaten in kochendem Wasser kurz blanchieren (überbrühen), in Eiswasser abschrecken und die Haut abziehen. Tomaten halbieren, entkernen und in Würfel schneiden.

FÜR BESONDERS EILIGE

Die nicht geschälte Tomate in Würfel schneiden, aber in diesem Fall nur 1 Tomate verwenden.

ZUBEREITUNG

Die Tagliatelle nach Anleitung in Salzwasser bissfest kochen. Währenddessen das Thunfischfilet in kleine Würfel schneiden. In einem Topf das Schlagobers gemeinsam mit dem Olivenöl erhitzen. Die Thunfischwürfel zugeben und darin etwa 1 Minute ziehen lassen. Die inzwischen al dente gekochten Tagliatelle abseihen und sofort unter die Thunfischwürfel mengen. Mit Salz und frisch gemahlenem Pfeffer würzen. Auf vorgewärmten Tellern anrichten und mit den Tomatenwürfeln sowie dem geschnittenem Basilikum bestreuen.

TIPP

Dieses aparte Pasta-Rezept lässt sich auch mit frischem Lachsfilet zubereiten.

Risibisi mit Maiskölbchen

ZUTATEN FÜR 4 PORTIONEN

200 g gekochter Risottoreis (10-Minuten-Reis) · 400 g junge Maiskölbchen 200 g junge Erbsenschoten · 2 Knoblauchzehen · Sesamkörner 60–80 ml weißer Balsamicoessig · Zucker · gemahlener Koriander · Olivenöl Salz · 2 EL geschlagenes Obers · Parmesan zum Hobeln

VORBEREITUNG

Den Risottoreis bissfest garen.

ZUBEREITUNG

Die Maiskölbchen in Salzwasser bissfest kochen. Herausnehmen und in eine Schüssel geben. Die Knoblauchzehen darauf pressen und alles mit Balsamicoessig, einer Prise Zucker und etwas Olivenöl marinieren.

Die Erbsenschoten in etwas Olivenöl anschwitzen. Die Sesamkörner zugeben und den Mais samt Marinade zugeben. Mit Salz und Koriander würzen. Den gekochten Risottoreis einmengen und unmittelbar vor dem Servieren das geschlagene Obers unterheben. In tiefen Tellern anrichten und etwas Parmesan darüber hobeln.

Spaghetti con verdure

ZUTATEN FÜR 4 PORTIONEN

360 g Spaghetti · 150 g Champignons · 1 Zwiebel · 1 kleine Zucchini 150 g junge Erbsenschoten · 3–4 Knoblauchzehen · 150 ml Tomatensauce (Fertigprodukt) · Basilikumblätter · Olivenöl · Chilisauce · Parmesan zum Bestreuen · Salz, Pfeffer

ZUBEREITUNG

Die Spaghetti nach Anleitung in Salzwasser bissfest kochen. Währenddessen die geputzten Champignons in Scheiben, die Zwiebel grobwürfelig schneiden. Zucchini und Erbsenschoten in kleine Stücke schneiden.

In einer Kasserolle etwas Olivenöl erhitzen und den Knoblauch hineinpressen. Das Gemüse zugeben und im Öl anschwitzen. Tomatensauce sowie einen Schuss Chilisauce einrühren. Mit Salz und Pfeffer würzen und 3 Minuten köcheln lassen. Die „al dente" gekochten Spaghetti abseihen und mit dem Gemüseragout vermischen. In tiefen Tellern anrichten. Basilikumblätter in feine Streifen schneiden und gemeinsam mit dem frisch gehobelten Parmesan über die Spaghetti streuen.

Lachsforellenfilet mit Kerbelsabayon

ZUTATEN FÜR 4 PORTIONEN

4 Lachsforellenfilets à 120 g, mit Haut · Salz, Pfeffer · Öl und Butter
Kerbel zum Garnieren

FÜR DAS KERBELSABAYON

300 ml Geflügelfond · gehackter Kerbel · 1 EL Butter · 1 mehlige Kartoffel
Salz, Pfeffer · Cayennepfeffer · Muskatnuss · 1 Eidotter · Olivenöl

VORBEREITUNG

Das Backrohr auf 180 °C vorheizen.

ZUBEREITUNG

Für das Kerbelsabayon die Kartoffel in Scheiben schneiden. Butter erhitzen und die Kartoffelscheiben darin, ohne Farbe nehmen zu lassen, andünsten. Mit Salz, Pfeffer, Cayennepfeffer und Muskatnuss würzen. Mit Geflügelfond aufgießen und ca. 8 Minuten kochen lassen. Mixen und durch ein Sieb passieren.

Währenddessen die Lachsforellenfilets mit Salz sowie Pfeffer würzen. In einer Pfanne Öl und etwas Butter erhitzen und die Filets darin beidseitig anbraten. Auf die Hautseite legen und bei 180 °C im heißen Backrohr ca. 3 bis 4 Minuten fertig garen.

Den Kartoffelfond aufkochen lassen und wieder vom Herd nehmen. Das Eidotter sowie einen Schuss Olivenöl und den gehackten Kerbel einrühren. Mit dem Stabmixer gut durchmixen und aufschäumen. Vor dem Servieren kurz ziehen lassen, aber nicht mehr kochen. Das Kerbelsabayon in tiefe Teller geben. Die Lachsforellenfilets darauf setzen und mit etwas frischem Kerbel garnieren.

BEILAGENEMPFEHLUNG: Butterreis

Krosse Lachsschnitte mit Peperonata

ZUTATEN FÜR 4 PORTIONEN
400–600 g Lachsfilet mit Haut · Mehl · Sonnenblumenöl · Salz · Olivenöl

FÜR DIE PEPERONATA
1 gelbe Paprikaschote · 1 rote Paprikaschote · 1 rote Zwiebel · 1 Knoblauchzehe 100 ml Weißwein · 1–2 EL Olivenöl · Tabascosauce · 1 Msp. Paprikapulver Salz, Pfeffer · Thymian

ZUBEREITUNG
Die Paprikaschoten vierteln, die weißen Trennwände entfernen und die Schoten in Würfel schneiden. Die Zwiebel in Spalten schneiden, die Knoblauchzehe fein hacken. In einem Topf das Olivenöl erhitzen. Paprika, Zwiebel und Knoblauch darin anschwitzen. Mit Salz, Pfeffer und einem Spritzer Tabascosauce würzen. Paprikapulver einstreuen, mit Weißwein ablöschen und 3 Minuten köcheln lassen.
Das gut entgrätete Lachsfilet in Portionsstücke teilen. Salzen und auf der Hautseite bemehlen. In einer Pfanne Sonnenblumenöl erhitzen. Die Filets mit der Hautseite nach unten einlegen und braten, bis die Haut knusprig ist und die Filets an der Oberseite nur mehr leicht glasig sind. Lachsfilets wenden und vom Herd nehmen.
Die fertige Peperonata auf Tellern anrichten und mit Thymian bestreuen. Die gebratenen Lachsschnitten darauf setzen und vor dem Servieren noch mit etwas Olivenöl beträufeln.
BEILAGENEMPFEHLUNG: Cremepolenta oder mit Kräuterbutter bestrichene, knusprig getoastete Weißbrotscheiben

Saiblingsfilets mit Basilikum-Eierschwammerln

ZUTATEN FÜR 4 PORTIONEN
8 Saiblingsfilets à 80 g, mit Haut · 300 g Eierschwammerl · 6 Jungzwiebeln 2 EL Pesto (Basilikumpaste) · Salz, Pfeffer · Saft von 1 Limette · gemahlener Koriander · Mehl · Olivenöl

ZUBEREITUNG
Die geputzten Eierschwammerl in mundgerechte Stücke, die Jungzwiebeln klein schneiden. Etwas Olivenöl in einer Pfanne erhitzen und die Eierschwammerl mit den Jungzwiebeln darin anschwitzen. Salzen, pfeffern, das Pesto einrühren und beiseite stellen.
Die Saiblingsfilets mit Salz, Pfeffer, Limettensaft und Koriander würzen. Auf der Hautseite leicht bemehlen. In einer Fischpfanne etwas Olivenöl erhitzen und die Saiblingsfilets darin auf der Hautseite resch braten, so dass die Haut knusprig, das Fleisch aber noch zart-glasig ist. Je ein Saiblingsfilet mit der Hautseite nach unten auf einem vorgewärmten Teller anrichten. Die Eierschwammerl darauf verteilen und mit den restlichen Fischfilets mit der Hautseite nach oben abdecken.
BEILAGENEMPFEHLUNG: in Butter geschwenkte Tagliatelle

Hühnerpfanne mit Kohlgemüse

ZUTATEN FÜR 4 PORTIONEN

4 Hühnerbrüste ohne Haut · 1 Kohlkopf · Balsamicoessig · Anis, Cayennepfeffer Salz, Pfeffer · Basilikum- oder Pflanzenöl

ZUBEREITUNG

Die Hühnerbrüste in 3 mm dicke Streifen schneiden. Salzen, pfeffern, mit Anis und einer Prise Cayennepfeffer würzen. Vom Kohlkopf die äußeren Blätter entfernen. Das Innere in feine Streifen schneiden.

In einer Pfanne (am besten in einem Wok) das Öl erhitzen und die Hühnerstreifen darin scharf anbraten. Den Kohl dazugeben, kurz mitbraten und mit etwas Balsamicoessig ablöschen. Kurz ziehen lassen und mit Salz sowie Pfeffer abschmecken.

BEILAGENEMPFEHLUNG: Langkorn- oder Basmatireis

Cuisine feminine: Frauen essen anders

Der „kleine Unterschied in der Küche" hat viele Ursachen. Keinesfalls alle sind hormonell bedingt oder einfach darauf zurückzuführen, dass Frauen mehr auf die Figur schauen (müssen). Es gibt, so fand etwa der Wiener Sozialhistoriker Reinhard Sieder heraus, auch ein „historisch gewachsenes weibliches Gesundheitsbewusstsein", das damit zusammenhängt, dass sich Frauen für die Gesundheit der Familie schon immer deutlich mehr verantwortlich fühlten als Männer. Frauen essen alleine schon aus historisch gewachsener Erfahrung fettärmer und kohlehydratreicher und haben, wie die österreichische Ernährungsforscherin Hanni Rützler feststellte, daher auch „beim Aufbruch in die Wellness-Welt die Vorreiter-Rolle übernommen." Fazit: Wenn Männer zu gesünderem Verhalten motiviert werden, so verdanken sie das – meist – den Frauen.

Männer kochen

DIE BESTEN IDEEN FÜR KOCHEN MIT FREUNDEN,
DIE GERN UND SCHNELL ZUPACKEN

Land & Sea

Pasta „monte e mare"

ZUTATEN FÜR 4 PORTIONEN

250 g Farfalle (Schmetterlingspasta in „Mascherlform") · 200 g Steinpilze 200 g ausgelöste Jakobsmuscheln · 4 EL Olivenöl · 1 Zwiebel · 1 EL Tomatenpüree 1 Schuss Wermut · 100 ml Panna (oder Schlagobers) · Meersalz, Pfeffer aus der Mühle

ZUBEREITUNG

Salzwasser zum Kochen bringen und darin die Farfalle „al dente" (bissfest) kochen. Inzwischen die Zwiebel fein schneiden und in heißem Olivenöl andünsten. Geputzte Steinpilze in Scheiben schneiden, kurz mitbraten, salzen und pfeffern. Tomatenpüree unterrühren, Wermut eingießen und kurz weiterköcheln lassen. In Scheiben geschnittene Jakobsmuscheln hinzufügen und ganz kurz ziehen lassen. Panna oder Schlagobers zugießen und gut durchrühren. Die gekochten Farfalle abseihen und unter die Sauce mengen. Mit geschrotetem Pfeffer abschmecken und heiß servieren.

Surf and turf

ZUTATEN FÜR 4 PORTIONEN

8 Riesengarnelen (Tiger Prawns) · 4 Filetsteaks vom Rind à 180 g 200 g junge Erbsenschoten · 200 g in Scheiben geschnittene Champignons 4 Jungzwiebeln · 1 EL Butter · 2 EL Öl · 1 Schuss Balsamicoessig 200 ml Rind- oder Ochsenschwanzsuppe · 100 ml Portwein 1 Spritzer Worcestershire- oder Sojasauce · Salz, Pfeffer aus der Mühle

VORBEREITUNG

Das Backrohr auf 160 °C vorheizen.

ZUBEREITUNG

Die Steaks salzen und pfeffern. In einer Pfanne Öl und Butter erhitzen und die Steaks darin auf beiden Seiten kurz scharf anbraten. Steaks in Alufolie einwickeln und im vorgeheizten Backrohr noch ca. 8–10 Minuten (je nach gewünschtem Garungsgrad) nachgaren lassen. Währenddessen den Bratrückstand in der Pfanne mit Balsamicoessig, Rindsuppe und Portwein ablöschen. Die nicht geschnittenen Jungzwiebeln hinzufügen und ohne Deckel ca. 5–8 Minuten auf mittlerer Flamme köcheln lassen. Nach etwa 2–3 Minuten die Erbsenschoten mit den Champignons zugeben. Bei Bedarf noch etwas Suppe nachgießen. Mit Worcestershire- oder Sojasauce sowie Salz und Pfeffer abschmecken. Inzwischen die Garnelen in kochendem Salzwasser 2–3 Minuten lang gar kochen. Herausnehmen, aus der Schale lösen, Darm entfernen und kurz durch die Sauce ziehen. Die Steaks auf gut vorgewärmte Teller setzen und je 2 Garnelen darauf legen. Gemüse dazu anrichten und mit der eingekochten Sauce umgießen.

BEILAGENEMPFEHLUNG: Baguette, Knoblauchtoasts

TIPP

Die Garnelen können auch durch halbierte Hummer- oder Langustenschwänze und die Rinderfilets durch Beiriedsteaks ersetzt werden.

Marinierte Garnelen mit Gurkenspaghetti

ZUTATEN FÜR 4 PORTIONEN

12 mittelgroße Garnelen (ca. 500 g) · 4 EL Olivenöl · 2 Knoblauchzehen
1 EL gehackte Petersilie · 1 EL gehacktes Rosmarin · Salz, Pfeffer

FÜR DEN TOMATENFOND

200 g Tomaten · 2 EL Ketchup · 3 EL Sherryessig · 3 EL Balsamicoessig
80 ml Olivenöl · Salz, Pfeffer, Zucker · Tabascosauce

FÜR DIE GURKENSPAGHETTI

1 Gurke · 1 EL Mayonnaise · 2 EL Sauerrahm · 1 Msp. Senf · Dille · Salz, Pfeffer

ZUBEREITUNG

Das Olivenöl mit den gehackten Knoblauchzehen, der Petersilie und dem Rosmarin verrühren. Garnelen in eine Schüssel geben, salzen, pfeffern, mit dem Kräuteröl übergießen und einige Minuten marinieren lassen.

Währenddessen für die Gurkenspaghetti die geschälte Gurke nudelig schneiden, salzen und abtropfen lassen. Etwas Dille fein hacken und mit Mayonnaise, Sauerrahm und Senf verrühren. Das Dressing unter die Gurken heben und mit Salz sowie Pfeffer abschmecken.

Für den Tomatenfond die Tomaten vierteln. Mit Ketchup, Essig sowie Öl pürieren und dann durch ein Sieb streichen. Mit Salz, Pfeffer, Zucker und Tabascosauce abschmecken.

Eine Pfanne erhitzen und die marinierten Garnelen darin beidseitig 3–4 Minuten braten. Die Gurkenspaghetti auf Tellern anrichten, die Garnelen darauf legen und mit dem Tomatenfond beträufeln.

Sind Sie ein Küchen-Macho?

Ein kleiner Test für Männer, die gerne kochen

Stimmen Sie folgenden zwölf Aussagen zu oder nicht?

Männer kochen völlig anders als Frauen.
❑ *Goldrichtig* ❑ *Richtig* ❑ *Weiß nicht recht* ❑ *Falsch*

Männer sind kreativ, Frauen brauchen Rezepte.
❑ *Goldrichtig* ❑ *Richtig* ❑ *Weiß nicht recht* ❑ *Falsch*

Frauen kochen ordentlich, aber brav. Männer machen zwar mehr Mist, aber dafür schmeckt's dann so richtig.
❑ *Goldrichtig* ❑ *Richtig* ❑ *Weiß nicht recht* ❑ *Falsch*

Frauen würzen vorsichtiger, Männer mögen's scharf.
❑ *Goldrichtig* ❑ *Richtig* ❑ *Weiß nicht recht* ❑ *Falsch*

Frauen kochen bessere Mehlspeisen, Männer bessere Steaks.
❑ *Goldrichtig* ❑ *Richtig* ❑ *Weiß nicht recht* ❑ *Falsch*

Frauen kochen konservativer, Männer sind experimentierfreudiger.
❑ *Goldrichtig* ❑ *Richtig* ❑ *Weiß nicht recht* ❑ *Falsch*

Frauen kochen ehrlicher, Männer sind die besseren Bluffer.
❑ *Goldrichtig* ❑ *Richtig* ❑ *Weiß nicht recht* ❑ *Falsch*

Frauen haben Angst vor scharfen Messern, Männer nicht.
❑ *Goldrichtig* ❑ *Richtig* ❑ *Weiß nicht recht* ❑ *Falsch*

Bei Weiberabenden wird weniger gut gekocht und mehr getratscht. Wenn Männer miteinander kochen, stellen sie hingegen jeden Haubenkoch in den Schatten.
❑ *Goldrichtig* ❑ *Richtig* ❑ *Weiß nicht recht* ❑ *Falsch*

Für Frauen muss Kochen in erster Linie schnell gehen, Männer sind mehr am Endre sultat interessiert.
❑ *Goldrichtig* ❑ *Richtig* ❑ *Weiß nicht recht* ❑ *Falsch*

Frauen, die wirklich gut kochen können, gehören meistens der älteren Generation an.
❑ *Goldrichtig* ❑ *Richtig* ❑ *Weiß nicht recht* ❑ *Falsch*

Die meisten großen Köche der Welt sind Männer, also müssen Männer ganz einfach besser kochen können.
❑ *Goldrichtig* ❑ *Richtig* ❑ *Weiß nicht recht* ❑ *Falsch*

Auswertung:

Geben Sie sich für jedes

❑ *Goldrichtig*	*1 Punkt*
❑ *Richtig*	*2 Punkte*
❑ *Weiß nicht recht*	*3 Punkte*
❑ *Falsch*	*4 Punkte*

12–20 Punkte: *Sie können entweder wirklich gut kochen oder Sie sind ein echter Angeber. Machen Sie die Probe aufs Exempel und laden Sie bei Ihrer nächsten Männer-Kochrunde für den Abend auch eine Damenrunde zum Kosten ein. Wenn auch die Frauen begeistert sind, dürfen Sie sich getrost Koch-Champion nennen. Aber nachher nicht die Mädels zum Abwaschen einteilen, das wäre schlechter Stil!*

21–30 Punkte: *Sie haben schon einen echten Hang zum Küchen-Macho, und weibliche Wesen, die mit Ihnen einen Haushalt teilen, müssen entweder am Kochen völlig desinteressiert oder sehr verliebt sein (vor allem natürlich in Ihre Kochkünste, versteht sich).*

31–40 Punkte: *Wie es scheint, können Sie gar nicht so schlecht kochen und wissen das auch ganz genau. Andererseits wissen Sie auch weibliche Kochkünste zu schätzen und lassen sich gelegentlich auch gerne verwöhnen. Sicherheitshalber nehmen Sie als kochender Mann den Mund daher nicht so voll wie die zahlreichen Koch-Machos unter Ihren Freunden.*

41–48 Punkte: *Sie können, Sie wollen oder Sie müssen nicht kochen. Sie halten Kochen daher auch für Frauensache und halten sich, wenn Ihnen nach Basteln ist, lieber in der Heimwerkstatt als in der Küche auf.*

Entenbrust mit Gemüsepalatschinken

ZUTATEN FÜR 4 PORTIONEN

2 Entenbrüste · 125 ml Geflügelfond · 125 ml Crème de Cassis (Johannisbeerlikör)
2 EL kalte Butter · Salz, Pfeffer aus der Mühle · Öl zum Braten

FÜR DIE GEMÜSEPALATSCHINKEN

4 Palatschinken (fertig gekauft oder selbst gemacht) · 50 g Sojasprossen
100 g Wurzelgemüse · 1 kleines Stück frischer Ingwer · 1–2 Knoblauchzehen
4 EL Sojasauce · 80 g Shiitake-Pilze · Chilisauce · Pflanzenöl zum Braten

VORBEREITUNG

Das Backrohr auf 180 °C vorheizen.
Palatschinken backen und warm halten oder fertig gekaufte Palatschinken leicht erwärmen (in Alufolie gehüllt im Backrohr oder bei geringer Hitze in der Pfanne).

ZUBEREITUNG

Die gut zugeputzten Entenbrüste salzen, pfeffern und in etwas heißem Öl beidseitig anbraten. Ins heiße Backrohr stellen und bei 180 °C etwa 10 Minuten zartrosa braten. Herausnehmen, in Alufolie hüllen und noch etwas rasten lassen. Den Bratrückstand mit Geflügelfond aufgießen und kräftig einkochen lassen. Abseihen, Crème de Cassis zugießen und alles nochmals kräftig einkochen lassen. Kalte Butter einrühren, die Sauce damit binden, aber nicht mehr kochen lassen. Die Entenbrust aufschneiden, auf vorgewärmten Tellern anrichten und mit der Sauce beträufeln. Die heiße Gemüsepalatschinke dazulegen.
Für die Gemüsepalatschinken das Wurzelgemüse in feine Streifen, Shiitake-Pilze klein schneiden. Knoblauch und Ingwer fein hacken bzw. raspeln und in etwas heißem Öl anschwitzen lassen. Das Wurzelgemüse dazugeben, mit Sojasauce abschmecken und kurz dünsten. Pilze sowie Sprossen zugeben und gerade so lange dünsten, dass alles noch knackig ist. Mit Chilisauce abschmecken. Die warmen Palatschinken aufbreiten, etwas Gemüsefülle auftragen und zusammenrollen.

Hühnerbrust Diavolo

ZUTATEN FÜR 4 PORTIONEN

2 Hühnerbrüste à ca. 400 g (mit Haut) · 1 KL Cayennepfeffer (oder 1 KL Peperoncino) · 1 Prise frisch geriebene Muskatnuss · 1 Msp. Zimt 4 Knoblauchzehen · 2 Rosmarinzweige · 4 EL Olivenöl · Hühnersuppe zum Aufgießen · Meersalz aus der Mühle

ZUBEREITUNG

Olivenöl, Meersalz, Cayennepfeffer, Muskatnuss und Zimt zu einer Marinade verrühren und die Hühnerbrüste beidseitig damit bestreichen. Hühnerbrüste mit der Hautseite nach unten in eine erhitzte Pfanne legen und auf mittlerer Hitze so lange braten, bis das Fleisch von unten her weiß (und somit durch) wird. Die leicht angedrückten Knoblauchzehen und Rosmarinzweige in derselben Pfanne zur Aromatisierung mitbraten. Sobald die Brüste fast ganz gar sind, diese umdrehen und noch etwa 1–2 Minuten weiterbraten. Knoblauchzehen und Rosmarin entfernen. Brüste herausheben und in der Mitte durchschneiden. Bratensatz mit etwas Hühnersuppe aufgießen und kurz einkochen lassen. Die Hühnerbrüste auf vorgewärmte Teller setzen und mit Bratensaft um(keinesfalls be-)gießen, damit die Haut resch bleibt.
BEILAGENEMPFEHLUNG: Reis, Wok-Gemüse

Das Schnellste vom **Kalb**

Wiener Schnitzel vom Kalb mit Häuptelsalat

ZUTATEN FÜR 4 PORTIONEN

4 Kalbsschnitzel à 150 g · 2 Eier · 40 ml Milch · Salz · glattes Mehl · Semmelbrösel Butterschmalz zum Ausbacken · 1 Kopf Häuptelsalat · Zitronenspalten zum Garnieren nach Belieben

FÜR DAS DRESSING

2 EL Weißweinessig · Salz, Pfeffer, Staubzucker · 1 KL Estragonsenf 4 EL Sonnenblumenöl

ZUBEREITUNG

Die Kalbsschnitzel (am besten zwischen Klarsichtfolie) auf eine Stärke von ca. 6 mm dünn klopfen. Schnitzel beidseitig gleichmäßig salzen. In einem Teller die Eier mit der Gabel verschlagen und die Milch unterrühren. Die Schnitzel beidseitig in Mehl wenden, durch die Eier ziehen und danach in Semmelbröseln wenden.

In einer großen Pfanne reichlich Butterschmalz (etwa 3 cm hoch) erhitzen. Die Schnitzel in das heiße Fett einlegen und unter wiederholtem Schwingen der Pfanne (so werden die Schnitzel ständig von heißem Fett umspült) bräunen. Wenden und in 3–5 Minuten fertig backen. Herausheben und auf Küchenpapier abtropfen lassen.

Für das Dressing den Weißweinessig mit Estragonsenf, Salz, Pfeffer und einer Prise Zucker verrühren. Sonnenblumenöl zugießen und zu einer sämigen Marinade rühren. Den Häuptelsalat

mit dem Dressing marinieren. Die Schnitzel auf vorgewärmten Tellern anrichten, nach Belieben mit Zitronenspalten garnieren und mit dem marinierten Salat servieren.

TIPP
Auf dieselbe Weise lassen sich auch Schnitzel von Schweine-, Hühner- oder Truthahnfleisch zubereiten.

Die besten Schnitzel-Paniertipps

- *Schnitzel beim Klopfen in Klarsichtfolie einschlagen.*
- *Schnitzelfleisch vor dem Panieren mehrmals anstechen, damit die Panier besser fixiert werden kann.*
- *Etwas Mineralwasser unter das Ei schlagen.*
- *Panier vor dem Ausbacken mit dem Gabelrücken kurz andrücken.*
- *Während des Ausbackens die Schnitzel durch Schwenken der Pfanne ständig in Bewegung halten und immer wieder mit heißem Fett übergießen, damit sie schön soufflieren.*
- *Falls als Backfett Pflanzenöl verwendet wird: Kurz vor Ende der Backzeit Hitze erhöhen und etwas Butter und Butterschmalz zugeben, um den Schnitzeln einen „nussigen" Geschmack zu verleihen.*
- *Fertige Schnitzel auf Küchenkrepp gründlich (aber ohne die Panier zu verletzen) trockentupfen.*

Saltimbocca alla romana

ZUTATEN FÜR 4 PORTIONEN
8 kleine Kalbsschnitzel à ca. 60 g (ca. 500 g) · 100 g Butter · 8 Salbeiblätter 8 Scheiben Prosciutto di Parma (oder anderer Rohschinken) · 60 ml Marsala (ital. Süßwein) · Salz, Pfeffer

ZUBEREITUNG
Die Kalbsschnitzel (am besten zwischen Klarsichtfolie) vorsichtig flach klopfen. Salzen und pfeffern. Nun auf jedes Schnitzel ein Salbeiblatt legen, mit Prosciutto bedecken und gut festdrücken. Butter in einer Pfanne erhitzen und die Kalbsschnitzel darin etwa 2 Minuten auf jeder Seite behutsam braten. Saltimbocca auf vorgewärmten Tellern anrichten. Den Bratenfond rasch mit Marsala und etwas Wasser loskochen und über die Saltimbocca gießen.
BEILAGENEMPFEHLUNG: Polenta oder Weißbrot und Salat

Naturschnitzel mit Gemüsenudeln

ZUTATEN FÜR 4 PORTIONEN
4 Kalbsschnitzel à 160 g (vom Kaiserteil) · 60 ml Sonnenblumenöl 50 g Butter · 200 ml Kalbsjus oder Rindsuppe · glattes Mehl · Salz

FÜR DIE GEMÜSENUDELN
300 g Tagliatelle (oder andere dünne Bandnudeln) · 1 Karotte 60 g junge Erbsenschoten · 60 g Erbsen (tiefgekühlt) · Butter zum Anbraten · Salz

ZUBEREITUNG
In einem Topf reichlich Salzwasser aufkochen lassen und die Tagliatelle darin bissfest kochen. Die Schnitzel zwischen Klarsichtfolie dünnklopfen. Salzen und beidseitig in Mehl wenden. In einer Pfanne das Öl erhitzen, die Schnitzel einlegen und rasch auf beiden Seiten braten. Herausheben und warm stellen.

Das Bratfett aus der Pfanne abgießen und die Butter schmelzen lassen. Mit Kalbsjus oder Rindsuppe aufgießen, den Bratrückstand lösen und aufkochen lassen. Sauce durch ein Sieb seihen und wieder in die Pfanne geben. Die Schnitzel vor dem Servieren kurz im Saft ziehen, aber nicht mehr kochen lassen.
Währenddessen für die Gemüsenudeln die Karotte sowie die Erbsenschoten in feine Streifen schneiden. Etwas Butter in einer Pfanne oder Kasserolle erhitzen, Gemüsestreifen und Erbsen darin kurz anschwitzen, bis alles bissfest gegart ist. Dann salzen. Die „al dente" gekochten Tagliatelle aus dem Wasser heben, kurz abtropfen lassen und mit dem Gemüse vermengen. Die Gemüsenudeln auf vorgewärmten Tellern anrichten, das Naturschnitzel daneben legen und mit dem Saft übergießen.

Fegato alla veneziana

(Kalbsleber auf venezianische Art)

ZUTATEN FÜR 4 PORTIONEN
600 g Kalbsleber · 400 g weiße Zwiebeln · 3 EL gehackte Petersilie · 4 Salbeiblätter 50 g Butter · 4 EL Olivenöl · 250 ml Rindsuppe · glattes Mehl · Salz, Pfeffer

VORBEREITUNG
Die Kalbsleber in dünne Scheiben schneiden.

FÜR BESONDERS EILIGE
Die Kalbsleber gleich vom Fleischhauer in Scheiben schneiden lassen.

ZUBEREITUNG
Die Zwiebeln in dünne Ringe schneiden, die Petersilie fein hacken. Die Salbeiblätter in der Hälfte der Butter und des Olivenöls anschwitzen, herausnehmen und beiseite legen (dient der Aromatisierung). Die Zwiebelringe dazugeben und unter häufigem Umrühren anrösten. Etwas Rindsuppe zugießen (den Rest für die Kalbsleber aufbewahren).
In einer zweiten Pfanne die restliche Butter und das Öl erhitzen. Die Leber in Mehl wenden und beidseitig goldbraun anbraten. Die restliche Rindsuppe zugießen und 3 Minuten schmoren lassen, bis fast die ganze Flüssigkeit verdampft ist. Die gerösteten Zwiebeln untermischen und alles mit Salz und Pfeffer abschmecken. Auf vorgewärmten Tellern anrichten und mit Petersilie bestreuen.
BEILAGENEMPFEHLUNG: Weißbrot oder Cremepolenta

Kalbsleber mit Thymianpanier und Kressesalat

ZUTATEN FÜR 4 PORTIONEN
600 g Kalbsleber · 1 EL gehackter Thymian · glattes Mehl · 2 Eier
Semmelbrösel · Butterschmalz oder Sonnenblumenöl zum Ausbacken
1 Bund frische Brunnenkresse · Salz, Pfeffer

FÜR DAS DRESSING
2 EL Sherryessig · Salz, Pfeffer, Staubzucker · 4 EL Nussöl
geriebener Parmesan zum Bestreuen

ZUBEREITUNG
Die Kalbsleber in dünne, etwa 5 mm starke Scheiben schneiden. Salzen, pfeffern und mit Thymian bestreuen. Die Eier in einem Teller mit einer Gabel verschlagen. Dann die Leberscheiben zuerst in Mehl wenden, durch die Eier ziehen und danach in Semmelbröseln wälzen. In einer Pfanne reichlich Butterschmalz oder Öl erhitzen und die Leberschnitzel darin schwimmend ca. 3–5 Minuten goldgelb backen. Dabei die Pfanne wiederholt kreisend schwingen, damit die Schnitzel rundum von heißem Fett umgeben sind und die Panier schön soufflieren kann. (Leber nicht zu lange backen, damit sie nicht hart wird.) Herausheben und auf Küchenpapier abtropfen lassen.
Für das Dressing alle Zutaten verrühren. Die geputzte Brunnenkresse mit dem Dressing marinieren und mit dem geriebenen Parmesan bestreuen. Leberschnitzel auf vorgewärmten Tellern anrichten und mit dem vorbereiteten Salat servieren.

TIPP
Steht keine Kalbsleber zur Verfügung, so kann man auch Schweinsleber, gute Qualität vorausgesetzt, auf diese Weise zubereiten. Die Leber sollte erst unmittelbar vor dem Panieren gesalzen und dann auch gleich gebacken werden.

Kalbssteak mit Pilzen und Oberspolenta

ZUTATEN FÜR 4 PORTIONEN

4 Kalbssteaks à 160 g · 300 g Pilze (Eierschwammerl oder Steinpilze)
1 EL Balsamicoessig · 80 ml Rindsuppe · Salz, Pfeffer · Öl und Butter zum Braten

FÜR DIE POLENTA

250 ml Milch · 50 g Butter · Salz, Pfeffer, Muskatnuss · Prise Majoran
80 g Polenta (Maisgrieß) · 2 EL geschlagenes Obers

ZUBEREITUNG

Die Kalbssteaks mit Salz und Pfeffer würzen. Die geputzten Pilze in mundgerechte Stücke schneiden. Öl und Butter in einer Pfanne erhitzen und die Kalbssteaks darin beidseitig scharf anbraten. Nach 2 Minuten die Pilze zugeben und mitbraten. Dabei die Hitze kontinuierlich reduzieren und das Fleisch unter mehrfachem Wenden auf den gewünschten Garungsgrad braten. Die Steaks aus der Pfanne nehmen und warm stellen. Die in der Pfanne verbliebenen Pilze mit einem Schuss Balsamicoessig ablöschen. Mit Suppe aufgießen und aufkochen lassen.

Für die Polenta die Milch in einer Kasserolle gemeinsam mit Butter, Salz, Pfeffer und Muskatnuss aufkochen lassen. Die Polenta einstreuen und für einige Minuten köcheln lassen, bis die Polenta aufquillt und schön cremig geworden ist. Geschlagenes Obers einrühren und auf vorgewärmten Tellern anrichten. Steaks darauf setzen und mit den Pilzen und der Sauce vollenden.

Rudi Rüssels flinke Kumpanen

Schweinsmedaillons mit Schnittlauch-Senf-Sauce

ZUTATEN FÜR 4 PORTIONEN

600 g Schweinslungenbraten (Schweinsfilet) · 1 Bund Schnittlauch · 1 TL Dijonsenf Prise Zucker · 200 ml Schlagobers · Salz, Pfeffer · Butter und Öl zum Braten

ZUBEREITUNG

Den zugeputzten Schweinslungenbraten in kleine Medaillons (dickere Scheiben) schneiden, salzen und pfeffern. In einer Pfanne etwas Öl und Butter erhitzen, die Medaillons einlegen und auf beiden Seiten rasch auf den gewünschten Garungsgrad hin braten. Medaillons aus der Pfanne heben und warm halten.

Senf und eine Prise Zucker in den Bratrückstand einrühren, mit dem Schlagobers aufgießen und die Sauce leicht einkochen lassen. Währenddessen den Schnittlauch sehr fein schneiden. Schnittlauch einrühren und nochmals mit Salz und Pfeffer abschmecken. Die Medaillons auf vorgewärmten Tellern anrichten und mit der Sauce überziehen.

BEILAGENEMPFEHLUNG: mit Knoblauch bestrichenes und in etwas Olivenöl leicht angebratenes Baguette oder Nudeln

Geschnetzeltes mit Madeira-Champignons

ZUTATEN FÜR 4 PORTIONEN

600 g Schweinsfilet (Schweinslungenbraten) 100 g Speck · 250 g Champignons · 4 Schalotten (oder 1 kleine Zwiebel) · 2 Knoblauchzehen · 125 ml Madeira · Mehl · Majoran Öl und Butter zum Braten · Salz, Pfeffer

ZUBEREITUNG

Den Speck in Streifen, das Schweinsfilet in 5 mm dicke Scheiben oder Streifen schneiden. Das Fleisch salzen, pfeffern und mit etwas Mehl stauben. Schalotten und Knoblauchzehen fein hacken, die Champignons in Scheiben schneiden. In einer Pfanne etwas Butter und Öl erhitzen und das Fleisch darin unter ständigem Wenden rundum anbraten. Fleisch aus der Pfanne nehmen und warm halten. Nun die Speckstreifen gemeinsam mit Schalotten, Knoblauch und Champignons in der Pfanne anbraten (bei Bedarf noch etwas Fett zugeben). Mit Madeira ablöschen und mit einer Prise Majoran würzen. Den Saft etwas einkochen lassen. Das Geschnetzelte wieder zugeben und erhitzen. Abschließend mit Salz und Pfeffer abschmecken und auf vorgewärmten Tellern anrichten.

BEILAGENEMPFEHLUNG: mit gehacktem Liebstöckel aromatisierte Polenta

Geröstete Nierndln

ZUTATEN FÜR 4 PORTIONEN

600 g Nierndln (Schweinsnieren) · 1 gehackte Zwiebel · 2 Eier · 2 EL gehackte Petersilie · Salz, Pfeffer · Majoran · Butter und Sonnenblumenöl zum Anrösten

VORBEREITUNG

Die Nierndln der Länge nach so halbieren, dass sie aufgeklappt werden können. Mit einem scharfen Messer die Harnstränge und Häutchen entfernen und die Nieren wässern.

FÜR BESONDERS EILIGE

Verwenden Sie statt Schweinsnieren einfach Kalbsnieren, die nur geputzt, aber nicht gewässert werden müssen.

ZUBEREITUNG

Die sauber geputzten und gewässerten Nierndln in feine Scheiben bzw. Streifen schneiden. Salzen, pfeffern und mit Majoran würzen. Etwas Sonnenblumenöl und Butter in einer Pfanne erhitzen und die gehackte Zwiebel darin goldgelb anrösten. Nierndln beigeben und unter ständigem Umrühren rösten. Die Eier verschlagen und unter die Nierndln mischen. Gerade so lange garen, bis die Eier zu stocken beginnen, aber noch schön cremig sind. Nochmals abschmecken. Nierndln und Eier auf vorgewärmten Tellern anrichten und vor dem Servieren mit gehackter Petersilie bestreuen.

BEILAGENEMPFEHLUNG: Schwarzbrot und/oder marinierter Blattsalat

Schweinskotelett mit schwarzen Oliven

ZUTATEN FÜR 4 PORTIONEN

4 Schweinskoteletts à 160 g · 6 EL Olivenöl · 250 ml Weißwein · 50 g Speckwürfel 1 Zwiebel · 1 Knoblauchzehe · 16 schwarze Oliven ohne Kerne · 300 g gewürfelte Tomaten aus der Dose · 1 Lorbeerblatt · Salz, Pfeffer · glattes Mehl

VORBEREITUNG
Das Backrohr auf 100 °C vorheizen.

ZUBEREITUNG
Von den Schweinskoteletts das Fett entfernen, den Rand etwas einschneiden. Das Fleisch salzen, pfeffern und in Mehl wenden. In einer Pfanne etwa 3 Esslöffel Olivenöl erhitzen und die Koteletts auf beiden Seiten etwa 3 Minuten scharf anbraten. Mit der Hälfte des Weines begießen und 2 Minuten ziehen lassen. Koteletts herausnehmen und im vorgeheizten Backrohr warm stellen.
Nun die Zwiebel und die Knoblauchzehe feinwürfelig schneiden, die Oliven halbieren. Das restliche Olivenöl erhitzen und die Speckwürfel darin mit Oliven, Zwiebel und Knoblauch anschwitzen. Mit dem restlichen Weißwein aufgießen. Tomatenwürfel einrühren, das Lorbeerblatt beigeben und mit Salz sowie Pfeffer würzen. Etwa 5 Minuten köcheln lassen. Die warm gehaltenen Koteletts auf vorgewärmten Tellern anrichten und mit der fertigen Oliven-Tomaten-Sauce übergießen.
BEILAGENEMPFEHLUNG: mit Olivenöl und Petersilie verfeinerte Nudeln (Tagliatelle, Taglierini etc.)

Bohneneintopf mit Speck

ZUTATEN FÜR 4 PORTIONEN
250 g weiße Bohnen aus der Dose · 250 g rote Bohnen aus der Dose · 1 Zwiebel 100 g Speck · 4 Scheiben Prosciutto di Parma (oder anderer Rohschinken) 2 EL Ketchup · 1 EL Honig · 80 ml Rindsuppe · Salz, Cayennepfeffer · Olivenöl Schwarzbrotscheiben zum Rösten

ZUBEREITUNG
Die Bohnen mit kaltem Wasser abschwemmen und gut abtropfen lassen. Die Zwiebel fein, den Speck in kleine Würfel schneiden. In einem Topf etwas Olivenöl erhitzen und den Speck gemeinsam mit der Zwiebel darin anbraten. Bohnen zugeben, Ketchup sowie Honig einrühren und mit Salz und – ganz nach gewünschter Schärfe mit mehr oder weniger – Cayennepfeffer würzen. Mit der Rindsuppe aufgießen und einmal aufkochen lassen.
Währenddessen den Prosciutto in einer Pfanne in etwas Olivenöl knusprig braten. Herausheben und auf Küchenkrepp abtropfen lassen. Die Schwarzbrotscheiben in derselben Pfanne knusprig braten. Die Bohnen in tiefen Tellern anrichten, die Schinkenscheiben darüber legen und mit dem knusprig gerösteten Schwarzbrot servieren.

Rind – kurze Bratzeit, langer Genuss

Rindsfilet mit Jungzwiebelstreifen

ZUTATEN FÜR 4 PORTIONEN

4 Rindsfilets (Rindslungenbraten) à 180 g · 2 EL Dijonsenf · 2 EL schwarze und rosa Pfefferkörner · 10 Jungzwiebeln · 2 EL Butter · 1 EL Sonnenblumenöl · Salz, Pfeffer aus der Mühle

ZUBEREITUNG

Die Rindsfilets jeweils mit etwas Senf bestreichen. In einem Mörser die Pfefferkörner zerstoßen und die Rindsfilets damit bestreuen. Die Jungzwiebeln putzen, das grobe Grün entfernen, waschen und in Streifen oder Spalten schneiden. In einem Topf die Hälfte der Butter schmelzen lassen und die Jungzwiebeln darin langsam weich dünsten. Mit Salz und Pfeffer würzen. Währenddessen in einer Pfanne das Öl mit der restlichen Butter erhitzen und die Rindsfilets darin zuerst scharf anbraten und dann langsam rosa braten. Dabei immer wieder mit dem Bratensaft übergießen. Die fertig gebratenen Rindsfilets auf vorgewärmten Tellern anrichten. Mit den gedünsteten Zwiebeln bedecken und den restlichen Bratensaft darüber träufeln.

BEILAGENEMPFEHLUNG: Blattsalat und in Kräuterbutter geschwenkte Nudeln

Rindersteak mit Wasabikrensauce

ZUTATEN FÜR 4 PORTIONEN

4 Rindslungenbratensteaks à 150 g · 100 g Steinpilze · 100 g Linsensprossen (ersatzweise andere zarte Sprossen) · Balsamicoessig · Salz, Pfeffer Kresse zum Garnieren · Butter und Pflanzen- oder Olivenöl zum Braten

FÜR DIE SAUCE

3 EL Mayonnaise · 2 TL Dijonsenf · 1 TL Wasabikren (im Asia-Shop erhältlich) 2 EL Sojasauce · 1 EL Austernsauce (im Asia-Shop erhältlich)

ZUBEREITUNG

Die gut zugeputzten Steaks salzen und pfeffern. In einer Pfanne etwas Öl erhitzen und die Steaks bei großer Hitze rasch anbraten, Hitze reduzieren und auf den gewünschten Garungsgrad hin fertig braten. Währenddessen die Steinpilze bei Bedarf in mundgerechte Stücke schneiden. In einem Topf etwas Butter schmelzen und die Steinpilze darin braten.

Pilze herausnehmen, mit den Linsensprossen vermengen und mit Salz sowie Pfeffer würzen. Mit etwas Balsamicoessig marinieren.

Für die Wasabikrensauce die Mayonnaise mit Dijonsenf, Wasabikren, Soja- und Austernsauce glatt rühren. Das Steinpilz-Sprossen-Gemüse auf Tellern anrichten und jeweils ein Steak darauf setzen. Die Sauce dazu anrichten und mit Kresse garnieren.

BEILAGENEMPFEHLUNG: Weißbrot oder – sofern etwas mehr Zeit zur Verfügung steht – Folienkartoffeln

TIPP

Statt Rindslungenbraten kann auch Schweinslungenbraten verwendet werden, wobei das Fleisch in jedem Fall auch am offenen Grill gebraten werden kann.

Chili con Carne „Kingsize“

ZUTATEN FÜR 4–6 PORTIONEN

600 g Rindslungenbraten (Rindsfilet) · 3 fein gehackte Chilischoten · 2 rote Paprikaschoten · 1 fein gehackte Zwiebel · 2 Knoblauchzehen · 300 g Tomaten aus der Dose 2 EL Ketchup · 300 ml Rindsuppe · 200 g rote Bohnen aus der Dose · 200 g weiße Bohnen aus der Dose · 100 g Maiskörner aus der Dose · 2 EL gehacktes Basilikum Salz, Pfeffer · Olivenöl und Butter zum Anbraten

ZUBEREITUNG

Die Paprikaschoten halbieren, Kerne und weiße Trennwände entfernen und Schoten in Würfel schneiden. Tomaten aus der Dose in kleine Stücke schneiden, die Zwiebel fein hacken. Das Rindsfilet in 2 cm große Würfel schneiden. Das Fleisch pfeffern und in einem Topf mit etwas heißem Olivenöl rundum anbraten. Fleisch herausnehmen und warm stellen.

Nochmals etwas Olivenöl und Butter erhitzen und die Zwiebel, den gepressten Knoblauch sowie die Paprikawürfel darin anschwitzen. Chilischoten zugeben. Die Tomatenwürfel sowie Ketchup einrühren und Rindsuppe zugießen. Bohnen abschwemmen, ebenfalls zugeben und für 4 Minuten köcheln lassen. Mit Salz und Pfeffer abschmecken. Maiskörner und Basilikum untermengen. Die Rindsfiletwürfel wieder zugeben, einmal aufkochen lassen und dann servieren.

BEILAGENEMPFEHLUNG: knuspriges Weißbrot oder Gebäck

TIPP

Was die Skala des Schärfegrades betrifft, so sind hier nach oben keinerlei Grenzen gesetzt. Kosten schonender präsentiert sich das Chili, wenn man statt Rindslungenbraten einfach faschiertes Rindfleisch kurz durchröstet.

Kleine Chilikunde für harte Männer

Dass Männer scharfe Sachen mögen, mag ein weibliches Vorurteil sein. Leider wird es im Alltag allzu oft bestätigt, sodass man es nicht als krasses Fehlurteil einstufen kann. Selbstverständlich gibt es da oder dort auch die leidenschaftliche Köchin, die mit Chiliaromen geradezu verschwenderisch umgeht. Sie bleibt freilich die Ausnahme, während Männer, die Chili con Carne, ein feuriges Gulasch oder einen ordentlichen Klacks Hot Ketchup zum Steak mögen, doch in der Praxis alles andere als Ausnahmen sind. Dennoch ist das warenkundliche Wissen um die „scharfen Sachen" auch unter Männern immer noch nicht wirklich verbreitet. Und den Wenigsten ist bewusst, dass zwischen dem schlichten Paprikafreund und dem „Häuptling Lederne Zunge" zehn Schärfegrade liegen, die gewiss auch etwas über „männnliche Härte" aussagen können.

- *Die Einstiegsdroge für Anfänger ist der in der Extremadura angebaute und vor dem Mahlen über Eichenholz geräucherte* **PIMENTON DE LA VERA,** *der als klassischer Chili der Chorizo-Wurst einen Schärfegrad von 0–4 aufweisen kann.*
Also: Klein anfangen!
- *In Ungarn, dem Mutterland des Paprikas, isst man zwar gerne scharf, aber selten „wirklich scharf", weshalb sich der ungarische* **KIRSCHPAPRIKA** *auf der internationalen Schärfeskala mit den Stufen 1–5 auch im unteren bis mittleren Bereich aufhält.*
- *Eine vor allem in Südeuropa sehr populäre Chili-Variante sind die dem mexikanischen Cayenne-Chili ähnlichen, aber etwas milderen* **PEPERONCINI** *(Schärfegrad 2–6), eine Sorte mit bis zu 20 cm langen spitz zulaufenden Schoten, die sowohl frisch als auch getrocknet und gerieben verwendet werden kann und eine der wichtigsten Grundlagen der Pasta- und Pizzaküche bildet.*
- *Ein nicht nur gangbarer, sondern sehr wohlschmeckender Kompromiss zwischen flau und „wow" ist der mit Schärfegrad 5 ziemlich „handsome"* **JALAPEÑO-CHILI,** *der uns in vielen Nachos, Chips und Dipsaucen begegnet, aber auch zum Füllen und für Salate geeignet ist.*
- *Hocharomatisch, aber immer noch nicht schneidend (Schärfegrad 6) ist der* **SERRANO,** *der fast ausschließlich in ungetrocknetem Zustand, vor allem für die Tex-Mex-Saucenküche, verwendet wird und sich auch gut einfrieren lässt.*
- *Schärfegrad 8 weist der grüne bis orangerote* **TABASCO** *auf, der hierzulande fast ausschließlich in Form der gleichnamigen Essig-Würzsauce konsumiert wird. Er ähnelt auch dem portugiesischen* **PIRI-PIRI,** *der wichtigsten Zutat des höllenscharfen Piri-Piri-Huhns.*
- *Als klassischer Chili für die asiatische Küche gilt der* **THAI-CHILI** *mit seinen grünen bis roten, äußerst schlanken und wohlgeformten, aber nur ein paar Zentimeter langen, sehr beißenden (Schärfegrad 8), aber auch fruchtigen Schoten.*
- *Der klassische mexikanische* **CAYENNE-CHILI** *(Schärfegrad 8) wird, vor allem auch in der Cajun-Küche von New Orleans, als zwar beißend-scharfes, aber auch zartbitterrauchiges Seafood-Gewürz verwendet.*
- *Der ungekrönte König unter den Scharfmachern dieser Welt ist der* **HABANERO-CHILI** *mit Schärfegrad 10, dessen Genuss nur geübten Hardcore-Chiliasten mit Tropenerfahrung ohne Einschränkungen empfohlen werden kann.*

Pfeffersteak

ZUTATEN FÜR 4 PORTIONEN

4 Beefsteaks (Rindslungenbraten) à 180 g · 4 cl Cognac · 3 EL eingelegter grüner Pfeffer · 6 cl Suppe oder Kalbsjus
4 cl Schlagobers · 1 EL kalte Butter
Salz, Pfeffer aus der Mühle
Öl zum Anbraten

ZUBEREITUNG

Die gut zugeputzten Steaks beidseitig mit Salz und Pfeffer würzen. Öl in einer Pfanne erhitzen und die Steaks beidseitig rasch und kräftig anbraten. Bei mäßiger Hitze dann unter mehrmaligem Wenden fertig braten (4–5 Minuten für medium gebraten). Die Steaks aus der Pfanne nehmen und warm stellen.

Das Fett aus der Pfanne abgießen. Den Bratrückstand mit Cognac löschen, mit Kalbsjus oder Suppe aufgießen und aufkochen. Das Schlagobers eingießen und nochmals aufkochen lassen. Grüne Pfefferkörner abgießen und ohne Lake in die Sauce geben. Die eiskalten Butterstücke einrühren, aber nicht mehr kochen und die Sauce damit binden. Die Steaks auf vorgewärmten Tellern anrichten und mit der Pfeffersauce überziehen.

BEILAGENEMPFEHLUNG: gebratene Kartoffelscheiben und Salat

Bœuf Stroganoff

ZUTATEN FÜR 4 PORTIONEN

600 g Rindslungenbraten (die Spitze des Filets) · 120 g Champignons
80 g Zwiebeln · 100 g Essiggurkerl
200 ml brauner Fond oder Rindsuppe
100 g Sauerrahm · 1 KL glattes Mehl
2–3 EL Öl · Salz, Pfeffer aus der Mühle
edelsüßes Paprikapulver

ZUBEREITUNG

Den Lungenbraten in etwa 7 mm breite Streifen schneiden. Die Zwiebeln fein hacken, Champignons in Scheiben und Gurkerl in feine

Streifen schneiden. Das Fleisch mit Salz und Pfeffer würzen und in heißem Öl rasch von allen Seiten 2 Minuten anbraten. Aus der Pfanne heben und warm stellen.
Nun die Zwiebeln im verbliebenen Fett anschwitzen, Champignons beigeben und durchrösten. Mit Fond oder Suppe ablöschen und aufkochen lassen. Den Sauerrahm mit Paprikapulver sowie Mehl glatt verrühren und zügig in die Sauce einrühren. Gurkerl beigeben und nochmals kurz durchkochen. Die Filetspitzen wieder untermengen und nur noch kurz ziehen, aber keinesfalls mehr aufkochen lassen. In vorgewärmten Tellern anrichten.
BEILAGENEMPFEHLUNG: Reis oder Nockerl

Gebackener Rostbraten mit Blattsalat

ZUTATEN FÜR 4 PORTIONEN
4 Scheiben Beiried oder Rostbraten à ca. 180 g · 1 Knoblauchzehe
1 EL gehackte Petersilie · 2 Eier · 40 ml Milch · Salz · glattes Mehl und Semmelbrösel zum Panieren · Butterschmalz zum Herausbacken · Blattsalate (Frisée-, Vogerl- oder Eichenlaubsalat)

FÜR DAS DRESSING
2 EL Balsamicoessig · Salz, Pfeffer · etwas Staubzucker · 4 EL Olivenöl

ZUBEREITUNG
Den Rostbraten zwischen Klarsichtfolie legen und auf ca. 6 mm dünnklopfen. Den Knoblauch fein hacken. Das Fleisch beidseitig gleichmäßig salzen und mit Petersilie sowie Knoblauch bestreuen. In einem Teller die Eier mit der Gabel verschlagen und die Milch unterrühren. Rost-

braten in Mehl beidseitig wenden, durch die Eier ziehen und danach in Semmelbröseln wenden.
In einer Pfanne reichlich Butterschmalz (etwa 3 cm hoch) erhitzen und Rostbraten in heißes Fett einlegen. Unter wiederholtem Schwingen der Pfanne die Rostbraten bräunen, wenden und in 3–5 Minuten fertig braten. Herausheben und auf Küchenpapier abtropfen lassen. Für das Dressing alle Zutaten verrühren und die Blattsalate damit marinieren. Den gebackenen Rostbraten anrichten und mit dem marinierten Salat servieren.

TIPP: Panieren Sie zur Abwechslung einmal das Fleisch nicht mit Semmelbröseln, sondern mit geriebenen oder gehackten Kürbiskernen, Haselnüssen oder gehobelten Mandeln.

Tournedos mit schwarzen Trüffeln und Grappa-Rosinen

ZUTATEN FÜR 4 PORTIONEN

**8 Tournedos à 90 g (kleine Scheiben vom Rindsfilet) · 4 Scheiben Toastbrot
1–2 EL Rosinen · 6 cl Grappa · 6 cl Madeira · 1 eingelegte schwarze Trüffel
(mit Einlegeflüssigkeit) · Salz, Pfeffer · Butter und Olivenöl zum Braten**

VORBEREITUNG

Das Backrohr auf 180 °C vorheizen.

ZUBEREITUNG

Die Rosinen mit Grappa und Madeira befeuchten. Die Tournedos salzen und pfeffern. In einer Pfanne etwas Olivenöl erhitzen und die Tournedos beidseitig auf den Schnittflächen anbraten. Ins vorgeheizte Backrohr stellen und bei 180 °C ca. 6 Minuten fertig braten. Herausnehmen und warm stellen.
Etwas Butter in die Bratpfanne geben und etwa 2 Esslöffel von der Einlegeflüssigkeit zugießen. Die marinierten Rosinen samt Grappa und Madeira einmengen. Aufkochen lassen und mit Salz und Pfeffer abschmecken. Die Toastbrote diagonal in Dreiecke schneiden und in einer anderen Pfanne beidseitig in etwas Butter braten (oder toasten). Die Brote auf Teller legen und jeweils ein Steak darauf setzen. Die Trüffel darüber hobeln und mit der Sauce überziehen.

TIPP: Sollten Sie keine Trüffel vorrätig haben, so lässt sich diese entweder durch kurz angebratene Pilze, aber auch durch zart gebratene Gänse- oder Geflügelleber ersetzen.

Entrecôte Strindberg

ZUTATEN FÜR 4 PORTIONEN

4 Schnitten von der Beiried à 180 g · 400 g Fisolen · 2 EL Dijonsenf 6 kleine Schalotten oder 2 kleine Zwiebeln · 2 EL Weißbrotbrösel · Rindsuppe oder Wasser zum Aufgießen · 50 ml Schlagobers · 1 EL kalte Butter · 2 EL gehackter Schnittlauch · Öl und Butter zum Braten · Salz, Pfeffer

VORBEREITUNG

Das Backrohr auf 200 °C vorheizen.

ZUBEREITUNG

Die geputzten Fisolen in stark gesalzenem Wasser bissfest kochen. Abgießen und in kaltem Wasser abschrecken. Die Schalotten bzw. Zwiebeln fein schneiden und in einem Sieb kurz mit heißem Wasser abschwemmen. Gut ausdrücken. Die Beiriedschnitten von Haut und Sehnen befreien. Mit Salz und Pfeffer würzen, auf einer Seite mit Senf bestreichen und auf dieser die Schalotten verteilen. Die Schalotten mit einer großen Messerklinge gut andrücken, danach mit Weißbrotbröseln bestäuben.

In einer beschichteten Pfanne etwas Öl erhitzen und das Fleisch mit der „Schalottenseite" nach unten in die Pfanne einlegen und kurz anbraten. Ins vorgeheizte Backrohr stellen und goldgelb braten. Herausnehmen, wenden und fertig braten. Die Bratzeit (5–8 Minuten) richtet sich nach dem gewünschten Garungsgrad. Beiriedscheiben aus der Pfanne heben und warm halten. Das Fett aus der Pfanne abgießen und den Bratrückstand mit einem Schuss Rindsuppe oder Wasser aufgießen. Aufkochen, Schlagobers zugießen und nochmals aufkochen. Den Saft mit kalter Butter binden, aber nicht mehr kochen lassen. Mit Salz, Pfeffer und eventuell noch etwas Senf abschmecken. Den Schnittlauch in die Sauce einrühren. Währenddessen die Fisolen in etwas heißer Butter schwenken (bei Bedarf wenig heiße Suppe oder Wasser zugießen) und abschmecken. Das Fleisch auf vorgewärmten Tellern anrichten, mit Sauce übergießen und die Fisolen dazureichen.

BEILAGENEMPFEHLUNG: frittierte Kartoffelwürfel

Kleine Steak-Bratkunde für Fleischtiger

Das scharfe Anbraten von rohem Fleisch ist zweifellos die aggressivste – und daher wohl auch maskulinste – aller Garmethoden. Das ist wohl auch der Grund, warum Steaks – einer ansehnlichen Zahl von Liebhaberinnen zum Trotz – als etwas zutiefst Männliches gelten, bei deren Genuss (vor allem wenn die Garstufe „blutig" gewählt wird) nicht nur das „Raubtier in uns", sondern auch der „Jäger im Mann" voll zuschlägt.
Dennoch ist das Braten eines perfekten Steaks nur ganz am Anfang eine „aggressive Kochtechnik". Wenn die Aggression nicht gleich danach in sensible Umsicht umschlägt, so ist das Endprodukt meist hart, zäh und womöglich auch noch schwarz und verkohlt. Dagegen helfen folgende Tipps:

- *Das perfekte Steak beginnt bei der Auswahl des Fleisches. Ein gutes Steak muss ca. 3 cm dick und wie Marmor von hunderterlei winzigen weißen Fettäderchen durchzogen sein, weshalb man in der Küchensprache auch von einem „marmorierten" Steak spricht.*
- *Da die Fleischer von heute, teils aus hygienischen, teils auch aus Gründen des schnelleren Umschlags des Lagerbestandes ihr Fleisch meist nur noch halb so lange abhängen lassen wie in früheren Zeiten, tut Mann gut daran, sein Steak nach dem Kauf noch weiter nachreifen zu lassen, damit es beim Genuss auch wirklich mürbe ist.*
- *Das Nachreifen geschieht am besten, indem man die von Parüren (Fett und Sehnen) befreiten Steaks mit geschrotetem Salz und Pfeffer, eventuell auch mit einem Rosmarinzweiglein und ein oder zwei Knoblauchzehen, in ein Frischhaltegefäß einlegt und mit Öl begießt. Das Gefäß wird danach mit Alufolie abgedeckt und – je nach gewünschtem Reifegrad – drei Tage bis eine Woche im Kühlschrank gelagert. Es gibt heute aber auch schon viele Fleischer, die dem Konsumenten das Reifen abnehmen und bereits in Öl gereifte Steaks bratpfannenfertig anbieten.*
- *Zum Braten von Steaks sollte man eine Pfanne mit besonders starkem, möglichst gerilltem Pfannenboden verwenden. Die Pfanne wird dann ohne Fettzugabe zunächst stark erhitzt, bevor die Steaks mitsamt Öl, Rosmarin und Knoblauch eingelegt und beidseitig je 1–2 Minuten sehr scharf angebraten werden. Danach muss die Hitze drastisch auf das absolute Minimum reduziert und das Steak bei halb aufgelegtem Pfannendeckel je nach dem gewünschten Garungsgrad fertig gebraten werden.*
- *Dieser für die Zartheit des Fleisches so wichtige Nachgarungsprozess kann auch im vorgeheizten Backrohr bei etwa 160–180 °C Hitze erfolgen.*
- *Der entstandene Bratensatz kann mit Wasser, Suppe, Portwein, Madeira o. Ä. abgelöscht, danach einreduziert und mit kalten Butterflocken montiert werden – was eine perfekte Bratensauce ergibt.*
- *Eine besonders einfache und schnelle Art, Steaks anzurichten besteht darin, sie auf eine geröstete Toastscheibe zu setzen, dann mit der Sauce zu überziehen und mit einem Spiegelei obenauf zu krönen.*

Zwiebelrostbraten mit Kartoffelchips

Ein Rezept für flinke Köche (oder solche, bei denen es auch einmal 20 Minuten dauern darf)

ZUTATEN FÜR 4 PORTIONEN

4 Schnitten Beiried oder Rostbraten à ca. 180 g · 3 mehlige Kartoffeln Sonnenblumenöl · Salz, Pfeffer aus der Mühle · glattes Mehl zum Stauben 3 EL Schmalz · 1 Zwiebel · 1 EL kalte Butterflocken · 180 ml Rindsuppe oder brauner Fond

FÜR DIE RÖSTZWIEBELN

4 Zwiebeln · glattes Mehl · 1 KL edelsüßes Paprikapulver · Sonnenblumenöl

ZUBEREITUNG

Für die Röstzwiebeln die Zwiebeln in feine Ringe schneiden. In einer Schüssel die Zwiebelringe mit Mehl und Paprikapulver durchmischen. In einer Pfanne Sonnenblumenöl erhitzen und die bemehlten Zwiebeln darin unter ständigem Rühren mit einer Gabel goldbraun backen. Herausheben und auf Küchenpapier abtropfen lassen.

Die Kartoffeln schälen und in dünne Scheiben schneiden oder hobeln. In einer Pfanne Sonnenblumenöl erhitzen und die Kartoffelscheiben darin knusprig frittieren. Herausnehmen und ebenfalls auf Küchenpapier abtropfen lassen.

Beim Rostbraten die Fettränder einschneiden und das Fleisch danach dünnklopfen. Mit Salz und Pfeffer würzen, mit Mehl zart bestauben. In einer Pfanne das Schmalz erhitzen und die Rostbratenstücke von beiden Seiten braun braten. Rostbraten aus der Pfanne heben und warm stellen. Die Zwiebel in grobe Stücke schneiden und in der Pfanne anbraten. Mit Suppe oder Fond aufgießen und den Bratrückstand damit loskochen. Durch ein Sieb seihen und Sauce nochmals erhitzen. Kalte Butterstücke einrühren und die Sauce damit binden, aber nicht mehr kochen. Rostbraten in der Sauce nochmals kurz erwärmen. Auf vorgewärmten Tellern anrichten, Sauce darüber gießen und die Röstzwiebeln darauf anrichten. Die knusprigen Kartoffelchips dazu anrichten.

BEILAGENEMPFEHLUNG: Blattsalate

Vanillerostbraten mit Bandnudeln

ZUTATEN FÜR 4 PORTIONEN

4 Schnitten Beiried oder Rostbraten à ca. 180 g
400 g Bandnudeln (Tagliatelle oder Pappardelle) · 1 gepresste Knoblauchzehe · 2 fein gehackte Knoblauchzehen · 3 EL Schmalz
1 EL kalte Butterflocken
180 ml Suppe oder brauner Fond
Olivenöl · Salz, Pfeffer aus der Mühle · glattes Mehl

ZUBEREITUNG

In einem Topf Salzwasser aufkochen lassen und die Bandnudeln darin bissfest kochen. Währenddessen beim Fleisch die Fettränder einschneiden und den Rostbraten dünnklopfen. Mit Salz und Pfeffer würzen, mit der gepressten Knoblauchzehe einreiben und mit Mehl bestauben. In einer Pfanne Schmalz erhitzen und die Rostbratenstücke von beiden Seiten braun braten. Rostbraten aus der Pfanne heben und warm stellen. Fett aus der Pfanne abgießen und mit Suppe oder Fond aufgießen. Den Bratrückstand loskochen und den Saft danach durch ein Sieb seihen. Die Sauce wieder erhitzen und den restlichen, fein gehackten Knoblauch in die Sauce einrühren. Kalte Butterstücke zugeben und die Sauce binden, aber nicht mehr kochen. Rostbraten wieder einlegen und in der Sauce kurz erwärmen. Auf vorgewärmten Tellern anrichten und die Sauce darüber gießen. Die „al dente" gekochten Nudeln aus dem Kochwasser heben, mit etwas Olivenöl vermischen und gemeinsam mit dem Rostbraten anrichten.

Fleischeslust für Gourmets

Lammfilet mit Oliven-Taglierini

ZUTATEN FÜR 4 PORTIONEN
600 g ausgelöster Lammrücken · 1 Knoblauchzehe · 2 Thymianzweige
100 ml brauner Fond (ersatzweise kräftige Rindsuppe) · Salz, Pfeffer · Olivenöl

FÜR DIE OLIVEN-TAGLIERINI
300 g Taglierini (feine Bandnudeln) · 2 EL Olivenpaste · 2 EL Olivenöl
60 g schwarze Oliven ohne Kerne · Salz, Pfeffer

VORBEREITUNG
Das Backrohr auf 180 °C vorheizen.

ZUBEREITUNG
Den Lammrücken salzen und pfeffern. In einer Pfanne in etwas heißem Olivenöl rundum anbraten, ins heiße Backrohr stellen und Thymianzweige sowie Knoblauchzehe zugeben. Bei 180 °C ca. 5 Minuten fertig braten. Danach mit Alufolie bedeckt für weitere 5 Minuten warm

stellen. Den Bratrückstand mit Fond aufgießen und einmal kurz aufkochen lassen. Vor dem Anrichten durch ein Sieb seihen.

Für die Oliven-Taglierini zunächst in einem großen Topf ausreichend viel Salzwasser zum Kochen bringen. Die Taglierini darin bissfest kochen. Die Oliven in Scheiben schneiden. In einer Pfanne das Olivenöl mit den Oliven und der Olivenpaste erhitzen. Fertig gekochte Nudeln aus dem Kochwasser heben, abtropfen lassen und dann mit dem Olivensugo vermischen. Mit Salz und Pfeffer abschmecken. Die Taglierini auf vorgewärmten Tellern anrichten. Den Lammrücken aufschneiden, auf den Nudeln anrichten und mit der Sauce überziehen.

BEILAGENEMPFEHLUNG: gebratene Melanzani und/oder Zucchini

Rehmedaillons mit Nusskohl

ZUTATEN FÜR 4 PORTIONEN

8 Rehmedaillons à ca. 80 g
2 EL Heidelbeeren · 40 ml Rotwein · 40 ml brauner Fond (im Feinkosthandel erhältlich)
Salz, Pfeffer, zerdrückter Wacholder · Nussöl und Butter zum Anbraten

FÜR DEN NUSSKOHL

1 Wirsingkohl · 2 EL Butter
2 EL geriebene Walnüsse
60 ml Milch · Salz, Pfeffer

VORBEREITUNG

Das Backrohr auf 180 °C vorheizen.

ZUBEREITUNG

Die Rehmedaillons mit Salz, Pfeffer und zerdrückten Wacholderbeeren würzen. In etwas Nussöl und Butter beidseitig anbraten und bei 180 °C im heißen Backrohr 5 Minuten fertig braten. Herausheben und in Alufolie gehüllt warm halten. Den Bratrückstand mit Rotwein aufgießen, aufkochen lassen und dann den Fond zugießen. Die Heidelbeeren einstreuen und einmal kurz aufkochen lassen.

Für den Nusskohl den Kohlkopf zunächst zerteilen, Strunk entfernen und Kohl in 1 cm breite Streifen schneiden. Die Butter erhitzen und die Nüsse darin kurz anschwitzen. Dann die Kohlstreifen zugeben. Mit Salz und Pfeffer würzen. Die Milch zugießen und so lange kochen, bis diese verdampft ist. Den fertigen Nusskohl auf vorgewärmten Tellern anrichten, die Rehmedaillons darauf setzen und mit der Sauce überziehen.

Männer mögen Messer

Ein Messer zu schenken bringt Unglück. Dieser alte Aberglaube gilt als „typisch weiblich“ und hat möglicherweise damit zu tun, dass kochende Frauen sich dem Charme der scharfen Klinge gewöhnlich wesentlich leichter entziehen können als Männer. Wo Mann kocht (und sei es auch nur als „Bloody Beginner“) muss ein Messer her, und was für eins: natürlich eines aus Damaszener-Stahl, vielfach gefaltet und möglichst mit einem japanischen Schriftzug auf der Klinge, der auf alten japanischen Samurai-Adel schließen lässt.

Wie viele Messer Mann haben muss, steht dabei freilich auf Messers Schneide. Da gibt es etwa das klassische „Ein-Mann-ein-Messer“-Gebot, das freilich einen versatilen Küchenmeister mit so viel Geschick voraussetzt, dass er vom Zwiebelschneiden über das Entbeinen einer Lammschulter bis hin zum fachgerechten Zerteilen eines Zehn-Kilo-Truthahns tatsächlich nur eine einzige Klinge benötigt, die aber dafür scharf wie ein Richtschwert sein muss.

Derlei mag es in fernöstlichen Palastküchen geben, in heimischen Einbauküchen sind solche Helden allerdings selten. Umso mehr freuen sich diese indessen, allem Aberglauben zum Trotz, wenn zum Geburtstag oder zu Weihnachten ein scharfes Päckchen am Gabentisch liegt. Es muss ja nicht gleich ein ganzer Koffer voller Spezialmesser sein, aber das eine oder andere darf neben dem „großen Küchenmesser“ ruhig dabei sein.

- *Kleines* **OFFICEMESSER,** *das vor allem beim Gemüseputzen gute Dienste leistet, aber auch sonst sehr vielseitig verwendbar ist.*
- **TOURNIERMESSER,** *das all jene Männer unbedingt brauchen, die lieber Karotten und Kohlrabi als Haselnuss- und Birkenstöcke schnitzen.*
- **SÄGE- ODER BROTMESSER,** *das praktischerweise auch zum Filetieren von größeren Fischen oder zum Schneiden von Siedefleisch verwendet werden kann.*
- **WIEGEMESSER** *zum Kleinhacken von Kräutern, Nüssen u. Ä.*
- **FILETMESSER** *hilft beim Filetieren von Fischen, aber auch beim Schneiden von rohem oder gekochtem Fleisch.*
- **AUSBEINMESSER** *ist vor allem für jene unentbehrlich, die gerne Fleisch vom Knochen lösen (z. B. bei Keulen, Schultern etc.).*

Auch der richtige Aufbewahrungsort der schönen Messer ist nicht nur Quell vieler möglicher Weihnachtsgeschenke, sondern auch seriöser Diskussionen zwischen Profis. Der Messerblock aus Holz ist zwar bewährt und schont die Messer, macht aber häufig hygienische Probleme, da allfällige an den Messern verbliebene Speisepartikel darin „weiterleben“. Sicherer und auch hübsch anzusehen ist eine über der Arbeitsplatte montierte Magnetleiste, wo die wertvollen Messer nicht nur bequem greifbar, sondern auch für allfällige Gäste leicht zu bewundern sind.

Hasenrückenfilet im Speckhemd mit Nockerln

ZUTATEN FÜR 4 PORTIONEN

2 ausgelöste Hasenrücken (4 Filets mit ca. 550 g) · 8 dünne Scheiben Speck 5 Wacholderbeeren · 1 Lorbeerblatt · 250 ml Wildfond (im Feinkosthandel erhältlich) · 125 ml Rotwein · 3 EL eingelegte grüne Pfefferkörner 1 EL fein gehackter Thymian · Salz, Pfeffer · Butter und Öl zum Anbraten 400 g Nockerl (Fertigprodukt)

VORBEREITUNG

Das Backrohr auf 180 °C vorheizen.

ZUBEREITUNG

Die Filets der Länge nach aufschneiden, so dass ein langer Streifen entsteht und diesen leicht klopfen. Salzen, pfeffern und zu Schnecken einrollen. Mit je 2 Speckscheiben umwickeln und mit Spagat binden. Butter und Öl in einer Pfanne erhitzen und die Filets darin beidseitig rasch anbraten. Die Wacholderbeeren und das Lorbeerblatt zugeben und ins heiße Backrohr stellen. Bei 180 °C etwa 8 Minuten fertig braten. Die Hasenfilets aus der Pfanne nehmen und in Alufolie gehüllt warm stellen.

Den Bratrückstand mit Rotwein und Wildfond aufgießen und auf ca. 125 ml einkochen lassen. Wacholderbeeren und Lorbeerblatt entfernen, grüne Pfefferkörner beigeben und nochmals kurz aufkochen. Zuletzt mit Thymian, Salz und Pfeffer abschmecken. Währenddessen etwas Butter in einer Pfanne erhitzen, Nockerl zugeben und anbraten. Mit Salz und Pfeffer würzen. Die fertig gebratenen Hasenfilets auf den vorgewärmten Tellern anrichten, mit der Pfeffersauce überziehen und die Nockerl dazu anrichten.

TIPP: Wenn Sie die Nockerl kurz vor dem Anrichten in der Pfanne rasch mit einem Schuss Wasser ablöschen, werden die Nockerl durch das verdampfende Wasser wunderbar heiß!

Schnell & gesund

RASANTE UND SCHLANKE KÖSTLICHKEITEN,
GEGEN DIE AUCH DER HAUSARZT NICHTS EINZUWENDEN HAT

Vitaminreiche **Vorspeisen** und animierende **Suppen**

Kalte Gurkensuppe

ZUTATEN FÜR 2 PORTIONEN
1 Salatgurke · etwas zerdrückter Knoblauch · 3 EL weißer Balsamicoessig etwas gehackte Dille · 100 ml kalte Rindsuppe · 100 ml Buttermilch 250 g Joghurt · Salz, Pfeffer · Olivenöl

ZUBEREITUNG
Die Gurke waschen und in grobe Stücke schneiden. Mit Salz, zerdrücktem Knoblauch und Balsamicoessig einige Minuten marinieren. Dille, kalte Rindsuppe, Buttermilch und Joghurt zugeben und alles mit dem Stabmixer fein pürieren. Durch ein Sieb seihen. Mit Salz und Pfeffer abschmecken. In gekühlte tiefe Teller füllen und eventuell etwas Olivenöl darüber träufeln.
BEILAGENEMPFEHLUNG: knuspriges Weißbrot

Brokkolisuppe mit Austernpilzen

ZUTATEN FÜR 2 PORTIONEN
500 g Brokkoli · 125 g Austernpilze · 1/2 Schalotte · 350 ml Geflügel- oder Rindsuppe · 50 ml Schlagobers · 1 EL Butter · Salz, Pfeffer aus der Mühle

VORBEREITUNG
Die Brokkoliröschen abtrennen, waschen und abtropfen lassen (die Stiele anderweitig verwenden). In einem Topf Salzwasser aufkochen und die Brokkoliröschen darin ohne Deckel 5 Minuten kochen. Herausheben und eiskalt abschrecken, damit sie ihre schöne grüne Farbe behalten. Nochmals gründlich abtropfen lassen. Die Austernpilze in 3–4 mm dicke Scheiben schneiden und beiseite stellen.

ZUBEREITUNG
Die Suppe zum Kochen bringen, auf die Brokkoli gießen und alles mit dem Stabmixer gut durchmixen. Das Ganze wieder in einen Topf geben, das Obers hinzufügen, salzen und pfeffern. Durch ein feines Sieb streichen, wieder in den Topf zurückgießen und die Suppe zur Seite stellen.
Nun die geschnittenen Pilze in eine beschichtete Pfanne geben, salzen und das Wasser der Pilze auskochen lassen. Sobald dieses fast völlig verdampft ist, unter ständigem Rühren Butter und die gehackte Schalotte hinzugeben. Noch etwa 2 Minuten weitergaren lassen. Die Pilze herausnehmen und auf einem Küchenpapier abtropfen lassen.
Die Suppe nochmals aufkochen lassen, aufmixen und in vorgewärmte Suppenteller gießen. Die Pilze in der Mitte anrichten.

Gazpacho (KALTE SPANISCHE GEMÜSESUPPE)

ZUTATEN FÜR 2 PORTIONEN

250 g vollreife Tomaten (oder Tomaten aus der Dose) · 1/2 Salatgurke 1 rote Paprikaschote · 125 ml Tomatensaft · Worcestershiresauce · Tabascosauce Olivenöl · Salz, Pfeffer · etwas zerdrückter Knoblauch

ZUBEREITUNG

Die Paprikaschote halbieren, entkernen, waschen und kleinwürfelig schneiden. Die Tomaten sowie die geschälte und der Länge nach halbierte Gurke klein schneiden. Einige Tomatenwürfel für die Garnitur beiseite legen.

Nun sämtliches Gemüse mit Salz, Pfeffer und dem zerdrücktem Knoblauch würzen und dann mit dem Mixstab pürieren. Während des Pürierens etwas Olivenöl sowie den Tomatensaft beimengen. Mit Tabasco- und Worcestershiresauce abschmecken, durch ein Sieb seihen und gut durchkühlen (am besten im Tiefkühlfach). Gazpacho in kalte Teller gießen, die beiseite gelegten Tomatenwürfel darüber streuen und mit etwas Olivenöl beträufeln.

BEILAGENEMPFEHLUNG: Knoblauchtoasts oder Baguette

Lachscarpaccio mit Avocadonockerln

ZUTATEN FÜR 2 PORTIONEN

100 g topfrisches Lachsfilet · 1 Avocado · 2 KL Forellenkaviar · Salz, Pfeffer aus der Mühle · Zitronensaft · Olivenöl · gehackte Dille · Dillzweiglein und marinierte Blattsalate zum Garnieren

ZUBEREITUNG

Den frischen Lachs mit einem scharfen Messer hauchdünn aufschneiden. Auf einen Teller (oder ein Blech mit Folie) legen. Salzen und pfeffern, mit Zitronensaft und abschließend mit Olivenöl marinieren. Für etwa 5 Minuten kühl stellen.

Währenddessen die Avocado halbieren und den Kern entfernen. Das Fruchtfleisch mit einem Löffel herauslösen, würfelig schneiden und sofort mit Zitronensaft beträufeln. Mit Salz sowie Pfeffer würzen und die gehackte Dille unterheben.

Die marinierten Lachsscheiben auf die Teller legen. Aus dem Avocado-Tatar mit Hilfe eines Löffels Nockerl formen und diese auf den Lachs setzen. Mit marinierten Blattsalaten umgeben und mit Forellenkaviar sowie Dillzweigen garnieren.
BEILAGENEMPFEHLUNG: gebutterte Toasts

Winterlicher Sauerkrautsalat

ZUTATEN FÜR 2 PORTIONEN
100 g Sauerkraut · 1 kleiner Apfel · Zitronensaft · 1 Orange · 100 g Chinakohl 1/2 Stange Lauch · 5 EL Sauerrahm · 2 EL Pflanzenöl · 1–2 KL Dijonsenf 1 EL gehackte Kräuter (Petersilie, Kerbel, Thymian etc.) · Salz, Pfeffer

VORBEREITUNG
Die Orange schälen, in Spalten trennen und die weißen Häutchen abziehen.

FÜR BESONDERS EILIGE
Verwenden Sie bereits geschälte Mandarinen aus der Dose.

ZUBEREITUNG
Das Sauerkraut in einem Sieb mit kaltem Wasser abspülen, gut abtropfen lassen und klein schneiden. Den Apfel gut waschen und mit der Schale (ohne Kerngehäuse) in kleine Würfel schneiden. Sofort mit etwas Zitronensaft beträufeln und durchmischen. Die gewaschenen Chinakohlblätter in Streifen, den Lauch in Ringe schneiden. Nun in einer Schüssel alles miteinander vermengen. Den Sauerrahm mit Öl und Dijonsenf verrühren und mit Salz sowie Pfeffer abschmecken. Die gehackten Kräuter einrühren und das Dressing unter den Salat mengen. Zart durchmischen und auf Tellern anrichten.
BEILAGENEMPFEHLUNG: getoastetes Schwarzbrot

Der Kürbis: Doctor's Darling

Der Siegeszug von Kürbis und Kürbiskernen ist vor allem vor dem Hintergrund der Ernährungsmedizin zu sehen, die den Kürbis schon seit längerer Zeit zu „Every Doctor's Darling" erklärt hat. Ein Kilo Kürbisfleisch – damit kann man schon eine Kleinfamilie abspeisen – hat nämlich gerade so viele Kalorien wie eine Leberkässemmel oder ein Krügel Bier, von der Fülle an Vitaminen und Spurenelementen sowie der absoluten Cholesterinfreiheit erst gar nicht zu reden. Cholesterinsenkend wirken sich im Übrigen auch die Kerne des steirischen Ölkürbis aus, aus denen das steirische Kürbiskernöl gepresst wird. Das „Schwarze Gold der Grünen Mark" wurde schon im 18. Jahrhundert als Heilmittel gegen Prostatabeschwerden sowie Erkrankungen der Schleimhäute und der Atemwege in Apotheken gehandelt, bevor es vor gar nicht sehr langer Zeit auch als Vademekum der gehobenen Feinschmeckerei entdeckt wurde.
Dass Kürbiskernöl neben seinen feinschmeckerischen Vorzügen als Salatöl, Suppenwürze sowie Mayonnaisen- und Saucenzutat dank seines hohen Kalium- und Selengehalts auch eine immunstimulierende und entgiftende Wirkung ausübt, freut indessen nicht nur den Gourmet, sondern auch jeden gesundheitsbewussten Genießer.

Sellerierohkost mit Mango und Kürbiskernen

ZUTATEN FÜR 2 PORTIONEN

100 g Sellerieknolle · 1/2 Mango · 1/2 Apfel · Zitronensaft · 50 g Joghurt Salz, Pfeffer · 1 EL Honig · 2 EL Kürbiskerne

ZUBEREITUNG

Den geschälten Sellerie sowie den Apfel (nach Belieben mit oder ohne Schale) in feine Streifen schneiden und beides mit Zitronensaft beträufeln. Joghurt mit Salz sowie Pfeffer glatt rühren und untermengen.

Die Mango schälen, entkernen und das Fruchtfleisch in feine Spalten schneiden. Mit Honig und etwas Zitronensaft marinieren. Die Kürbiskerne in einer beschichteten Pfanne ohne Fett rösten, bis sie schön prall sind.

Die Sellerierohkost auf Tellern anrichten, die Mangospalten dekorativ dazu anrichten und die Kürbiskerne darüber streuen.

TIPP

Einige Tropfen von sämig eingekochtem Balsamicoessig vollenden nicht nur diesen erfrischenden Salat, sondern sind auch für andere Salatkreationen das berühmte Pünktchen auf dem i.

Avocado-Orangen-Salat

ZUTATEN FÜR 2 PORTIONEN

2 Orangen · 1 reife Avocado ohne dunkle Flecken · 1 TL Zitronensaft 1/2 rote Zwiebel · 2 EL Olivenöl für die Marinade · 1 EL weißer Balsamicoessig 1 EL Joghurt · Blattsalate und/oder Kräuter nach Belieben · Olivenöl zum Beträufeln · Salz, Pfeffer aus der Mühle

ZUBEREITUNG

Die Orangen schälen und filetieren (in Filets trennen und die Haut abziehen). Die Zwiebel in Ringe schneiden. Die Avocado halbieren, den Kern entfernen, das Fruchtfleisch mit einem Kaffeelöffel herauslösen und in Würfel schneiden. Sofort mit Zitronensaft beträufeln, damit das Fruchtfleisch nicht braun wird.

Joghurt mit Olivenöl und Balsamicoessig verrühren. Mit Salz sowie Pfeffer abschmecken und die Avocadowürfel damit marinieren. Avocado auf Tellern anrichten. Die Blattsalate und Kräuter darüber geben. Die Orangenfilets sowie die Zwiebelringe dazu dekorativ anrichten. Mit etwas Olivenöl beträufeln und mit frisch gemahlenem Pfeffer bestreuen.

Spinatsalat mit Ziegenkäse

ZUTATEN FÜR 2 PORTIONEN

ca. 150 g junger Spinat · 8 Basilikumblätter · 100 g Ziegenkäse · 1–2 KL Pinienkerne

FÜR DAS DRESSING

1–2 KL Pinienkerne · 1/2 Jungzwiebel · 1 TL Zitronensaft · 2 EL Olivenöl
1 EL Balsamicoessig · Salz und Pfeffer

ZUBEREITUNG

Sämtliche Pinienkerne in einer beschichteten Pfanne ohne Fett rösten. Für das Dressing die Jungzwiebel in feine Streifen schneiden und gemeinsam mit dem Zitronensaft sowie der Hälfte der Pinienkerne mixen. Olivenöl und Balsamicoessig einmixen. Mit Salz und Pfeffer abschmecken.

Den geputzten Spinat sowie die Basilikumblätter mit dem Dressing marinieren und auf Tellern anrichten. Den Ziegenkäse in Scheiben schneiden und auf den Salat legen. Mit den restlichen gerösteten Pinienkernen bestreuen.

Gebratene Tofulaibchen mit Sprossensalat

ZUTATEN FÜR 2 PORTIONEN

100 g Tofu · 1 zerdrückte Knoblauchzehe · Salz · 1 EL gehackte Petersilie
Weizenvollkornmehl zum Wenden · Erdnussöl zum Braten · Soja- und Linsen-sprossen · Friséesalat

FÜR DIE BÉCHAMELMASSE

1/2 EL (ca. 10 g) Weizenvollkornmehl · ca. 60 ml Milch · Salz und Cayennepfeffer

FÜR DAS DRESSING

2 EL Sherryessig · 1 1/2 EL Olivenöl · 1 1/2 EL Kürbiskernöl · Salz, Pfeffer
1 Schuss Sherry

ZUBEREITUNG

Den ausgedrückten Tofu faschieren. Zerdrückten Knoblauch und gehackte Petersilie zugeben und salzen. Für die Béchamelmasse das Weizenvollkornmehl trockenrösten, Milch zugießen, aufkochen lassen und glatt rühren. Mit Salz und Cayennepfeffer würzen. Tofu mit dem Béchamel gut verkneten. Zu einer Rolle formen, in 4 Stücke teilen und zu 1,5 cm dicken Laibchen formen. Die Tofulaibchen in Vollkornmehl wenden. In einer Pfanne etwas Erdnussöl erhitzen und die Laibchen darin beidseitig 4–5 Minuten braten.

Für das Dressing alle Zutaten miteinander verrühren und die Sprossen sowie den Friséesalat mit dem Großteil des Dressings marinieren. Auf Tellern anrichten und die Tofulaibchen darauf setzen. Mit dem restlichen Dressing beträufeln.

Gesunder Mut zum schnellen Genuss – Was Ernährungsexperten empfehlen

- *Essen Sie, auf den Tag und über mehrere Portionen verteilt, mindestens 400 g Gemüse und 250 g Obst, sei es als Rohkost oder in einer der schnellen Zubereitungen, die Sie in unseren Rezepten finden.*
- *Vertrauen Sie auf Milch und Milchprodukte, achten Sie dabei aber auf möglichst geringe Fettgehalte. Ihr Calciumhaushalt und damit vor allem ihr Stütz- und Bewegungsapparat wird es Ihnen danken.*
- *Lassen Sie sich mageres Fleisch und mageren Fisch ohne schlechtes Gewissen schmecken. Sie brauchen das darin enthaltene Eiweiß. Bei manchen Fischsorten darf's aber ruhig auch einmal etwas deftiger sein: Vor allem Lachs, aber auch Makrele und Hering enthalten die wertvollen Omega-3-Fettsäuren, die die Bildung des „guten Cholesterins" begünstigen und Sie vor Herz-Kreislauf-Erkrankungen schützen.*
- *Gönnen Sie sich einmal täglich (nicht unbedingt abends) ein warmes Essen.*
- *Bereiten Sie auch die kleinsten Speisen und Imbisse frisch und mit möglichst frischen Ausgangsprodukten zu.*
- *Achten Sie auf möglichst viel Abwechslung in Ihrem Speiseplan.*
- *Reduzieren Sie ganz allgemein die Portionsgrößen und drehen Sie das Verhältnis von Fleisch und Beilagen um.*
- *Machen Sie Salat zu Ihrem ständigen Begleiter.*
- *Essen Sie Brot nach Herzenslust, aber ersetzen Sie Brot aus Auszugsmehlen (Semmeln, Baguette etc.) durch Vollwertprodukte (Roggen, Dinkel, Mehrkorn etc.)*
- *Gehen Sie mit Zucker so sparsam wie möglich um.*
- *Achten Sie auf einen ausreichenden Rohkostanteil in Ihrer Nahrung. Dazu zählen vor allem Obst und Früchte, Gemüse, Kräuter, Nüsse, Samen und Keimlinge. Rohkost muss allerdings nicht unbedingt vegetarisch sein. Auch Fisch (Sushi, Sashimi, Matjes, Graved Lax etc.) und Fleisch (z. B. Beef Tatar, Carpaccio) können Teil der Rohkost sein. Entscheidend ist, dass durch die fehlende Hitzebehandlung Enzyme, Spurenelemente und vor allem hitzeempfindliche Vitamine, die beim Kochen verringert werden, in vollem Umfang erhalten bleiben.*
- *Verwenden Sie möglichst gesunde (sprich: ungesättigte) Fette wie z. B. Olivenöl, Rapsöl, Kürbiskernöl, Leinöl und Nussöl. Aber Vorsicht: Nicht alle ungesättigten Fette sind auch zum Erhitzen und Braten geeignet. Butter und Butterschmalz sind übrigens nach neuesten Erkenntnissen besser als ihr Ruf, sollten jedoch in möglichst geringen Mengen eingesetzt werden. Ganz allgemein sollte gelten: Weniger Fett, dafür besseres. Die so genannten Transfettsäuren in Billigmargarinen und raffinierten Ölen gilt es daher eher zu meiden.*
- *Trinken Sie reichlich! So an die 1,5 bis 2 Liter pro Tag sollten es schon sein. Am besten ist selbstverständlich klares Quellwasser oder Mineralwasser geeignet, auch ungesüßte Tees eignen sich hervorragend. Alkohol, Limonaden, mit Zucker gesüßte oder mit Obers versetzte Getränke belasten jedoch – vor allem im Übermaß genossen – den Organismus.*

Falafel (VEGETARISCHE FRIKADELLEN)

ZUTATEN FÜR 4 FALAFEL

1 kleine Zwiebel · 1 zerdrückte Knoblauchzehe · 60 g Bohnenschrot (aus weißen Bohnen) · ca. 1 EL Kichererbsenschrot · ein paar Lauchringe · frischer Koriander 1/2 TL Salz · 1/2 TL Falafel-Mischung (Kreuzkümmel, Zimt, schwarzer und weißer Pfeffer, Koriander, Nelken, Muskatnuss, Kümmel) · Sojaöl zum Frittieren

FÜR DEN SALAT

4–5 große Salatblätter (Römischer oder Bummerlsalat) · 1 große Fleischtomate 1 Bund Petersilie · Tahina (Sesambrei aus gemahlenem Sesam, gibt es fertig zu kaufen) · Zitronensaft · zerdrückter Knoblauch nach Belieben · Salz frische Minze zum Garnieren

ZUBEREITUNG

Zwiebel und Lauch sehr fein hacken und beides mit dem zerdrückten Knoblauch, dem Bohnen- und Kichererbsenschrot vermischen. Den fein geschnittenen Koriander und so viel Wasser zugeben, dass ein lockerer Teig entsteht. Mit Salz und der Gewürzmischung abschmecken. Aus dem Teig kleine Laibchen formen. In einer Pfanne reichlich Sojaöl erhitzen und die Falafel darin goldbraun frittieren. Herausheben und auf Küchenkrepp abtropfen lassen.

Den Salat in feine Streifen schneiden und auf Tellern zu Nestern anrichten. Die Tomate würfelig schneiden, mit fein gehackter Petersilie vermischen und in die Mitte der Nester setzen. Aus Tahina, etwas Zitronensaft, zerdrücktem Knoblauch, Salz und etwas Wasser eine sämige Salatsauce anrühren. Den Salat mit dieser Sauce beträufeln und mit frischen Minzestreifen garnieren. Die Falafel dazu anrichten.

BEILAGENEMPFEHLUNG: Fladenbrot

TIPP: Steht mehr Zeit zur Verfügung, so kann die Tomate auch zuerst überbrüht, geschält und entkernt werden.

Falafel – ein Burger für die zwölf Apostel

Manche Gerichte, die auch im modernen Israel zu den beliebtesten Snacks zählen, wurden schon im Talmud erwähnt und waren, wie etwa Pitta, Chumuss, Technina und Falafel, schon den zwölf Aposteln bekannt. Sowohl Syrien, Ägypten als auch Israel erheben Anspruch auf die Erfindung des ersten Veggie-Burgers der Menschheit. Kein Wunder, dass sich die levantinischen Kichererbsenbällchen, mit diversen Pasten, Salaten und Gemüsen in Pittabrot serviert, heute auch in vielen Großstädten Europas und der USA als „Falafel-Burger" und somit als „biblisches Fast Food" etabliert haben.

Vegetarische Hauptgerichte, schnell und gesund

Spinatrisotto

ZUTATEN FÜR 2 PORTIONEN
125 g junger Blattspinat · 1 Schalotte · 125 g Risottoreis (10-Minuten-Rundkornreis) 500 ml Gemüsesuppe oder Gemüsefond · 40 ml Weißwein · Butter und Olivenöl zum Anschwitzen · Salz, Pfeffer · gehobelter Parmesan

ZUBEREITUNG
Die Schalotte klein schneiden und in Olivenöl und Butter anschwitzen. Risottoreis zugeben, mit Weißwein und der Hälfte der Gemüsesuppe aufgießen und je nach Sorte 10–15 Minuten köcheln lassen. Dabei die restliche Suppe laufend zugießen und wiederholt umrühren. Mit Salz und Pfeffer würzen.
Währenddessen den Spinat waschen, zupfen und in grobe Streifen schneiden. Vor dem Anrichten den Spinat unter das Risotto rühren. Mit Salz und Pfeffer nochmals abschmecken. Risotto in tiefen Tellern anrichten und mit gehobeltem Parmesan bestreuen.

TIPP
Ist der Spinat nicht zart genug, so kann er auch mit etwas Wasser gemixt und erst dann unter den Reis gemischt werden.

Basilikum-Gnocchi mit Erbsen

ZUTATEN FÜR 2 PORTIONEN

200–300 g Gnocchi (Fertigprodukt) · 80 g Erbsen (tiefgekühlt oder vorgekocht) · ca. 1 EL Butter Salz · in Streifen geschnittenes Basilikum

FÜR DIE TOMATENSAUCE

1 EL gehackte Zwiebeln · etwas zerdrückter Knoblauch · 1 EL Olivenöl 150 g gehackte Tomaten aus der Dose · Kristallzucker · 1 EL Ketchup · Salz, Pfeffer Tabascosauce

ZUBEREITUNG

Für die Tomatensauce die gehackten Zwiebeln mit dem zerdrückten Knoblauch in heißem Olivenöl anschwitzen. Die Tomatenwürfel samt ihrem Saft zugeben und mit Salz, Pfeffer, Tabascosauce sowie einer Prise Zucker würzen. Etwa 100 ml Wasser und Ketchup einrühren. Durch ein Sieb passieren und nochmals abschmecken. Die Tomatensauce einige Minuten sämig einkochen lassen. Währenddessen die Gnocchi in Salzwasser nach Anleitung einige Minuten kochen, bis sie aufsteigen. Abseihen, abschrecken und abtropfen lassen. Die Erbsen in heißer Butter, ohne Farbe nehmen zu lassen, anschwitzen. Die abgetropften Gnocchi mit den Erbsen zugeben, durchschwenken und kurz erwärmen. Gehacktes Basilikum einmengen. Mit Salz sowie Pfeffer würzen. Die fertige Tomatensauce in vorgewärmte tiefe Teller gießen und die Gnocchi darauf anrichten.

Gesund, würzig und vielseitig: der Senf

Senf würzt nicht nur Speisen und verleiht ihnen je nach Sorte individuellen Geschmack. Senf ist – in Maßen genossen – auch gesund, da die zahlreichen darin enthaltenen ätherischen Öle das Immunsystem schützen und die Verdauung fördern.

Die Senfproduktion ist denkbar einfach. Senfkörner werden zunächst mit Essig angesetzt und später passiert. Salz, Zucker, Wein und verschiedene Gewürze geben dem Senf dann den individuellen Touch. Wer experimentierfreudig ist, kann mit den im Handel erhältlichen Senfkörnern oder mit Senfpulver seine ganz persönliche Senfmischung anrühren.

Recht interessante geschmackliche Effekte lassen sich auch in Marinaden mit ganzen Senfkörnern erzielen, die beim „Draufbeißen" viel milder schmecken als man vielleicht annimmt. Erst durch das Zerstoßen oder Verreiben der Körner und die Beigabe von Wasser bildet sich nämlich das scharf schmeckende Senföl. Als Faustregel gilt: Weiße Senfkörner sind am mildesten, braune schon etwas schärfer und am schärfsten schmecken die schwarzen Körner.

Senf ist nahezu unbegrenzt haltbar. Warme Temperaturen liebt er nicht sehr, außerdem verliert er nach Öffnen von Dose oder Tube allmählich an Aroma. Am besten hält sich Senf in Gläsern oder Steinguttöpfen, die man möglichst luftdicht verschließt. Bei der Lagerung bildet sich oft Wasser, das man vor der Verwendung wegleeren sollte.

Veggie-Tipps für schnelle Genießer

WIE GEMÜSE SEINE FARBE BEHÄLT

Legen Sie das Gemüse einfach kurz in kochendes Wasser ein und schrecken Sie es danach sofort in eiskaltem Wasser ab. Durch diesen Vorgang – in der Fachsprache Blanchieren genannt – behalten vor allem Gemüsesorten wie Brokkoli, Fisolen oder Blattspinat ihr schönes natürliches Grün.

WIE GEMÜSE KNACKIG BLEIBT

Garen Sie Gemüse so kurz wie nur möglich und zerteilen Sie es zuvor stets in gleich große Stücke, damit es beim Zubereiten gleichmäßig gart. Oft reicht es, wenn man Gemüse nur kurz blanchiert und in ganz wenig Fett durchschwenkt oder in wenig Flüssigkeit dünstet. Bei Beachtung dieser Grundsätze bleibt auch ein Höchstmaß an wertvollen Vitaminen und Mineralstoffen erhalten.

WIE MAN GEMÜSE RICHTIG LAGERT

Verwenden Sie Gemüse möglichst erntefrisch und verbrauchen Sie es rasch. Wärme und Sonnenlicht sind die größten Feinde jeglicher knackigen Frische. Meiden Sie bei der Lagerung jedoch auch übertriebene Kühle. Die meisten Gemüsesorten halten sich am besten bei 4 bis 6 °C und hoher Luftfeuchtigkeit (70 bis 80 Prozent), bei Bedingungen also, wie sie im so genannten Gemüsefach des Kühlschranks am ehesten erreicht werden. Außerhalb des Gemüsefachs sollte man Gemüse stets in Folie oder Papier einwickeln, um einem möglichen Feuchtigkeitsverlust vorzubeugen. Aber Vorsicht: Manche Gemüsearten sind für die Lagerung im Kühlschrank gänzlich ungeeignet. So werden dort zum Beispiel Zucchini und Melanzani sehr rasch weich und unansehnlich. Und Tomaten verlieren bereits nach einem Tag Kühlschrankaufenthalt den größten Teil ihres Aromas.

WIE MAN MIT WASSERHÄLTIGEN GEMÜSEN RICHTIG UMGEHT

Braten Sie Gemüse wie Kürbis, Zucchini, Melanzani oder Gurken stets in einer sehr großen und vor allem heißen Pfanne an. Andernfalls brät das Gemüse nicht, sondern dünstet schon nach kurzer Zeit im eigenen Saft, bleibt womöglich am Pfannenboden kleben und wird mit zunehmender Gardauer unangenehm matschig. Bewährt hat sich in jedem Fall der Hitzetest: Wenn die Wassertropfen am Pfannenboden förmlich tanzen, dann ist die optimale Temperatur zum Gemüsebraten erreicht. Und noch ein Tipp: Braten Sie größere Mengen Gemüse immer in zwei Durchgängen.

Glasierte Erbsenschoten mit Polenta und Senf-Sabayon

ZUTATEN FÜR 2 PORTIONEN

250 g junge Erbsenschoten · 10 Jungzwiebeln · 1 EL Butter · 1 EL Honig
Salz, Pfeffer · 2 EL weißer Balsamicoessig · 1 TL schwarze Sesamkörner

FÜR DIE POLENTA

80 g Polenta (Maisgrieß) · 1 EL Butter · Salz

FÜR DAS SENF-SABAYON

2 Eier · 1 TL Dijonsenf · Salz, Pfeffer · 1 Schuss Sherry

ZUBEREITUNG

Erbsenschoten und Jungzwiebeln putzen und in mundgerechte Stücke schneiden. Die Butter erhitzen und die Jungzwiebeln gemeinsam mit den Erbsenschoten darin anschwitzen. Mit Salz und Pfeffer würzen. Honig und Balsamicoessig zugeben und 1 Minute ziehen lassen.
Währenddessen für die Polenta etwa 250 ml Wasser mit Salz aufkochen lassen. Dann Butter und Maisgrieß zugeben und unter ständigem Rühren einige Minuten quellen lassen.
Für das Senf-Sabayon alle Zutaten miteinander verrühren und in einer Schüssel über heißem Wasserdampf schaumig aufschlagen.
Die fertige Polenta auf heißen Tellern großflächig auftragen und das Gemüse darauf anrichten. Die Sesamkörner darüber streuen und das Senf-Sabayon dazu anrichten.

Mit Käse gratinierte Gerstenlaibchen

ZUTATEN FÜR 2 PORTIONEN
**250 ml Gemüsesuppe · 120 g Gerstenflocken · 1 Ei · Semmelbrösel
1 zerdrückte Knoblauchzehe · Dijonsenf · Öl zum Braten**

ZUM BELEGEN
2 Scheiben Käse · 1 Schalotte · 1/2 Apfel · 125 g Sauerrahm · gehackte Petersilie

VORBEREITUNG
Das Backrohr auf 250 °C (Oberhitze) vorheizen.

ZUBEREITUNG
In einem Topf die Suppe aufkochen, die Gerstenflocken zugeben und quellen lassen. In eine Schüssel umfüllen und mit Ei, dem zerdrückten Knoblauch, Dijonsenf und etwas Semmelbröseln zu einem Teig verarbeiten. Zu zwei Laibchen formen und diese in einer Pfanne in heißem Öl auf beiden Seiten braten.
Für den Belag die Schalotte fein schneiden, den Apfel schälen und reiben. Beides mit Rahm und etwas gehackter Petersilie vermengen. Die fertig gebratenen Gerstenlaibchen damit bestreichen und jeweils mit einer Scheibe Käse belegen. In eine befettete Form setzen und im heißen Backrohr überbacken, bis der Käse schön geschmolzen ist.
BEILAGENEMPFEHLUNG: Gurken-, Tomaten- oder Blattsalat

Überbackene Vollkornnudeln

ZUTATEN FÜR 2 PORTIONEN
**100 g Vollkornnudeln · 100 g blanchierter Blattspinat (am besten aufgetaute Tiefkühlware) · 100 g geriebener Emmentaler oder anderer Reibkäse · 1 Tomate
70 g Tomatenmark · Salz · Oregano · Öl oder Butter für die Form**

VORBEREITUNG
Das Backrohr auf 200 °C (Oberhitze) vorheizen.

ZUBEREITUNG
In einem Topf reichlich Salzwasser aufkochen und die Nudeln darin nach Anleitung bissfest kochen. Abgießen und abtropfen lassen.
In einer kleinen Schale das Tomatenmark mit einer kräftigen Prise Oregano und etwas Wasser zu einer sämigen Masse verrühren. Eine feuerfeste Form mit Butter oder Öl ausstreichen. Die Nudeln hineingeben, den aufgetauten Blattspinat sowie das Tomatenmark zugeben und alles sanft durchmengen. Die Tomate würfelig schneiden und gemeinsam mit dem geriebenen Käse über die Nudeln streuen. Die Form in das heiße Backrohr stellen und die Nudeln überbacken, bis der Käse geschmolzen ist.
BEILAGENEMPFEHLUNG: Rucolasalat

Fleisch & Fisch:
gesund und auf die Schnelle

Lachs-Kohlrabi-Lasagne

ZUTATEN FÜR 2 PORTIONEN

140 g Lachsfilet · 1 Kohlrabi · Zitronensaft · 2 cl Noilly-Prat (frz. Wermut) 2 cl Weißwein · 2 EL Mascarino · 1 EL griffiges Mehl · 80 ml Schlagobers 1 Eidotter · Salz, weißer Pfeffer aus der Mühle · Cayennepfeffer, Muskatnuss Butter zum Anschwitzen und für die Form

VORBEREITUNG

Das Backrohr auf 220 °C (Oberhitze) vorheizen.

ZUBEREITUNG

Das Lachsfilet in 10 gleich große, dünne Scheiben schneiden. Mit Salz und Zitronensaft würzen. Kohlrabi schälen und ebenfalls in 10 dünne Scheiben schneiden. Mit einem runden

Ausstecher (Ø 6 cm) ausstechen und die Abschnitte aufbewahren. Die Kohlrabischeiben in zart gesalzenem Wasser kurz blanchieren (überbrühen), in Eiswasser abschrecken und abtropfen lassen.

Die Kohlrabiabschnitte in wenig Butter glasig anschwitzen. Mit Noilly-Prat sowie Weißwein ablöschen, mit Mehl stauben und alles kurz durchrösten. Mascarino und Obers einrühren und etwas einkochen lassen. Mit dem Mixstab pürieren und passieren. Das Eidotter einrühren und die Kohlrabisauce mit einem Spritzer Zitronensaft, Cayennepfeffer, Muskatnuss, Salz und weißem Pfeffer abschmecken.

Eine feuerfeste Form mit Butter ausstreichen oder mit Backpapier auslegen. Nun darin je 5 Kohlrabi- und Lachsscheiben abwechselnd aufeinander schichten und dabei die Lachstranchen jeweils mit etwas Kohlrabisauce bestreichen. Im heißen Backrohr bei 220 °C etwa 4 Minuten überbacken.

Lachsforellenfilet auf buntem Gemüsebett

ZUTATEN FÜR 2 PORTIONEN

2 Lachsforellenfilets à 120 g · ca. 150 g Gemüsewürfel (Karotten, Zucchini, Sellerie und Lauch) · Olivenöl zum Braten · 1 EL gehacktes Liebstöckel 1 EL Butter · Salz, Pfeffer

VORBEREITUNG
Das Backrohr auf 150 °C vorheizen.

ZUBEREITUNG
Die gut entgräteten Lachsforellenfilets mit Salz sowie Pfeffer würzen. In einer Pfanne Olivenöl erhitzen und die Filets auf der Hautseite rasch anbraten. Ins vorgeheizte Backrohr stellen und bei 150 °C ca. 5 Minuten fertig braten.
Inzwischen die Gemüsewürfel in etwas Olivenöl anschwitzen. Mit Salz und Pfeffer würzen, etwas Wasser zugießen und 1 Minute köcheln lassen. Gehacktes Liebstöckel einstreuen und mit einem Esslöffel Butter abrunden. Das Gemüse auf vorgewärmten Tellern anrichten und die Fischfilets darauf setzen.
BEILAGENEMPFEHLUNG: Gerstenrisotto

Lachsforellenfilet mit Schwarzwurzeln und Spinat

ZUTATEN FÜR 2 PORTIONEN
2 Lachsforellenfilets à 120 g, mit Haut · 400 g Schwarzwurzeln · Saft von 1 Zitrone 100 ml Milch · 100 ml Weißwein · 8 Spinatblätter · 100 ml Schlagobers · Muskatnuss Salz, Pfeffer · Olivenöl zum Braten

ZUBEREITUNG
Die Schwarzwurzeln waschen, schälen, mit Zitronensaft bestreichen und kurz in Milch einlegen. Schwarzwurzeln herausnehmen und mit 100 ml Wasser, Wein und Salz ca. 8 Minuten weich kochen. Die Wurzeln aus dem Kochwasser heben, Obers einrühren und die Sauce auf ein Drittel einreduzieren (einkochen) lassen. Währenddessen die entgräteten Lachsforellenfilets mit Salz und Pfeffer würzen. In einer Pfanne etwas Olivenöl erhitzen und die Filets auf der Hautseite rasch braten. Einmal kurz wenden und dann auf der Hautseite fertig braten. Die Schwarzwurzeln in gröbere Stücke schneiden. Gemeinsam mit dem Spinat in die Schwarzwurzelsauce geben. Mit Salz, Pfeffer und Muskatnuss abschmecken. Das Gemüse auf vorgewärmten Tellern anrichten, mit Sauce übergießen und die Fischfilets darauf anrichten.
BEILAGENEMPFEHLUNG: Petersilkartoffeln oder Cremepolenta

Dorade royale mit Paprikasabayon

ZUTATEN FÜR 2 PORTIONEN
2 Dorade-royale-Filets (Goldbrasse) à 120 g · 200 g Wirsingkohlblätter · Mehl Salz, Pfeffer · Knoblauch · Butter

FÜR DAS PAPRIKASABAYON
50 g entkernte rote Paprikaschote · 1 Eidotter · 1 EL geschlagenes Obers Salz, Cayennepfeffer

VORBEREITUNG
Die entkernte Paprikaschote würfelig schneiden und mit einem Schuss Wasser aufmixen und durch ein Sieb passieren.

ZUBEREITUNG
Von den Kohlblättern den Strunk entfernen und in Salzwasser 2 Minuten blanchieren (überbrühen). Eiskalt abschrecken, gut ausdrücken und in Streifen schneiden. Vor dem Anrichten etwas zerdrückten Knoblauch in heißer Butter anschwitzen und die Kohlstreifen darin schwenken. Die Doradenfilets mit Salz und Pfeffer würzen und zart in Mehl wenden. In einer beschichteten Pfanne Butter erhitzen und die Filets von jeder Seite eineinhalb Minuten braten.
Für das Paprikasabayon den vorbereiteten Paprikasaft etwas einkochen lassen. Vom Herd nehmen, das Dotter zugeben und über Dampf wie ein Sabayon aufschlagen. Zum Schluss das geschlagene Obers unterheben. Mit Salz und Cayennepfeffer abschmecken.
Den Kohl auf heißen Tellern anrichten und das Fischfilet darauf legen. Das Sabayon rundherum verteilen.
BEILAGENEMPFEHLUNG: Kartoffelpüree

Couscous mit Garnelen

ZUTATEN FÜR 2 PORTIONEN
180 g Couscous · 6 Riesengarnelen · gemahlener Koriander · 1 EL fein gehacktes Koriandergrün · 1 EL Olivenöl für den Couscous · 1/2 rote Zwiebel · 1/2 Salatgurke 8 Basilikumblätter · 2 cl Cognac oder Weinbrand · Salz, Pfeffer · Olivenöl zum Braten

FÜR DIE INGWER-VINAIGRETTE
Saft von 1/2 Zitrone · Saft von 1/2 Orange · fein gehackter Ingwer · abgeriebene Zitronenschale · 1 TL Sherryessig · 3 EL Sonnenblumenöl · Salz, Pfeffer

ZUBEREITUNG
Couscous mit etwa 180 ml kochendem Salzwasser übergießen und 5 Minuten ziehen lassen. Dann eine Prise gemahlenen Koriander, fein gehacktes Koriandergrün, Olivenöl und Salz einrühren. Die Zwiebel fein hacken, die geschälte Gurke in kleine Würfel schneiden und beides mit den geschnittenen Basilikumblättern in einer Schüssel vermengen.
Für die Ingwer-Vinaigrette alle Zutaten miteinander verrühren und mit der Zwiebel-Gurken-Mischung vermengen.
Die Garnelen mit Salz und Pfeffer würzen. In etwas heißem Olivenöl beidseitig etwa 3 Minuten braten. Mit Cognac ablöschen und die Flüssigkeit verdampfen lassen.
Couscous auf vorgewärmten Tellern anrichten. Zwiebel-Gurken-Würfel darauf setzen und zuletzt die Garnelen darauf platzieren.

Saiblingsfilet auf Kohlrabi gedämpft

ZUTATEN FÜR 2 PORTIONEN

2 Saiblingsfilets à 120 g · 180 g Vollkornspaghetti · 1 Kohlrabi · 1 EL Butter 1 EL geschlagenes Obers · Zitronensaft · Kresse zum Garnieren · Salz, Pfeffer Olivenöl

ZUBEREITUNG

In einem Topf Salzwasser aufkochen und die Vollkornspaghetti bissfest kochen. Abseihen und in etwas heißem Olivenöl schwenken.

Inzwischen den Kohlrabi schälen und in 5 mm kleine Würfel schneiden. In einen Topf geben, mit Wasser gerade bedecken und mit wenig Salz, Pfeffer sowie einem halben Esslöffel Butter etwa 5 Minuten köcheln lassen. Die gut entgräteten Saiblingsfilets mit Salz und Pfeffer würzen. Sobald der Kohlrabi fast weich ist, die Fischfilets darauf legen und zugedeckt etwa 3 Minuten dämpfen.

Kohlrabi und Fisch aus dem Fond heben und auf vorgewärmten Tellern anrichten. Den zurückgebliebenen Kohlrabifond mit etwas Zitronensaft und einem halben Esslöffel Butter aufmixen. Geschlagenes Obers unterheben. Die Sauce abschmecken und den Fisch damit übergießen. Mit Kresse bestreuen. Die in Öl geschwenkten Vollkornspaghetti dazu anrichten.

Pochiertes Rindsfilet mit Kohlrabi-Zartweizen

ZUTATEN FÜR 2 PORTIONEN

2 Rindsfilets (Steaks) à 150 g · 1 EL gehacktes Liebstöckel · 1 EL gehackter Kerbel 100 g Zartweizen · 1 EL Butter · 100 g Kohlrabi · Salz, Pfeffer · Dijonsenf

ZUBEREITUNG

Die Rindsfilets mit Senf, Pfeffer und den gehackten Kräutern beidseitig einreiben. Nebeneinander in einen Vakuumbeutel geben und verschließen (oder gut in Frischhaltefolie einwickeln). In kochendem Wasser 6 Minuten leicht köchelnd ziehen lassen. Die Rindsfilets aus dem Beutel schneiden und auf einem Teller noch 6 Minuten warm stellen.

Währenddessen den Kohlrabi in kleine Würfel schneiden und gemeinsam mit dem Zartweizen in etwas Wasser 7 Minuten weich kochen. Mit Butter vermengen und mit Salz und Pfeffer würzen. (Bei Bedarf etwas Wasser nachgießen, um eine risottoartige Konsistenz zu erreichen.) Den Kohlrabi-Zartweizen auf vorgewärmten Tellern anrichten und die Rindsfilets darauf setzen.

TIPP

Das Rindsfilet kann auch in einem Topf mit Dämpfeinsatz gedämpft werden, wobei sich in diesem Fall die Garungszeit etwas verlängert und je nach Stärke des Filets und gewünschtem Garungsgrad ungefähr 10 Minuten beträgt.

Gebratene Hühnerbrust auf Vollkornnudeln mit Blattspinat

ZUTATEN FÜR 2 PORTIONEN
2 Hühnerbrüste · 300 g Blattspinat (tiefgekühlt oder blanchiert)
200 g Vollkornnudeln · Margarine (oder Butter) · Salz, Pfeffer · 2 EL Olivenöl
Muskatnuss

VORBEREITUNG
Das Backrohr auf 150 °C vorheizen.

ZUBEREITUNG
Hühnerbrust mit Salz und Pfeffer würzen und in etwas Margarine anbraten. Ins vorgeheizte Backrohr stellen und noch etwas nachgaren lassen. Den (angetauten) Blattspinat in einem Topf mit Olivenöl langsam erwärmen. Mit Salz, Pfeffer und Muskatnuss würzen.
Währenddessen die Vollkornnudeln in gesalzenem Wasser bissfest kochen. Abseihen und kurz in heißer Margarine schwenken. Den Blattspinat auf vorgewärmten Tellern anrichten, die fertigen Nudeln mit einer Fleischgabel aufdrehen und dekorativ auf den Blattspinat setzen. Die Hühnerbrust aufschneiden und auf die Nudeln legen.

Bio – Die schnelle Liebe zur Langsamkeit

Einem alten Vorurteil zufolge haben Bioprodukte ursächlich etwas mit freudlosen „Körndlfressern" und Genussfeindlichkeit zu tun. Das exakte Gegenteil ist der Fall. Bio bedeutet, dass auf essbare Rohstoffe, ob Gemüse, Fleisch, Fisch oder Wein, ganz einfach mehr Sorgfalt und Verantwortungsbewusstsein verwendet wird als auf solche, die dieses Prädikat nicht tragen. So zeichnen sich Bioprodukte etwa durch eine höhere Nährstoffdichte, einen – durch kurze Transportwege bedingten – höheren Frischegrad, Natürlichkeit der Aromen, Sicherheit vor gentechnischen Veränderungen sowie geringere Schadstoffrückstände aus. Der dadurch verbesserte und intensivere Eigengeschmack der Produkte macht schließlich auch die Beimengung bedenklicher Lebensmittelzusatzstoffe überflüssig. Und dass bei der Aufzucht und Schlachtung von Biofleisch nicht nur ökonomische, sondern auch ethische und ökologische Gesichtspunkte im Vordergrund stehen, beruhigt nicht nur das (oft genug schlechte) Gewissen des Genießers, sondern verbessert – etwa dank stressfreier Schlachtung – auch den Fleischgeschmack.
Gewiss: Bioprodukte brauchen oft etwas länger um heranzureifen und sind daher auch etwas teurer. Allerdings lohnt sich der Aufwand, geschmacklich wie moralisch.

Aus Bar, Buffet und Brasserie

KLASSISCHES UND INNOVATIVES
AUS DER SCHNELLEN SNACK-KÜCHE –
ATMOSPHÄRE INBEGRIFFEN

Starters

Französische Zwiebelsuppe mit Trüffelbaguette

ZUTATEN FÜR 2 PORTIONEN

**100 g Schalotten · 1 Thymianzweig · 4 cl Portwein · 4 cl Madeira · 4 cl Cognac
400 ml Geflügelfond · 150 ml Milch · 1 Schuss Trüffelöl · Salz, Pfeffer
1 kleine Trüffel (ersatzweise Knoblauch, s. Tipp) · 4 dünne Baguettescheiben
ca. 1 EL Olivenöl zum Braten**

ZUBEREITUNG

Schalotten in feine Würfel schneiden und in Olivenöl anschwitzen. Den Thymianzweig zugeben und mit Portwein, Madeira sowie Cognac ablöschen. Geflügelfond zugießen und etwas einkochen lassen. Mit Salz und Pfeffer würzen.

Die Milch mit Trüffelöl, Salz sowie Pfeffer aromatisieren und auf ca. 60 °C erhitzen, aber nicht kochen lassen. Die Trüffelmilch mit einem Stabmixer oder die kalte Milch mit einer Espressomaschine aufschäumen.

Die Baguettescheiben in etwas Olivenöl auf beiden Seiten knusprig rösten. Herausnehmen und die Trüffel darüber hobeln. Den Thymianzweig aus der Suppe entfernen und die Suppe in vorgewärmte Tassen oder tiefe Teller füllen. Die aufgeschäumte Trüffelmilch darauf gießen und mit den Trüffelbaguettes servieren.

TIPP

Steht keine Trüffel zur Verfügung, so können die Baguettes auch mit Knoblauchbutter bestrichen und dann geröstet werden. Ein zartes Knoblaucharoma harmoniert mit dem Trüffelöl nämlich bestens.

Was war zuerst? Das Salzstangerl oder das Baguette?

Zwischen Wien und Paris wurden – vor allem zur Zeit des Wiener Kongresses (1814–1815) – fleißig Rezepte ausgetauscht, was in weiterer Folge zu erheblichen Urheberrechtsproblemen führte. Während man in Wien das Cordon bleu irrtümlicher Weise bis heute für einen Beitrag der französischen Küche hält, nennen die in Sachen Küchennationalismus ansonsten durchaus selbstbewussten Franzosen alles, was uns an Feinbäckerei – vom Brioche bis zum Croissant – typisch französisch zu sein scheint, schlicht und einfach Viennoise. Sie sind sogar davon überzeugt, dass das französische Baguette von einem österreichischen Bäcker erfunden wurde, der nach dem Wiener Kongress nach Frankreich übersiedelte. Dabei ist das Baguette im recht reichhaltigen heimischen Brotkörberl niemals heimisch gewesen – es sei denn als Salzstangerl.

Tomatensuppe mit Kartoffelchips

ZUTATEN FÜR 2 PORTIONEN

**250 g geschälte Tomaten aus der Dose · 1/2 Zwiebel · 1 EL Olivenöl
1 TL Tomatenmark · 250 ml Gemüsesuppe · Worcestershiresauce · Tabascosauce
zerdrückter Knoblauch · Salz, Pfeffer · 1 rohe, geschälte Kartoffel
Öl zum Frittieren**

ZUBEREITUNG

Die Zwiebel fein hacken. Das Olivenöl in einem Topf erhitzen und die gehackte Zwiebel darin anschwitzen. Das Tomatenmark zugeben und durchrühren. Die geschälten Tomaten einige Male durchschneiden und zugeben. Suppe zugießen. Alles aufkochen lassen, mit Salz, Pfeffer, dem zerdrückten Knoblauch, Tabasco- und Worcestershiresauce abschmecken und durch ein Sieb streichen. Währenddessen die Kartoffel in feine Scheiben schneiden (oder mit dem Gurkenhobel in Scheiben hobeln), kurz in lauwarmes Wasser legen und dann auf einem Tuch gut abtropfen lassen. In einer Pfanne Öl erhitzen, die Kartoffelscheiben einlegen und in heißem Fett goldbraun frittieren. Herausheben und auf Küchenpapier abtropfen lassen. Die Suppe in heiße Tassen füllen und mit den knusprigen Chips servieren.

Räucherlachsröllchen mit Kren

ZUTATEN FÜR 2 PORTIONEN

100 g Räucherlachsscheiben · 1/2 Salatgurke (ca. 300 g) · 2 EL Crème fraîche 1 EL frisch geriebener Kren · 2 EL Schlagobers · Salz, Pfeffer · etwas Olivenöl Dillspitzen

ZUBEREITUNG

Die Gurke gründlich waschen, trockenreiben und der Länge nach in ca. 2 mm dicke Scheiben hobeln. Die Gurkenscheiben gleichmäßig mit Räucherlachs belegen, vorsichtig zusammenrollen und mit Holzzahnstochern feststecken.

Für die Sauce Crème fraîche mit dem frisch geriebenen Kren und dem Obers verrühren. Mit Salz und Pfeffer abschmecken. Die Röllchen mit der Sauce anrichten. Zuletzt mit etwas Olivenöl beträufeln, mit Dillspitzen garnieren und mit Salz und Pfeffer würzen.

BEILAGENEMPFEHLUNG: Buttertoasts

TIPP

Äußerst apart schmeckt dieses Rezept, wenn Sie statt Räucherlachs geräucherten Heilbutt oder Stör verwenden. Zudem ist es empfehlenswert, eine Gurke mit möglichst wenig Kernen zu verwenden. Sie lässt sich besser zusammenrollen und sieht zudem attraktiver aus.

Feta-Cocktail „L'Olympe"

ZUTATEN FÜR 4 PORTIONEN

400 g Feta (griechischer Schafkäse) · 400 g Cocktailtomaten · 125 ml Olivenöl Saft von 1 Limette (ersatzweise etwas weniger Zitronensaft) · 1 EL eingelegte grüne Pfefferkörner · 1 EL gehackte Petersilie · 1 TL gehackter Salbei 1 Prise gemahlener Koriander · Salz, Pfeffer · 1/2 Stange Staudensellerie 1 fein geschnittene Knoblauchzehe

ZUBEREITUNG

Feta in 1 cm große Würfel schneiden und gemeinsam mit den Cocktailtomaten in eine flache Schale geben. Für die Marinade Olivenöl, Limettensaft, grüne Pfefferkörner, gehackte Petersilie, gehackten Salbei, gemahlenen Koriander, Salz und Pfeffer verrühren. Vom Staudensellerie die harten Fäden abziehen und Sellerie in kleine Würfel schneiden. Mit der gehackten Knoblauchzehe unter die Marinade rühren. Feta und Tomaten mit der Marinade begießen und bei Zimmertemperatur etwa 10 Minuten ziehen lassen. In Glasschalen oder tiefen Tellern anrichten.

BEILAGENEMPFEHLUNG: frisches Stangen- oder Fladenbrot

TIPP

Wählen Sie aus dem mittlerweile auch bei uns sehr reichhaltigen Angebot an verschiedenen Fetasorten besser einen mild gesalzenen Feta mit einem relativ hohen Fettgehalt. Er ist besonders zart und cremig, weshalb er die Aromen der anderen Zutaten besonders gut zur Geltung bringt.

Ziegenfrischkäse mit Grappa

ZUTATEN FÜR 2 PORTIONEN

100 g Ziegenfrischkäse · 1 EL Grappa · 2 Hand voll geschnittene Blattsalate 2 EL Sonnenblumenöl · 1 EL Balsamicoessig · 1 Prise Vanillezucker · Salz, Pfeffer 2 EL der Länge nach fein geschnittene Kürbiskerne · Schnittlauchspitzen zum Garnieren

ZUBEREITUNG

Den Ziegenkäse mit einer Kartoffelpresse auf flache Teller drücken. Für das Dressing den Balsamicoessig mit Sonnenblumenöl, Salz, Pfeffer und Vanillezucker verrühren und unter die geputzten Blattsalate mischen. Den Ziegenkäse mit den marinierten Blattsalaten garnieren. Abschließend den Ziegenkäse mit Grappa beträufeln, mit Kürbiskernen bestreuen und mit Schnittlauch garnieren.

BEILAGENEMPFEHLUNG: frisches Baguette

Matjestatar auf Pumpernickel

ZUTATEN FÜR 2 PORTIONEN

100 g Matjesfilet · 1 kleine Tomate · 1 Schalotte · 1 kleines Essiggurkerl etwas gehackter Schnittlauch · 1 EL weißer Balsamicoessig · 2 EL Olivenöl · etwas Crème fraîche · einige Pumpernickelscheiben · Olivenöl zum Anbraten · Dillspitzen · Salz, Pfeffer

VORBEREITUNG

Matjesfilet kurz in kaltes Wasser legen. Aus dem Wasser nehmen und mit Küchenkrepp gut trockentupfen. Die Tomate kreuzweise einschneiden, kurz überbrühen, abschrecken und enthäuten. Anschließend vierteln, entkernen und in kleine Würfel schneiden.

FÜR BESONDERS EILIGE

Möglichst mildes Matjesfilet verwenden, das nur kurz kalt abgespült werden muss. Die Tomate ungeschält in kleine Würfel schneiden.

ZUBEREITUNG

Schalotte, Essiggurkerl und Matjesfilet in sehr kleine Würfel schneiden und mit der klein gehackten Tomate gut vermischen. Den gehackten Schnittlauch einmengen. Weißen Balsamicoessig und Olivenöl vorsichtig unterheben und alles mit Pfeffer abschmecken. Das Tatar in Metallringe (ca. 5 cm Durchmesser und 4 cm hoch) füllen und mit Crème fraîche bestreichen. Die Pumpernickelscheiben mit einem Ausstecher ebenfalls in Scheiben mit 5 cm Durchmesser ausstechen. In einer Pfanne etwas Olivenöl erhitzen und die Brotscheiben darin von beiden Seiten leicht anbraten. Wieder herausnehmen und auf Teller platzieren. Die Matjestatar-Türmchen mit einer Palette oder einem Bratenwender vorsichtig auf die Brotscheiben setzen und die Ringe abziehen. Die Türmchen mit Dillspitzen garnieren und mit Salz und Pfeffer bestreuen.

Kleines Herings-ABC

Unter den schnellen kleinen Happen kommt dem Hering in vielen Landesküchen eine Sonderstellung zu. Er ist der klassische „essbare" Apertitif, den man mit einem Pils und einem Doppelkorn hinunterspült. Wobei der Name Hering wesentlich mehr Facetten hat, als man gemeinhin glaubt.

- **BISMARCKHERING** *Sauer eingelegter, kopfloser Hering.*
- **BRATHERING** *Gebratener grüner Hering, in Essig mariniert und kalt serviert.*
- **BÜCKLING** *Nach dem Holländer William Bökels (gest. um 1447) benannter Pökelhering.*
- **HÄRING** *Altes Wort für Hering (von niederländisch haar = Gräte).*
- **HERINGSFILET NACH MATJESART** *Nur kurz gesalzene Salzheringe (s. dort).*
- **HERINGSSTIPP** *Marinade aus Heringsfleisch, Zwiebeln, Gurken, Sellerie, zerriebener Heringsmilch und Mayonnaise.*
- **IHLE** *Als so genannten „leeren Hering" bezeichnet man den Herbsthering nach der Laichzeit.*
- **KIELER SPROTTE** *Dem Junghering ähnlicher Knochenfisch (lat. sprattus sprattus), der meist geräuchert angeboten wird.*
- **LABSKAUS** *Traditionelles Seemannsgericht aus faschiertem Corned Beef, Salzkartoffeln, Schweineschmalz, Zwiebeln und Gurken, das gerne zu Matjes serviert wird*
- **LACHSHERING** *geräucherter Salzhering.*
- **LOGGERMATJES** *Matjeshering, der auf einer Logger oder Lugger – einem zwei- bzw. dreimastigen Segelschiff – filetiert, gesalzen und gereift wird.*
- **MATJES** *Der gerne auch „jungfräulich" genannte Hering ist gewiss nicht weiblich und schon gar keine Jungfrau, sondern eigentlich geschlechtslos. Der Matjes verfügt weder über Milchner noch Rogen, sondern frisst sich einfach durchs von der Frühlingssonne begünstigte Plankton, bis er Ende Juni fett und wohlschmeckend ist. Geschlechtsmerkmale würde der Hering erst ab August entwickeln – doch bis dahin ist die Matjessaison längst vorbei. Seinen unnachahmlichen Geschmack erhält der Matjes übrigens während einer achtwöchigen Reifeperiode, bei der es – ähnlich wie beim Wein – auf die Temperatursteuerung und damit auf das Geschick des Produzenten ankommt.*
- **NEUER HERING** *In Deutschland auch „frischer Matjes" genannter, noch nicht haltbar gemachter Hering aus den ersten Julitagen.*
- **RÄUCHERHERING** *Über Buchen- und Eichenholz geräucherter Hering.*
- **ROLLMOPS** *Pikant gefüllter, eingerollter marinierter Hering ohne Kopf und Schwanzflosse, der auch in Gelee serviert wird.*
- **SALZHERING** *Eingesalzener Winterhering.*
- **STORNOWAY-MATJES** *Festfleischiger, großer Matjes, der bei Stornoway in Schottland gefangen wird.*
- **VOLLHERING, VOLLFETTHERING** *Geschlechtsreifer Augusthering (mit Milchner bzw. Rogen).*

Carpaccio-Röllchen mit Ziegenfrischkäse

ZUTATEN FÜR 2 PORTIONEN
200 g Rindsfilet (Rindslungenbraten)
2 TL Chilisauce · 1 Spritzer Sojasauce
1 EL Olivenöl · 120 g Ziegenfrischkäse
2 EL Topfen · gehackte Kräuter
geschroteter Koriander · Salz, Pfeffer
marinierte Blattsalate zum Garnieren

ZUBEREITUNG
Die Chilisauce mit Sojasauce, Olivenöl und etwas Wasser vermischen. Das gut zugeputzte Rindsfilet in 4 dünne Scheiben schneiden und zwischen Klarsichtfolie leicht klopfen. Mit der Chili-Öl-Mischung beträufeln, mit Salz sowie Pfeffer würzen und kurz marinieren.
Inzwischen den Ziegenfrischkäse zerkleinern. Mit Topfen, Kräutern, Pfeffer und Koriander vermengen. Die Rindsfiletscheiben auflegen, mit der Käsemasse bestreichen und einrollen. Mit einem Zahnstocher fixieren und auf Tellern anrichten. Mit mariniertem Blattsalat servieren.
BEILAGENEMPFEHLUNG: frisches Schwarz- oder Weißbrot

Tomaten-Mozzarella-Spießchen mit Radieschenblätter-Pesto

ZUTATEN FÜR 2 PORTIONEN
100 g Cocktailtomaten · 100 g Baby-Mozzarellakugeln · 1 EL Olivenöl
etwas Limetten- oder Zitronensaft · 1–2 KL Pinienkerne · 1 Knoblauchzehe
50 g sehr frische Radieschenblätter · 50 ml Olivenöl · Salz, Pfeffer

ZUBEREITUNG
Die Mozzarellakugeln aus der Lake nehmen und abtropfen lassen. Mit den Cocktailtomaten in eine Schüssel geben und mit Salz sowie Pfeffer würzen. Olivenöl und Limettensaft darüber gießen und alles vorsichtig mischen.
Für das Pesto die Pinienkerne in einer Pfanne ohne Fettzugabe goldgelb rösten. Den Knoblauch grob hacken. Die Radieschenblätter putzen, waschen, trockenschleudern und in Streifen schneiden. Die Pinienkerne mit Knoblauch, Radieschenblättern sowie Olivenöl mit dem Mixstab pürieren, bis eine homogene Paste entstanden ist. Das Radieschenblätter-Pesto mit Salz und Pfeffer abschmecken.
Die marinierten Tomaten und Mozzarellakugeln abtropfen lassen und abwechselnd auf Spießchen stecken. Mit dem Radieschenblätter-Pesto anrichten.
BEILAGENEMPFEHLUNG: Baguette oder Ciabatta

TIPP
Haben Sie keine frischen Radieschenblätter in entsprechender Qualität zur Verfügung, so verwenden Sie stattdessen frische Basilikumblätter. Zur Abwechslung kann man statt der Mozzarellakugeln auch Fetawürfel verwenden.

Followers

Auberginenschnitzel in Sesam-Käse-Panier mit Aïoli

ZUTATEN FÜR 2 PORTIONEN
1 Aubergine · 1 Ei · 1 EL Sojasauce 60 g Sesamsamen · 1–2 EL geriebener Käse · 2 EL Mehl · Salz, Pfeffer Sonnenblumenöl

FÜR DAS AÏOLI
2 zerdrückte Knoblauchzehen · Salz Zitronensaft · 2 EL Mayonnaise

ZUBEREITUNG
Die Aubergine der Länge nach in 5 mm dünne Scheiben schneiden und salzen. Das Ei mit der Sojasauce verquirlen. Die Sesamsamen etwas hacken und mit geriebenem Käse vermischen, mit Salz und Pfeffer würzen. Nun die Auberginenscheiben zuerst in Mehl wenden, durch das Ei ziehen und in dem Sesam-Käse-Gemisch wenden.
In einer beschichteten Pfanne in wenig heißem Öl auf beiden Seiten goldgelb braten. Herausheben und auf Küchenkrepp trockentupfen. Für das Aïoli alle Zutaten vermengen. Auberginenschnitzel anrichten und mit dem Aïoli servieren.
BEILAGENEMPFEHLUNG: Tomaten- oder Gurkensalat

Karotten-Zucchini-Puffer mit Kräutertopfen

ZUTATEN FÜR 2 PORTIONEN

200 g Karotten · 100 g Zucchini · 2 EL Mehl · frisch gehackter Rosmarin und Oregano · 1 Ei · Salz, Pfeffer · Muskatnuss · Oliven- oder Sonnenblumenöl zum Herausbacken

FÜR DEN KRÄUTERTOPFEN

125 g Topfen (20 % Fett i. Tr.) · 2 EL Milch · 1 Spritzer Zitronensaft · 2 EL gehackte gemischte Kräuter (z. B. Petersilie, Kerbel, Schnittlauch) · Salz, Pfeffer

ZUBEREITUNG

Für den Kräutertopfen den Topfen in einer Schüssel mit Milch und Zitronensaft glatt rühren. Die gemischten Kräuter unterheben und mit Salz sowie Pfeffer würzig abschmecken.

Zucchini und Karotten waschen, putzen und grob raspeln. In eine Schüssel geben und Mehl untermischen. Das Ei mit gehacktem Rosmarin sowie Oregano, Salz, Pfeffer und Muskatnuss verquirlen und kräftig unter das Gemüse rühren. Den Pufferteig nochmals abschmecken.

Öl in einer beschichteten Pfanne erhitzen und die Gemüsemasse als kleine Häufchen ins heiße Fett setzen, flach drücken und die Puffer von jeder Seite ca. 2 Minuten braten, bis sie goldbraun sind. Gebratene Puffer kurz auf Küchenkrepp abtropfen lassen und mit dem Kräutertopfen servieren.

TIPP

Die Kombination des verwendeten Gemüses kann ganz nach Angebot, Saison und persönlichen Vorlieben variiert werden. Probieren Sie doch auch einmal eine Mischung aus Kartoffeln und Zucchini, Kartoffeln und Karotten oder Kartoffeln und Kürbis.

Maistaler mit gebratenen Pilzen

ZUTATEN FÜR 2 PORTIONEN

50 g Maiskörner (aus der Dose) · 1 Schalotte · 1 EL Butter
100 ml Schlagobers · 1–2 EL Cornflakes · 1 EL Mehl · 1 Eidotter · Salz, Pfeffer
Zucker · Öl zum Herausbacken

FÜR DIE PILZE

150 g gemischte Pilze (Shiitakepilze, Austernpilze und braune Champignons)
2 fein gehackte Jungzwiebeln · 1 gehackte Knoblauchzehe · 1 gehackte Schalotte
etwas fein gehackte Ingwerwurzel (10 g) · 2 EL Sesamöl · 1 EL Sojasauce
1 EL Sweet Chilisauce · 1 EL Koriandergrün · Salz

ZUBEREITUNG

Für die Maistaler die Schalotte in feine Würfel schneiden und in Butter glasig andünsten. Das Schlagobers erhitzen. In einer Schüssel den Mais mit Cornflakes, Mehl, Eidotter, Schalotten und Obers mit dem Mixstab fein pürieren. Mit Salz, Pfeffer und Zucker abschmecken.

Die Pilze möglichst trocken putzen und in mundgerechte Stücke schneiden. Knoblauch, Schalotten und Ingwerwurzel in Sesamöl braten, bis sie leicht Farbe angenommen haben. Die

Pilze dazugeben und mitbraten, bis sie beginnen, sich leicht bräunlich zu färben. Anschließend die Jungzwiebeln, die Soja- und Chilisauce sowie das Koriandergrün untermischen. Alles mit Salz abschmecken und warm halten.
Öl in einer Pfanne erhitzen. Mit einem Schöpflöffel kleine Häufchen Maisteig eingießen, etwas glatt streichen und auf beiden Seiten zu goldgelben Talern backen. Herausheben, auf Küchenpapier abtropfen lassen und mit den gebratenen Pilzen servieren.

Der schaumige Charme der Brasserien

Auch wenn es Ableger davon mittlerweile von Hongkong bis Hammerfest gibt, so ist die Brasserie dennoch eine urfranzösische Institution und – was im Weinland Frankreich heute nur noch wenigen geläufig ist – nichts anderes als eine Hausbrauerei. Brace bedeutet auf Gälisch „Gerste", und die Brasserien waren es auch, die das seit dem Mittelalter bestehende Braumonopol der Gerstenbrauer durchbrachen und ihr Bier – auch das war eine Facette der Französischen Revolution – an einem „öffentlichen und privaten, intimen und anonymen Ort" selber brauten. Das Bier hat sich, wiewohl in den Brasserien bis heute allgegenwärtig, längst auch neue gastronomische Bereiche erobert.
Die Brasserie indessen ist mittlerweile viel mehr geworden als nur ein Ort, an dem man Bier trinkt. Brasserie – der Begriff umfasst eine bestimmte, durchaus freudvolle Weltanschauung, ein gewisses Flair, den Zauber von Spiegeln, Fayencen, bunt bemalten Glaskuppeln und Messinglustern. Kein Mensch wird etwas dabei finden, in einer Brasserie nicht Bier, sondern Wein, Pastis oder Champagner zu trinken. Außerdem isst man in Brasserien meistens gut und – im Vergleich zum Restaurant – sogar verhältnismäßig preiswert. Und dann weht hier durch die lukullische Brasserie-Gegenwart meist auch noch ein Hauch von Brasserie-Geschichte. Denn betrachtet man die Bilder an der Wand oder durchblättert alte Gästebücher, so erfährt man plötzlich, dass man gerade just in jener Nische oder vielleicht sogar auf jenem Sessel sitzt, in dem sich einst Jacques Brel zurücklehnte, Yves Montand eine seiner ungezählten Zigaretten ansteckte oder Juliette Gréco ihren existenzialistischen Lippenstift nachzog, um dann, nach einigen Drinks oder ein paar knusprigen Schinkentartelettes, wieder zu verschwinden.

Kartoffel-Leberwurst-Chips mit Beerendip

ZUTATEN FÜR 4 PORTIONEN

16 Scheiben (Ø 3 cm und 5 mm stark) enthäutete, sehr magere Leberwurst (150–200 g) · 2 sehr große fest kochende Kartoffeln (à 200 g) · 1 verquirltes Eiklar Salz, Pfeffer · 16 Majoranblättchen · Öl zum Frittieren · 200 g Feldsalat

FÜR DEN BEERENDIP

70 g rotes Johannisbeergelee · 1 EL Weißweinessig · 1 EL Portwein · 1 EL Chilipulver

FÜR DAS DRESSING

2 EL weißer Balsamicoessig · 5 EL Walnussöl · Salz, Pfeffer · 2 EL Pinienkerne

ZUBEREITUNG
Für das Dressing den Balsamicoessig mit Walnussöl, Salz und Pfeffer gut verrühren. Die Pinienkerne in einer beschichteten Pfanne ohne Fettzugabe goldgelb rösten. Für den Dip das Johannisbeergelee mit Weißweinessig, Portwein und Chilipulver verrühren. Die Kartoffeln schälen und längs in hauchdünne Scheiben schneiden bzw. hobeln (am besten mit einem Trüffelhobel). Insgesamt werden 32 Scheiben benötigt.
Die Hälfte der Kartoffelscheiben (16 Scheiben) an den Rändern mit Eiklar bestreichen. Mit Salz sowie Pfeffer würzen und mit je 1 Leberwurstscheibe belegen. Die Majoranblätter darauf verteilen. Nun je 1 Kartoffelscheibe darauf legen und die Ränder sehr gut zusammendrücken. (Bei Bedarf mit Zahnstochern fixieren.) In einer Pfanne Öl zum Frittieren erhitzen (180 °C) und die Kartoffelchips darin goldgelb ausbacken. Herausheben und kurz auf Küchenkrepp abtropfen lassen.
Den gewaschenen und trockengeschleuderten Feldsalat mit dem Dressing marinieren und mit den gerösteten Pinienkernen bestreuen. Mit den Kartoffelchips und dem Beerendip auf Tellern anrichten.

TIPP
Statt Leberwurst können Sie auch sehr magere Blutwurst verwenden.

Knusprige Schinkentartelettes

ZUTATEN FÜR 2 PORTIONEN
60 ml Schlagobers · 1 gestrichener EL Mehl · 1 KL Speisestärke · Salz, Pfeffer ein wenig Rucola · 5 hauchdünne Scheiben gekochter Schinken · etwas frisch gehobelter Parmesan

VORBEREITUNG
Das Backrohr auf 220 °C vorheizen.

ZUBEREITUNG
In einer Schüssel das Schlagobers cremig schlagen. Mehl mit Speisestärke mischen und vorsichtig unter das Obers heben. Den Teig zurückhaltend mit Salz und Pfeffer würzen. Ein Backblech mit Backpapier auslegen und aus dem Teig mit einer Palette oder einem Teigschaber dünne Scheiben mit ca. 5 cm Durchmesser auftragen.
Geputzten Rucola in mundgerechte Stücke zupfen und auflegen. Den Schinken in kleinere Stücke schneiden und ebenfalls auf die Teigstücke verteilen. Etwas Parmesan darüber hobeln. Ins vorgeheizte Backrohr stellen und auf der mittleren Schiene 5–6 Minuten goldgelb backen. Vorsichtig vom Blech heben und lauwarm servieren.

TIPP
Wenn Sie statt des gekochten Schinkens Prosciutto di Parma oder einen anderen Rohschinken verwenden, schmecken die Tartelettes besonders würzig. Dieses Gericht sollte übrigens stets lauwarm serviert werden, da der knusprige Teig nach dem Abkühlen schnell weich und zäh wird.

Leberwurstpastetchen

ZUTATEN FÜR 8 STÜCK

300 g Blätterteig (aufgetaute Tiefkühlware) · 250 g grobe Leberwurst
1 säuerlicher Apfel (z. B. Boskoop) · frischer Majoran · Salz, Pfeffer
2 Eidotter zum Bestreichen · Mehl für die Arbeitsfläche

VORBEREITUNG

Das Backrohr auf 200 °C vorheizen.

ZUBEREITUNG

Für die Füllung die Leberwurst enthäuten. Den Apfel schälen und in sehr kleine Würfel schneiden, den Majoran fein hacken und beides mit der Leberwurstmasse gut verrühren. Masse mit Salz und Pfeffer würzen. Die Eidotter miteinander verquirlen.

Den Blätterteig auf einer bemehlten Arbeitsfläche rechteckig ausrollen und in 8 gleich große Quadrate schneiden. Die Teigränder mit Eidotter bestreichen. Nun jeweils ein Achtel der Leberwurstmasse in die Mitte eines Teigquadrates geben und dieses dann diagonal zu einem Dreieck zusammenklappen. Die Ränder gut festdrücken und die Oberfläche ebenfalls mit Eidotter bestreichen. Ein Backblech mit Backpapier auslegen. Die Blätterteigpastetchen darauf legen und im heißen Backrohr auf der mittleren Schiene gute 10–12 Minuten goldgelb backen.

TIPP

Statt der Leberwurst können Sie zur Abwechslung auch einmal magere Blutwurst verwenden. Drücken Sie die Ränder des Blätterteigs sehr fest zusammen. Nur so können Sie sicher sein, dass die Füllung beim Backen nicht ausläuft.

Die Pastetchen des Aristoteles

Begibt man sich an die Wurzeln der Kulturgeschichte des schnellen kleinen Happens, so wird man bereits in den Vorhöfen antiker Arenen und auf mittelalterlichen Marktplätzen fündig, und zwar dort, wo die „Pastetenöfchen" standen.

Aristoteles, der große Philosoph und Dramaturg, konnte sie schon damals auf den Tod nicht ausstehen. Dass die Pastetenbäcker ihre Knusperchen feilboten, während draußen auf der Bühne Könige starben und Götter miteinander haderten, betrachtete Aristoteles nämlich als unbotmäßige Einmischung der Köche in die Kunst. Die Pastetenköche betrachteten sich indessen selbst als Künstler, von denen auch heute noch so manches „Kunstwerk" überliefert ist: Das erste erhaltene Pastetenrezept stammt jedenfalls tatsächlich aus der griechischen Antike und gilt einer mit Blut, Honig, Käse, Essig und Würzkräutern zubereiteten Fleischpastete, die der große griechische Koch Epaínetos vor mehr als 2500 Jahren servierte.

Chicken Wings in der Sesamkruste

ZUTATEN FÜR 2 PORTIONEN
4 Hühnerflügel · Saft von 1/2 Zitrone · 1 Ei · Milch · glattes Mehl · Semmelbrösel Sesamsamen · Salz, Pfeffer · Sonnenblumenöl zum Herausbacken

VORBEREITUNG
Die Hühnerflügel bei den Gelenken teilen und an beiden Seiten den Knochen abhacken. Das Fleisch hinunterschieben und beim Mittelflügerl den zweiten Knochen entfernen.

FÜR BESONDERS EILIGE
Die Hühnerflügerl entweder im Ganzen verarbeiten oder bei den Gelenken durchhacken und nach Belieben das letzte, kleinste (praktisch fleischlose) Glied entfernen.

ZUBEREITUNG
Die Hühnerflügerl salzen, pfeffern und mit Zitronensaft beträufeln. Das Ei mit etwas Milch aufschlagen, die Brösel mit dem Sesam vermengen. Nun die Hühnerflügerl abwechselnd in Mehl, Ei und Sesambröseln wenden. In einer Pfanne Sonnenblumenöl erhitzen und die Flügerl darin unter mehrmaligem Wenden goldbraun herausbacken. Herausheben und auf Küchenpapier abtropfen lassen.
BEILAGENEMPFEHLUNG: Salat und Sweet Chilisauce

Gebratene Wachtelbrust à la maison

ZUTATEN FÜR 2 PORTIONEN
2 Wachtelbrüste · 1–2 EL Grieß (30 g) · 100 ml Milch · 1 nussgroßes Stück Butter Salz, Pfeffer · Öl und Butter zum Braten

FÜR DEN SALAT
10 kleinere Salatblätter · 1 EL tiefgekühlte Erbsen · 1 EL Olivenöl · 1 EL Sherryessig 1 Msp. Estragonsenf · 1 gehackte Knoblauchzehe · Salz, Pfeffer

VORBEREITUNG
Das Backrohr auf 120 °C vorheizen.

ZUBEREITUNG
Die Wachtelbrüste mit Salz und Pfeffer würzen. In einer feuerfesten Pfanne etwas Öl und Butter gemeinsam erhitzen und die Wachtelbrüstchen darin auf beiden Seiten braten. Ins vorgeheizte Backrohr stellen und bei 120 °C noch etwa 4 Minuten fertig garen.
Währenddessen für die Marinade das Olivenöl erhitzen und die Erbsen darin anschwitzen. Knoblauch, Salz, Pfeffer und Senf zugeben. Mit Sherryessig ablöschen und vom Herd nehmen.
Für das Grießkoch die Milch mit Butter, etwas Salz und Pfeffer aufkochen. Den Grieß einstreuen und 2 Minuten quellen lassen. Dann auf vorgewärmten Tellern anrichten. Die gebratene Wachtelbrust darauf setzen. Die gewaschenen, trockengeschleuderten Salatblätter dazu anrichten und mit der lauwarmen Marinade beträufeln.

Lammkotelett mit Lardo-Ciabatta

ZUTATEN FÜR 2 PORTIONEN

4–6 Lammkoteletts mit Knochen (je nach Größe) · Salz, Pfeffer · Thymian Olivenöl zum Braten · 8 Kapernbeeren mit Stiel · 8 schwarze Oliven ohne Kerne 1 TL Chilisauce · 1 TL Senf · 1 TL Olivenöl

FÜR DAS CIABATTA

4 Scheiben Ciabatta (oder anderes Weißbrot) · Olivenöl · 4 Scheiben Lardo (ital. weiße Speckspezialität, ersatzweise fetter Goderl- oder Bauchspeck) je 1/2 rote und gelbe Paprikaschote · 1 fein gehackte Knoblauchzehe 4 Oliven ohne Kerne · Thymian zum Garnieren

ZUBEREITUNG

Die Kapernbeeren und Oliven halbieren. Mit Chilisauce, Senf und Olivenöl vermischen und beiseite stellen. Die Lammkoteletts mit Salz sowie Pfeffer würzen, mit Thymian einreiben. In einer Pfanne etwas Olivenöl erhitzen und die Koteletts darin bei großer Hitze auf beiden Seiten braten.

Währenddessen die Ciabattascheiben in Olivenöl beidseitig goldbraun braten. Herausheben und auf Küchenkrepp abtropfen lassen. Paprikaschoten sowie Oliven in Streifen schneiden. In derselben Pfanne den gehackten Knoblauch sowie die Paprika- und Olivenstreifen anschwitzen. Mit Salz und Pfeffer würzen. Die knusprigen Brotscheiben mit dem rohen Lardo und dem Paprika-Oliven-Gemüse belegen und mit Thymian garnieren.

Das Kapern-Oliven-Gemüse auf Tellern anrichten, die Lammkoteletts darauf setzen und mit dem Ciabatta servieren.

Kalbsschnitzel mit Obers-Karfiolröschen

ZUTATEN FÜR 2 PORTIONEN

2 Kalbsschnitzel à 150–200 g · 1/2 Karfiolkopf · 1 EL gehackte Petersilie 2 EL Weißwein · 3 EL Schlagobers · Salz, Pfeffer · Muskatnuss · Olivenöl zum Anschwitzen

ZUBEREITUNG

Den Karfiol in Röschen zerteilen. In Salzwasser bissfest kochen, kalt abschrecken und abtropfen lassen. In einem Topf etwas Olivenöl erhitzen und die Karfiolröschen darin anschwitzen. Mit Salz, Pfeffer sowie Muskatnuss würzen. Mit Weißwein ablöschen. Petersilie und Obers zugeben und cremig einkochen lassen.

Währenddessen die Kalbsschnitzel (zwischen Klarsichtfolie) klopfen, salzen und pfeffern. In einer Pfanne etwas Olivenöl erhitzen und die Schnitzel darin rasch beidseitig braten. Kalbsschnitzel herausheben und mit den Karfiolröschen anrichten.

BEILAGENEMPFEHLUNG: Vollkornnudeln oder Reis

Räucherlachs-Crêpe-Torte

ZUTATEN FÜR 4 PORTIONEN

ca. 200 g Räucherlachsscheiben · 2 Eier · 125 ml Milch · ca. 3 EL Mehl Salz, Pfeffer · 1 unbehandelte Limette · 125 g Crème fraîche · Dillspitzen zum Garnieren · Butterschmalz

ZUBEREITUNG

Die Eier mit Milch und Mehl zu einem glatten Teig verrühren. Mit Salz sowie Pfeffer würzen und kurz rasten lassen.

Währenddessen für die Limettencreme die Limette heiß abwaschen, gut abtrocknen und die Schale fein abreiben. Die Limette auspressen, den Saft und die Schale mit Crème fraîche glatt rühren. Mit Salz und Pfeffer abschmecken.

Nun 6 hauchdünne Crêpes backen. Dafür in einer beschichteten Pfanne (Ø ca. 24 cm) etwa 1/2 TL Butterschmalz erhitzen, etwas Teig mit einem Schöpflöffel in die Mitte geben und die Pfanne schwenken, damit der Teig zu einer hauchdünnen Crêpe verläuft. Sobald die Crêpe unten leicht gebräunt und oben fast gestockt ist, mit einer Palette vorsichtig wenden und nochmals ca. 1 Minute backen, bis auch die zweite Seite leicht gebräunt ist. Herausheben und in Alufolie gehüllt warm halten. Die restlichen 5 Crêpes ebenso backen.

Dann 5 Crêpes jeweils mit der Limettencreme bestreichen, mit Räucherlachs belegen und vorsichtig aufeinander schichten. Mit der sechsten Crêpe abschließen. Die Torte in Stücke schneiden und auf Tellern anrichten. Zuletzt mit Dillspitzen garnieren.

TIPP

Noch feiner schmecken die Crêpes, wenn Sie etwas gehackten Kerbel oder Dille unter den Teig mengen. Die Crêpes-Torte lässt sich übrigens prima vorbereiten. Mit Frischhaltefolie abgedeckt, bleibt sie problemlos 1 Tag im Kühlschrank frisch und kann in diesem Fall auch kalt serviert werden.

Glasierte Riesengarnelen mit Mango-Jungzwiebel-Salat

ZUTATEN FÜR 2 PORTIONEN

6 küchenfertige Riesengarnelen (bis auf das Schwanzstück geschält)
1 EL Olivenöl · 1 ungeschälte Knoblauchzehe · 1 Thymianzweig · 1 TL gehackte Petersilie · 1 EL eiskalte Butter · Salz, Pfeffer · einige Petersilblätter

FÜR DEN SALAT

1/2 Mango · 2 in feine Ringe geschnittene Jungzwiebeln · 1 fein gehackte Knoblauchzehe · etwas fein gehackte Ingwerwurzel (ca. 10 g) · 1 EL Weißweinessig 1 EL Sesamöl · 1 EL Olivenöl mit Limonenaroma (ersatzweise Olivenöl und ein Spritzer Limettensaft) · 1 EL Zuckersirup (Läuterzucker, Wasser mit Zucker 1:1 aufgekocht) · 1 EL gehacktes Koriandergrün · etwas gehackte Chilischote Salz, Pfeffer · Zucker

ZUBEREITUNG

Für den Salat die Mango mit einem Sparschäler schälen. Das Fruchtfleisch rechts und links senkrecht vom flachen Stein abschneiden und in mundgerechte Streifen schneiden. Für das Dressing Weinessig, Sesamöl, Olivenöl und Zuckersirup gut verrühren. Das Koriandergrün mit Chili, Knoblauch und Ingwer unterrühren. Mit Salz, Pfeffer und Zucker abschmecken und die Mangostreifen sowie die Jungzwiebeln damit gut vermengen.
Die Riesengarnelen waschen und sorgfältig trockentupfen. Olivenöl in einer Pfanne erhitzen und die Garnelen darin anbraten. Die Knoblauchzehe mit dem Messerrücken leicht zerdrücken und mit dem Thymianzweig zu den Garnelen geben. Kurz mitbraten. Knoblauch und Thymianzweig wieder entfernen. Die Garnelen mit Salz sowie Pfeffer würzen und die gehackte Petersilie untermischen. Die eiskalte Butter in kleine Würfel schneiden und zum Glasieren unter die Garnelen mischen. Den Salat mit den Garnelen auf Tellern anrichten und mit Petersilblättern garnieren.

BEILAGENEMPFEHLUNG: Baguette oder Hummerchips

Austern, Schnecken und andere „Grauslichkeiten"

Französische Bistros und Brasserien sind eine eigentümliche kulinarische Welt, in der sich bis heute oft noch recht eigentümliche Gerichte erhalten haben. Wer etwa Kuttelwürste, Kalbsfüße, Schweinsohren, Stopflebern oder Froschschenkel liebt, wird in vielen dieser Etablissements fündig werden. Ein typisches Brasseriegericht sind auch die Weinbergschnecken, die sich – da in Gläsern und Dosen in exzellenter Qualität schon küchenfertig erhältlich – auch perfekt für die „schnelle Brasserie-Küche daheim" eignen. Das nebenstehende Rezept wurde 1875 im heute noch bestehenden Restaurant „L'Escargot-Montorgueil" gleich neben den legendären Pariser Markthallen erfunden und ist der berühmten Schauspielerin Sarah Bernhardt gewidmet.

Gebackene Auberginen-Austern-Röllchen

ZUTATEN FÜR 2 PORTIONEN
4 eingelegte oder geräucherte Austern (s. Tipp) · 4 hauchdünne Auberginenscheiben · 4 gehackte Basilikumblätter · Pflanzenöl zum Herausbacken marinierter Rucola zum Garnieren

FÜR DEN BACKTEIG
100 g Mehl · 100 g Maisstärke · Salz, Cayennepfeffer · 2 EL Weißwein

FÜR DEN KRÄUTERRAHM
2 EL Sauerrahm · 1 EL Joghurt · Salz, Pfeffer · Zitronensaft fein geschnittener Schnittlauch

ZUBEREITUNG
Für den Kräuterrahm den Sauerrahm mit Joghurt verrühren. Mit Salz, Pfeffer und Zitronensaft würzen und den geschnittenen Schnittlauch einmengen. Die Auberginenscheiben auflegen und mit gehacktem Basilikum bestreuen. Je eine Auster auflegen und einrollen.
Für den Backteig Mehl mit Maisstärke, Salz und Cayennepfeffer vermengen. Mit Weißwein und etwa 3–4 Esslöffeln Wasser zu einem zähflüssigen Teig rühren. Die Austernröllchen darin wenden und in heißem Fett goldbraun herausbacken. Herausheben und auf Küchenkrepp abtropfen lassen. Die gebackenen Austern gemeinsam mit dem Kräuterrahm auf Tellern anrichten und mit mariniertem Rucola garnieren.

TIPP
Zur wahren Delikatesse wird dieses Rezept, wenn man statt der eingelegten Austern frische verwendet. In diesem Fall kann der Kräuterrahm noch mit dem feinen Austernwasser aus der Schale aromatisiert und gemeinsam mit den gebackenen Austern in den Austernschalen serviert werden.

Escargots Sarah Bernhardt

(WEINBERGSCHNECKEN MIT SCHINKEN)

ZUTATEN FÜR 2 PORTIONEN
2 Dutzend Schnecken (aus dem Glas oder der Dose) · 200 g gekochter Beinschinken 1 kleine eingelegte schwarze Trüffel · 4 in Olivenöl oder Lake (nicht in Essig) eingelegte Artischockenböden · 125 ml Kalbsfond oder schwach gesalzene Rindsuppe · 1 EL Butter · 1 gehäufter EL Mehl · 125 ml trockener Weißwein · 1 Eidotter 2 EL Schlagobers · Salz, Pfeffer aus der Mühle

ZUBEREITUNG
Den Beinschinken kleinwürfelig, die Trüffel in dünne Scheiben schneiden. Die Artischockenböden leicht erwärmen. In einem Topf die Butter zerlassen und das Mehl darin anschwitzen. Mit Fond bzw. Suppe und Weißwein aufgießen und etwa 10 Minuten kochen lassen, bis eine sämige Sauce entsteht. Schnecken, Trüffelscheiben und Schinkenwürfel zugeben. Schlagobers mit Eidotter verquirlen und die Sauce damit legieren. Mit Salz und Pfeffer abschmecken und in die vorgewärmten Artischockenböden füllen.
BEILAGENEMPFEHLUNG: knuspriges Baguette

Gebratener Zander mit Haselnuss-Vinaigrette

ZUTATEN FÜR 2 PORTIONEN

2 Zanderfilets mit Haut (s. Tipp) à 150 g · 1 Knoblauchzehe · 1 EL Olivenöl zum Anbraten · je 1 Thymian- und Rosmarinzweig · Salz, Pfeffer · 80 g Basmatireis

FÜR DIE HASELNUSS-VINAIGRETTE

1 KL Haselnusskerne · 1/2 Schalotte · 60 ml Gemüsesuppe · 1 EL Balsamicoessig 3 EL Nussöl · 1 EL gehackte Petersilie · Salz, Pfeffer · Zucker

ZUBEREITUNG

Für die Vinaigrette die Haselnusskerne fein hacken, in einer Pfanne ohne Fettzugabe hellbraun rösten und abkühlen lassen. Die Schalotte in feine Würfel schneiden, mit Gemüsesuppe aufkochen und auf die Hälfte einkochen lassen. Den Balsamicoessig unterrühren und alles mit Salz, Pfeffer und Zucker abschmecken. Nussöl unter kräftigem Schlagen einrühren. Die gerösteten Nüsse und die gehackte Petersilie einmengen und die Vinaigrette zugedeckt warm halten. Den Basmatireis kalt abbrausen, mit ca. 180 ml kaltem Wasser in einen Topf geben und ganz kurz aufkochen lassen. Anschließend salzen und bei sehr milder Hitze zugedeckt ca. 10 Minuten garen. Dabei mehrmals umrühren.

Die Zanderfilets waschen, trockentupfen, eventuell vorhandene Gräten entfernen und die Haut rautenförmig einritzen (dabei aber nicht zu tief schneiden). Den Knoblauch fein schneiden. Die Fischfilets mit der Hautseite nach oben in einer großen beschichteten Pfanne in Olivenöl ca. 1 Minute anbraten. Thymian- und Rosmarinzweige sowie Knoblauch dazugeben. Die Filets vorsichtig wenden, mit Salz und Pfeffer würzen und weitere 6–7 Minuten braten. Herausheben und auf vorgewärmten Tellern anrichten. Fertig gegarten Reis daneben setzen und mit der Vinaigrette servieren.

TIPP

Die Zanderfilets können freilich auch ohne Haut gebraten werden, doch die Haut schützt den Fisch beim Garen und gibt außerdem ihr feines Aroma an das Fischfleisch ab. Und das mühevolle Schuppen übernimmt ja meist ohnehin bereits der Fischhändler.

Warme „Sarde in Saor"

ZUTATEN FÜR 2 PORTIONEN

250 g ausgenommene frische Sardinen · Öl zum Frittieren · Mehl Salz, Pfeffer · gehackte Petersilie

FÜR DIE MARINADE

1 kleine rote Zwiebel · 1 kleine weiße Zwiebel · 2 Knoblauchzehen · 2 EL Olivenöl 1 TL Zucker · 125 ml trockener Weißwein · 1 EL weißer Balsamicoessig 60 ml Gemüsesuppe · 2 EL Pinienkerne · 1 EL Rosinen

ZUBEREITUNG

Für die Marinade die Zwiebeln in feine Streifen schneiden, Knoblauch ebenfalls fein schneiden. Beides in Olivenöl glasig dünsten. Zucker dazugeben und unter ständigem Rühren bei

milder Hitze schmelzen lassen. Mit Weißwein und Balsamicoessig ablöschen, Gemüsesuppe zugießen und alles aufkochen lassen. Pinienkerne und Rosinen hinzufügen. Noch etwas einköcheln lassen, anschließend vom Herd nehmen.

Die Sardinen unter fließendem kaltem Wasser innen und außen waschen und mit Küchenkrepp sehr gut trockentupfen. In einer Pfanne Öl zum Frittieren erhitzen (180 °C). Die Sardinen in Mehl wenden und in heißem Fett ausbacken. Auf Küchenkrepp abtropfen lassen und mit Salz sowie Pfeffer würzen.

Die Sardinen auf eine große Platte geben, mit der Marinade übergießen und mit gehackter Petersilie bestreuen.

BEILAGENEMPFEHLUNG: frisches Baguette oder Ciabatta

TIPP

Wer es im Geschmack kräftiger liebt, kann für die Marinade statt Weißwein einen würzigen trockenen Rotwein verwenden und den weißen Balsamicoessig durch einen aromatischen dunklen Balsamicoessig ersetzen. Zum Schluss alles noch mit etwas Honig abrunden.

Steckerlfisch vom Waller mit Erbsenpüree

ZUTATEN FÜR 2 PORTIONEN

4 Wallerfilets (Welsfilets) à 50 g ohne Haut · 4 Scheiben Prosciutto di Parma (oder anderer Rohschinken) zum Einwickeln · 1–2 Scheiben Prosciutto zum Anbraten 300 g tiefgekühlte Erbsen · 1 fein gehackte Schalotte · 150 ml Gemüsesuppe · Salz, Pfeffer Muskatnuss · ca. 6 Minzeblätter Öl und Butter zum Braten Olivenöl zum Anschwitzen

VORBEREITUNG

Das Backrohr auf 150 °C vorheizen.

ZUBEREITUNG

Die Wallerfilets mit Pfeffer beidseitig würzen und in die Prosciuttoscheiben einschlagen. Jeweils 2 Stück auf einen Holzspieß stecken. In einer Pfanne Öl und Butter erhitzen und die Fischfilets darin beidseitig kross braten. Im Backrohr bei 150 °C für 3–5 Minuten fertig garen.

Etwa zwei Drittel der Erbsen (200 g) mit der fein gehackten Schalotte in Olivenöl anschwitzen. Die Gemüsesuppe zugießen und die Erbsen einige Minuten weich kochen. Mit Salz, Pfeffer und Muskatnuss würzen. Mit dem Stabmixer pürieren und durch ein feines Sieb streichen. Den restlichen Prosciutto feinwürfelig, die Minze in Streifen schneiden. Die restlichen Erbsen mit Minze und Prosciutto in etwas Olivenöl anschwitzen und kurz weich garen. Das Erbsenpüree mit dem Erbsenragout und dem Fischspieß anrichten.

Pommes au Roquefort

(KARTOFFELN MIT BLAUSCHIMMELKÄSE ÜBERBACKEN)

ZUTATEN

8 vorgekochte kleine Kartoffeln · 200 g Roquefort (oder ein anderer Blau- bzw. Grünschimmelkäse) · 2 EL Crème double (ersatzweise Crème fraîche) · 2 EL Kalbsfond (ersatzweise Rindsuppe) · Butter zum Ausstreichen der Form

VORBEREITUNG

Das Backrohr auf 240 °C (Oberhitze) vorheizen.

ZUBEREITUNG
Den Roquefort kleinwürfelig schneiden und mit Crème double sowie Kalbsfond zu einer homogenen Käsesauce verrühren. Die Kartoffeln in eine feuerfeste und gut ausgebutterte Form setzen und die Käsesauce gleichmäßig darüber verteilen. Im vorgeheizten Backrohr (oder unter dem Grill) gratinieren, bis die Käsesauce eine zarte Haut hat, aber noch immer zähflüssig ist.
BEILAGENEMPFEHLUNG: frisches Baguette

Käse: Lang gereift und schnell serviert

Wer eine vollständige, nahrhafte und wohlschmeckende Mahlzeit möchte, ist mit Käse aufs Beste bedient. Ob edle Hart- und Halbhartkäse, Blauschimmelkäse, Weich- oder Rotschmierkäse: Käse ist, so er richtig gelagert wurde, schnell aufgeschnitten und lässt sich mit etwas Phantasie auch liebevoll drapieren. Als besondere Spezialitäten gelten auch manche Frischkäse. Ziegen- und Schafkäse sind gewöhnlich ausdrucksstärker im Geschmack, aber auch schärfer als Kuhkäse. Als kleine Anregung finden Sie im Folgenden eine – zugegebenermaßen subjektive – Auswahl bedeutender und, was noch wichtiger ist, äußerst wohlschmeckender in- und ausländischer Käsesorten.

APPENZELLER
Halbharter Schnittkäse aus dem Schweizer Kanton Appenzell mit fester Rinde, gelblich-braunem Laib und mild-aromatischem Geruch.

BAVARIA BLU
Bayerischer Edelpilzkäse von sahniger Konsistenz mit weißem Schimmelpilzrasen an der Oberfläche und blauem Edelpilzschimmel im Inneren.

BERGKÄSE
Sammelbegriff für Hartkäse aus den unterschiedlichsten Alpenregionen (z. B. Pyrenäenkäse, Walliser Raclettekäse, Vorarlberger Bergkäse).

BIERKÄSE
Er wird vor allem in Deutschland und Österreich hergestellt. Der Name weist auf das herzhaft-rezente Aroma hin, das nach einem Glas Bier zum Durstlöschen verlangt.

BLEU
Allgemeine Bezeichnung für französischen Edelpilzkäse (z. B. Bleu d'Auvergne, Bleu de Bresse, Bleu de Haute-Jura oder den aus Schafmilch hergestellten Bleu de Corse).

BRIE
Der Weichkäse aus der Ortschaft Brie wurde in der Champagne schon 1217 gegessen, wenngleich er damals völlig anders produziert wurde. Heute wird er, ähnlich wie der verwandte Camembert, in Tortenform mit weißem Schimmelpilzrasen aus Kuhmilch hergestellt. Berühmte Briesorten sind der Brie de Coulommiers, der Brie de Melun und vor allem der besonders reif zu genießende Brie de Meaux.

BRIMSEN
Der klassische slowakische Schaffrischkäse wurde ursprünglich durch nomadische Reiterhorden von Asien nach Europa gebracht. Die wichtigsten Produktionsstätten des berühmten Liptauer Brimsen (nicht zu verwechseln mit unserem Heurigenliptauer) befinden sich in der Hohen und der Kleinen Tatra, in den Liptauer Alpen (westliche Tatra) und im Slowakischen Erzgebirge.

CAMEMBERT

Wie der Brie war auch der Camembert ursprünglich ein Rotschmierkäse, der am ehesten mit dem heutigen Livarot verwandt war. Seit 1909 wird er als Weißschimmelkäse aus Kuh-Rohmilch hergestellt.

CHÈVRE

Frankreich gilt mit Recht als Eldorado des Ziegenkäses, der im einstigen Gallien eine lange Tradition hat. Bekannte Sorten sind Banon, Cabécou, Chabichou, Charolles, Crottin, Saint-Loup, Sainte-Maure und Valençay. Doch auch in Österreich wird seit geraumer Zeit qualitativ hochwertiger Ziegenkäse hergestellt.

COTTAGE CHEESE

Auch Hüttenkäse genannter, körniger, topfiger Frischkäse, säuerlich und kalorienarm.

EDAMER

Holländischer Schnittkäse aus Kuhmilch mit roter (nicht essbarer) Paraffinrinde, sehr reifungsfähig.

EMMENTALER

Der ähnlich wie Bergkäse aus Rohmilch gekäste Emmentaler wird stärker erwärmt und mit trockenerem Käsekorn weitergereift. Sein Hauptcharakteristikum sind die kirschengroßen Löcher, in denen sich jene Wassertropfen bilden können, die im Fachjargon auch „Tränen" genannt werden. Neben dem Original aus dem Schweizer Kanton Bern gibt es zahlreiche ausgezeichnete – auch österreichische – Kopien.

FETA

Stark salziger griechischer Frischkäse aus Schaf- und Ziegenmilch.

GOUDA

Holländischer Schnittkäse-Klassiker mit erbsengroßer Lochung, schmeckt am besten mit dunkelgelbem, stark ausgereiftem Teig. Eine besondere Spezialität ist „Boeren Gouda" (Bauerngouda) aus roher Kuhmilch.

GRANA PADANO

Halbfetter italienischer Kuhmilchhart- und Reibkäse, für den die Formel gilt: Je älter er ist, desto besser schmeckt er.

GORGONZOLA

Der klassische italienische Edelpilzkäse aus Kuhmilch wird bereits seit dem 12. Jahrhundert hergestellt und in den Felsgrotten der Valsassina gereift. Charakteristisch für die Herstellung ist die „Impfung" des Käseteigs mit Grünschimmelbakterien.

KOCHKÄSE

Rustikale Käsespezialität aus Magermilch oder Molke, besonderes in Österreich beheimatet (Glundner Käse, Steirerkas, Ennstaler Steirerkas, Graukäse, Schotten etc.).

LIVAROT

Wer wissen möchte, wie Camembert vor hundert Jahren geschmeckt hat, sollte Livarot essen. Der in Holzspanschachteln abgepackte Kuhmilchkäse besticht vor allem in vollreifem Zustand durch seinen würzig-aromatischen Geschmack.

MASCARPONE

Der sahnige, crème-fraîche-ähnliche italienische Frischkäse hat im letzten Jahrzehnt vor allem als Grundlage des Modedesserts Tiramisu besondere Popularität erlangt.

■ **MOZZARELLA**
„Echter Mozzarella" wird in Mittelitalien heute noch aus Büffelmilch hergestellt. Normalerweise stammt der vor allem bei Pizzabäckern beliebte, in Molke gelagerte Frischkäse heute jedoch von der Kuh.

■ **MUNSTER**
Weltberühmter Rotschmier-Kuhmilchkäse aus Rohmilch mit pikant-aromatischem, leicht säuerlichem Geschmack.

■ **OLMÜTZER**
Klassischer, extrem magerer Sauermilchkäse (Quargel) aus Böhmen, wird vor allem zu Bier gegessen.

■ **PARMIGIANO REGGIANO**
Wird im deutschsprachigen Raum, aber keinesfalls in Italien, als Parmesan bezeichnet und ist ein halbfetter Hartkäse aus teilweise entrahmter Kuhmilch. Er wird in zylindrischen Laiben von mindestens 24 kg Gewicht erzeugt. Echten Parmesan erkennt man daran, dass die Kennnummer der Käserei und die Jahreszahl in den Laib eingepresst ist.

■ **PONT L'ÉVÊQUE**
Bedeutet so viel wie „Brücke des Bischofs" und bezeichnet einen der aromatischsten unter den traditionellen französischen Rotschmierkäsen.

■ **ROQUEFORT**
Der klassische französische Blauschimmelkäse wird aus roher Schafmilch gewonnen. Sein Geschmack lässt sich vor allem auf zwei „Geheimnisse" zurückführen: den Luftaustausch in den Roquefort-Höhlen und das so genannte „Penicillium Roqueforti", ein dem Penicillin verwandter Mikroorganismus, der sich auf Roggenbrot entwickelt.

■ **TÊTE DE MOINE**
Der appenzellerähnliche Schweizer Halbhartkäse verdankt seine Beliebtheit vor allem dem Umstand, dass er sich mithilfe einer Kurbelrolle schaben lässt und danach wie eine Blüte aussieht.

■ **TILSITER**
Äußerst beliebter Schnittkäse mit Ursprung in Ostpreußen.

Wie man Käse richtig lagert

Käse fühlt sich in feuchten Tüchern im Kühlschrank am wohlsten, weil dadurch das Austrocknen am nachhaltigsten verhindert wird. Aber Vorsicht: Blauschimmelkäse sollte man immer extra lagern, weil sich dessen Schimmel sehr schnell auf alle anderen Käse überträgt.
Falls Sie den Käse lieber in atmenden Klarsichtfolien lagern wollen, wechseln Sie die Folien am besten alle zwei Tage.
Und zuletzt noch ein Tipp: Wirklich schmecken wird Ihnen jeder Käse nur dann, wenn Sie ihn zumindest ein bis zwei Stunden vor dem Essen aus dem Kühlschrank nehmen. Käse (ausgenommen Frischkäse) muss beim Verzehr Zimmertemperatur haben!

Fast Food für daheim

VOM BURGER BIS ZUR PIZZA,
ABER „NACH ART DES HAUSES"

Die **japanische** Herausforderung

Kleine Sashimiplatte

ZUTATEN FÜR 2 PORTIONEN
300–400 g nach Belieben gemischte topfrische Filets von Lachs, Thunfisch, Butterfisch und/oder Kabeljau · einige Surimistäbchen (Krabbensticks) 1/2 Avocado · Zitronensaft · 1 kleines Stück Gurke · weißer Rettich und Karotten nach Belieben eingelegter Ingwer

FÜR DIE DIP-SAUCE
Sojasauce · Reiswein · Wasabikrenpaste

ZUBEREITUNG
Die – bei Bedarf sorgfältig entgräteten – Fischfilets mit einem scharfen Messer in mundgerechte Stücke oder Scheiben schneiden und kühl stellen. Die Avocadohälfte schälen, das Fruchtfleisch in Streifen schneiden und sofort mit etwas Zitronensaft marinieren. Die geschälte Gurke, den Rettich und die Karotten ebenfalls in sehr feine Streifen schneiden oder raspeln. Die Sojasauce mit etwas Reiswein verdünnen und in kleine Schälchen verteilen.
Die Fischstückchen sowie die Surimistäbchen auf einer Platte dekorativ anrichten. Mit dem vorbereiteten Gemüse garnieren und mit Sojasauce und Wasabikrenpaste servieren. Bei Tisch mehr oder weniger Wasabikrenpaste in die Sojasauce gut einrühren. Nun jeweils ein Fischstückchen in die Sojasauce eintunken und mit etwas Gemüse genießen.
BEILAGENEMPFEHLUNG: gekochter Sushi-Reis (im Asia-Shop erhältlich)

TIPP
Oberstes Gebot ist es, für dieses Rezept nur Fische von absoluter Unbedenklichkeit und Frische sowie – wenn möglich – ein wirklich gut geschliffenes Messer (möglichst japanischer Herkunft) zu verwenden.

Woher die Sushi wirklich stammen

Zweifellos sind Sushi und Sashimi – wenn man von seiner Auto- und Elektronikindustrie absieht – Japans wichtigster Beitrag zur Massenkultur des zwanzigsten Jahrhunderts. Dennoch haben auch sie – kaum ein Japaner wird das je zugeben – tatsächlich nicht japanische, sondern chinesische Wurzeln. Die Epoche der Sung-Dynastie (960–1279) galt sogar als „Goldenes Zeitalter der chinesischen Sushi-Kunst".
Das kantonesische Wort sung bedeutete nämlich nichts anderes als ein „Nahrungsmittel, das auf Reis gegessen wird". Ganz ähnlich wie heute die Japaner bereiteten auch die alten Chinesen ihre Sushi aus Reis, Essig und rohem Fisch zu, der allerdings häufig nur aufgrund einer Zwangslage oder Hungersnot das von den Chinesen noch allemal bevorzugte Fleisch ersetzen musste. Der Seetang allerdings fehlte bei den Sushi-Essern der Sung-Dynastie. Dieser wurde erst viel später von den Japanern „nachgeliefert".

Sashimi vom Rind mit Selleriechips

ZUTATEN FÜR 2 PORTIONEN

160 g Rindsfilet (Rindslungenbraten) · 2 TL Chilisauce · 1 Spritzer Sojasauce Olivenöl · 1/4 Sellerieknolle · Pflanzenöl zum Frittieren · Salz, Pfeffer Sesamsamen zum Bestreuen · Blattsalate nach Belieben

FÜR DAS DRESSING

1 EL Balsamicoessig · 2 EL Sesamöl · Salz, Pfeffer · Zucker

ZUBEREITUNG

Die Chilisauce mit Sojasauce, etwas Olivenöl sowie etwas Wasser vermischen und relativ dünn auf die Teller auftragen. Rindsfilet hauchdünn aufschneiden und darauf legen. Mit Salz und Pfeffer würzen.

Sellerieknolle schälen und in dünne Scheiben schneiden. In einer Pfanne Pflanzenöl erhitzen und die Selleriescheiben darin goldbraun frittieren. Herausheben und auf Küchenkrepp abtropfen lassen.

Für das Dressing den Balsamicoessig mit Sesamöl, Salz, Pfeffer und Zucker verrühren. Die Blattsalate damit marinieren und auf die Sashimi setzen. Mit den Selleriechips garnieren und Sesam darüber streuen.

TIPP

Statt der Chili-Sojasauce eignet sich auch scharfe Wasabikrensauce ideal als Unterlage für die zarten Rindsfiletscheiben. Dafür wird etwa 1 TL Wasabikrenpaste mit 100 g Mayonnaise, 1 TL scharfem Senf, 3 EL Milch, 1 EL Sojasauce sowie Salz und Pfeffer verrührt.

Tempura von Lachs und Gemüse

ZUTATEN FÜR 2 PORTIONEN

150 g Lachsfilet · 150 g Gemüse nach Belieben (Jungzwiebeln, gekochte Kartoffeln, Zucchini etc.) · 50 g Tempuramehl (im Asia-Shop erhältlich) ca. 80 ml kaltes Mineralwasser · etwas Salz · Öl zum Herausbacken Sojasauce, Wasabikrenpaste und eingelegter Ingwer als Garnitur

ZUBEREITUNG

Den Lachs in Streifen von 5 x 2 cm schneiden. Das Gemüse in mundgerechte Stücke bzw. Streifen schneiden. Mit einem Schneebesen einen geschmeidigen Tempurateig aus Mehl, Mineralwasser und einer Prise Salz rühren. Öl in einer geeigneten Pfanne oder Wok erhitzen. Lachsstücke und Gemüse durch den Teig ziehen und bei sehr großer Hitze (ca. 180 °C) im Fett schwimmend etwa eine halbe Minute ausbacken. (Dabei niemals zu viel Frittiergut auf einmal einlegen, sondern lieber in ein paar „Schüben" arbeiten, damit das Öl nicht abkühlt.) Fertige Tempura herausheben, gut auf Küchenkrepp abtropfen lassen und mit Sojasauce, Wasabikren und eingelegtem Ingwer servieren.

BEILAGENEMPFEHLUNG: gekochter Reis

TIPP

Dieses Rezept eignet sich auch für viele andere Arten von Fischen, aber auch für Schaltiere wie Garnelen. In allen Fällen ist es wichtig, dass das Fett wirklich heiß ist und die frittierten Stücke gut abgetropft sind, damit der Teig schön knusprig und nicht zu fett schmeckt.

Burgers

Austroburger (PIKANTE LEBERKÄSESEMMEL)

ZUTATEN FÜR 2 PORTIONEN

2 Semmeln · 2 Scheiben Leberkäse (ca. 200 g), am besten schon heiß 2 Essiggurkerl · 1 EL süßer Senf

ZUBEREITUNG

Die beiden Semmeln aufschneiden. Den Leberkäse gegebenenfalls noch sanft erhitzen (im Mikrowellenherd oder in einer beschichteten Pfanne mit wenig Wasser) und hineinlegen. Die Essiggurkerl der Länge nach in dünne Scheiben schneiden und darauf legen. Senf auftragen und die obere Semmelhälfte darauf legen.

Wie der Hamburger zu seinem Namen kam

Als McDonald's um die Mitte der 60er-Jahre dem damaligen Hamburger Oberbürgermeister als Publicity-Gag einen Hamburger servieren ließ, kalauerte dieser so skeptisch wie kokett: „Das soll ein Hamburger sein? Schauen Sie lieber mich an. Ich bin ein echter Hamburger."

Da hatte der Herr Oberbürgermeister freilich gar nicht so unrecht. Denn Big Mac & Co. sind und bleiben nun einmal amerikanische Staatsbürger, US-Burger gewissermaßen. Hätte der American Dream ihn nicht zu einem seiner Bannerträger erwählt, so wäre der Hamburger wohl bis heute nur ein faschiertes Laibchen in einer Semmel geblieben. Genau dieses hat jedoch mit Hamburg sehr wohl etwas zu tun. Vor allem in älteren Kochbüchern wird nämlich das, was man in Wien ein Butterschnitzel nennt, als Hamburger Steak bezeichnet. Durchaus nicht ohne Grund. Ist das Hacksteak doch ein unmittelbarer Nachfahre jenes Beef Tatar, das die Reiternomaden des Dschingis Khan der Legende nach unter ihrem Sitzfleisch mürbe ritten, bevor sie es mit dem Messer in winzige Stücke schabten, um es roh zu verspeisen.

Vor allem im Baltikum überlebte das alte Tatarengericht in sesshafteren Zeiten als Hausmannskost und erfreute sich auch bei den zahlreichen deutschen Seeleuten, die im Zuge der Ostseeschifffahrt in Estland, Lettland und Litauen anlegten, größter Beliebtheit. Sie brachten das Rezept schließlich auch nach Hamburg, Mutter aller deutschen Seehäfen, wo es allerdings etwas modifiziert und vor allem „zivilisiert" wurde. Die Hanseaten verzehrten das Hackfleisch nämlich schon bald nicht mehr roh, sondern – in Butter gebraten – als Hacksteak.

Freilich entbehrt derlei „Hamburgerologie" schon deswegen des Anspruchs auf wissenschaftliche Exaktheit, weil man selbstverständlich auch anderswo – etwa im ganzen Orient, in Griechenland, Kleinasien oder Nordafrika – entdeckte, dass das rohe Hackfleisch der umtriebigen Horden des Dschingis Khan in gebratenem Zustand noch besser und vor allem bekömmlicher mundete.

Doch Hamburg hat zur Hamburger-Geschichte noch mehr als nur das faschierte Hamburger Steak beigetragen. Da ist etwa jenes in der Hansestadt bereits im 17. Jahrhundert bekannte Hamburger Rundstück warm, das auch heute noch ein fixer Bestandteil der bodenständigen Hamburger Küche ist. Unter dem „Rundstück" versteht man allerdings keineswegs ein faschiertes Laibchen, sondern vielmehr zwei runde Semmelhälften, die mit mehreren Scheiben warmem und mit Bratensaft nappiertem Schweinebraten belegt werden.

Ein klassischer Hamburger ist also genau genommen nichts anderes als die Kombination eines Hamburger Steaks mit einem Hamburger Rundstück warm. Dass daraus gegen Ende des 19. Jahrhunderts der „American Hamburger" werden konnte, hat übrigens noch einmal etwas mit Hamburg zu tun. In Hamburg-Altona lichteten nämlich die Schiffe jener berühmten Hamburg-Amerika-Linie ihre Anker, die zahllose europamüde deutsche Emigranten um die Jahrhundertwende in die Neue Welt brachten – und mit ihnen wohl auch den „Urvater" aller Hamburger.

1

4

2

3

5

6

Hamburger

ZUTATEN FÜR 2 PORTIONEN

**2 Hamburgerbrötchen · 200 g faschiertes Rindfleisch (von der Schulter)
1/2 in Ringe geschnittene Zwiebel · 1 kleines in Scheiben geschnittenes Essiggurkerl
Salz, Pfeffer · Sonnenblumenöl zum Braten**

FÜR DIE HAMBURGERSAUCE

2 EL Ketchup · 1 TL Senf · 1 TL Chilisauce

ZUBEREITUNG

Das faschierte Rindfleisch mit Salz sowie Pfeffer würzen und mit leicht befeuchteten Händen zu Laibchen formen. Sonnenblumenöl in einer Pfanne erhitzen und die Laibchen darin beidseitig braun braten (ca. 4 Minuten zum Durchbraten, für medium etwas weniger).
Inzwischen die Hamburgerbrötchen aufschneiden und an den Schnittflächen toasten. Die Unterteile auflegen und mit Zwiebelringen bedecken. Die Fleischlaibchen darauf setzen und mit Essiggurkerln belegen. Für die Hamburgersauce alle Zutaten verrühren und je einen Esslöffel Sauce auftragen. Mit dem Oberteil abdecken und zart andrücken. *Foto Seite 239/3*

Hamburger Royale

ZUTATEN FÜR 2 PORTIONEN

2 mit Sesam bestreute Hamburgerbrötchen · 200 g faschiertes Rindfleisch (von der Schulter) · 2 Scheiben Käse (Butterkäse oder Chester) · 1/2 in Ringe geschnittene Zwiebel · 1 kleines in Scheiben geschnittenes Essiggurkerl · 2 Tomatenscheiben · 2 Blätter Eisbergsalat · Salz, Pfeffer · Sonnenblumenöl zum Braten

FÜR DIE HAMBURGERSAUCE

2 EL Ketchup · 1 TL Senf · 1 TL Chilisauce

VORBEREITUNG

Das Backrohr auf 200 °C vorheizen.

ZUBEREITUNG

Das Rindfleisch wie im Hamburger-Rezept oben beschrieben zu Laibchen verarbeiten und braten. Die Hamburgerbrötchen aufschneiden und an den Schnittflächen toasten. Die Unterteile auflegen und mit Zwiebelringen bedecken. Die Fleischlaibchen darauf setzen und mit Essiggurkerln belegen. Dann je eine Käsescheibe darüber legen, auf ein mit Backpapier belegtes Backblech setzen und leicht schmelzend überbacken. Währenddessen für die Hamburgersauce alle Zutaten verrühren. Überbackene Unterteile herausnehmen und je einen Esslöffel Hamburgersauce auftragen. Eisbergsalat sowie Tomatenscheibe darüber legen und mit dem Oberteil abdecken. Zart andrücken. *Foto Seite 238-239/2*

Chickenburger

ZUTATEN FÜR 2 PORTIONEN

**2 Hamburgerbrötchen · 200 g Hühnerbrust · 1 EL Semmelbrösel · 1 Ei
1 EL gehackte Petersilie · Salz, Pfeffer · 2 Scheiben Speck · 2 Scheiben Tomaten
2 geschnittene Blätter Eisbergsalat · 2 EL Mayonnaise · Sonnenblumenöl zum Braten**

ZUBEREITUNG

Die Hühnerbrust faschieren oder sehr fein hacken und in einer Schüssel mit Ei, Petersilie und Semmelbröseln vermengen. Mit Salz sowie Pfeffer würzen und mit befeuchteten Händen zu Laibchen formen. Öl in einer Pfanne erhitzen und die Laibchen darin auf beiden Seiten braten. Herausnehmen und in Alufolie gehüllt warm stellen. In derselben Pfanne die Speckscheiben knusprig braten. Inzwischen die Hamburgerbrötchen halbieren und an der Schnittfläche toasten. Die Hühnerlaibchen auf die Unterteile der Brötchen setzen. Je eine Speckscheibe sowie eine Tomatenscheibe darauf legen. Die geschnittenen Salatblätter darauf geben und mit Mayonnaise abschließen. Die Oberteile darauf setzen und leicht andrücken.

Fischburger

ZUTATEN FÜR 2 PORTIONEN

2 Hamburgerbrötchen · 180 g weißfleischiges Fischfilet (Zander, Kabeljau etc.)
1 Ei · 1 EL glattes Mehl · 1/2 Salatgurke · 2 EL Mayonnaise · 1 TL gehackte Dille
2 Salatblätter · Salz, Pfeffer · Olivenöl zum Braten

ZUBEREITUNG

Die sorgfältig entgräteten Fischfilets faschieren oder sehr fein hacken. In einer Schüssel mit Ei und Mehl vermengen. Mit Salz und Pfeffer würzen. Mit leicht befeuchteten Händen zu Laibchen formen. Die Gurke schälen, halbieren und die Kerne entfernen. Gurke in Würfel schneiden. Salzen und mit Mayonnaise sowie Dille verrühren. Das Olivenöl in einer Pfanne erhitzen, die Laibchen einlegen und auf beiden Seiten braten.Herausnehmen und warm stellen. Währenddessen die Hamburgerbrötchen halbieren und an den Schnittflächen toasten. Die Gurkenmischung auf die Brötchenunterteile auftragen und die Fischlaibchen darauf setzen. Mit je einem Salatblatt abdecken und die Oberteile darauf setzen. Leicht andrücken.

Foto Seite 238/1

Lachsburger de luxe

ZUTATEN FÜR 2 PORTIONEN

2 mit Sesam bestreute Hamburgerbrötchen · 200 g Lachsfilet · 1 TL gehackte Dille
2 rohe Wachteleier · 100 g in Scheiben geschnittener Mozzarella · einige Rucolablätter · Salz, Pfeffer · gemahlener Koriander · Olivenöl zum Braten

ZUBEREITUNG

Das gut entgrätete Lachsfilet grob hacken. Mit Salz, Pfeffer und Koriander würzen. Die Dille unterrühren und aus der Masse 2 Laibchen formen. Olivenöl in einer Pfanne erhitzen, die Laibchen einlegen und beidseitig braten. Herausnehmen und warm stellen. Die Wachteleier in derselben Pfanne vorsichtig zu kleinen wachsweichen Spiegeleiern braten.

Inzwischen die Hamburgerbrötchen halbieren und an den Schnittflächen toasten. Die Unterteile auf Tellern anrichten und die Mozzarellascheiben darauf platzieren. Mit Rucola bedecken und die Lachslaibchen darauf setzen. Zuletzt die Spiegeleier obenauf setzen. Leicht salzen. Die Oberteile nur halb angelehnt dazu anrichten.

TIPP

Statt der Wachteleier können natürlich auch Hühnereier zu Spiegeleiern gebraten werden.

Foto Seite 238/4

Crevettenburger

ZUTATEN FÜR 2 PORTIONEN

2 Hamburgerbrötchen · 200 g Crevetten (Shrimps) · 1 Eiklar · 1 EL glattes Mehl 1 TL gehackte Dille · 1/2 zerdrückte Knoblauchzehe · 1 Jungzwiebel · Friséesalat 1 EL Senf · Olivenöl zum Braten · Salz, Pfeffer

ZUBEREITUNG

Die Crevetten grob hacken. Mit verquirltem Eiklar und Mehl vermengen, gehackte Dille sowie Knoblauch einmengen. Mit Salz und Pfeffer würzen und die Masse zu 2 Laibchen formen. Die Jungzwiebel in feine Ringe schneiden.

Das Olivenöl in einer Pfanne erhitzen und die Laibchen darin auf beiden Seiten braten. Laibchen herausnehmen und warm stellen. Die Hamburgerbrötchen aufschneiden und an den Schnittflächen toasten. Die Unterteile der Brötchen auflegen, mit der geschnittenen Jungzwiebel belegen sowie mit dem Senf bestreichen. Die gebratenen Crevettenlaibchen darauf setzen. Mit etwas Friséesalat abschließen. Die Oberteile darauf setzen und die Burger nochmals leicht andrücken. *Foto Seite 238–239/5*

Vitaminburger

ZUTATEN FÜR 2 PORTIONEN

2 Hamburgerbrötchen · 100 g Karotten · 100 g Zucchini · 1 Ei · 1 EL glattes Mehl 1 EL gehackte Petersilie · 2 Tomatenscheiben · 2 Blätter Eisbergsalat 2 Auberginenscheiben · Oregano · 1 angedrückte · Knoblauchzehe · Olivenöl Salz, Pfeffer

ZUBEREITUNG

Karotten und Zucchini schälen und grob reißen. Mit Ei, Mehl und gehackter Petersilie vermengen. Mit Salz und Pfeffer würzen. In einer Pfanne Olivenöl erhitzen und die Gemüsemasse in Form von 2 Laibchen einlegen. Auf beiden Seiten braten. Laibchen herausnehmen, in Alufolie einschlagen und warm stellen. In derselben Pfanne die Tomaten- und Auberginenscheiben gemeinsam mit Oregano und der angedrückten Knoblauchzehe kurz braten.

Parallel dazu die Hamburgerbrötchen aufschneiden und an den Schnittflächen toasten. Auf die Unterteile der Brötchen nun zuerst eine Auberginenscheibe legen. Dann das Gemüselaibchen, die Tomatenscheiben und zuletzt die Salatblätter darauf legen. Den Oberteil darauf setzen und leicht andrücken. *Foto Seite 239/6*

Tortillas, **Tacos,** Wraps, **Burritos** & Co

Mexikanische Burritos

ZUTATEN FÜR 2 PORTIONEN

2 fertige Tortillas · 200 g Truthahnschnitzel · 50 g geriebener Käse · 1 Tomate
1 Jungzwiebel · 2 EL Salsa (Würzsauce, im Delikatessenhandel erhältlich)
2 EL Mayonnaise · 2 Salatblätter · Öl zum Braten

ZUBEREITUNG

Truthahnschnitzel in feine Streifen schneiden. Salzen und pfeffern. In einer Pfanne Öl gut erhitzen und die Truthahnstreifen darin rasch braten. Die Tomate in grobe Würfel, die Jungzwiebel in feine Ringe und die Salatblätter in grobe Streifen schneiden. Nun die Truthahnstreifen mit Käse, Tomaten und Jungzwiebelringen vermengen.
Die Tortillas nach Belieben in einer beschichteten Pfanne oder in der Mikrowelle kurz anwärmen. Tortillas aufbreiten und die vorbereitete Truthahnmasse auftragen. Salsa und Mayonnaise darauf verteilen. Den geschnittenen Salat darüber streuen und einrollen. Dafür die Tortilla zuerst auf 2 Seiten einklappen und dann von hinten nach vorne einrollen. Auf vorgewärmten Tellern anrichten.

Texanische Fajitas

ZUTATEN FÜR 2 PORTIONEN

2 fertige Tortillas · ca. 350 g Rindsfilet (Rindslungenbraten) · Saft von 1/2 Limette
1 Schuss Tequila · 1 Schuss Curaçao Triple Sec · 2–3 EL Sauerrahm
100 g gehackte Tomaten aus der Dose · 50 g Guacamole (Avocadocreme, im Delikatessenhandel erhältlich) · 2 EL Salsa (Würzsauce, im Delikatessenhandel erhältlich) · Salz, Pfeffer · Sonnenblumenöl zum Braten

VORBEREITUNG

Das Rindsfilet in schmale Streifen schneiden, mit Limettensaft, Tequila und Curaçao marinieren und etwa 1 Stunde ziehen lassen.

FÜR BESONDERS EILIGE

Rindsfilet schneiden, marinieren und nur einige Minuten ziehen lassen.

ZUBEREITUNG

Etwas Öl in einer Pfanne erhitzen und das marinierte Rindfleisch darin rasch braten. Mit Salz und Pfeffer würzen. Herausheben und warm halten. Die Tortillas nach Belieben in einer beschichteten Pfanne oder in der Mikrowelle kurz anwärmen. Tortillas auflegen, mit Sauerrahm bestreichen und die gehackten Tomaten darauf verteilen. Die Rindfleischstreifen darauf legen. Guacamole und Salsa darüber geben und Tortillas einrollen.

TIPP

Die Fülle für diese Tortilla-Variante kann ganz nach persönlichen Vorlieben mehr oder weniger scharf gewürzt oder durch Knoblauch sowie gehackte Zwiebeln bereichert werden.

Zwischen Tex und Mex

Die so genannte Tex-Mex-Küche ist ein Beweis dafür, dass Gegensätze einander auch in der Kulinarik anziehen. Während die mexikanischen Einwanderer bei ihren amerikanischen Arbeitgebern die Hamburguesas (= Hamburger) kennen und lieben lernten, machten mexikanische Spezialitäten bei den Amerikanern, die sonst reichlich scheel auf die Kultur des südlichen Nachbarstaats herabzuschauen gewohnt sind, zunehmend Furore.

Tacos, in Mexiko auch Antojitos genannt, weil sie den Appetit zwischen den Antojos genannten Hauptmahlzeiten zu stillen vermögen, sind als Weiterentwicklung der einfachen Tortilla sowohl den Burgers, den Sandwiches als auch den Pizzas verwandt und unterscheiden sich von diesen vor allem durch ihren pikanten, oft auch scharfen Geschmack. Die Urform des Taco ist eine zusammengeklappte Maistortilla, wobei man in den USA zwischen in Fett ausgebackenen crisp tacos (kross gebackenen Tortillas) und soft tacos unterscheidet, bei denen der Teig an die Konsistenz von Hamburger-buns (Hamburger-Brötchen) erinnert. Gefüllt werden die Tacos mit Rind-, Hühner- oder Schweinefleisch sowie Tomaten, Salat, Zwiebeln und Käse. Besonders beliebt sind auch Tacos mit brennend scharfer Chorizo-Wurst, die – mit einer scharfen Salsa-Sauce oder heißen Bohnen serviert – auch als Enchiladas oder Chilaquilas bezeichnet werden.

Eine andere Taco-Spezialität und nach Meinung mancher Kulinarhistoriker die ursprünglichste Form dieses Gerichts sind Maisfladen, die mit mexikanischer Guacamole – einem Gemisch aus pürierten Avocados, Limettensaft und viel Chilipfeffer – gefüllt werden. Als Fajitas wiederum bezeichnet man weiche Weizentortillas mit einer Füllung aus Fleisch- und Gemüsestreifen und diversen Garnituren.

Den Tacos verwandt sind schließlich auch Burritos, die zunächst mit ähnlichen Zutaten wie die Tacos, besonders gerne jedoch mit Chili con carne gefüllt werden. Dann klappt man sie aber nicht zusammen, sondern rollt sie wie die urbaneren, aus der Tortilla-Küche entstandenen Wraps ein und gratiniert sie anschließend.

Mexican Wraps

ZUTATEN FÜR 2 PORTIONEN

2 fertige Tortillas · 150 g Beiried · 50 g Maiskörner aus der Dose · 2 Blätter Eisbergsalat · 1/2 rote fein gehackte Paprikaschote · 100 g gehackte Tomaten aus der Dose · 2 EL Salsa (Würzsauce, im Delikatessenhandel erhältlich) Salz, Pfeffer · Sonnenblumenöl zum Braten

ZUBEREITUNG

Beiried salzen und pfeffern. In einer Pfanne Öl erhitzen und das Fleisch darin beidseitig rosa braten. Währenddessen die Tortillas nach Belieben in einer beschichteten Pfanne oder in der Mikrowelle kurz anwärmen. Den Salat in Streifen schneiden und auf die Tortillas verteilen. Die Paprika- und Tomatenwürfel darüber streuen. Nun die Beiried in feine Streifen schneiden und darauf legen. Mit Salsa aromatisieren und die Maiskörner darüber streuen. Tortillas einrollen und auf vorgewärmten Tellern anrichten.

Breakfast Wraps

ZUTATEN FÜR 2 PORTIONEN

2 fertige Tortillas · 2 Eier · 3 EL geriebener Käse · 2 EL Salsa (Würzsauce, im Delikatessenhandel erhältlich) · 2 Scheiben Speck · 1 Tomate · Salz, Pfeffer

ZUBEREITUNG

Speck in einer Pfanne braten und wieder herausheben. Eier verschlagen, mit Salz und Pfeffer würzen und in dieselbe Pfanne eingießen. Unter ständigem Rühren cremig stocken lassen. Die Tomate in grobe Stücke schneiden.

Die Tortillas nach Belieben in einer beschichteten Pfanne oder in der Mikrowelle kurz anwärmen. Tortillas aufbreiten, das Rührei darauf verteilen. Salsa, geriebenen Käse, je eine Speckscheibe und die Tomatenstücke darüber verteilen. Dann zu Wraps einrollen und servieren.

Club Wraps

ZUTATEN FÜR 2 PORTIONEN

2 fertige Tortillas · 2 EL Mayonnaise · 1 TL Senf · je 100 g Burgunderschinken (oder Beinschinken) und Truthahnschinken, in Scheiben oder Streifen geschnitten 100 g würfelig geschnittener Mozzarella · 1 Tomate · 1–2 EL gehackte Zwiebeln

ZUBEREITUNG

Die Tortillas nach Belieben in einer beschichteten Pfanne oder in der Mikrowelle kurz anwärmen. Mayonnaise und Senf dünn auf die Tortillas streichen. Beide Schinkensorten darüber legen und mit Mozzarella bestreuen. Die Tomate in dünne Scheiben schneiden und ebenfalls auf die Tortillas legen. Mit den gehackten Zwiebeln bestreuen und die Tortillas einrollen.

Pork Wraps mit Gurkenrelish

ZUTATEN FÜR 2 PORTIONEN

2 fertige Tortillas · 2 kleine Schweinskoteletts · 50 g zerkrümelter Feta (griechischer Schafkäse) · 1/2 würfelig geschnittene Salatgurke · 1/2 würfelig geschnittene Zwiebel · 2 in Streifen geschnittene Salatblätter · getrockneter Rosmarin · 1 EL Zitronensaft · 1 EL Olivenöl · Salz, Pfeffer

ZUBEREITUNG

Die Schweinskoteletts mit Salz und Pfeffer würzen. Mit etwas Zitronensaft sowie Olivenöl bestreichen und den getrockneten Rosmarin darüber streuen. In einer heißen Pfanne auf beiden Seiten braten. Herausheben und noch kurz warm halten. Restliches Olivenöl und Zitronensaft mit dem zerkrümelten Feta vermischen. Gurken- und Zwiebelwürfel unterrühren und mit Salz sowie Pfeffer abschmecken.

Die Tortillas nach Belieben in einer beschichteten Pfanne oder in der Mikrowelle kurz anwärmen. Schweinskoteletts vom Knochen lösen und in feine Streifen schneiden. Tortillas aufbreiten und zuerst mit Salatstreifen belegen. Dann das Schweinefleisch darüber legen und zuletzt das Gurkenrelish darüber geben. Tortillas einrollen und auf vorgewärmten Tellern anrichten.

Pizza

Pizza Margherita

ZUTATEN FÜR 2 PORTIONEN
Fertigpizzateig für 2 Böden (pro Boden ca. 200 g) · 200 g geschälte Tomaten aus der Dose · 200 g Mozzarella · 2 gehackte Knoblauchzehen · Basilikumblätter nach Belieben · Olivenöl · Salz, Pfeffer

VORBEREITUNG
Das Backrohr auf 250 °C vorheizen.

ZUBEREITUNG
Pizzateig auf ein mit Backpapier ausgelegtes Backblech legen. Die Ränder zwischen den Fingern wulstartig hochdrücken. Die Tomaten in einen tiefen Teller geben, grob zerdrücken und auf die Pizzaböden verteilen. Mit Salz und Pfeffer würzen und mit gehacktem Knoblauch bestreuen. Mozzarella in Scheiben schneiden und auflegen. Mit Olivenöl beträufeln, den Rand ebenfalls mit Olivenöl bestreichen und im sehr heißen Backrohr ca. 10–12 Minuten backen, bis der Käse schön geschmolzen ist. Mit gezupften Basilikumblättern garnieren.

Pizza con cipolle

(PIZZA MIT JUNGZWIEBELN)

ZUTATEN FÜR 2 PORTIONEN
Fertigpizzateig für 2 Böden (pro Boden ca. 200 g) · 150 g Pizzasauce aus der Dose · 2 gehackte Knoblauchzehen · 150 g geriebener Pizzakäse · 1 Zwiebel 2 Jungzwiebeln · 8 Kirschtomaten · Oregano · Olivenöl

VORBEREITUNG
Das Backrohr auf 250 °C vorheizen.

ZUBEREITUNG
Backblech mit Backpapier auslegen und die Pizzaböden auflegen. Die Ränder zwischen den Fingern wulstartig hochdrücken. Die Pizzaböden mit der Pizzasauce bestreichen. Den gehackten Knoblauch sowie den Pizzakäse darüber streuen. Zwiebel und Jungzwiebeln in feine Scheiben schneiden und darauf verteilen.
Die Kirschtomaten halbieren oder in Scheiben schneiden und ebenfalls auflegen. Mit Oregano bestreuen und – auch den Rand – mit Olivenöl beträufeln. Ins sehr heiße Backrohr schieben und ca. 10–12 Minuten backen.

TIPP
Zwiebelfreaks werden zur Abwechslung sicher auch einmal rote Zwiebeln und Schalotten verwenden oder die Kirschtomaten einfach weglassen.

Foto Seite 249/3

Pizza al prosciutto e funghi

(PIZZA MIT SCHINKEN UND PILZEN)

ZUTATEN FÜR 2 PORTIONEN

Fertigpizzateig für 2 Böden (pro Boden ca. 200 g) · 150 g Pizzasauce aus der Dose ca. 150 g Mozzarella · 120–150 g stärker geschnittener Schinken · 100 g eingelegte Champignons · 2 gehackte Knoblauchzehen · Olivenöl · Pfeffer · Oregano

VORBEREITUNG

Das Backrohr auf 250 °C vorheizen.

ZUBEREITUNG

Den Mozzarella in Scheiben oder Würfel schneiden. Den Schinken in breitere Streifen, die Champignons in feine Scheiben schneiden. Pizzateig auf ein mit Backpapier ausgelegtes Backblech legen. Die Ränder zwischen den Fingern wulstartig hochdrücken. Die Pizzasauce auf die Pizzaböden auftragen. Mozzarella, Schinken, geschnittene Champignons und die gehackten Knoblauchzehen darüber verteilen. Mit gemahlenem Pfeffer würzen und Oregano darüber streuen. Pizza sowie Pizzarand mit Olivenöl beträufeln. Im heißen Backrohr ca. 10–12 Minuten backen, bis der Mozzarella geschmolzen ist. *Foto Seite 248/4*

Pizza con salsiccia piccante

(PIZZA MIT PIKANTEM WÜRSTCHEN)

ZUTATEN FÜR 2 PORTIONEN

Fertigpizzateig für 2 Böden (pro Boden ca. 200 g) · 150 g Pizzasauce aus der Dose 150 g geriebener Pizzakäse · 200 g Salsiccia piccante (kl. pikantes, salamiähnliches Würstchen) · einige Basilikumblätter · einige Kirschtomaten · Oregano · Olivenöl

VORBEREITUNG

Das Backrohr auf 250 °C vorheizen.

ZUBEREITUNG

Die Salsiccia in Scheiben oder Streifen schneiden, die Kirschtomaten halbieren. Den Pizzateig auf ein mit Backpapier ausgelegtes Backblech legen. Die Ränder zwischen den Fingern wulstartig hochdrücken. Die Pizzasauce auf die Pizzaböden auftragen und den Pizzakäse darauf verteilen. Die Salsiccia auflegen. Die halbierten Kirschtomaten darauf verteilen und mit Oregano bestreuen. Pizza und Pizzarand mit Olivenöl beträufeln. Pizza ins gut vorgeheizte Backrohr schieben und ca. 10–12 Minuten backen. Herausnehmen und mit den grob gezupften Basilikumblättern belegen. *Foto Seite 249/6*

Die größte Pizza der Welt...

... wird alle Jahre wieder in den USA gebacken, wo acht große Pizza-Ketten um die Gunst der Pizza-Freaks wetteifern und alljährlich rund 50 000 Fast-Food-Pizzerias täglich über 36 Hektar Pizza backen. Summa summarum eine Riesenpizza mit einer Fläche von 13 140 Hektar – immerhin so groß wie das gesamte Weinbaugebiet des französischen Elsass.

1

4

7

2

3

5

6

8

9

Pizza con spinaci, ricotta e pancetta

(PIZZA MIT SPINAT, RICOTTA UND SPECK)

ZUTATEN FÜR 2 PORTIONEN

Fertigpizzateig für 2 Böden (pro Boden ca. 200 g) · 150 g Pizzasauce aus der Dose 50 g Mozzarella · 150 g Ricotta (oder anderer Frischkäse) · 200 g Blattspinat 2 gehackte Knoblauchzehen · Muskatnuss · 80 g dünn geschnittene Pancetta- oder Bauchspeckscheiben · Olivenöl

VORBEREITUNG

Das Backrohr auf 250 °C vorheizen. Den Spinat in Salzwasser kurz blanchieren (überbrühen), kalt abschrecken und gut abtropfen lassen. Einige Male durchschneiden.

FÜR BESONDERS EILIGE

Verwenden Sie statt frischem Blattspinat tiefgekühlten, den Sie in wenig Wasser auftauen lassen.

ZUBEREITUNG

Mozzarella in Würfel schneiden, Knoblauch fein hacken. Pizzateig auf ein mit Backpapier ausgelegtes Backblech legen. Die Ränder zwischen den Fingern wulstartig hochdrücken. Die Pizzasauce auf die Pizzaböden auftragen und den Mozzarella darüber verteilen. Spinat sowie den zerbröselten Ricotta darauf geben und etwas Muskatnuss darüber reiben. Den gehackten Knoblauch darüber streuen. Die Pancettascheiben darüber legen. Den Teigrand mit Olivenöl bestreichen und die Pizza im heißen Backrohr ca. 10–12 Minuten backen.

Foto Seite 248/7

Pizza ai quattro formaggi

(PIZZA MIT VIER KÄSESORTEN)

ZUTATEN FÜR 2 PORTIONEN

Fertigpizzateig für 2 Böden (pro Boden ca. 200 g) · 150 g Pizzasauce aus der Dose nach Belieben (kann auch weggelassen werden) · ca. 250 g gemischte Käsesorten (wie etwa Mozzarella, Provolone, Pecorino und Gorgonzola)

VORBEREITUNG

Das Backrohr auf 250 °C vorheizen.

ZUBEREITUNG

Käse grobwürfelig schneiden oder in Stücke zerkleinern. Pizzateig auf ein mit Backpapier ausgelegtes Backblech legen. Die Ränder zwischen den Fingern wulstartig hochdrücken. Die Pizzaböden nach Belieben mit der Pizzasauce bestreichen oder diese weglassen. Nun jeweils ein Viertel einer Pizza mit einer Käsesorte belegen. Ins heiße Backrohr schieben und ca. 10–12 Minuten backen.

TIPP

Bei der Zusammenstellung der verwendeten Käsesorten können Sie ganz nach persönlichen Vorlieben entscheiden, wobei generell fette Käse besser schmelzen als magerere Sorten.

Foto Seite 248–249/5

Pizza al tonno

(PIZZA MIT THUNFISCH)

ZUTATEN FÜR 2 PORTIONEN

Fertigpizzateig für 2 Böden (pro Boden ca. 200 g) · 150 g Pizzasauce aus der Dose 150 g geriebener Pizzakäse · 200 g Thunfisch aus der Dose · 4 Knoblauchzehen 2 EL Salzkapern · Oregano · Olivenöl

VORBEREITUNG

Das Backrohr auf 250 °C vorheizen.

ZUBEREITUNG

Den Thunfisch aus der Dose nehmen, abtropfen lassen und in Stücke zerteilen. Die Salzkapern waschen und abtropfen lassen. Den Knoblauch fein hacken. Pizzateig auf ein mit Backpapier ausgelegtes Backblech legen. Die Ränder zwischen den Fingern wulstartig hochdrücken. Die Pizzaböden mit der Pizzasauce bestreichen, den Pizzakäse darüber streuen. Thunfisch sowie Knoblauch und Kapern darüber verteilen. Mit Oregano würzen und die Pizza samt Teigrand mit Olivenöl beträufeln. Im sehr heißen Backrohr ca. 10–12 Minuten backen.

Foto Seite 248–249/8

Pizza con capperi, olive e acciughe

(PIZZA MIT KAPERN, OLIVEN UND SARDELLEN)

ZUTATEN FÜR 2 PORTIONEN

Fertigpizzateig für 2 Böden (pro Boden ca. 200 g) · 150 g Pizzasauce aus der Dose 100 g Mozzarella · 8 Kirschtomaten · 2 EL Kapern · 10 schwarze Oliven ohne Kern 1 Dose in Öl · eingelegte Anchovisfilets (Sardellenfilets) · Oregano · Olivenöl

VORBEREITUNG

Das Backrohr auf 250 °C vorheizen.

ZUBEREITUNG

Die Kirschtomaten halbieren, die Anchovis in Stückchen teilen und den Mozzarella in Scheiben oder Würfel schneiden. Den Pizzateig auf ein mit Backpapier ausgelegtes Backblech legen. Die Ränder zwischen den Fingern wulstartig hochdrücken. Die Pizzaböden mit der Pizzasauce bestreichen. Mit Mozzarella belegen. Nun halbierte Tomaten, Anchovis, Kapern sowie Oliven darauf verteilen. Mit Oregano bestreuen und Pizza sowie Pizzarand mit etwas Olivenöl beträufeln. Dabei kann durchaus auch das Öl aus der Anchovisdose verwendet werden. Pizza ins gut vorgeheizte Backrohr stellen und ca. 10–12 Minuten backen.

TIPP

Wenn Sie statt Kapern Kapernbeeren mit Stiel verwenden, so sieht die Pizza noch um einiges dekorativer aus.

Foto Seite 248–249/2

Pizza alla marinara

(PIZZA AUF SEEMANNSART)

ZUTATEN FÜR 2 PORTIONEN

Fertigpizzateig für 2 Böden (pro Boden ca. 200 g) · 150 g Pizzasauce aus der Dose · 1/2 Dose geschälte Tomaten · 4 Sardellenfilets · 4 Knoblauchzehen Oregano · Olivenöl

VORBEREITUNG

Das Backrohr auf 250 °C vorheizen.

ZUBEREITUNG

Die Tomaten grob, den Knoblauch fein hacken und die Sardellen in Stückchen teilen. Pizzateig auf ein mit Backpapier ausgelegtes Backblech legen. Die Ränder zwischen den Fingern wulstartig hochdrücken. Die Pizzaböden mit der Pizzasauce bestreichen. Die gehackten Tomaten, Sardellen und Knoblauch darauf verteilen. Mit Oregano bestreuen und mit Olivenöl beträufeln. Den Pizzarand ebenfalls mit Olivenöl bestreichen und die Pizza im gut vorgeheizten Backrohr ca. 10–12 Minuten backen.

Pizza al pescatore

(PIZZA NACH FISCHERART)

ZUTATEN FÜR 2 PORTIONEN

Fertigpizzateig für 2 Böden (pro Boden ca. 200 g) · 150 g Pizzasauce aus der Dose · 100 g Mozzarella · 4 ausgelöste Jakobsmuscheln (tiefgekühlt erhältlich) 100 g ausgelöstes Muschelfleisch (eingelegt oder tiefgekühlt erhältlich) 2 Knoblauchzehen · 1 EL gehackte Petersilie · Salz, Pfeffer ·Olivenöl

VORBEREITUNG

Das Backrohr auf 250 °C vorheizen.

ZUBEREITUNG

Die aufgetauten Jakobsmuscheln quer in Scheiben, den Mozzarella ebenfalls in Scheiben oder Würfel schneiden. Die Knoblauchzehen fein hacken. Pizzateig auf ein mit Backpapier ausgelegtes Backblech legen. Die Ränder zwischen den Fingern wulstartig hochdrücken. Die Pizzaböden mit der Pizzasauce bestreichen. Jakobsmuscheln, Muschelfleisch und Mozzarella auf der Pizza verteilen. Mit Knoblauch und Petersilie bestreuen. Mit Salz und Pfeffer würzen und Pizza sowie Pizzarand mit Olivenöl beträufeln. Ins heiße Backrohr schieben und ca. 10–12 Minuten backen.

Pizza alle vongole

(PIZZA MIT MUSCHELN)

ZUTATEN FÜR 2 PORTIONEN

Fertigpizzateig für 2 Böden (pro Boden ca. 200 g) · 150 g Pizzasauce aus der Dose 1/2 Dose geschälte Tomaten · 200 g ausgelöstes Muschelfleisch (eingelegt oder tiefgekühlt erhältlich) · 2 Knoblauchzehen · 1 EL gehackte Petersilie · Oregano Olivenöl · Salz, Pfeffer

VORBEREITUNG
Das Backrohr auf 250 °C vorheizen.

ZUBEREITUNG
Die Tomaten grob zerdrücken, den Knoblauch fein hacken. Pizzateig auf ein mit Backpapier ausgelegtes Backblech legen. Die Ränder zwischen den Fingern wulstartig hochdrücken. Die Pizzaböden mit der Pizzasauce bestreichen. Die Tomaten und das Muschelfleisch darüber verteilen. Knoblauch darauf geben und mit Petersilie sowie Oregano bestreuen. Abschließend mit etwas Salz und Pfeffer würzen. Pizza und Pizzarand mit Olivenöl beträufeln. Im gut vorgeheizten Backrohr ca. 10–12 Minuten backen.

Pizza agli zucchini e gamberi

(PIZZA MIT ZUCCHINI UND SHRIMPS)

ZUTATEN FÜR 2 PORTIONEN
Fertigpizzateig für 2 Böden (pro Boden ca. 200 g) · 150 g Pizzasauce aus der Dose · 150 g geriebener Pizzakäse · 150 g Shrimps oder kleine Crevetten oder · 100 g Zucchini · 2 EL geriebener Parmesan · Olivenöl

VORBEREITUNG
Das Backrohr auf 250 °C vorheizen.

ZUBEREITUNG
Zucchini waschen und in Scheiben schneiden. Den Pizzateig auf ein mit Backpapier ausgelegtes Backblech legen. Die Ränder zwischen den Fingern wulstartig hochdrücken. Die Pizzaböden mit der Pizzasauce bestreichen, mit Pizzakäse bestreuen. Die Shrimps und Zucchinischeiben darauf verteilen. Parmesan darüber streuen und mit Olivenöl beträufeln, dabei auch den Pizzarand mit Öl bestreichen. Backblech ins gut vorgeheizte Backrohr schieben und die Pizza ca. 10–12 Minuten backen. *Foto Seite 249/9*

Mogel-Pizza

ZUTATEN FÜR 2 PORTIONEN
2 stärkere Scheiben Schinken · 60 g Mozzarella · 4 Tomaten · 6 Eier 1–2 EL Butter · Oregano · Salz, Pfeffer

VORBEREITUNG
Das Backrohr auf 150 °C vorheizen.

ZUBEREITUNG
Mozzarella und Tomaten in Scheiben schneiden. In zwei kleinen Pfannen jeweils Butter erhitzen. Je eine Schinkenscheibe einlegen und beidseitig anbraten. Vom Herd nehmen. Tomatenscheiben darüber legen, mit Mozzarella bedecken. Mit Oregano bestreuen. Die Eier miteinander verquirlen, salzen, pfeffern und je zur Hälfte in die Pfannen gießen. Pfannen ins vorgeheizte Backrohr stellen und ca. 5 Minuten fertig garen. Am besten in der Pfanne servieren.

BEILAGENEMPFEHLUNG: frisches Weißbrot

„Hausgemachtes" – mit Convenienceprodukten

■ **FERTIGE PASTA UND GNOCCHI** *gibt es in vielen, oft sogar sehr guten Qualitäten. Wichtig ist, sie wirklich al dente, also bissfest, zu garen (oft sind die auf der Packung angegebenen Garzeiten etwas überzogen). Bei der Qualität der Sughi nicht sparen.*

■ **FERTIGE NOCKERL ODER SPÄTZLE** *können mit hausgemachten freilich nicht konkurrieren. In feinem Butterschmalz oder frischer Butter geschwenkt lässt sich daraus allerdings im Handumdrehen eine veritable Beilage zaubern. Durch die Zugabe von Schinken- oder Käsewürfeln, frischen Pilzen, Kräutern, etwas Schlagobers oder verschlagenen Eiern verwandeln Sie die Beilage ohne viel Aufwand auch in eine einfache Hauptmahlzeit.*

■ **VORGEBACKENE PALATSCHINKEN UND TORTILLAS** *zählen bereits ebenfalls zum Standardangebot im Supermarkt. Sie müssen vor dem Füllen (mit pikanten Fleisch-, Wurst- und Gemüsefüllungen sowie Marmeladen und süßen Cremen) lediglich etwas erwärmt werden (Backofen, Mikrowelle oder beschichtete Pfanne), sind aber zumeist etwas dicker als selbst gemachte Exemplare.*

■ **PELATI**, *geschälte Tomaten aus der Dose, werden zumeist in äußerst zufrieden stellender Qualität angeboten. Sie garantieren zu jeder Jahreszeit volles Aroma und optimalen Reifungsgrad und sind zudem noch äußerst praktisch in der Verwendung, da sie in verschiedenen Varianten, etwa gehackt, mit Kräutern gewürzt oder nur geschält in den Handel kommen.*

■ **FERTIGER PIZZATEIG** *kann billiger Junk, aber auch exzellente Ware sein. Verlassen Sie sich einfach auf eigene Erfahrungen (oder riskieren Sie einen kurzen Blick auf die Liste der Inhaltsstoffe). Aber bedenken Sie: Ist der Teig einmal da, so erweist sich kaum ein anderes Gericht im Küchenalltag als so vielseitig kombinierbar wie Pizza. Wichtig ist es vor allem, beim Belegen einer Pizza – gleichgültig ob selbst gemacht oder Fertigprodukt – rundherum stets 2 cm für den möglichst leicht wulstigen Rand frei zu lassen, den so genannten „Cornicione", der die Pizza nicht nur saftig, sondern auch knusprig macht. Achten Sie im Übrigen darauf, dass das, was auf Ihre Pizza kommt, möglichst frisch und gesund ist – und lassen Sie Ihrer Phantasie freien Lauf. Frische Kräuter wie Basilikum oder Rucola sollten dabei allerdings nicht mitgebacken, sondern erst unmittelbar vor dem Servieren – mit einem Schuss Olivenöl – auf die Pizza gegeben werden.*

■ **FERTIGE LASAGNE** *und andere Gratiniergerichte schmecken noch besser, wenn man sie vor dem Überbacken noch mit etwas Mozzarella und/oder Reibkäse sowie feinen Semmelbröseln und ein paar Butterflocken ein wenig „aufbessert."*

■ **FERTIGER STRUDEL- UND BLÄTTERTEIG** *wird heute fast durchwegs in Profi-Qualitäten angeboten und eignet sich für klassische Gerichte (Apfel-, Topfenstrudel etc.) ebenso wie für kreativ gefüllte Strudelsäckchen oder köstlich gefüllte Pastetchen.*

■ *Ein Ausflug zum nächsten Asia-Shop lohnt sich alleine schon, um* **WAN-TAN-, FILO- ODER FRÜHLINGSROLLENTEIG** *zu kaufen. Diese Teige sind nämlich keineswegs nur für die asiatische Küche geeignet, sondern lieben es etwa auch, wenn man heimische Fische, Gemüse und Geflügel darin „einpackt".*

■ *Fertiggerichte aus der Convenience- oder der Tiefkühlabteilung sind meist darauf angelegt, dass sie sich in Minutenschnelle in der Mikrowelle zubereiten lassen. Oft lohnt es sich jedoch, vor der endgültigen Fertigstellung noch selbst ein bisschen Küchen-*

helfer zu spielen: Ob es sich um ein oder zwei Löffelchen Reibkäse, einen Spritzer Balsamicoessig, einen Schuss Süßwein, ein paar g'schmackige Speckwürfelchen, eine Hand voll frischer Kräuter, einen Teelöffel aromatisches Öl oder ein paar kurz fettfrei in der Teflonpfanne geröstete Croûtons handelt – die „industrielle Langeweile" schwindet sofort, wenn man mit ein wenig Inspiration selbst mit Hand anlegt.

■ **GEKÖRNTE BRÜHEN, GLUTAMAT UND ANDERE AROMAVERSTÄRKER** *haben unter Feinschmeckern nicht zu Unrecht einen schlechten Ruf, und ihre Verwendung zeugt auch nicht gerade von gesunder Ernährung. Überlegen Sie also zunächst, wie sich solche „Geschmacksverstärker" – etwa durch vermehrte Verwendung von Kräutern, einen Schuss Sojasauce oder ein Löffelchen geriebenen Parmesan – auf natürliche Weise vermeiden lassen. Andererseits sollte man gerade in der schnellen Küche nicht unbedingt päpstlicher als der Papst sein – und so manches fade Sößchen oder Süppchen hat schon durch eine Prise von „Mother's little Helpers" wesentlich an Geschmacksintensität gewonnen. Wichtig ist dabei lediglich, dass die Geschmacksverstärker etwas Zeit haben müssen, um sich zu homogenisieren. Also nicht erst kurz vor dem Servieren damit würzen! Auch die Zugabe von Schalotten, Reis, flüssigem Obers, Kokosmilch, Cognac oder Süßwein kann das unangenehme Vorschmecken von Geschmacksverstärkern unterbinden.*

Und im Übrigen gilt das alte Sprichwort: Alle großen Köche arbeiten auf die eine oder andere Weise mit Geschmacksverstärkern. Sie unterscheiden sich lediglich dadurch, ob sie es zugeben oder nicht.

■ **FERTIGE BRATENSÄFTE** *werden zwar niemals den Effekt von Natursäften haben, können aber durch Zugabe von etwas Knoblauch und Kümmel (bei Schweinsbraten), Rotwein, Portwein oder einem Schuss Brombeerlikör (bei Rindfleisch und Wild) durchaus Annäherungswerte erzielen.*

■ **FERTIGE SALATMISCHUNGEN** *sollten unbedingt erst unmittelbar vor dem Servieren mit dem (meist beigefügten) Dressing übergossen werden, das man bei Bedarf auch noch mit etwas Rahm, Joghurt, Mayonnaise oder Kräutern verfeinern kann. Mischt man dann noch – je nach Gusto – aufgeschnittene Eier, Schinkenwürfel, frische Sprossen, Maiskörner, Fleisch- oder Hühnerreste, Gartenkräuter (besonders gut eignet sich Gartenkresse) oder kurz angebratene Speckwürfel darunter, wird aus dem „schnellen Salat" im Nu eine komplette Mahlzeit.*

■ **TIEFKÜHLKRÄUTER** *können das Aroma frisch gehackter Kräuter nur zum Teil ersetzen. Wenn allerdings gerade kein frisches Basilikum, Petersilie oder Schnittlauch zur Hand ist, tun sie gute Dienste. In diesem Fall lässt sich das Aroma durch einen Schuss Kräuteröl auch noch verstärken.*

■ **CONVENIENCEGEMÜSE** *ist im Supermarkt immer häufiger in den Regalen der Gemüseabteilung zu finden. Ob vorgekochte, bereits geschälte Kartoffeln oder gekochte Maiskolben und Rote Rüben – sie alle sollten als durchaus taugliche Kompromissangebote der Nahrungsmittelindustrie für gestresste Köche und Köchinnen verstanden werden, die Ausnahmen allerdings nicht zum Regelfall werden lassen sollten. Denn frisch gekochtes Gemüse schmeckt immer noch am besten – und ist am gesündesten.*

■ **FERTIGRAGOUTS** *aller Art lassen sich vor allem mit Obers, Crème fraîche, aber auch mit Weinen, Spirituosen, Sardellen oder Sardellenpaste, Tomatenmark, Würzsaucen wie Tabasco- und Worcestershiresauce, Sojasauce, aromatisierten Ölen und Essigen verfeinern. Aber Vorsicht: Allzu viel ist nicht nur ungesund, sondern verdirbt auch den Geschmack.*

Rock around the Wok

DAS BESTE AUS DER
SCHNELLSTEN PFANNE DER WELT

Das Wok-Küchenbord

Zutaten, die vorhanden sein sollten – und wie man sie notfalls ersetzen kann

■ **AUSTERNSAUCE** *(s. Oystersauce)*

■ **BAMBUSSPROSSEN** *(auch Bambusschösslinge): Die kegelförmigen Sprossen verschiedener Bambusarten werden bis zu 25 cm lang und gelten – fein geschnitten und gekocht – in der asiatischen Küche als äußerst beliebte Gemüsezutat. In Europa sind sie fast ausschließlich als Dosenware erhältlich.*

■ **CHILISAUCE** *Wird in verschiedenen Schärfegraden angeboten (milde Variante: Sweet Chilisauce). Daher Vorsicht: Je schärfer, desto kleiner sollte die verwendete Menge sein. Möglicher Ersatz: Hot Ketchup.*

■ **CHINESISCHE PILZE** *Meist sind unter dieser Angabe Mook-Jee-Pilze (dt. Baumpilze) gemeint, die getrocknet erhältlich und unbegrenzt haltbar sind. Möglicher Ersatz: Austernpilze, Stockpilze, Shiitakepilze, aber auch getrocknete Steinpilze.*

■ **CHOISUM** *Chinesischer Kohl, Chinakohl.*

■ **EIERNUDELN** *(s. Mie-Nudeln)*

■ **ERDNUSSÖL** *Wird wegen seiner hohen Hitzebeständigkeit in den meisten fernöstlichen Küchen als Allzwecköl verwendet. Möglicher Ersatz: jedes andere gute Pflanzenöl.*

■ **FERMENTIERTE SCHWARZE BOHNENSAUCE** *Getrocknete und klein gehackte Bohnen werden mit Knoblauch sowie Chili gekocht und in Salzlake gelagert.*

■ **FISCHSAUCE** *Gilt als eine der beliebtesten asiatischen Würzsaucen und kommt unter anderem als Nuoc Mam (vietnamesisch) oder Naam Plaah (thailändisch) auf den Markt. Aber Vorsicht bei der Verwendung! Der stechende Fischgeschmack dieser Sauce, die aus getrockneten und gesalzenen Fischen sowie Meeresfrüchten hergestellt und dann in Fässern vergoren wird, ist nicht jedermanns Sache. Anfänger sollten sie daher möglichst sparsam verwenden. Der Geschmack von Fischsauce lässt sich am ehesten durch Sardellenpaste erzielen.*

■ **FÜNF-GEWÜRZE-PULVER** *Chinesische Standard-Gewürzmischung, die üblicherweise aus Sternanis, Kassiarinde (Zimtrinde), Sichuanpfeffer, Fenchelsamen und Gewürznelken zusammengestellt wird.*

■ **GLASNUDELN** *Auch Cellophannudeln genannte, hauchdünne, durchsichtige Nudeln aus der Stärke grüner Mungobohnen. Möglicher Ersatz: Reisnudeln oder hauchdünne Taglierini.*

■ **HOISIN-SAUCE** *Sie zählt zu den beliebtesten Würzsaucen (z. B. bei Barbecue- oder Fischgerichten) und wird aus Sojabohnen, Zucker, Knoblauch, Essig und verschiedenen Gewürzen hergestellt.*

■ **INGWER** *Intensiv duftende Wurzel, die sich meist in mehrere Knollen mit seidig-weicher Oberfläche aufgliedert. Die Knollen sind leicht abzubrechen, und das Wurzelfleisch lässt sich nach Entfernung der seidigen Haut in Scheiben schneiden oder hacken. Ingwer ist auch in mariniertem und pulverisiertem Zustand erhältlich.*

■ **KETJAP MANIS** *Die aus Indonesien stammende sämige, schwarze Würzsauce mit kräftig-süßem Aroma wird auch in einer dünnflüssigeren Variante unter dem Namen Ketjap Asin angeboten.*

■ **KOKOSMILCH** *Die Milch der Kokosnuss eignet sich sowohl zum Binden dünnerer als auch zum Abmildern besonders scharfer Saucen. Sie ist in Dosen und Tetrapack, aber auch als Kokosnusscreme oder Kokosnusspulver erhältlich.*

■ **KORIANDERGRÜN** *Das auch Cilantro oder chinesische Petersilie genannte Gewürz ist wegen seines einzigartigen Aromas, das sich am besten beim Reiben frischer Blätter zwischen zwei Fingern entfaltet, eines der beliebtesten Kräuter der fernöstlichen Küche. Kann dem Aussehen (aber nicht dem Geschmack) nach durch Petersilie ersetzt werden, ist aber auch getrocknet erhältlich.*

■ **KURKUMA** *Pulverisierte Gelbwurz, möglicher (geschmacklich allerdings differierender) Ersatz: Currypulver.*

■ **MIE-NUDELN** *Chinesische Eierteignudeln, die mitunter auch aromatisiert angeboten werden. Ersatz: italienische Pasta.*

■ **MIRIN** *Süßer japanischer Reiswein, möglicher Ersatz: halbtrockener oder süßer Sherry.*

■ **NUOC MAM** *(s. Fischsauce)*

■ **OYSTERSAUCE** *Aus getrockneten Austern zubereitete Würzsauce, schwer ersetzbar.*

■ **PFLAUMENSAUCE** *Süß-saure Würzsauce aus Pflaumen und Aprikosen, die mit Essig, Salz und Zucker eingekocht werden.*

■ **REISNUDELN** *1–2 mm dünne Nudeln aus Reismehl, die mit kochendem Wasser überbrüht werden, bevor man sie einige Minuten quellen lässt und nach dem Abtropfen beliebig weiterverarbeitet.*

■ **SAKE** *Japanischer Reiswein, der auch gern warm getrunken wird.*

■ **SESAMÖL** *Asiatisches Würzöl mit unvergleichlichem nussartigem Aroma, das – außer für Wok-Gerichte – vor allem zum Verfeinern von Speisen verwendet wird.*

■ **SHAOSHING** *Gelber chinesischer Reiswein, der, wenngleich mit etwas verändertem Geschmacksresultat, durch Sherry oder Wermut ersetzt werden kann.*

■ **SICHUANPFEFFER** *Mit dem Pfeffer botanisch nicht verwandtes, aber ähnlich scharfes Gewürz aus dem rotbraunen Samen des Gelbholzbaums, der in der chinesischen Provinz Sichuan gedeiht. Möglicher Ersatz: Chilipulver, Cayennepfeffer, ungarischer Delikatess-Paprika.*

■ **SOBANUDELN** *Bräunliche japanische Nudeln aus Buchweizenmehl.*

■ **SOJASAUCE** *Die panasiatische Allzwecksauce hat viele Gesichter, natürlich gebraute ebenso wie industriell hergestellte. Im Allgemeinen unterscheidet man bei der aus der Vergärung von Sojabrei hergestellten Standardsauce jedoch zwischen heller, durchsichtiger (Shengchou jiangyou) und dunkler, intensiver Sojasauce (Laochou jiangyou). Ersatz: Kaum zu glauben, aber am ehesten Maggi-Würze.*

■ **SOJASPROSSEN** *Die Sprossen der Sojabohne schmecken am besten frisch oder nur kurz (ca. 1–2 Minuten) pochiert oder gebraten. Ersatz: Mungobohnensprossen.*

■ **TAMARINDENMARK** *In kleinen Platten hergestelltes Würzmittel, das in Fernostgeschäften auch als Fertigprodukt erhältlich ist und jedem Gericht einen leicht säuerlich-pikanten Geschmack verleiht. Möglicher Ersatz: Fruchtessig.*

TAMARINDENSAFT *Verdünntes Tamarindenmark.*
WASSERKASTANIEN *Bissfestes, wässriges Gemüse aus den Stengelknollen des Wassergrases von nussigem Geschmack und kastanienartiger Form. Wird überwiegend in Gläsern mit Schraubverschluss angeboten. Lagert man sie nach dem Öffnen nämlich länger, muss das Wasser ein- bis zweimal pro Woche gewechselt werden. Nicht ersetzbar.*
WOLKENOHRPILZE *Auch Judasohren oder Geleepilze genannte Trockenpilze, die nach etwa zehn- bis fünfzehnminütigem Weichen in lauwarmem Wasser wie Quellwolken aufgehen und in dem Gericht, dem sie als Würze dienen sollen, nur noch ein bis zwei Minuten mitgekocht werden müssen. Möglicher Ersatz: Austernpilze.*

Minimal**wok**

Pikanter Meeresfrüchtesalat

ZUTATEN FÜR 2 PORTIONEN
100 g eingelegte Austern aus der Dose · 100 g Cocktailshrimps · 50 g eingelegte Muscheln · 2 frische ausgelöste Jakobsmuscheln · Saft von 1/2 Zitrone · 1 gehackte Chilischote · 50 g Sojabohnensprossen · 1 kleine Karotte · 1 EL Hoisin-Sauce 2 EL Chilisauce · 1 EL Fischsauce · Salz, Pfeffer · 1 EL Sesamöl

ZUBEREITUNG
Die Karotte in 2 mm dünne Streifen schneiden. Die Jakobsmuscheln horizontal halbieren und mit Salz sowie Pfeffer würzen. In einer Wokpfanne etwas Sesamöl erhitzen und die Jakobsmuscheln darin beidseitig kurz braten (die Jakobsmuscheln müssen noch schön glasig sein). Karotten hineinstreuen und vom Herd nehmen.
Nun Austern, Cocktailshrimps, Muscheln sowie die Jakobsmuscheln in einer Schüssel behutsam vermengen. Die gehackte Chilischote gemeinsam mit den Sprossen untermengen. Mit Zitronensaft, Hoisin-Sauce, Chilisauce und Fischsauce abschmecken. In kleinen Schälchen auftragen.

Zanderstreifen auf Tomaten-Melonen-Salat

ZUTATEN FÜR 2 PORTIONEN

160 g Zanderfilet ohne Haut · 50 g Reismehl (ersatzweise Maisstärke)
100 g geschälte Honigmelone · 1 Tomate · 1 KL Currypulver · 50 ml Hühnerfond
1 KL Butter · 1 EL gehackte Petersilie · Salz, Pfeffer · Öl zum Frittieren
frische Kräuter zum Bestreuen (Petersilie, Kerbel oder Kresse)

VORBEREITUNG

Die Tomate in siedendem Wasser kurz blanchieren (kurz überbrühen), schälen, vierteln, entkernen und in Streifen schneiden.

FÜR BESONDERS EILIGE

Die Tomate ungeschält vierteln, Kerne auskratzen und Fruchtfleisch in Streifen schneiden.

ZUBEREITUNG

Den Hühnerfond mit Currypulver, Petersilie und Butter erwärmen. Die Melone in Würfel schneiden und mit den Tomatenstreifen vorsichtig vermengen. Mit dem Hühnerfond marinieren und etwas ziehen lassen.

Währenddessen das gut entgrätete Zanderfilet in 1 cm breite Streifen schneiden. Mit Salz sowie Pfeffer würzen und in Reismehl wenden. In einem Wok reichlich Öl erhitzen, die Zanderstreifen einlegen und darin knusprig frittieren. Wieder herausheben und auf Küchenkrepp abtropfen lassen.

Den marinierten Tomaten-Melonen-Salat auf Tellern anrichten und die frittierten Zanderstreifen darauf anrichten. Mit gehackten frischen Kräutern bestreut servieren.

Lachs mit Sprossen und Oystersauce

ZUTATEN FÜR 2 PORTIONEN

100 g frisches Lachsfilet · 50 g Bambussprossen · 30 g Sojabohnensprossen
60 ml Oystersauce · 60 ml warme Hühnersuppe · 2 schöne Blätter Eisbergsalat
1 EL Olivenöl · gehacktes Koriandergrün zum Garnieren

ZUBEREITUNG

Die Salatblätter waschen, gut abtropfen lassen und je eines auf einen Teller legen. Den gut entgräteten Lachs ebenso wie die Bambussprossen in 1 cm große Würfel schneiden. In einem Wok (oder einer beschichteten Pfanne) das Olivenöl erhitzen. Zuerst die Bambussprossen hineingeben und leicht anbraten. Dann die Sojabohnensprossen kurz mitdünsten. Schließlich die Lachswürfel zugeben und kurz durchschwenken. Pfanne vom Herd nehmen und die Oystersauce sowie die Hühnersuppe zugießen. Alles vorsichtig mischen und in den vorbereiteten Salatblättern anrichten. Vor dem Servieren mit gehacktem Koriander bestreuen.

Frühlingsrollen mit Hühnerfleisch-Shrimps-Fülle

ZUTATEN FÜR 8 FRÜHLINGSROLLEN

8 Frühlingsrollenblätter (20 x 20 cm, im Asia-Shop erhältlich) · 150 g Hühnerbrust 50 g Cocktailshrimps · 50 g Sojabohnensprossen · 1 Schalotte · 1 Knoblauchzehe 1 daumennagelgroßes Stück Ingwer · 1 kleine Karotte · einige Blätter Weißkraut (60 g) · 2 EL Ketjap Manis · 1 EL Oystersauce · 1 EL Chilisauce · Eiklar zum Bestreichen · Salz · Erdnussöl für den Wok · Pflanzenöl zum Frittieren

ZUBEREITUNG

Die Hühnerbrust in feine Würfel schneiden und salzen. Schalotte, Knoblauch und Ingwer fein hacken. Die Karotte grob reißen, das Weißkraut in feine Streifen schneiden. Etwas Erdnussöl in einem Wok erhitzen und die Hühnerfleischwürfel darin ringsum unter ständigem Rühren anbraten. Schalotten, Knoblauch, Ingwer, Karotten und Weißkraut hinzufügen und für 2 Minuten mitbraten. Dann die Cocktailshrimps und Sprossen zugeben. Vom Herd nehmen und mit Ketjap Manis, Chilisauce sowie Oystersauce abschmecken.

Die Teigblätter auf einer Arbeitsfläche auflegen und die Teigränder mit Eiklar bestreichen. Jeweils etwas Fülle in die Mitte setzen. Dann eine Ecke darüber schlagen, die seitlichen Ecken einschlagen und abschließend zur letzten Ecke hin so einrollen, dass keine Fülle mehr austreten kann. Das Ende jeder Rolle mit Eiklar bestreichen und fest andrücken. In einem großen Topf (Fritteuse) oder im Wok reichlich Pflanzenöl erhitzen und die Frühlingsrollen (bei 180 °C) etwa 3 Minuten knusprig herausbacken. Herausheben und auf Küchenkrepp abtropfen lassen.

BEILAGENEMPFEHLUNG: Chili- und/oder Sojasauce

Veggie-**Wok**

Gemüsetempura mit Wasabi-Mousseline

ZUTATEN FÜR 2 PORTIONEN

1/2 rote Paprikaschote · 1/2 gelbe Paprikaschote · 250 g Zucchini- und Auberginenscheiben · 180 ml Eiswasser · 1 Eiklar · 50 g Reismehl (ersatzweise Maisstärke) · 50 g Weizenmehl · Salz · Öl zum Frittieren

FÜR DIE WASABI-MOUSSELINE

100 g Mayonnaise · 1 KL Wasabikrenpaste · 1 EL geschlagenes Obers

ZUBEREITUNG

Die Zucchini- und Auberginenscheiben in mundgerechte Scheiben, die entkernten Paprikaschoten in 5 mm breite Streifen schneiden.

Für den Tempurateig das Eiswasser mit Eiklar, einer Prise Salz, Reismehl und Weizenmehl glatt

rühren. In einem Wok reichlich Öl erhitzen. Das Gemüse leicht salzen, in den Teig tauchen, abtropfen lassen und im (etwa 180 °C) heißen Öl frittieren. Herausheben und auf Küchenkrepp abtropfen lassen. Für die Wasabi-Mousseline alle Zutaten verrühren. Das gebackene Gemüse in Schälchen oder tiefen Tellern anrichten und mit der Mousseline servieren.

Wok-Gemüse mit Tofu

ZUTATEN FÜR 2 PORTIONEN

**120 g Tofu · 100 g junge Erbsenschoten · 70 g Bohnensprossen (s. Tipp)
50 g Brokkoliröschen · 1 rote Paprikaschote · 100 g Bambussprossen aus der Dose
1 daumennagelgroßes Stück frischer Ingwer · 1 Knoblauchzehe · 1 Schalotte
1/2 gehackte Chilischote · 1/2 Karotte · 2 EL Erdnussöl · 50 ml Geflügelfond
1 EL Oystersauce · 1 EL Sojasauce · 1 TL Maisstärke · Salz, Pfeffer
gehacktes Koriandergrün**

ZUBEREITUNG

Den Tofu in 1,5 cm große Würfel, den geschälten Ingwer und die Bambussprossen in Scheiben, die Karotte in feine Stifte schneiden. Knoblauch und Schalotte fein hacken. Die Paprikaschote halbieren, entkernen und in Streifen schneiden.

Das Erdnussöl in einer Wokpfanne erhitzen, den Tofu darin goldgelb braten, herausnehmen und warm stellen. Ingwer, Knoblauch, Schalotte und Chili im verbliebenen Öl anschwitzen. Karotten, Brokkoli, Erbsenschoten und Paprikastreifen zugeben und unter Rühren einige Minuten braten. Geflügelfond mit Oyster- sowie Sojasauce, Maisstärke und einem Esslöffel Wasser verrühren und das Gemüse damit aufgießen.

Nun Bohnen- und Bambussprossen sowie Tofu unterrühren. Mit Salz und Pfeffer nach Bedarf abschmecken. In Schälchen anrichten und mit gehacktem Koriandergrün bestreuen.

TIPP

Die in diesem Rezept angeführten Mengenangaben für das Gemüse sollten eher als Empfehlung denn als Verpflichtung angesehen werden. Erlaubt ist, was gefällt und schmeckt. Kombinieren Sie ganz nach Lust und Laune, etwa auch mit Pilzen (Austern oder Shiitakepilze), Sojasprossen, Jungzwiebeln oder Lauch.

Wok mit Flossen

Goldbrassenfilet mit Jungzwiebeln und Shiitakepilzen

ZUTATEN FÜR 2 PORTIONEN

2 Goldbrassenfilets à 120 g · 100 g Jungzwiebeln · 12 Shiitakepilze · 1/2 rote Paprikaschote · Koriander · 1 Schalotte · 2 EL Olivenöl · 1 daumennagelgroßes Stück Ingwer · 50 ml Hühnerfond · 3 EL Oystersauce · 1 Msp. Maisstärke Salz, Pfeffer

ZUBEREITUNG

Den geschälten Ingwer ebenso wie die Schalotte fein hacken. Die Jungzwiebeln in Scheiben, die entkernte Paprikaschote in Würfel schneiden, die Pilze vierteln. In einem Wok Olivenöl erhitzen. Jungzwiebeln, Pilze, Paprika, Schalotten und Ingwer zugeben und darin anschwitzen. Mit Koriander würzen. Hühnerfond mit Oystersauce und Maisstärke verrühren und das Gemüse damit aufgießen. Mit Salz sowie Pfeffer abschmecken und noch einmal kurz aufkochen lassen.

Währenddessen die Goldbrassenfilets mit Salz und Pfeffer würzen. In einer Pfanne etwas Öl erhitzen und die Filets rasch auf beiden Seiten braten. Das fertige Gemüse auf Tellern anrichten und die Fischfilets darauf legen.

BEILAGENEMPFEHLUNG: Basmatireis

Thunfisch mit Chilisprossen

ZUTATEN FÜR 2 PORTIONEN

**180 g frisches Thunfischfilet · 1 Chilischote · 1 Knoblauchzehe
50 g Sojabohnensprossen · 50 g Linsensprossen · 2 Jungzwiebeln
1 EL Chilisauce · 1 EL Oystersauce · 1 EL Sojasauce · 1 Msp. Maisstärke
Salz, Pfeffer · Sesamöl zum Anbraten**

ZUBEREITUNG

Das Thunfischfilet in 2 cm große Würfel schneiden. Die Chilischote der Länge nach halbieren, entkernen und ebenso wie die Knoblauchzehe fein hacken. Die Jungzwiebeln fein schneiden. Etwas Sesamöl in einer Wokpfanne erhitzen. Jungzwiebeln, Chili sowie Knoblauch zugeben und darin anschwitzen. Sprossen hinzufügen und alles mit Salz sowie Pfeffer würzen. Zuletzt mit Chilisauce abschmecken. Gemüse wieder herausnehmen und warm stellen.
Nun die Wokpfanne mit Küchenpapier auswischen. Wiederum etwas Sesamöl erhitzen und die Thunfischwürfel darin von allen Seiten kurz anbraten (sie sollen innen noch saftig sein). Währenddessen Oystersauce, Sojasauce, Maisstärke und etwa 2 Esslöffel Wasser verrühren. Den Thunfisch mit dieser würzigen Sauce begießen. Die warmgehaltenen Chilisprossen auf Tellern anrichten und die Thunfischwürfel darauf setzen.

BEILAGENEMPFEHLUNG: Basmatireis

Garnelen-Mango-Wok

ZUTATEN FÜR 2 PORTIONEN

**200 g Garnelen ohne Schale · 1 Mango · 1 Schalotte · 1 kleine Karotte
100 ml Hühnersuppe · 1 TL Kurkuma (Gelbwurz) · 60 ml Kokosmilch
gemahlener Koriander · 1 Chilischote · 2 EL Sesamöl · 1 TL gehacktes
Koriandergrün · Kokosraspel zum Bestreuen · Salz, Pfeffer**

ZUBEREITUNG

Die Mango schälen, Fruchtfleisch auslösen und in 2 cm große Würfel schneiden. Chilischote längs halbieren, entkernen und ebenso wie die Schalotte fein hacken. Karotte in 3 mm dicke Stifte schneiden.
Garnelen mit Salz und Pfeffer würzen. Das Sesamöl in einer Wokpfanne erhitzen und die Garnelen darin rundum kurz anbraten. Herausnehmen und warm stellen. Nun die Mangowürfel, Schalotten und Karottenstifte im Wok anschwitzen. Mit Koriander würzen. Kurkuma, Hühnersuppe und Kokosmilch zugeben. Die Garnelen gemeinsam mit dem gehackten Chili einmengen und einmal aufkochen lassen. In Schälchen anrichten und vor dem Servieren mit Koriandergrün und Kokosraspel bestreuen.

BEILAGENEMPFEHLUNG: Basmatireis und indisches Fladenbrot

Garnelentempura

ZUTATEN FÜR 2 PORTIONEN
250 g mittelgroße Garnelenschwänze (ohne Schale) · 180 ml Eiswasser · 1 Ei 50 g Reismehl (ersatzweise Maisstärke) 50 g Weizenmehl · Salz · glattes Mehl zum Wenden · Sojasauce, Wasabikrenpaste und/oder Chilisauce als Beilage · Öl zum Frittieren

ZUBEREITUNG
Für den Tempurateig das Eiswasser mit Ei, Salz, Reis- und Weizenmehl glatt rühren. Die Garnelen von der Rückseite so durchschneiden, dass das letzte Segment noch erhalten bleibt. Durch den Schnitt erhalten sie dann beim Frittieren die typische „Schmetterlingsform". Den Darm entfernen.
In einem Wok reichlich Öl erhitzen. Die Garnelen in glattem Mehl wenden. Danach einzeln durch den Teig ziehen, Teig ablaufen lassen und im (180 °C) heißen Fett goldbraun frittieren. Herausheben und auf Küchenpapier abtropfen lassen. Mit verschiedenen Saucen zum Dippen (Tunken) servieren.

Vom Wok, vom Pfannenrühren und vom goldenen Schnitt

Im Land seiner Herkunft stand der Wok, das Herzstück jeder chinesischen Küche, meist auf archaischen Kochstellen oder ausgedienten, mit Brennmaterial gefüllten Benzinfässern. Mittlerweile ist der Wok aber auch in europäischen Einbauküchen salonfähig geworden, da sich Wok-Gerichte aufgrund ihrer gesunden Zubereitung größter Beliebtheit erfreuen.
Ein Wok ist im Grunde nichts anderes als eine große, geräumige Kasserolle oder Pfanne. Das Wort stammt aus dem Kantonesischen und bedeutet schlicht „Kochgefäß". Dennoch ist der ursprünglich ausschließlich für offenes Feuer gedachte Wok mit seinem schweren, gewölbten Boden nicht nur ein Gefäß, sondern steht auch für eine bestimmte Kochphilosophie. Diese stützt sich zum einen auf die Verwendung von topfrischen Produkten, zum anderen auf deren schonende und daher gesunde Zubereitung.
Dazu werden die unterschiedlichen Zutaten je nach notwendiger Garungszeit in etwas heißem Öl zwischen einer und vier Minuten nacheinander auf größtmöglicher Hitze und unter ständigem „Pfannenrühren" (so der chinesische Fachausdruck) gebraten. Durch das ständige Rühren und Schwingen des Woks befinden sich die einzelnen Zutaten jeweils immer nur ganz kurz auf dem heißesten Punkt des Woks, also in der Pfannenmitte, und wandern dann wieder an den Rand. Fleisch, Nudeln oder Gemüse werden somit schön gleichmäßig knackig und bissfest gegart. Denn aus dem Wok sollte keineswegs überkochtes, zahnloses Gemüse oder gar Fleisch mit harter Faser kommen. Dazu ist es allerdings auch unerlässlich, dass das Bratgut vorher durch den „goldenen Schnitt" – wie die Chinesen das Zurechtschneiden in gleichmäßig große Stücke bezeichnen – optimal vorbereitet wird.

Wok mit Flügeln

Huhn mit Maiskölbchen

ZUTATEN FÜR 2 PORTIONEN

250 g Hühnerbrustfilet · 100 g eingelegte Maiskölbchen · 50 g Shiitakepilze 1 Hand voll junge Erbsenschoten · 1 Jungzwiebel · 1–2 EL Sesamöl 2 EL Oystersauce · 1 EL Sojasauce · 1 EL Fischsauce (Nuoc Mam) · Salz, Pfeffer

ZUBEREITUNG

Die Hühnerbrust in feine Streifen schneiden und salzen. Die Shiitakepilze vierteln, die Jungzwiebel in Stücke schneiden. Die Erbsenschoten waschen, aber ganz lassen. Sesamöl in einer Wokpfanne erhitzen. Hühnerfleisch zugeben und darin pfannenrührend, d. h. unter ständigem Rühren, knusprig braten.

Hühnerfleisch wieder herausnehmen und zur Seite stellen. Jetzt die Maiskölbchen, Pilze, Erbsenschoten und Jungzwiebelstückchen im verbliebenen Fett in der Wokpfanne unter ständigem Rühren einige Minuten braten. Hühnerfleisch wieder zugeben. Mit Oystersauce, Sojasauce, Fischsauce und Pfeffer würzen. Herausheben und in Schälchen anrichten.

BEILAGENEMPFEHLUNG: Basmatireis oder chinesische Eiernudeln

Foto Seite 267

Huhn mit Erdnüssen und Junglauch

ZUTATEN FÜR 2 PORTIONEN

250 g Hühnerbrustfilet · 60 g geschälte Erdnüsse 2 gehackte Knoblauchzehen · 1 daumennagelgroßes Stück Ingwer · 100 g in feine Streifen geschnittener Junglauch · 1 EL Erdnussöl · 2 EL Oystersauce · 1 EL Chilisauce · 1 Msp. Maisstärke 50 ml Hühnersuppe · 1 TL Sichuan-Pfeffer 1 Prise Zucker · Salz

ZUBEREITUNG

Die Hühnerbrust in feine Streifen schneiden und mit Salz würzen. Den Ingwer schälen und fein hacken. Erdnussöl in einer Wokpfanne erhitzen, die Erdnüsse darin kurz anbraten und wieder herausnehmen. Hühnerfleisch in das verbliebene Fett geben und unter ständigem Rühren im Wok knusprig braten. Herausnehmen und zur Seite stellen. Knoblauch, Ingwer und Junglauch in der Wokpfanne unter ständigem Rühren einige Minuten braten. Dann Hühnerfleisch und Erdnüsse wieder zugeben. Oyster- sowie Chilisauce mit Maisstärke, Hühnersuppe, Pfeffer und Zucker verrühren und in den Wok gießen. Alles nochmals kurz aufkochen lassen und abschmecken. In kleine Schalen füllen und servieren.

BEILAGENEMPFEHLUNG: Basmatireis oder chinesische Eiernudeln

Ingwerente

ZUTATEN FÜR 2 PORTIONEN

200 g Entenbrust ohne Haut · 1 Knoblauchzehe · 1 kleines Stück Ingwerwurzel (ca. 20 g) · 1 rote Paprikaschote · 200 g Ananas · 50 g Schalotten · 4 EL Nussöl 3 EL Sojasauce · 1 EL Chilisauce · 1 TL Maisstärke

VORBEREITUNG

Die Ananas schälen, Augen ausstechen, den holzigen Strunk entfernen und das Fruchtfleisch in 1 cm große Würfel schneiden.

FÜR BESONDERS EILIGE

Verwenden Sie statt frischer Ananas bereits vorbereitete Ananas aus der Dose, die allerdings vor dem Anbraten mit Küchenkrepp gut trockengetupft werden muss.

ZUBEREITUNG

Die Entenbrust quer in dünne Streifen schneiden. Knoblauchzehe und Ingwer schälen und beides in feine Stifte schneiden. Paprikaschote halbieren, entkernen und Fruchtfleisch in 1 cm große Stücke schneiden. Geschälte Schalotten in Spalten schneiden. Die Entenbruststreifen mit etwas Maisstärke bestäuben. Nussöl im Wok sehr heiß werden lassen, Entenbruststreifen unter ständigem Rühren ca. 1 Minute anbraten und wieder herausnehmen. Knoblauch, Ingwer, Schalotten, Ananas- und Paprikastücke gemeinsam kurz anbraten. Die gebratenen Fleischscheiben wieder untermischen. Sojasauce, Chilisauce und etwa 3 Esslöffel Wasser miteinander verrühren und in den Wok gießen. Alles zusammen noch 1 Minute köcheln lassen. Ingwerente auf vorgewärmten Tellern anrichten und mit Reis servieren.

BEILAGENEMPFEHLUNG: Basmatireis

Ente mit roten Bohnen und Paprika

ZUTATEN FÜR 2 PORTIONEN

200 g Entenbrust ohne Haut
100 g rote Bohnen aus der Dose
1/2 rote Paprikaschote · 1 Hand voll junge Erbsenschoten
1 Knoblauchzehe · 1 daumennagelgroßes Stück Ingwer
1 EL Sojasauce · 1 EL Chilisauce
1 EL Oystersauce · 50 ml Hühnersuppe · 1 Msp. Maisstärke · Salz, Pfeffer · 1 EL Sesamöl

ZUBEREITUNG

Die Knoblauchzehe sowie den geschälten Ingwer fein hacken. Von der Entenbrust die Haut abziehen und das Fleisch in feine Streifen schneiden. Mit Salz und Pfeffer würzen. Die Paprikaschote entkernen und in Streifen schneiden.

Das Sesamöl in einer Wokpfanne erhitzen. Entenbruststreifen einlegen und unter ständigem Rühren anbraten. Fleisch herausnehmen. Paprikastreifen, geputzte Erbsenschoten, Knoblauch und Ingwer zugeben und ebenfalls unter mehrmaligem Rühren ca. 1 Minute lang braten. Inzwischen die Sojasauce mit Chilisauce, Oystersauce, Hühnersuppe sowie Maisstärke verrühren und in den Wok gießen. Das Fleisch und die Bohnen zugeben und alles noch 1 Minute köcheln lassen. In Schälchen anrichten.

BEILAGENEMPFEHLUNG: Basmatireis oder chinesische Eiernudeln

Ente mit Kürbis und Chili

ZUTATEN FÜR 2 PORTIONEN

200 g Entenbrust ohne Haut · 100 g Kürbisfleisch · 1 gehackte Chilischote
1 Hand voll junge Erbsenschoten · 1 Jungzwiebel · 1 Knoblauchzehe · 1 daumennagelgroßes Stück Ingwer · 1 EL Sojasauce · 1 EL Chilisauce · 1 EL Oystersauce
50 ml Hühnersuppe · 1 Msp. Maisstärke · Salz, Pfeffer · 1 EL Sesamöl

ZUBEREITUNG

Die Entenbrüste enthäuten und das Fleisch in feine Streifen schneiden. Mit Salz und Pfeffer würzen. Den Ingwer schälen und ebenso wie die Knoblauchzehe fein hacken. Die Jungzwiebel in feine Ringe schneiden, das Kürbisfleisch in 3 mm breite Streifen schneiden.

In einer Wokpfanne das Sesamöl gut erhitzen. Die Entenbruststreifen darin pfannenrührend, d. h. unter ständigem Rühren, anbraten. Fleisch herausheben. Gehackte Chilischote, Knoblauch, Ingwer, Kürbis, Jungzwiebel und Erbsenschoten zugeben und darin unter mehrmaligem Rühren ca. 1 Minute braten.

Währenddessen Sojasauce, Chilisauce, Oystersauce, Hühnersuppe sowie Maisstärke verrühren und diesen Fond in den Wok gießen. Durchrühren und das Fleisch wieder zugeben. Alles noch 1 Minute köcheln lassen. Dann in Schälchen anrichten.

BEILAGENEMPFEHLUNG: Basmatireis oder chinesische Eiernudeln

Meat-**Wok**

Schweinsfilet mit Lauch- und Jungzwiebelstreifen

ZUTATEN FÜR 2 PORTIONEN

200–250 g Schweinsfilet (Schweinslungenbraten) · 1/2 Stange Lauch · 2 Jungzwiebeln · 100 g Kürbisfleisch · 2 EL Sojasauce · 2 EL Chilisauce · 2 EL Oystersauce · 1 Msp. Maisstärke · 1 TL Zucker · Salz, Pfeffer · 2 EL Sesamöl

ZUBEREITUNG

Den Lauch und die Jungzwiebeln in feine Streifen, das Kürbisfleisch in Würfel, das Schweinsfilet in dünne Streifen schneiden. Für die Marinade die Sojasauce mit Chilisauce, Oystersauce, Maisstärke sowie Zucker verrühren und das Fleisch damit begießen. Mit Salz und Pfeffer würzen.

In einer Wokpfanne das Sesamöl erhitzen. Die Fleischstreifen abtropfen lassen, zugeben und im Wok pfannenrührend, also unter ständigem Rühren anbraten. Fleisch herausnehmen. In der Wokpfanne nun die Kürbiswürfel mit den Lauch- und Jungzwiebelstreifen anschwitzen. Fleisch sowie die restliche Marinade zugeben und alles einmal aufkochen lassen. Mit Salz und Pfeffer abschmecken und in Schälchen anrichten.

BEILAGENEMPFEHLUNG: Basmatireis oder chinesische Eiernudeln

Schweinefleisch süß-sauer

ZUTATEN FÜR 2 PORTIONEN

250 g Schweinefleisch (am besten Schweinslungenbraten) · einige junge Erbsenschoten · 1/2 kleine Karotte · 1 Schalotte · 1 Knoblauchzehe · 6 Shiitakepilze 2 EL Sojasauce · 1 EL Chilisauce · 1 TL Zucker · 1 daumennagelgroßes Stück Ingwer 1 Msp. Maisstärke · 50 ml Hühnersuppe · 1 Msp. Fünf-Gewürze-Pulver (Five Spices) Salz, Pfeffer · 1 EL Erdnussöl

ZUBEREITUNG

Das Schweinefleisch in 5 mm dicke Scheiben und diese wiederum in 1 cm breite Streifen schneiden. Die Erbsenschoten schräg in Rauten, die Karotte in 3 mm feine Stifte schneiden. Ingwer, Schalotte und Knoblauch fein hacken. Die Shiitakepilze vierteln. Die Sojasauce mit Chilisauce, einer Prise Zucker, Ingwer, Maisstärke, Hühnersuppe und dem Fünf-Gewürze-Pulver verrühren.

Das Erdnussöl in einer Wokpfanne erhitzen. Die Schweinefleischstreifen mit Salz sowie Pfeffer würzen und im Wok unter ständigem Rühren anbraten. Fleisch herausnehmen und warm stellen. Erbsenschoten, Karotten, Schalotten, Knoblauch und Shiitakepilze zugeben und 1 Minute pfannenrührend, d. h. unter ständigem Rühren, braten. Das Fleisch wiederum zugeben. Mit dem Saucengemisch aufgießen und nochmals kurz aufkochen lassen. In Schalen anrichten.

BEILAGENEMPFEHLUNG Basmatireis

Rindsfiletstreifen mit jungem Gemüse

ZUTATEN FÜR 2 PORTIONEN

200 g Rindsfilet (Rindslungenbraten) · 1/2 gelbe Paprikaschote · 1/2 rote Paprikaschote · 1 Hand voll junge Erbsenschoten · 50 g Shiitakepilze · 50 g Sprossen 3 EL Sojasauce · Salz, Pfeffer · 1 EL Chilisauce · 1 EL Oystersauce · gemahlener Koriander · 1 Msp. Maisstärke · 2 EL Sesamöl

FÜR DEN FOND

1 gehackte Knoblauchzehe · 50 ml Rindsuppe · 2 EL helle Sojasauce 1 EL gehackte Petersilie

ZUBEREITUNG

Rindsfilet in feine Streifen schneiden. Für die Marinade die Sojasauce mit Chilisauce, Oystersauce, gemahlenem Koriander und Maisstärke verrühren. Die Filetstreifen damit beträufeln und mit Salz sowie Pfeffer würzen. Kurz marinieren lassen.
Währenddessen die Paprikaschoten entkernen und in Streifen schneiden. Erbsenschoten in Rauten, die Shiitakepilze in mundgerechte Stücke schneiden. Für den Fond alle Zutaten verrühren.
Nun in einer Wokpfanne das Sesamöl erhitzen. Das Fleisch aus der Marinade heben, etwas abtropfen lassen und im Wok unter ständigem Rühren anbraten. Fleisch herausheben und warm stellen. Paprika, Erbsenschoten und Pilze zugeben und im Wok 1 Minute braten. Fleisch wiederum untermengen. Mit dem Fond sowie der restlichen Marinade aufgießen. Sprossen zugeben. Alles einmal kurz aufkochen lassen und dann in Schalen anrichten.
BEILAGENEMPFEHLUNG: Basmatireis

Shredded Beef

ZUTATEN FÜR 2 PORTIONEN

250 g Rindsfilet (Rindslungenbraten) · 1 Schalotte · 1 Knoblauchzehe 1/2 grüne Paprikaschote · 1/2 rote Paprikaschote · 2 EL Oystersauce 1 Msp. Maisstärke · 2 EL Sojasauce · 2 EL Chilisauce · 1 EL Sesamöl Prise Zucker · Salz, Pfeffer

ZUBEREITUNG

Rindsfilet in feine Streifen schneiden. In einer Schüssel Zucker mit Salz, Maisstärke, Soja- sowie Chilisauce verrühren und die Rindsfiletstreifen damit marinieren. Die Paprikaschoten entkernen und in feine Streifen schneiden. Die Schalotte sowie die Knoblauchzehe fein hacken.
Das Sesamöl in einer Wokpfanne erhitzen. Die marinierten Filetstreifen kurz abtropfen lassen und im Wok pfannenrührend, also unter ständigem Rühren anbraten. Herausnehmen und warm stellen. Schalotte, Knoblauch und Paprikaschoten im Wok ebenfalls unter stetem Rühren etwa 1 Minute braten. Fleisch wieder zugeben und Oystersauce gemeinsam mit etwa 2 Esslöffeln Wasser einrühren. Mit Salz sowie Pfeffer würzen und in Schälchen angerichtet servieren.
BEILAGENEMPFEHLUNG: Basmatireis oder chinesische Eiernudeln

Foto rechte Seite

Lamm mit Trompetenpilzen

ZUTATEN FÜR 2 PORTIONEN

200–250 g Lammrücken (ohne Knochen) · 100 g Trompetenpilze (ersatzweise Shiitakepilze) · 50 g Sojabohnensprossen · 50 g rote Paprikastreifen 1 Jungzwiebel · 1 Knoblauchzehe · 2 EL Chilisauce · 2 EL Sojasauce für die Marinade 1 Msp. Maisstärke · 1–2 EL Erdnussöl · Prise Zucker · Salz, Pfeffer · 1 EL Sojasauce zum Abschmecken

ZUBEREITUNG

Den Lammrücken in feine Streifen schneiden. Für die Marinade Chilisauce, Sojasauce, Maisstärke sowie Zucker verrühren und das Fleisch damit beträufeln. Mit Salz sowie Pfeffer würzen. Die Lammstreifen durchmischen und kurz ziehen lassen. Die Trompetenpilze in mundgerechte Stücke teilen. Die Jungzwiebel in Streifen schneiden, den Knoblauch fein hacken.

In einem Wok das Erdnussöl erhitzen. Die Lammstreifen abtropfen lassen und im Wok unter ständigem Rühren anbraten. Herausnehmen und warm stellen. In der Wokpfanne nun Knoblauch, Pilze, Jungzwiebel- und Paprikastreifen anschwitzen. Fleisch wieder hinzugeben und Sojasauce sowie 50 ml Wasser seitlich zugießen. Einmal aufkochen lassen und abschließend die Bohnensprossen einrühren. In Schälchen anrichten.

BEILAGENEMPFEHLUNG: Basmatireis oder chinesische Eiernudeln

Wok & Noodles

Knusprige Reisnudeln mit Garnelen

ZUTATEN FÜR 2 PORTIONEN

100 g dünne Reisnudeln
150 g mittel-große Garnelen ohne Schale
2 Jungzwiebeln · 80 g Bohnensprossen
12 Cocktailtomaten · 1 daumennagelgroßes Stück Ingwer · 2 EL Sojasauce
2 EL Chilisauce · 1 Msp. Maisstärke
1 EL Sesamöl · Öl zum Backen
Salz, Pfeffer

ZUBEREITUNG

Die Reisnudeln auseinanderzupfen. In einem Topf reichlich Öl erhitzen und die Nudeln darin frittieren, bis sie sich aufgebläht haben. Nudeln wieder herausnehmen und auf Küchenpapier abtropfen lassen.

Inzwischen die Jungzwiebeln in Stücke schneiden, die Cocktailtomaten quer halbieren und den Ingwer fein hacken. Die Garnelen mit Salz und Pfeffer würzen. Sesamöl in einer Wokpfanne erhitzen und die Garnelen darin 2 Minuten pfannenrührend, d. h. unter ständigem Wenden, braten. Jungzwiebeln, Bohnensprossen, Ingwer und Cocktailtomaten zugeben und für 1 Minute mitbraten. Dann Sojasauce mit Chilisauce, 2 Esslöffeln Wasser sowie Maisstärke verrühren und diese Mischung in den Wok eingießen. Alles gut durchrühren und einmal aufkochen lassen. Auf 2 tiefe Teller (oder Schalen) verteilen und mit den knusprigen Reisnudeln anrichten.

Bami Goreng

ZUTATEN FÜR 2 PORTIONEN

125 g chinesische Eiernudeln · 200 g Hühnerbrust · 50 g Cocktailshrimps 2 in feine Ringe geschnittene Jungzwiebeln · 2 fein gehackte Knoblauchzehen 1 Chilischote · 1 daumennagelgroßes Stück frischer Ingwer · 2 EL Erdnussöl 2 EL Sojasauce · 40 ml Hühnersuppe · Salz · Prise Zucker

ZUBEREITUNG

In einem Topf reichlich Salzwasser aufkochen lassen und die Nudeln darin nach Anleitung etwa 4 Minuten bissfest kochen. Danach herausnehmen und gut abtropfen lassen. Erdnussöl in einer Wokpfanne erhitzen, die Nudeln darin knusprig anbraten, wieder herausnehmen und warm stellen.

Währenddessen die Hühnerbrust in feine Streifen schneiden und salzen. Die entkernte Chilischote sowie den geschälten Ingwer fein hacken, dabei die Kerne der Chilischote entfernen. Nun die Hühnerbruststreifen in der Wokpfanne im verbliebenen Fett rasch braten. Shrimps, Jungzwiebeln, Knoblauch, Ingwer und Chili zufügen und alles etwa 1 Minute mitbraten. Sojasauce und Hühnersuppe seitlich zugießen. Mit einer Prise Zucker und etwas Salz abschmecken. Die gebratenen Nudeln unterrühren und in kleinen Schalen oder tiefen Tellern anrichten.

Chinesische Eiernudeln mit gepfefferter Hühnerbrust

ZUTATEN FÜR 2 PORTIONEN

125 g chinesische Eiernudeln · 200 g Hühnerbrustfilet · 1 Schalotte · 1 Knoblauchzehe · 100 g Ananaswürfel aus der Dose
1 kleines Stück Ingwer (20 g) · 2 EL Erdnussöl · 1 TL grob gestoßener weißer Pfeffer
Salz · 1 EL Sojasauce · 1 EL Sweet Chilisauce

ZUBEREITUNG

In einem großen Topf reichlich Salzwasser aufkochen und die Eiernudeln darin nach Anleitung (4–5 Minuten) bissfest kochen.
Inzwischen die Hühnerbrust in feine Streifen schneiden. Mit Salz und gestoßenem Pfeffer würzen. Das Erdnussöl in einer Wokpfanne erhitzen und die Hühnerbruststreifen darin unter ständigem Rühren rasch anbraten. Herausnehmen und warm stellen.
Die Schalotte, die Knoblauchzehe sowie den Ingwer fein hacken und alles mit den Ananaswürfeln 1 Minute in der Wokpfanne braten. Hühnerbruststreifen untermengen und mit Soja- sowie Chilisauce abschmecken. Die „al dente" gekochten Eiernudeln abgießen, abtropfen lassen und untermengen. In Schälchen oder tiefen Tellern anrichten.

Schweinefleisch „hot" mit Eiernudeln

ZUTATEN FÜR 2 PORTIONEN

125 g chinesische Eiernudeln · 250–300 g Schweinefleisch (am besten Schweinslungenbraten) · 2 Knoblauchzehen · 1 daumennagelgroßes Stück Ingwer
1 Chilischote (nach Belieben auch mehr) · 100 g Jungzwiebeln · 100 g gehackte Tomaten aus der Dose · 50 g Bohnensprossen · 2 EL Erdnussöl · 1 EL Fischsauce
2 EL Sojasauce · 1 Msp. Kurkumapulver · Chilisauce nach Belieben
Salz, Pfeffer

ZUBEREITUNG

In einem großen Topf reichlich Salzwasser aufkochen und die Eiernudeln darin nach Anleitung (4–5 Minuten) bissfest kochen. Nudeln abgießen und abtropfen lassen.
Währenddessen das Schweinefleisch in feine Streifen schneiden und mit Salz sowie Pfeffer würzen. Knoblauch und Ingwer fein hacken. Die Chilischote längs halbieren, die Kerne entfernen und ebenso wie die Jungzwiebeln in feine Scheiben schneiden.
Das Erdnussöl in einer Wokpfanne erhitzen. Die gewürzten Schweinefleischstreifen zugeben und unter wiederholtem Rühren von allen Seiten kurz anbraten. Wieder herausnehmen und zur Seite stellen. Nun die gehackten Tomaten gemeinsam mit den Jungzwiebeln, dem Knoblauch, dem Ingwer und dem Chili ebenfalls im Wok etwa 1 Minute anschwitzen. Dann das Fleisch wieder einmengen und mit Fischsauce, Sojasauce und Kurkuma würzen. Nach Belieben noch mit Chilisauce scharf „nachwürzen". Die Sprossen zugeben und aufkochen lassen. Die abgetropften Eiernudeln untermengen und in tiefen Tellern oder Schälchen anrichten.

Schweinsfilet mit Garnelen und Eiernudeln

ZUTATEN FÜR 2 PORTIONEN

200 g Schweinsfilet (Schweinslungenbraten) · 6 mittelgroße Garnelen ohne Schale 200 g chinesische Eiernudeln · 1 Tomate · 1 Schalotte · 100 g Sojasprossen 2 EL Chilisauce · 100 ml Kokosmilch · 2 EL Oystersauce · 1 TL Zucker · Salz, Pfeffer 2 EL Sesamöl · 1 EL geschnittener Schnittlauch

VORBEREITUNG

Die Tomate kurz blanchieren (mit brühendem Wasser übergießen), kalt abschrecken und die Haut abziehen. Vierteln, entkernen und das Fruchtfleisch grobwürfelig schneiden.

FÜR BESONDERS EILIGE

Je nach Belieben entweder eine ungeschälte Tomate in Würfel schneiden oder eine geschälte Tomate aus der Dose verarbeiten.

ZUBEREITUNG

Das Schweinsfilet in 5 mm dicke Streifen, die Schalotte in Spalten schneiden. In einem Topf reichlich Salzwasser aufkochen und die Nudeln darin nach Anleitung (ca. 4 Minuten) bissfest kochen. Abgießen und abtropfen lassen.

Inzwischen in einer Wokpfanne das Sesamöl erhitzen. Die Schweinsfiletstreifen sowie die Garnelen zugeben und unter kräftigem Rühren scharf anbraten. Sprossen, Tomatenwürfel sowie Schalotten zugeben und kurz mitbraten. Chilisauce, Kokosmilch, Oystersauce und Zucker zugeben und alles gut verrühren. Die gekochten, abgetropften Eiernudeln untermengen und mit Salz sowie Pfeffer abschmecken. Gericht in Schälchen oder tiefen Tellern anrichten und mit gehacktem Schnittlauch bestreut servieren.

Die zehn Gebote der Wok-Küche

- *Sorgen Sie dafür, dass vor Kochbeginn alle Zuputz- und Schneidarbeiten erledigt sind und alle Zutaten in etwa die gleiche Größe und Dicke haben. Nur so können dieselben auch gleichmäßig durchgaren.*
- *Achten Sie auf ein möglichst komplettes Mise-en-place (Vorbereiten sämtlicher Zutaten und Gewürze), da während des Kochens alles sehr schnell gehen muss. Vergewissern Sie sich daher zuvor auch, ob essentielle Werkzeuge wie Dämpfgitter, Dünsteinsatz, Schaumlöffel, Holzspatel, Stäbchen etc. vorhanden und leicht greifbar sind.*
- *Lassen Sie das Öl vor dem Einlegen der ersten Zutat im Wok so heiß werden, dass es gerade nicht zu rauchen beginnt. Eingelegte Zutaten müssen immer braten und dürfen keinesfalls gedünstet werden.*
- *Sollten Ihre Zutaten (etwa Röstgemüse, Hühnerfleisch und Shrimps) unterschiedliche Garzeiten erfordern, so legen Sie bitte stets jene mit der längeren Garzeit zuerst ein, bevor Sie nach und nach die anderen hinzufügen.*
- *Halten Sie sich wie die Chinesen an das extrem hitzebeständige Erdnussöl als Bratfett. Sollte Erdnussöl in Ihrer Küche fehlen, können Sie ersatzweise auch Sonnenblumen- oder Maiskeimöl verwenden. In kleinen Mengen ist auch Sesamöl zum Kurzbraten geeignet.*
- *Meiden Sie alle Öle, die schnell überhitzt werden. Vor allem Butter, Margarine und so gut wie alle kaltgepressten Öle sind für den Wok völlig ungeeignet.*
- *Halten Sie das Bratgut durch ständiges Rühren in einer stetig kreisenden Bewegung, damit alle Zutaten sowohl mit dem heißen Wokboden als auch mit den seitlichen Garflächen in Berührung kommen.*
- *Besteht die Gefahr, dass die eine oder andere Zutat austrocknet, gießen Sie niemals Öl, sondern lieber etwas Fond, Würzsauce oder Wasser nach.*
- *Garen Sie alle Zutaten, vor allem auch das Gemüse, nur bissfest.*
- *Bestäuben Sie bereits mariniertes Fleisch vor dem Braten mit etwas Mehl oder Stärke. Es erhält dadurch eine knusprige Oberfläche und das Fleisch verliert nicht an Feuchtigkeit und Geschmack.*

Pasta à la minute

SPAGHETTI, TORTELLINI, TAGLIATELLE & CO.
WÄHREND DIE NUDELN KOCHEN, DAMPFT SCHON DAS SUGO

Spaghetti, Spaghettini, Linguine und Capellini

Spaghetti al limone

(SPAGHETTI MIT ZITRONENSAUCE)

ZUTATEN FÜR 2 PORTIONEN

200 g Spaghetti · 4 EL Pinienkerne
120 g Mascarpone · 80 g Crème fraîche · abgeriebene Schale und Saft von 1/2 unbehandelten Zitrone
Salz, Pfeffer · Tabascosauce · etwas Zitronenmelisse · Olivenöl

ZUBEREITUNG

Spaghetti in kochendem Salzwasser „al dente" kochen. Inzwischen für die Zitronensauce die Pinienkerne in einer Pfanne ohne Fettzugabe rösten. In einem Topf Mascarpone, Crème fraîche, abgeriebene Zitronenschale und Zitronensaft erhitzen und mit Salz, Pfeffer sowie Tabascosauce würzen. Die Zitronenmelisse in Streifen schneiden und in die Sauce einmengen. Die bissfest gekochten Spaghetti aus dem Kochwasser heben, abtropfen lassen und mit etwas Olivenöl vermischen. Spaghetti in tiefen Tellern anrichten und mit der Zitronensauce übergießen. Vor dem Servieren mit den gerösteten Pinienkernen bestreuen.

Spaghetti al pomodoro

(SPAGHETTI MIT TOMATEN-BASILIKUM-SUGO)

ZUTATEN FÜR 2 PORTIONEN

200 g Spaghetti · 200 g gehackte Tomaten aus der Dose · 60 ml Weißwein
60 ml Gemüsefond · 1 TL Ketchup · frisch gehacktes Basilikum · Olivenöl
Salz, Pfeffer · Tabascosauce · frisch gehobelter Parmesan

ZUBEREITUNG

Spaghetti in reichlich Salzwasser bissfest kochen. Inzwischen die gehackten Tomaten in etwas Olivenöl andünsten. Mit Weißwein ablöschen und etwas einkochen lassen. Gemüsefond und Ketchup einrühren und nochmals aufkochen lassen. Basilikum einmengen und mit Salz, Pfeffer sowie Tabascosauce abschmecken.

Die „al dente" gekochten Spaghetti aus dem Kochwasser heben, abtropfen lassen und mit etwas Olivenöl vermischen. Nudeln unter das Sugo mischen und in tiefen Tellern anrichten. Mit frisch gehobeltem Parmesan bestreuen.

Spaghettini mit Estragonpesto

ZUTATEN FÜR 2 PORTIONEN

200 g Spaghettini (sehr dünne Spaghetti) · 100 g Kirschtomaten
1 Bund Estragon · 1 Knoblauchzehe · 2–3 EL frisch geriebener Parmesan
2 EL Pinienkerne · 1 EL Dijonsenf · 50 ml Olivenöl · Salz, Pfeffer
gehobelter Parmesan zum Bestreuen

ZUBEREITUNG

In einem großen Topf Salzwasser aufkochen, Spaghettini zugeben und „al dente" kochen. Währenddessen die Kirschtomaten halbieren, die Estragonblätter abzupfen. Geriebenen Parmesan, Knoblauchzehe, Pinienkerne, Dijonsenf, Estragonblätter und Olivenöl zu einem sämigen Pesto mixen. Pesto mit Salz und Pfeffer abschmecken.

Die bissfest gekochten Spaghettini aus dem Kochwasser heben und abtropfen lassen. Spaghettini mit dem Pesto vermengen und die Kirschtomaten untermischen. Spaghettini in tiefen Tellern anrichten und den Parmesan darüber hobeln. *Foto Seite 288/1*

Pasta ist gesund

Man schrieb das Jahr 1932, als der italienische Futurist und Gastrosoph F. T. Marinetti in einem flammenden Pamphlet „die Abschaffung der Pasta asciutta, dieser absurden Religion der italienischen Gastronomie" forderte. Sie sei, so meinte er, schlecht verdaulich, schade Leber und Bauchspeicheldrüse und führe zu Schlappheit, Pessimismus, nostalgieverliebtem Nichtstun und Gleichgültigkeit.

Selten hat sich ein Futurist so sehr in seiner Einschätzung geirrt. Denn würde signor Marinetti heute noch leben, er würde sich mit einer Ernährungsphysiologie konfrontiert sehen, die zwar wenig mit den von ihm seinerzeit propagierten „essbaren Fleischplastiken", dafür aber spätestens seit der Erfindung der „Mittelmeerdiät" mit der fettarmen, aber eiweiß- und ballaststoffreichen Pasta umso mehr anzufangen weiß. Und weil die Italiener offenbar schon immer ahnten, dass Pasta so gut wie keine Vitamine hat, haben sie schließlich ganze Kochbücher voller Sugorezepte verfasst, die von Fisch, Gemüse und ungesättigten Fettsäuren nur so strotzen. Auch vor dem nicht ganz unerheblichen Brennwert von 360 Kalorien pro 100 Gramm braucht man nicht gleich in Deckung zu gehen. Vor allem dann nicht, wenn man sich wie die Italiener an die alte Faustregel hält, dass sich eine Pastaportion idealerweise aus 70 Gramm Nudeln und 70 Gramm Sugo zusammensetzt. Eine durchaus überschaubare Menge also, die zwar sättigt, aber im Gegensatz zu signor Marinettis Befürchtungen keineswegs müde und schlaff macht. Diese Erkenntnis haben mittlerweile wohl auch all jene modernen Köche gewonnen, die die vielen „beautiful people" in ihren Designer-Lokalen nicht zuletzt durch immer neue Pasta-Kreationen bei Figur und Laune halten.

Pastagerichte zählen aber auch im schnelllebigen Doppelbelastungs-Haushalt zu den „fast runners", weil sie sich, ohne deshalb zwangsläufig Fast Food zu sein, schnell und unaufwändig herstellen lassen und es außerdem mittlerweile dank moderner Kühlketten zahlreiche Spielarten von gefüllter Convenience-Pasta in durchaus beachtlicher Qualität gibt.

Vollkornspaghetti mit Mozzarella und Tomaten

ZUTATEN FÜR 2 PORTIONEN

200–250 g Vollkornspaghetti · 350 g geschälte Tomaten aus der Dose · 100 g Mozzarella
5 EL Olivenöl · ca. 8 geschnittene Basilikumblätter · 1 TL getrockneter Oregano
ca. 8 kleine Kapern · 1 EL Balsamicoessig · Salz, Pfeffer · frisch geriebener Parmesan

ZUBEREITUNG

In einem großen Topf Salzwasser zum Kochen bringen und die Vollkornspaghetti darin bissfest kochen. Inzwischen die grob geschnittenen Tomaten in heißem Olivenöl kurz anschwitzen. Geschnittene Basilikumblätter, Oregano und Kapern zugeben. Mit Balsamicoessig, Salz und Pfeffer abschmecken. Den Mozzarella in dünne Scheiben schneiden.

Die „al dente" gekochten Vollkornspaghetti aus dem Kochwasser heben, abtropfen lassen und mit den Mozzarellascheiben und dem Tomatensugo vermengen. Vollkornspaghetti in tiefen Tellern anrichten und mit frisch geriebenem Parmesan bestreuen.

Keine Angst vor Vollkornpasta!

Zugegeben: Die klassische weiße Pasta hat schon ihre geschmacklichen Meriten. Wenn man andererseits die ernährungsphysiologischen Analysen von Vollkornpasta liest, ist man schnell geneigt, einmal einen Vollkornspaghettitag einzulegen. Immerhin enthalten Vollwertnudeln ziemlich exakt doppelt so viel Vitamine, Spurenelemente und Mineralstoffe wie gewöhnliche Eiernudeln. Vollkornnudeln machen obendrein schneller satt, sind auch für Diabetiker geeignet und senken dadurch, dass die darin enthaltenen Ballaststoffe die cholesterinerhöhende Gallensäure ausscheiden, den Cholesterinspiegel im Blut.

Spaghetti mit Morcheln und Kohlrabi

ZUTATEN FÜR 2 PORTIONEN

200 g Spaghetti · 80 g Morcheln · 100 g Kohlrabi · 1 EL Butter zum Anschwitzen 1 fein gehackte Schalotte · 60 ml Madeira · 40 ml brauner Fond (im Delikatessenhandel erhältlich) · 3 EL geschlagenes Obers · Kerbel zum Garnieren Salz, Pfeffer

ZUBEREITUNG

Reichlich Salzwasser in einem großen Topf aufkochen lassen und die Spaghetti darin „al dente" kochen. Inzwischen die Morcheln gründlich waschen und halbieren. Kohlrabi schälen und in 5 mm große Würfel schneiden. Butter erhitzen und die gehackte Schalotte, die Morcheln sowie die Kohlrabiwürfel darin anschwitzen. Mit Salz und Pfeffer würzen. Mit Madeira sowie braunem Fond aufgießen und einmal aufkochen lassen.

Die bissfest gegarten Spaghetti abseihen, gut abtropfen lassen und mit der Morchelsauce vermischen. Nochmals abschmecken. Abschließend das geschlagene Obers unterheben. In tiefen Tellern anrichten und mit Kerbel bestreuen. *Foto Seite 288–289/2*

Spaghetti aglio e olio

(SPAGHETTI MIT KNOBLAUCH UND OLIVENÖL)

ZUTATEN FÜR 2 PORTIONEN

250 g Spaghetti · 4 EL Olivenöl · 4 gehackte Knoblauchzehen 1/2 fein gehackte Chilischote · 2 EL gehackte Petersilie · Salz, Pfeffer frisch gehobelter Parmesan oder Pecorino

ZUBEREITUNG

In einem Topf reichlich Salzwasser zum Kochen bringen und die Spaghetti darin „al dente" kochen. Währenddessen in einer Pfanne das Olivenöl erhitzen. Den Knoblauch darin sanft anschwitzen (er sollte nicht braun werden) und salzen. Gehackte Chilischote und Petersilie beigeben. Die bissfest gekochten Spaghetti aus dem Kochwasser heben und mit dem Olivenöl-Knoblauch-Sugo vermischen. Mit frisch gemahlenem Pfeffer pikant abschmecken. In vorgewärmten tiefen Tellern anrichten und vor dem Servieren mit frisch gehobeltem Käse bestreuen. *Foto Seite 289/3*

1

4

2

3

5

6

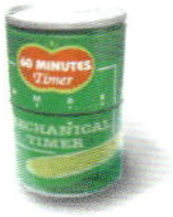

Spaghetti alle vongole superiore

ZUTATEN FÜR 2 PORTIONEN

200 g Spaghetti · 200 g Vongole (Venusmuscheln) · 1 rote Paprikaschote 1 EL gehackte Petersilie · frisch gehackter Thymian · 1 gehackte Knoblauchzehe Zucker · Olivenöl · 1 EL gehackte Mandeln · Pecorino oder junger Parmesan zum Bestreuen · Salz, Pfeffer

VORBEREITUNG

Die Muscheln gründlich spülen und waschen, geöffnete Muscheln aussortieren.

FÜR BESONDERS EILIGE

Im Supermarkt werden auch tiefgekühlte oder vakuumverpackte Muscheln angeboten, die bereits geputzt sind.

ZUBEREITUNG

Spaghetti in ausreichend viel siedendem Salzwasser „al dente" kochen. Währenddessen die Paprikaschote halbieren, entkernen und in kleine Würfel schneiden. Knoblauch fein hacken. In einer Pfanne Olivenöl erhitzen und Knoblauch sowie Paprika darin anschwitzen. Die gehackten Mandeln und eine Prise Zucker einstreuen, einen Schuss Wasser zugießen.
Mit Salz und Pfeffer würzen. Einen kräftigen Schuss Olivenöl einrühren und die Muscheln zugeben. Die gehackten Kräuter einstreuen und nun alles zugedeckt ca. 4 Minuten ziehen lassen, bis sich die Muscheln geöffnet haben. Bissfest gegarte Spaghetti abgießen, abtropfen lassen und unter die Muscheln mengen. In vorgewärmte tiefe Teller geben und mit frisch geriebenem Käse bestreuen.

Spaghetti alla carbonara

ZUTATEN FÜR 2 PORTIONEN

200 g Spaghetti · 1 EL Butter · 1 fein gehackte Zwiebel · 100 g Beinschinken 125 ml Schlagobers · 1 Tomate · Salz, Pfeffer · 1 EL gehackte Petersilie · Olivenöl frisch geriebener Parmesan

VORBEREITUNG

Die Tomate in siedendem Wasser kurz pochieren (überbrühen), schälen, entkernen und in Würfel schneiden.

FÜR BESONDERS EILIGE

Schneiden Sie eine ungeschälte Tomate in kleine Würfel.

ZUBEREITUNG

In einem Topf reichlich Salzwasser aufkochen lassen, die Spaghetti einlegen und bissfest kochen. Für die Carbonarasauce inzwischen den Beinschinken in kleine Würfel schneiden. In einer Pfanne Butter erhitzen und die gehackte Zwiebel sowie den Schinken darin anschwitzen. Mit Salz und Pfeffer würzen. Mit Obers aufgießen und einmal aufkochen lassen. Die gehackte Petersilie und die Tomatenwürfel zugeben und nochmals mit Salz sowie Pfeffer abschmecken. Die mittlerweile al dente gekochten Spaghetti abseihen, abtropfen lassen und mit etwas Olivenöl vermischen. Spaghetti in tiefen Tellern anrichten und mit der Schinkensauce überziehen. Mit frisch geriebenem Parmesan bestreuen.

Spaghettini mit Roquefortsauce

ZUTATEN FÜR 2 PORTIONEN

250 g Spaghettini (sehr dünne Spaghetti) · 125 g Roquefort · 80 ml Schlagobers 125 ml Milch · 4 cl Cognac · 1 EL gehackte Pistazien · Salz, Cayennepfeffer Basilikum und Kerbel zum Garnieren

ZUBEREITUNG

In einem großen Topf Salzwasser zum Kochen bringen und die Spaghettini darin bissfest kochen. Währenddessen den Roquefort in einem Topf gemeinsam mit Obers sowie Milch erwärmen und den Käse dabei auflösen, aber die Masse nicht kochen lassen. Cognac zugießen und die gehackten Pistazien einmengen. Mit Salz und Cayennepfeffer abschmecken. „Al dente" gegarte Spaghettini abgießen, abtropfen lassen und mit der Käsesauce vermengen. In tiefen vorgewärmten Tellern anrichten und mit den frischen Kräutern garnieren. *Foto Seite 288/4*

Pasta muss Biss haben

Das Zauberwort „al dente" lässt sich am ehesten mit „bissfest" oder „zahnfreundlich" übersetzen. „Al dente" gekochte Nudeln sind jedoch – was die wenigsten wissen – auch absolut figurfreundlich. Je bissfester die Nudeln nämlich gekocht sind, desto fester ist ihre Struktur und desto länger braucht der Magen, um sie zu verdauen. Fazit: Die bösen Kohlehydrate gelangen weniger schnell ins Blut, der Blutzuckerspiegel steigt wesentlich langsamer und das angelockte Insulin kann weniger Fettpölsterchen produzieren.

Wie lange welche Pasta idealerweise kochen muss, entnimmt man entweder der Packung, deren Angaben jedoch oft mehr statistische als geschmackliche Bedeutung haben. Die sicherste Methode ist aber immer noch, dass man kurz vor dem Ende der angegebenen Kochzeit lieber selbst probiert. Der alte vermeintliche Hausfrauentrick, dass man die Nudeln an die Wand werfen soll und diese nicht kleben bleiben dürfen, ist aus verschiedenen Gründen nicht wirklich anzuraten.

Klebrigkeit ist allerdings der Megagau jeglicher Pasta. Nur so lange sie feucht und schlüpfrig ist, schmeckt sie gut. Deshalb sollte man die Nudeln auch sofort nach dem Abgießen mit der Sauce oder dem Sugo servieren, da die einzelnen Nudeln ansonsten zusammenkleben und überdies nachgaren und somit zu weich werden.

Spaghetti al tonno

(SPAGHETTI MIT THUNFISCH)

ZUTATEN FÜR 2 PORTIONEN

200 g Spaghetti · 100 g abgetropfter Thunfisch aus der Dose · 2 Sardellenfilets 2 EL gehackte Petersilie · 1 Knoblauchzehe · 200 g gehackte Tomaten aus der Dose 2 EL Olivenöl · 1/2 Chilischote · 1 EL Kapern · 4 Basilikumblätter · Salz, Pfeffer

ZUBEREITUNG

In einem Topf reichlich Salzwasser aufkochen und die Spaghetti darin „al dente" kochen. Währenddessen den Thunfisch mit einer Gabel zerdrücken. Die Sardellenfilets abspülen, trockentupfen und in Streifen schneiden. Knoblauch und Chilischote fein hacken. In einer

Pfanne Olivenöl erhitzen und Knoblauch sowie Chili anschwitzen. Sardellenstreifen, Tomaten und Petersilie zugeben. Leicht salzen und 2 Minuten köcheln lassen. Thunfisch und Kapern einmengen und das Sugo eventuell noch mit etwas Nudelkochwasser verdünnen. Bissfest gekochte Spaghetti aus dem Kochwasser heben, abtropfen lassen und mit dem Thunfischsugo mischen. Basilikum in Streifen schneiden und darüber streuen. Nach Belieben noch mit etwas Olivenöl beträufeln und in tiefen vorgewärmten Tellern servieren. *Foto Seite 288–289/5*

Capellini mit Sardellen, Oliven und Kapern

ZUTATEN FÜR 2 PORTIONEN

250 g Capellini (Fadennudeln) · 3 EL Olivenöl · 1 fein gehackte Knoblauchzehe 50 g fein gehackte Sardellenfilets · 30 g Kapern · 30 g schwarze Oliven ohne Kerne 1 EL gehackte Petersilie · Oreganoblätter · Salz, Pfeffer

ZUBEREITUNG

In einem Topf Salzwasser aufkochen und die Fadennudeln darin „al dente" kochen. Inzwischen das Olivenöl erhitzen und den fein gehackten Knoblauch glasig anschwitzen. Sardellen, die (nach Belieben gehackten) Kapern und Oliven zugeben. Die fertig gekochten Nudeln aus dem Kochwasser heben und abtropfen lassen. Die Nudeln mit dem Sardellensugo vermengen. Die gehackte Petersilie und Oregano untermischen. Mit Salz und Pfeffer abschmecken und in tiefen vorgewärmten Tellern anrichten.

Linguine „Mafioso"

ZUTATEN FÜR 2 PORTIONEN

200 g Linguine (schmale Bandnudeln) · 6 Scheiben Prosciutto di Parma (oder anderer Rohschinken) · 100 g Brokkoliröschen · 50 g getrocknete Tomaten · 5 Kapernbeeren 5 schwarze Oliven ohne Kerne, grob gehackt · 1 Knoblauchzehe · fein gehacktes Basilikum · 100 ml Weißwein · 100 ml Rindsuppe · Olivenöl · Salz, Pfeffer

ZUBEREITUNG

In einem Topf Salzwasser zum Kochen bringen, Linguine einlegen und „al dente" kochen. Parallel dazu den Rohschinken in etwas Olivenöl knusprig braten. Herausheben, auf Küchenkrepp abtropfen lassen und klein schneiden. Brokkoliröschen in etwas Salzwasser bissfest kochen, herausheben und abtropfen lassen.

Die Knoblauchzehe fein hacken und in Olivenöl anschwitzen. Getrocknete Tomaten würfelig schneiden und mit den Kapernbeeren und den Oliven unter den Knoblauch mengen. Fein gehacktes Basilikum einstreuen und mit Weißwein sowie Rindsuppe ablöschen. Alles etwa 4 Minuten köcheln lassen. Brokkoli vorsichtig einmengen. Bissfest gekochte Nudeln herausheben und abtropfen lassen. Tomaten-Brokkoli-Sauce unter die Nudeln mischen und alles nochmals mit Salz sowie Pfeffer abschmecken. In tiefen Tellern anrichten und den knusprigen Rohschinken darüber streuen.

Pasta alla Mafia?

Sizilien ist, so man dem bedeutenden italienischen Historiker Massimo Montanari Glauben schenkt, das Mutterland der Pasta. Rund um Palermo entstanden nämlich bereits im 12. Jahrhundert regelrechte Trockennudel-Manufakturen, die ihr Know-how den arabischen Trockenmethoden verdankten. Der Siegeszug der feinen Nudel gegen Norden setzte sich über Südfrankreich weiter nach Westen hin bis nach England fort – dem kurioserweise neben Italien einzigen europäischen Land, in dessen Kochbüchern aus dem 14. Jahrhundert bereits Nudelrezepte enthalten sind.

Linguine mit Kalbsragout und Rucola

ZUTATEN FÜR 2 PORTIONEN

200 g Linguine (schmale Bandnudeln) · 200 g faschiertes Kalbfleisch · 1 kleine Zwiebel · 1 Knoblauchzehe · etwas abgeriebene Zitronenschale · 60 ml Weißwein 1 EL gehackte Petersilie · 4 gehackte Salbeiblätter · 250 ml Rindsuppe · 2 EL Butter zum Anschwitzen · Salz, Pfeffer · Rucola · Olivenöl

ZUBEREITUNG

In einem Topf Salzwasser zum Kochen bringen, Linguine einlegen und „al dente" kochen. Inzwischen Zwiebel und Knoblauch fein hacken. In einem Topf Butter schmelzen und die fein gehackte Zwiebel gemeinsam mit dem Knoblauch anschwitzen. Faschiertes Fleisch zugeben und anrösten. Die abgeriebene Zitronenschale und die gehackten Kräuter sowie den Wein zugeben. Etwa 2 Esslöffel Olivenöl und Suppe zugießen und alles 5 Minuten köcheln lassen. Mit Salz und Pfeffer abschmecken.

Währenddessen in einer Pfanne Olivenöl erhitzen und Rucola darin frittieren. Herausheben und auf Küchenpapier abtropfen lassen. Linguine aus dem Kochwasser heben und ebenfalls abtropfen lassen. Mit etwas Olivenöl vermengen und in tiefen Tellern anrichten. Kalbsragout darauf verteilen und mit dem frittierten Rucola drapieren.

Spaghettini mit Lammstreifen und Erbsenschoten

ZUTATEN FÜR 2 PORTIONEN

250 g Spaghettini (sehr dünne Spaghetti) · 150 g mageres Lammfleisch, in hauchdünne Streifen geschnitten · 100 g junge Erbsenschoten · 1 gehackte Knoblauchzehe · 1 kleines Stück fein gehackter Ingwer (20 g) · 2 EL Sojasauce 1 EL Sherry · 1 TL Honig · Salz, Pfeffer · 1 Jungzwiebel · 3 EL Olivenöl 60 ml Rindsuppe · Koriandergrün zum Bestreuen

ZUBEREITUNG

Den gehackten Knoblauch mit Ingwer, Sojasauce, Sherry, Honig und etwas Salz zu einer Marinade verrühren. Das in sehr dünne Streifen geschnittene Lammfleisch damit vermengen und kurz ziehen lassen.

Erbsenschoten und die Jungzwiebel schräg schneiden und in heißem Olivenöl anschwitzen. Wieder herausnehmen. Nun das Lammfleisch aus der Marinade nehmen und im verbliebenen Öl scharf anbraten. Das Gemüse, die Rindsuppe und die restliche Marinade zugeben und mit Salz sowie Pfeffer würzen. Kurz durchschwenken. Währenddessen in einem großen Topf reichlich Salzwasser aufkochen und die Spaghettini darin „al dente" garen. Dann aus dem Kochwasser heben, abtropfen lassen und mit dem Fleisch vermengen. In tiefen vorgewärmten Tellern anrichten und mit dem Koriandergrün bestreuen. *Foto Seite 289/6*

Tagliatelle, **Tagliolini**, **Taglierini** und **Pappardelle**

Eierschwammerl-Tagliatelle

ZUTATEN FÜR 2 PORTIONEN

200 g Tagliatelle (Bandnudeln) · 250 g Eierschwammerl · 1/2 fein gehackte Zwiebel 1 gepresste Knoblauchzehe · 1 EL gehackte Petersilie · Salz, Pfeffer · Butter zum Anschwitzen · frisch geriebener Parmesan

ZUBEREITUNG

Reichlich Salzwasser in einem großen Topf aufkochen, Tagliatelle einlegen und „al dente" kochen. Inzwischen die Eierschwammerl putzen und in mundgerechte Stückchen schneiden. Dann die gehackte Zwiebel in etwas erhitzter Butter glasig andünsten. Eierschwammerl zugeben und ebenfalls anbraten. Mit Salz, Pfeffer und Knoblauch würzen. Etwa 1–2 Esslöffel Wasser zugießen und die Schwammerl auf niedriger Temperatur gar dünsten.

Die mittlerweile bissfest gekochten Tagliatelle abseihen, abtropfen lassen und unter die Schwammerl mischen. Gehackte Petersilie zugeben und alles nochmals mit Salz sowie Pfeffer abschmecken. In vorgewärmten tiefen Tellern anrichten und mit geriebenem Parmesan bestreut servieren.

Tagliolini verdi con gamberi

(GRÜNE TAGLIOLINI MIT GARNELEN)

ZUTATEN FÜR 2 PORTIONEN

200 g Tagliolini verdi (grüne, dünne Bandnudeln) · 4 geschälte Garnelenschwänze 2 Orangen · 8 Kapernbeeren · Basilikum · 80 ml Orangensaft · 2 EL geschlagenes Obers · Salz, Pfeffer · Olivenöl · frisch gehobelter Parmesan

VORBEREITUNG

Die Orangen filetieren. Dafür die Orangen schälen, in Spalten trennen und die weißen Häutchen abziehen.

FÜR BESONDERS EILIGE

Verwenden Sie bereits geschälte Mandarinenfilets aus der Dose.

ZUBEREITUNG

Die Tagliolini in einem großen Topf in kochendem Salzwasser „al dente" kochen. Währenddessen die Garnelenschwänze halbieren und den Darm entfernen. Etwas Olivenöl in einer Pfanne erhitzen und die Garnelen darin bei nicht zu großer Hitze anbraten. Mit Salz und Pfeffer würzen. Kapern, Orangenfilets und in Streifen geschnittenes Basilikum beigeben. Mit Orangensaft ablöschen und eine Minute einkochen lassen. Das geschlagene Obers unterziehen.
Die mittlerweile bissfest gekochten Nudeln herausheben, abtropfen lassen und mit etwas Olivenöl vermengen. Bei Bedarf noch mit Salz würzen. In tiefen vorgewärmten Tellern anrichten und die Orangensauce mit den Garnelen darüber verteilen. Nach Belieben mit frisch gehobeltem Parmesan bestreuen.

Die Goldenen Regeln der Pasta-Küche

- *Je größer der Pasta-Kochtopf, desto besser. Er sollte auf jeden Fall für 100 Gramm Pasta 1 Liter Wasser fassen. Übrigens: Ein dicker Boden hält die Hitze besser.*
- *Salzen Sie erst, wenn das Wasser kocht (10 Gramm auf 1 Liter).*
- *Legen Sie die Pasta erst ein, wenn sich das Salz im kochenden Wasser aufgelöst hat.*
- *Verhindern Sie durch gelegentliches Umrühren, dass die Pasta zusammenklebt.*
- *Decken Sie den Pastatopf niemals zu.*
- *Halten Sie sich an die auf der Packung angegebenen Kochzeiten. Kosten Sie aber gelegentlich, ob die Pasta schon bissfest ist. Achtung: Bei frisch gemachter Pasta liegen die Garzeiten wesentlich niedriger.*
- *Beenden Sie den Kochvorgang, indem Sie ein Glas kaltes Wasser in den Topf gießen.*
- *Wenn Sie möchten, dass blasse Pasta eine schönere Farbe bekommt, fügen Sie dem Kochwasser etwas Safran hinzu.*
- *Sofern die Pasta nicht unmittelbar nach dem Kochen direkt in ein Sugo oder eine Sauce eingerührt wird, vermischen Sie die Pasta zuerst mit einem Esslöffel Olivenöl, bevor Sie das Sugo darüber gießen. Das wertvolle Öl bremst nämlich die Verdauung der Nudeln und lässt dadurch den Blutzuckerspiegel nur langsam ansteigen.*
- *Reiben Sie Parmesankäse möglichst frisch bei Tisch über die Pasta, nachdem sich diese schon gut mit dem Sugo voll gesogen hat. Bei Fischsughi ist das Hinzufügen von Parmesan, zumindest im Mutterland Italien, verpönt.*

Taglierini mit Shrimps und Dille

ZUTATEN FÜR 2 PORTIONEN

200 g Taglierini (sehr dünne Bandnudeln) · 200 ml Schlagobers · 150 g kleine Shrimps · 1 zerdrückte Knoblauchzehe · 1 EL Butter · 1 getrocknete Tomate 2 EL Weinbrand · 2 EL Weißwein · Salz, Pfeffer · gehackte Dille

ZUBEREITUNG

Salzwasser aufsetzen und die Taglierini „al dente" kochen. Abseihen und abtropfen lassen. Währenddessen den Knoblauch in Butter glasig anschwitzen. Die getrocknete Tomate in feine Würfel schneiden, dazugeben und 5 Minuten mitanschwitzen. Weinbrand, Wein und Obers zugießen und weitere 5 Minuten kochen lassen. Mit Salz und Pfeffer würzen. Die Sauce mit einem Schneebesen glatt rühren. Die Shrimps in die heiße Sauce geben und nur ganz kurz ziehen lassen. Taglierini mit der Shrimps-Sauce gut vermischen. Die gehackte Dille einrühren und in tiefen Tellern anrichten.

Pappardelle mit Salami und Kräutern

ZUTATEN FÜR 2 PORTIONEN

250 g Pappardelle (breite Bandnudeln) · 80–100 g Salami · 100 g gehackte Tomaten aus der Dose · 1 Zwiebel · 1 Knoblauchzehe · 3 EL Olivenöl · 60 ml Weißwein 60 ml Rindsuppe · gehackter Rosmarin und Thymian · 1 EL gehackte Petersilie Salz, Pfeffer · frisch gehobelter Parmesan

ZUBEREITUNG
Reichlich Salzwasser aufkochen lassen und die Pappardelle darin bissfest garen. Inzwischen Zwiebel und Knoblauch fein hacken und beides in Olivenöl glasig anschwitzen. Von der Salami die Haut abziehen und die Wurst in kleine Würfel schneiden. Die Salamiwürfel zugeben und mit Weißwein und Rindsuppe aufgießen. Die gehackten Kräuter einrühren. Gehackte Tomaten beigeben und alles für 6 Minuten köcheln lassen. Mit Salz und Pfeffer abschmecken. Die al dente gekochten Nudeln aus dem Kochwasser heben und abtropfen lassen. Mit dem Salamisugo vermengen und in tiefen Tellern anrichten. Vor dem Servieren mit gehobeltem Parmesan bestreuen.

Penne und Farfalle

Farfalle mit Steinpilzen

ZUTATEN FÜR 2 PORTIONEN
200 g Farfalle (Schmetterlingsnudeln) · 250 g Steinpilze · 2 EL fein gehackte Petersilie · 40 ml Sherry · 2 EL geschlagenes Obers · 1–2 EL Butter zum Anbraten Salz, Pfeffer

ZUBEREITUNG
Salzwasser in einem großen Topf aufkochen und die Farfalle darin „al dente" kochen. Inzwischen die Steinpilze putzen und blättrig schneiden. In einer Pfanne großzügig Butter erhitzen und die Steinpilze darin anschwitzen. Mit Salz und Pfeffer würzen. Steinpilze mit Sherry ablöschen, Petersilie einstreuen und das geschlagene Obers unterheben. Die bissfest gekochten Farfalle abseihen, gut abtropfen lassen und mit den Pilzen vermengen. Nochmals abschmecken. In tiefen vorgewärmten Tellern anrichten.

Penne all' arrabbiata

ZUTATEN FÜR 2 PORTIONEN
**200 g Penne rigate (kleine gerippte Röhrennudeln)
1–2 EL Speckwürfel
1/2 gelbe, feinwürfelig geschnittene Paprikaschote
1/2 fein gehackte Zwiebel
1 gehackte Knoblauchzehe
1 gehackte Chilischote
300 g gehackte Tomaten aus der Dose · 60 ml Marsalawein · 2 EL Olivenöl · Salz, Cayennepfeffer · geschnittene Basilikum- und Rucolablätter · frisch geriebener Parmesan**

ZUBEREITUNG
Reichlich Salzwasser zum Kochen bringen, Penne einlegen und „al dente" kochen. Währenddessen in einem Topf Olivenöl erhitzen und darin Speck, Zwiebel, Paprika, Knoblauch und Chili anschwitzen. Die gehackten Tomaten zugeben. Mit Marsala aufgießen und mit Salz sowie Cayennepfeffer pikant würzen. Sugo etwa 4 Minuten köcheln lassen. Geschnittene Rucola- und Basilikumblätter einrühren.
Bissfest gekochte Penne abseihen, abtropfen lassen und mit dem Sugo vermengen. Nochmals abschmecken. In vorgewärmten Tellern anrichten und vor dem Servieren mit frisch geriebenem Parmesan bestreuen.

Tortellini und Gnocchi

Tortellini mare-orto

(TORTELLINI MIT SHRIMPS UND GEMÜSE)

ZUTATEN FÜR 2 PORTIONEN
**250 g Tortellini mit Fleisch- oder Pilzfüllung (Fertigprodukt) · 120 g vorgekochte Shrimps (kl. Crevetten) · 50 g Erbsen (tiefgekühlt) · 1 kleine Zucchini · 50 g Rucola
1 EL Butter · 2 cl Grappa · 60 ml Schlagobers · Salz, Pfeffer · 1 EL gehackte Dille**

ZUBEREITUNG
Salzwasser aufkochen und die Tortellini darin nach Anleitung kochen. Währenddessen die Zucchini in Scheiben schneiden, Rucola fein hacken. Die Butter in einer Pfanne erhitzen und Erbsen, Zucchini sowie Rucola darin anschwitzen. Die Shrimps nach 3 Minuten zugeben. Mit Grappa ablöschen, gut durchrühren und zugedeckt 2 Minuten köcheln lassen.
Nun Obers zugießen. Die fertig gekochten Tortellini aus dem Kochwasser heben, abtropfen lassen und mit dem Gemüse vermengen. Gehackte Dille einrühren und mit Salz sowie Pfeffer abschmecken.

Gnocchi mit Ricotta und Salbei

ZUTATEN FÜR 2 PORTIONEN

250 g Gnocchi (Fertigware) · 100 g geräucherter Ricotta · 4 EL Butter
8 Salbeiblätter · Salz, Pfeffer · Muskatnuss · 1–2 EL frisch geriebener Parmesan

ZUBEREITUNG

In einem Topf Salzwasser aufkochen und die Gnocchi darin 3–5 Minuten köcheln, bis sie obenauf schwimmen. Währenddessen den Ricotta in dünne Scheiben schneiden. In einer Pfanne die Hälfte der Butter schmelzen lassen und den Ricotta in der Butter schwenken. Salbei in Streifen schneiden und dazugeben.

Die gekochten Gnocchi aus dem Kochwasser heben und abtropfen lassen. Die restliche Butter und den Ricotta unter die Gnocchi mischen. Mit Pfeffer und Muskatnuss abschmecken. In tiefen Tellern anrichten und mit frisch geriebenem Parmesan bestreuen.

Gnocchi mit Räucherlachs und Rucolapesto

ZUTATEN FÜR 2 PORTIONEN

250 g Gnocchi (Fertigprodukt) · 150 g Räucherlachs · 1 EL Pinienkerne
100 g Rucola · 1 Knoblauchzehe · 1–2 EL Parmesan · 70 ml Olivenöl · Salz

ZUBEREITUNG

In einem Topf Salzwasser aufkochen und die Gnocchi darin 3–5 Minuten köcheln, bis sie obenauf schwimmen.

Für das Pesto die Pinienkerne in einer Pfanne ohne Fettzugabe trocken anrösten. Dann den Rucola mit den Pinienkernen, dem Parmesan, der Knoblauchzehe, dem Olivenöl und etwas Salz in der Küchenmaschine cuttern (pürieren).

Den Räucherlachs in feine Streifen schneiden. Die gekochten Gnocchi abseihen, abtropfen lassen und mit dem vorbereiteten Pesto sowie den Lachsstreifen vermengen. Nochmals abschmecken und in tiefen vorgewärmten Tellern servieren.

GARNITUREMPFEHLUNG: marinierter Rucolasalat

Wie man Fertigsughi schnell und pikant verfeinert

Fertigsughi sind meist nur Vorschläge der Nahrungsmittelindustrie und bedürfen fast immer der individuellen Verfeinerung. Zur Saison machen sich ein paar mitgedünstete frische Tomaten oder Pilze darin ganz gut, aber auch die Beigabe von sonnengetrockneten Tomaten intensiviert den Geschmack. Oft reicht ein Schuss Peperoncini- oder Basilikumöl, um das Sugo in einer ganz anderen Geschmackswelt anzusiedeln. Verwenden Sie nach Herzenslust frische Kräuter, klein geschnittenen Speck, Fleisch-, Geflügel- und Fischreste und – wenn Sie ihn mögen – ruhig auch noch eine zusätzliche Prise Knoblauch.

Tolle Toasts

DER „OLDIE" DER SCHNELLEN KÜCHE
SETZT DER PHANTASIE KEINE GRENZEN

Toasts für zwischendurch

Toast Hawaii

ZUTATEN FÜR 2 PORTIONEN
4 Toastbrotscheiben · 120 g aufgeschnittener Schinken
100 g Ananaswürfel (frisch oder aus der Dose) · Butter zum Bestreichen
Pfeffer · 100 g aufgeschnittener Gouda

VORBEREITUNG
Das Backrohr auf 200 °C vorheizen.

ZUBEREITUNG
Die Toastbrotscheiben toasten und mit Butter bestreichen. Je 2 bestrichene Toasts auf einem mit Backpapier belegten Backblech so nebeneinander legen, dass sie ein Rechteck bilden. Zuerst den Schinken, dann die Ananaswürfel darauf legen und mit Pfeffer würzen. Den Käse in Streifen schneiden und wie ein Gitter darüber legen. Im gut vorgeheizten Backrohr backen, bis der Käse geschmolzen ist.

TIPP
Für den „Klassiker" wird statt der Ananaswürfel eine ganze Scheibe Dosenananas verwendet und in die nach dem Gratinieren entstandene „Käsemulde" eine Cocktailkirsche gelegt. Noch besser schmeckt der Toast mit einer – zuvor mit etwas Zucker karamellisierten – frischen Ananasscheibe. Statt Gouda kann man auch Emmentaler zum Überbacken verwenden.

Von Elias bis Hawaii: Eine kleine Toastgeschichte

Wie so vieles, was schmeckt, wird auch der erste Toast bereits in der Bibel erwähnt. Als der Prophet Elias, von König Ahab verfolgt und von dessen Häschern mit dem Tod durch das Schwert bedroht, in die Wüste flüchtete, wo er sich beim Rasten unter einem Wacholderstrauch nur noch den Tod wünschte, erschien ihm ein Engel des Herrn mit der Aufforderung: „Steh auf und iss!" (1 Könige 19,5). Elias blickte um sich und fand sich sogleich mit gerösteten Fladen und Wasser bewirtet.
Vom Fladen des Propheten bis zum Spezialtoast unserer Zeiten führte freilich ein weiter Weg, in dessen Verlauf nie ganz geklärt werden konnte, ob das Brot nun des besseren Aromas oder der besseren Haltbarkeit wegen geröstet oder getrocknet wurde. Seinen Namen verdankt der Toast übrigens keineswegs dem Rösten, sondern dem Trocknen (lat. torrere, frz. touster). Am französischen Hof herrschte nämlich zu Zeiten von Katharina von Medici die Sitte, ein Stück getrocknetes Brot in einen Becher Wein zu legen und – unter stetigem Aufsagen von Trinksprüchen – so lange herumzureichen, bis der Letzte das Brot aufessen musste. Seither heißt ein Trinkspruch auch „toustée", was nichts anderes bedeutet als: Toast.
Das vielleicht einschneidendste Ereignis in der langen Toastgeschichte ist jedoch zweifellos die weltgeschichtlich eher nebensächliche technische Errungenschaft der Erfindung des elektrischen Toasters durch den General-Electric-Konstrukteur Frank Shailor im Jahre 1909. Seither ist das Toasten ein typischer Bestandteil des „American Way of Life" geworden. So kehrte der Toast, nicht zuletzt im Zuge der US-Besatzung, als kulinarische Ikone nach Europa zurück. Was wohl der Grund dafür ist, dass ausgerechnet ein Deutscher namens Clemens Wilmenrod, seines Zeichens erster deutscher Fernsehkoch, 1954 den Hawaii-Toast erfand. Die nicht minder hawaiiselige Erfindung des (nach einem Tanz aus Tahiti benannten) Hula-Hoop-Reifens, der die durch Hawaii-Toasts erworbenen Kilos bekämpfen sollte, wurde allerdings erst vier Jahre später gemacht.

Mozzarella-Tomaten-Toast

ZUTATEN FÜR 2 PORTIONEN
**4 Toastbrotscheiben · 1 EL Olivenpaste · 200 g Mozzarella · 1 Tomate
6 Basilikumblätter · Salz, Pfeffer · 1 Knoblauchzehe · 1 EL Olivenöl**

ZUBEREITUNG
Die Toastbrotscheiben auf einer Seite mit Olivenpaste bestreichen. Mozzarella in Scheiben schneiden und auf 2 Toastbrotscheiben legen. Dann die Tomate in 8 Scheiben schneiden und auf den Mozzarella legen. Die Knoblauchzehe fein hacken, mit Olivenöl verrühren und die Tomaten damit bestreichen. Mit Salz sowie Pfeffer würzen und die Basilikumblätter darauf legen. Die restlichen zwei Toastbrotscheiben aufsetzen und toasten.

Champignontoast

ZUTATEN FÜR 2 PORTIONEN
**4 Toastbrotscheiben · 125 g Champignons · 1 Schuss Weißwein
1 EL Butter · 1/2 Zwiebel · 1 Knoblauchzehe · 50 g Speckwürfel
1 EL gehackte Petersilie · 1 EL Sauerrahm · 1 Msp. Curry
150 g geriebener Käse · Salz, Pfeffer aus der Mühle**

VORBEREITUNG
Das Backrohr auf 200 °C vorheizen.

ZUBEREITUNG
Die Toastbrotscheiben auf ein mit Backpapier belegtes Blech legen und mit einigen Spritzern Weißwein beträufeln. Zwiebel und Knoblauch fein hacken, Champignons blättrig schneiden. In einer Pfanne Butter erhitzen und die gehackte Zwiebel, den Knoblauch und den Speck darin anschwitzen. Pilze gemeinsam mit der gehackten Petersilie zugeben und mit Salz, Pfeffer und Curry würzen.
Nun alles köcheln lassen, bis die ausgetretene Flüssigkeit verdunstet ist. Champignonmasse in eine Schüssel umfüllen und mit Rahm sowie Käse gut vermengen. Die Pilzmasse auf die Toasts verteilen und im heißen Backrohr überbacken.
BEILAGENEMPFEHLUNG: marinierter Blattsalat

Shrimpstoast

ZUTATEN FÜR 2 PORTIONEN
**4 Toastbrotscheiben · 100–150 g kleine gekochte Shrimps (Crevetten)
2 EL Mayonnaise · 1 EL Sauerrahm · 1 EL gehackte Dille · 1 Orange
2 Kirschtomaten · Dillzweige zum Garnieren · Salz, Pfeffer**

VORBEREITUNG
Die Orange schälen und filetieren (in Spalten trennen und die weißen Häutchen abziehen).

FÜR BESONDERS EILIGE
Geschälte Mandarinen aus der Dose verwenden.

ZUBEREITUNG
Die Toastbrotscheiben entrinden und toasten. Die Mayonnaise mit gehackter Dille und Sauerrahm verrühren. Mit Salz und Pfeffer würzen. Die Shrimps mit der Dill-Mayonnaise vermengen. Je eine Toastscheibe auf einen Teller legen. Den Shrimpssalat darauf anrichten, die Orangenfilets dazugeben. Die Kirschtomaten halbieren und darauf setzen. Mit Dillzweiglein garnieren. Die restlichen Toastbrotscheiben diagonal halbieren und dekorativ dazu anrichten.
GARNITUREMPFEHLUNG: etwas marinierter Blattsalat

Herzhafte
Toasts

Gebackener Salamitoast

ZUTATEN FÜR 2 PORTIONEN
4 Toastbrotscheiben · 100 g aufgeschnittene Salami · ca. 70 g aufgeschnittener Emmentaler
Butter zum Bestreichen
1 TL Dijonsenf · 1 Ei · Mehl
Semmelbrösel · Öl zum Backen

ZUBEREITUNG
Die Toastbrotscheiben auf einer Seite mit Butter bestreichen. Mit Salami und Emmentaler belegen, danach mit Senf bestreichen und wiederum mit Salami belegen. Mit einer Toastbrotscheibe (mit der bebutterten Seite nach innen) abdecken.
Toasts in Mehl, verquirltem Ei und Bröseln panieren. In einer Pfanne Öl erhitzen und die Toasts darin wie Schnitzel herausbacken.
Herausnehmen und auf Küchenpapier trockentupfen. Diagonal halbieren und anrichten.

Toast mit Eierschwammerl-Rührei und Speck

ZUTATEN FÜR 2 PORTIONEN

**4 Toastbrotscheiben · 100 g Eierschwammerl · 4 Scheiben Frühstücksspeck
2 Eier · 1 EL Butter · Salz, Pfeffer · 1 EL fein geschnittener Schnittlauch**

ZUBEREITUNG

Die Toastbrotscheiben toasten, den Speck in einer Pfanne braten und alles warm stellen. Eier miteinander verquirlen. Eierschwammerl putzen und in mundgerechte Stücke teilen. Butter in derselben Pfanne erhitzen und die Eierschwammerl darin anschwitzen. Mit Salz und Pfeffer würzen. Eier eingießen und unter ständigem Rühren cremig stocken lassen.
Nun 2 Toastbrotscheiben mit Speck belegen. Das Eierschwammerl-Rührei darauf verteilen, mit Schnittlauch bestreuen und mit den beiden restlichen Toastbrotscheiben bedecken.

TIPP: Sollten Sie zufällig gerade geschlagenes Obers bei der Hand haben, so mischen Sie etwa einen Esslöffel davon unter die verquirlten Eier – das Rührei wird herrlich cremig und fein!

Gauchotoast

ZUTATEN FÜR 2 PORTIONEN

**4 Toastbrotscheiben · 1 Scheibe Beiried mit ca. 200 g · 2 Tomaten
1–2 EL frisch geriebener Parmesan · 3 EL zimmertemperierte Butter
2 EL gehackte Petersilie · Salz, Pfeffer · Öl zum Braten**

ZUBEREITUNG

Die Toastbrotscheiben toasten. Die Beiriedscheibe mit Salz und Pfeffer würzen. Öl in einer Pfanne erhitzen und das Fleisch beidseitig rosa braten.
Inzwischen die Tomaten in Scheiben schneiden. Die Butter schaumig rühren und mit Salz, Pfeffer sowie Petersilie würzen. Den Parmesan einstreuen. Die Toastbrotscheiben auflegen und auf der Oberseite mit der Kräuterbutter bestreichen. Auf 2 Toastbrotscheiben die Tomatenscheiben auflegen. Die fertig gebratene Beiriedscheibe in Streifen schneiden und auf die Tomatenscheiben legen. Mit den restlichen 2 Toastbrotscheiben abdecken.

Herrentoast (CROQUE MONSIEUR)

ZUTATEN FÜR 2 PORTIONEN

**4 Toastbrotscheiben · Butter zum Bestreichen · 1 TL Dijonsenf · 4 Scheiben Emmentaler · 2 Scheiben Schinken (gekochter Schinken, nicht zu dünn geschnitten)
2 EL geriebener Käse (Gruyère oder Emmentaler)**

VORBEREITUNG

Das Backrohr auf 200 °C vorheizen.

ZUBEREITUNG

Die Toastbrotscheiben toasten, danach zuerst mit Butter, dann mit Dijonsenf bestreichen. Nun abwechselnd je 1 Scheibe Käse, Schinken und noch einmal Käse auf 2 Toastbrotscheiben legen. Die restlichen 2 Toastbrotscheiben aufsetzen. Die Toasts auf ein mit Backpapier belegtes Backblech legen und mit geriebenem Käse bestreuen. Im vorgeheizten Backrohr überbacken, bis der Käse eine goldbraune Kruste hat.

Lammrückentoast mit Shiitakepilzen

ZUTATEN FÜR 2 PORTIONEN

4 Toastbrotscheiben · 200 g Lammrücken ohne Knochen · 100 g Shiitakepilze 2 Jungzwiebeln · 50 g Mozzarella · 2 Scheiben Prosciutto di Parma (oder anderer Rohschinken) · 2 Kirschtomaten · Salz, Pfeffer · Öl zum Braten

VORBEREITUNG

Das Backrohr auf 200 °C vorheizen.

ZUBEREITUNG

Den Lammrücken mit Salz und Pfeffer würzen. Öl in einer Pfanne erhitzen und das Fleisch rundum anbraten. Ins vorgeheizte Backrohr stellen und etwa 8 Minuten fertig (rosa) braten. Herausheben und in Alufolie gehüllt einige Minuten warm stellen.

Währenddessen die Jungzwiebeln und Pilze in feine Scheiben, den Mozzarella würfelig schneiden. Jungzwiebeln, Pilze und Mozzarella auf 2 Toastscheiben verteilen. Mit Salz und Pfeffer würzen. Nun alle 4 Toastscheiben auf ein mit Backpapier belegtes Blech setzen und im Backrohr toasten. Lammfleisch in Stücke schneiden und gemeinsam mit den halbierten Kirschtomaten sowie den Prosciuttoscheiben auf den belegten Toastscheiben anrichten. Auf vorgewärmte Teller setzen. Die beiden anderen Toastbrotscheiben diagonal halbieren und dazu anrichten.

Überbackener Lachstoast

ZUTATEN FÜR 2 PORTIONEN
4 Scheiben Vollkorntoast · 300 g frischer Lachs · 1 EL gehackte Dille · 3 EL Butter 2 EL frisch gerissener Kren · 1 Spritzer Zitronensaft · 3 EL Semmelbrösel · Salz, Pfeffer

VORBEREITUNG
Das Backrohr auf 200 °C vorheizen.

ZUBEREITUNG
Die Toastbrotscheiben auf ein mit Backpapier ausgelegtes Backblech legen. Den gut entgräteten Lachs mit einem scharfen Messer in dünne Tranchen schneiden und auf die Toasts legen. Mit Salz und Pfeffer würzen und die gehackte Dille darüber streuen.
Die Butter schmelzen lassen. Mit einem Schuss Zitronensaft, Salz, Pfeffer und dem Kren aromatisieren. Die Semmelbrösel unterrühren. Die Butter-Brösel-Mischung auf die Lachstoasts streichen und im gut vorgeheizten Backrohr einige Minuten überbacken.

Süße Toasts

Edelpilzkäsetoast mit Eiswein

ZUTATEN FÜR 2 PORTIONEN
4 Scheiben Butterbrioche · 2 EL weiche Butter · 200 g Blau- oder Grünschimmelkäse (Gorgonzola, Roquefort, Österzola, Kracher Grand Cru o. Ä.) · 100 ml Eiswein

VORBEREITUNG
Das Backrohr auf 220 °C vorheizen.

ZUBEREITUNG
Die Briochescheiben mit weicher Butter bestreichen und den zerbröselten Blau- oder Grünschimmelkäse darauf verteilen. Toasts auf ein mit Backpapier belegtes Backblech legen, ins heiße Backrohr schieben und überbacken, bis der Käse leicht anschmilzt. Vor dem Servieren mit Eiswein beträufeln.

TIPP
Besonders gut schmeckt dieser Toast auch, wenn man ihn mit süßem Traminer- oder Trockenbeerengelee garniert und dazu ein Glas Süßwein serviert.

Briochetoast mit Himbeeren und Topfen

ZUTATEN FÜR 2 PORTIONEN
4 Scheiben Butterbrioche · 250 g Himbeeren · 100 g Topfen · 1 Ei 1 EL Staubzucker · 1 KL Maisstärke · 1 KL Vanillezucker · 1 Schuss Rum

VORBEREITUNG
Das Backrohr auf 220 °C vorheizen.

ZUBEREITUNG

Die Briochescheiben auf ein mit Backpapier belegtes Backblech legen. Die Himbeeren darauf dicht auflegen. Den Topfen mit Ei, Staubzucker, Maisstärke, Vanillezucker sowie Rum glatt rühren und die Masse auf die Himbeeren auftragen. Das Backblech ins heiße Backrohr schieben und die Toasts goldbraun überbacken.

Monsieur Maillard oder: Warum der Toast so gut riecht

Toastbrot, auch Röstbrot genannt, sorgt – neben Kaffee oder Tee – für den klassischen Frühstücksgeruch. Den wiederum verdankt es der Tatsache, dass die Beimengung von Milch oder Milchpulver, Fett und Zucker im Teig beim Toasten die Entwicklung von Röststoffen fördert, die dann auch prompt unseren Geruchssinn betören. Chemisch betrachtet, passiert dabei die von Louis Camille Maillard 1912 entdeckte „Maillard-Reaktion", in deren Verlauf Aminosäuren und reduzierende Zucker unter Hitzeeinwirkung zu neuen Verbindungen umgewandelt werden.

Dass Toast nicht nur gut riecht, verdankt er seinem extrem hohen Gehalt an Weizenkleber und Milcheiweiß, der dafür sorgt, dass der Toast auch beim Erhitzen seine feine Porung und damit auch die Dichte der Schmolle behält.

Übrigens: Vorsicht beim Toasten! Solange der Toast schön goldbraun ist, darf man sich an Monsieur Maillards Entdeckung getrost erfreuen. Sobald jedoch die goldbraune Farbe ins allzu Dunkelbraun-Schwarzrändrige umschlägt, sind Acrylamid oder 3-Monochlorpropandiol im Spiel, zwei Substanzen, die als krebserregend gelten.

Tonis Turbo-Rezepte

REZEPTE UND GESCHICHTEN AUS TURBO-TONIS
PRIVATEM KÜCHENALLTAG,
DER MITUNTER AUCH LÄNGER ALS 15 MINUTEN DAUERT

Tonis Turbo-Weihnacht

Die Mörwalds – ein Mann und vier Ladies – sind bekennende Weihnachtszelebranten. Früher, als die Kinder noch nicht das Licht der Welt erblickt hatten, kochten Toni und Eva M. am Heiligen Abend gerne stundenlang gemeinsam auf. Doch dann kam Antonia – und mit ihr das Zeitproblem aller doppelt, drei- und mehrfach Belasteten.

Das Unheil des ersten Weihnachtsfestes zu dritt nahte zunächst in Form einer Kartoffelsuppe mit den schönsten schwarzen Trüffeln, die sich denken ließen, die aber mitsamt der Suppe auf der Herdplatte vergessen wurden, weil die kleine Antonia dringendere Bedürfnisse hatte.

Während Evi Mörwald schuldbewusst dafür verantwortlich zeichnete, dass die Trüffelsuppe zur Trüffelkruste „einreduziert" wurde, hatte Turbo-Toni, der sich mannhaft bereit erklärt hatte, für den Weihnachtsbaum zu sorgen, ein anderes Problem: Der Baum, den er vorsorglich schon eine Woche vor dem Fest hatte liefern lassen, hätte zwar im Schönbrunner Spiegelsaal beste Figur gemacht, passte aber, ohne in der Mitte entzwei gesägt zu werden, ganz einfach nicht in das Mörwald'sche Domizil.

„So viele Christbäume, wie in Feuersbrunn herumstehen, möchte ich haben", zerstreute Toni die Befürchtungen seiner Frau um eine christbaumlose Weihnacht in alle Winde – und kehrte tatsächlich nach einer Stunde mit einem VW-Bus voller bereits geschmückter Christbäume zurück. „Ihr könnt euch einen aussuchen!", sagte er triumphierend.

Doch skeptisch, wie Ehefrauen nun einmal sind, sah Evi M. auf den ersten Blick, dass die Lieferung aus dem elterlichen Wirtshaus stammte und jeder dieser Bäume „schon mindestens 20 Weihnachtsfeiern hinter sich und statt Nadeln nur zerschlissenes Lametta auf den Ästen hatte."

Dank der großzügigen Baumarkt-Öffnungszeiten wurde es dann doch keine christbaumlose Weihnacht. Und Toni fand sogar noch ein paar Trüffeln, an denen das Schicksal der Trüffelsuppe spurlos vorübergegangen war. Und die Trüffel-Eierspeis', die Toni unterm strahlenden Lichterbaum im Nu auf den Teller zauberte, bewies einmal mehr, dass eben nichts über perfektes Time-Management geht. Auch und gerade zu Weihnachten.

Tonis **Turbo-Suppen**

Kartoffelsuppe mit Steinpilzen

ZUTATEN FÜR 2 PORTIONEN

400 ml Geflügelsuppe · 100 g Steinpilze · 1 EL gehackte Speckwürfel 2–3 EL entrindete Weißbrotwürfel · 1 kleines Stück Lauch (ca. 50 g) 150 g mehlig kochende Kartoffeln · 1/2 Zwiebel · 1 EL Butter · Salz, Pfeffer Muskatnuss · 1 EL Schlagobers · 1 EL gehackte Petersilie · Öl zum Anrösten

ZUBEREITUNG
Den geputzten Lauch ebenso wie die geputzten Steinpilze in Stücke schneiden. Dabei etwas von den Steinpilzen für die Einlage in feine Scheiben schneiden und zur Seite legen. Die Kartoffeln schälen und in feine Würfel schneiden. Die Zwiebel ebenfalls in feine Würfel schneiden und in Butter glasig andünsten. Lauch, Steinpilze und Kartoffeln zugeben und kurz mitdünsten. Dann mit Suppe aufgießen und alles zugedeckt ca. 10–12 Minuten köcheln lassen. Inzwischen für die Einlage in einer Pfanne etwas Öl erhitzen. Die Speckwürfel und Steinpilze zugeben und darin andünsten. Die Brotwürfel hinzugeben und goldgelb rösten. Alles herausnehmen und auf Küchenkrepp kurz abtropfen lassen. Anschließend mit gehackter Petersilie mischen und zugedeckt warm stellen. Nun die Suppe mit dem Mixstab fein pürieren und durch ein Sieb passieren. Schlagobers unterrühren und alles mit dem Pürierstab noch einmal schaumig aufmixen. Zuletzt mit Salz, Pfeffer und Muskatnuss abschmecken. Die Suppe auf heiße Teller verteilen und die vorbereitete Einlage hineingeben.

TIPP: Besonders köstlich mundet diese Suppe, wenn man sie mit Trüffeln verfeinert.

Kräutersüppchen mit pochiertem Ei

ZUTATEN FÜR 2 PORTIONEN
200 ml Gemüsesuppe · 150 ml Schlagobers · 100 g verlesene gemischte Kräuter (Kerbel, Petersilie, Basilikum, Schnittlauch, Brunnenkresse, ganz wenig Thymian) 1 Schalotte · 1 Knoblauchzehe · 1 EL Butter · 1 Eidotter · 2 EL geschlagenes Obers zum Vollenden · 2 Eier · 2 EL Weißweinessig · Kerbelblättchen zum Garnieren Salz, Pfeffer

ZUBEREITUNG
Die Schalotte in feine Streifen, die Knoblauchzehe in feine Würfel schneiden. Butter in einem Topf erhitzen und die Schalottenstreifen sowie die Knoblauchwürfel darin glasig dünsten. Gemüsesuppe und flüssiges Obers hinzufügen, die Suppe unter wiederholtem Rühren kräftig aufkochen und auf zwei Drittel einkochen lassen. Kräuter zugeben und die Suppe fein pürieren. Mit Salz und Pfeffer abschmecken. Das Eidotter leicht verrühren und in die heiße, aber nicht mehr kochende Suppe einrühren. So lange schlagen, bis die Suppe schön schaumig wird. Abschließend das geschlagene Obers vorsichtig unterrühren und die Suppe damit abrunden.
Währenddessen für die pochierten Eier ca. 1 Liter Wasser aufkochen. Essig zugeben und die Hitze reduzieren. Die Eier nacheinander behutsam in einen Schöpflöffel schlagen und vorsichtig vom Löffel in das nur leicht köchelnde Wasser gleiten lassen. Etwa 4–5 Minuten garen (dabei dürfen sich die Eier nicht berühren). Die Eier mit einem Schaumlöffel herausheben, kurz auf Küchenkrepp abtropfen lassen und unschöne Eiweißfäden am Rand abschneiden.
Das fertige Kräutersüppchen auf heiße Teller verteilen, je ein pochiertes Ei hineingeben und mit Kerbelblättchen garnieren.

TIPP: Gourmets werden vielleicht an jener Variante Gefallen finden, in der Tiefseegarnelen, Jakobsmuscheln oder andere Meeresfrüchte als Einlage die Kräutersuppe verfeinern. In jedem Fall sollten Sie die Kräuter immer erst kurz vor Ende der Garzeit zugeben. Nur so behalten sie ihr volles Aroma und ihre natürliche Farbe.

Gelbe Paprikaschaumsuppe mit Lachsforellenfilet

ZUTATEN FÜR 2 PORTIONEN

1 große gelbe Paprikaschote · 2 Lachsforellenfiletstücke à 30 g · 80 ml Weißwein 2 Safranfäden · 100 ml Schlagobers · 250 ml Rindsuppe · 1 EL Butter · Olivenöl Salz, Pfeffer aus der Mühle

ZUBEREITUNG

Die Paprikaschote halbieren, Kerne entfernen, waschen und in Stücke schneiden. In einem Topf die Butter erhitzen und die Paprikawürfel darin anschwitzen. Mit Weißwein ablöschen. Die Safranfäden zugeben, einreduzieren (einkochen lassen) und dann mit Rindsuppe aufgießen. Sobald die Paprikastückchen weich gekocht sind, das Obers zugießen. Die Paprikasuppe pürieren und mit Salz und Pfeffer abschmecken.

Währenddessen die gut entgräteten Lachsforellenfilets mit Salz sowie Pfeffer würzen und in heißem Olivenöl glasig braten. Die Paprikaschaumsuppe in vorgewärmten tiefen Tellern anrichten und die Fischstückchen einlegen.

Tonis **Turbo-Vorspeisen**

Verhackerts von der Lachsforelle

ZUTATEN FÜR 2 PORTIONEN
250 g Lachsforellenfilet · 2 EL Olivenöl · 1/2 TL zerdrückte grüne Pfefferkörner
1/2 kleine Zwiebel · Saft von 1 Zitrone · Salz, Pfeffer · 1/2 Bund Schnittlauch

ZUBEREITUNG
Das Forellenfilet mit einer Küchenpinzette sorgfältigst entgräten, sehr fein hacken und mit einer Gabel zerdrücken. Zwiebel fein hacken und mit der Forellenmasse vermengen. Olivenöl einrühren und mit Pfefferkörnern, Zitronensaft, Salz und Pfeffer würzen. Forellenverhackerts anrichten und mit Schnittlauch bestreut servieren.
BEILAGENEMPFEHLUNG: marinierter Blattsalat und Weißbrot oder Buttertoasts

Feldsalat mit Pilzen und Parmesan

ZUTATEN FÜR 2 PORTIONEN
150 g gemischte Pilze (Champignons, Shiitakepilze und Austernpilze)
1/2 Schalotte · 1 Knoblauchzehe · 1 EL Butter und 2 EL Olivenöl zum Anbraten
1 TL eiskalte Butter · gehackte Petersilie · Salz, Pfeffer · etwas Parmesan zum Hobeln

FÜR DEN SALAT
100 g Feldsalat · 1 EL Balsamicoessig · Zucker · 3 EL Olivenöl mit Limone (s. Tipp)
Salz, Pfeffer

ZUBEREITUNG
Den Salat gründlich putzen, waschen und trockenschleudern. Den Balsamicoessig mit Zucker, Salz und Pfeffer verrühren. Olivenöl mit Limonenaroma unter kräftigem Schlagen einrühren. Schalotte und Knoblauchzehe in feine Würfel, die geputzten Pilze in mundgerechte Stücke schneiden. In einer Pfanne Olivenöl und Butter erhitzen und die Pilze darin kross anbraten. Die Schalotten- und Knoblauchwürfel kurz mitbraten. Mit Salz und Pfeffer abschmecken. Die eiskalte Butter gemeinsam mit der gehackten Petersilie unter die Pilze mischen. Die Pfanne sofort vom Herd nehmen und die Butter zerlaufen lassen.
Den Feldsalat mit dem Dressing marinieren und auf Tellern anrichten. Die Pilze darauf verteilen und den Parmesan in feinen Spänen darüber hobeln.
BEILAGENEMPFEHLUNG: Knoblauch-Baguette

TIPP
Das in diesem Rezept verwendete Olivenöl mit Limone ist eine raffinierte Ölspezialität, die ihren Reiz dem Zusatz von echter Limonenschale verdankt. Aromatisierte Öle erfreuen sich mittlerweile überhaupt größter Beliebtheit, wobei in jedem Fall darauf zu achten ist, dass keine künstlichen Zusätze, sondern natürliche Aromaträger verarbeitet wurden.

Zucchini-Minze-Salat mit Putenschinken

ZUTATEN FÜR 2 PORTIONEN

4 Scheiben Putenschinken (möglichst von der Bio-Pute) · 2 kleine Zucchini
1 Knoblauchzehe · 1 EL Balsamicoessig · 2 EL Olivenöl für das Dressing
1 EL Pinienkerne · 1 Scheibe Toastbrot · frische Pfefferminzblätter von 2 Zweiglein
Salz, Pfeffer · Olivenöl · Pfefferminzblättchen zum Garnieren

ZUBEREITUNG

Die Zucchini putzen, waschen und der Länge nach in ca. 3 mm dicke Scheiben schneiden oder hobeln. Den Knoblauch in feine Würfel schneiden, mit etwa 2 Esslöffeln Olivenöl verrühren und die Zucchinischeiben damit beträufeln. Eine beschichtete Grillpfanne erhitzen und die Zucchinischeiben portionsweise auf beiden Seiten goldbraun braten. Dann mit Salz sowie Pfeffer würzen und in eine flache Schale geben.

Für das Dressing den Balsamicoessig mit Olivenöl verrühren und über die Zucchini gießen. Die Pinienkerne in einer Pfanne ohne Fettzugabe goldgelb rösten. Das Toastbrot entrinden, in 1 cm große Würfel schneiden und in etwas Olivenöl zu knusprigen Croûtons rösten. Pfefferminzblättchen abzupfen und in feine Streifen schneiden. Die Zucchini aus der Marinade nehmen (diese beiseite stellen), kurz abtropfen lassen und mit dem Putenschinken dekorativ auf Tellern anrichten. Mit der Pfefferminze bestreuen und mit der beiseite gestellten Zucchinimarinade beträufeln. Pinienkerne, Croûtons und nach Belieben noch einige Pfefferminzblättchen darüber streuen.

BEILAGENEMPFEHLUNG: Butter- oder Vollkorntoasts

Marinierte Gänseleber mit Himbeeren

ZUTATEN FÜR 2 PORTIONEN

200 g Gänseleber · 1 EL Himbeeressig · 1 EL Nussöl · Himbeeren nach Belieben
Kräuter zum Garnieren · Salz, Pfeffer aus der Mühle · Staubzucker

FÜR DEN SALAT

Friséesalat und Rucola · 1 EL Himbeeressig · 2 EL Nussöl · Salz, Pfeffer · Zucker

ZUBEREITUNG

Die Gänseleber sorgfältig enthäuten, von Adern befreien und in dünne Scheiben schneiden. Auf einen Teller oder eine Platte legen. Mit Salz, Pfeffer und etwas Staubzucker marinieren. Himbeeressig und Nussöl darüber träufeln. Einmal wenden und für einige Minuten kühl stellen.

Inzwischen für das Dressing den Himbeeressig mit Nussöl, Salz, Pfeffer und Zucker verrühren und die Blattsalate damit marinieren. Salate auf Tellern anrichten, Gänseleberscheiben darauf legen und mit Himbeeren und frischen Kräutern garnieren.

BEILAGENEMPFEHLUNG: getoastete Briochescheiben

Tonis **Turbo-Teller**

Gnocchi mit Tomaten-Lauch-Sugo

ZUTATEN FÜR 2 PORTIONEN

200 g Gnocchi (Fertigprodukt) · 1 EL Olivenöl · 2 Tomaten · 1/2 Stange Lauch
1 EL gehackte Petersilie · Salz, Pfeffer · gehobelter Parmesan

ZUBEREITUNG

Die Tomaten kreuzweise einschneiden, in Salzwasser blanchieren (überbrühen) und kalt abschrecken. Haut abziehen, Tomaten vierteln und entkernen. In Würfel schneiden. Den Lauch längs halbieren, in Streifen schneiden und in einem Sieb waschen.

In einem Topf Salzwasser aufkochen und die Gnocchi darin 2–3 Minuten kochen, bis sie an der Oberfläche schwimmen. Parallel dazu in einer Pfanne Olivenöl erhitzen und den Lauch gemeinsam mit den Tomatenwürfeln darin anschwitzen. Mit Salz und Pfeffer würzen. Abschließend Petersilie untermengen. Die gekochten Gnocchi aus dem Wasser heben und mit dem Tomaten-Lauch-Sugo vermengen. In tiefen Tellern anrichten und mit frisch gehobeltem Parmesan bestreuen.

Zucchinigratin

ZUTATEN FÜR 2 PORTIONEN

300 g möglichst kleine Zucchini · 2 fest kochende Kartoffeln · 50 g geriebener Emmentaler · 100 ml Schlagobers · 50 ml Milch · 1/2 Knoblauchzehe · 1 EL Butter 1 Schalotte · Salz, Pfeffer · Muskatnuss

VORBEREITUNG

Das Backrohr auf 180 °C vorheizen.
Die geschälten Kartoffeln in Salzwasser ca. 5–6 Minuten vorkochen.

ZUBEREITUNG

Den Knoblauch in feine Würfel schneiden und in Butter glasig dünsten. Eine flache Gratinform damit ausstreichen. Die Schalotte ebenfalls in feine Würfel, die gewaschenen Zucchini in 1/2 cm dicke Scheiben und die vorgekochten Kartoffeln in dünne Scheiben schneiden. Nun die Kartoffel- und Zucchinischeiben rosettenartig flach in die Form schichten. Die Schalottenwürfel darüber streuen. Für den Guss Schlagobers mit Milch aufkochen und auf zwei Drittel einkochen lassen. Sehr kräftig mit Salz, Pfeffer sowie Muskatnuss würzen und über das Gemüse in der Form gießen. Den geriebenen Käse darüber streuen und im vorgeheizten Backrohr auf der mittleren Schiene 10–12 Minuten gratinieren.

TIPP

Am besten schmeckt dieses Gratin, wenn Sie dafür möglichst kleine heimische Zucchini verwenden, die von Juni bis September geerntet werden. Kleine Zucchini sind nämlich besonders zart und aromatisch.

Spargel-Speck-Spieße mit Weißwein-Sabayon

ZUTATEN FÜR 2 PORTIONEN

18 weiße und 12 grüne Spargelspitzen (ca. 6 cm lang) · 6 Scheiben Frühstücksspeck 2 Eidotter · 70 ml trockener Weißwein · 1 Spritzer Zitronensaft · 2 EL Butter zum Braten · 70 g weiche Butter für das Sabayon · Salz, Cayennepfeffer

ZUBEREITUNG

Die Spargelspitzen in reichlich Salzwasser je nach Stärke 3–5 Minuten bissfest kochen. Herausheben, kurz abschrecken und gut abtropfen lassen. Dann jeweils 1 Speckscheibe abwechselnd mit 3 weißen und 2 grünen Spargelspitzen wellenartig auf einen langen Holzspieß stecken. Butter zerlassen, die Spargelspieße damit bestreichen und auf dem Grill oder in einer Grillpfanne von beiden Seiten ca. 6 Minuten braten. Dabei mit Salz und Pfeffer würzen.
Für das Sabayon Eidotter und Weißwein in einer Schüssel verquirlen. Über einem heißen Wasserbad cremig aufschlagen, vom Wasserbad nehmen und nach und nach die weiche Butter unterrühren. Mit Salz, Cayennepfeffer und Zitronensaft abschmecken. Fertig gebratene Spieße mit dem Sabayon anrichten.
BEILAGENEMPFEHLUNG: in Bouillon gekochte Kartoffelwürfel

Feuersbrunner „Knöpfle"

ZUTATEN FÜR 2 PORTIONEN
**2 Tomaten · 150 g Schinken · 1 Schalotte · 150 ml Schlagobers
50 ml Geflügelsuppe · Butter zum Andünsten · 1 EL gehackte Petersilie
1 EL geschlagenes Obers · 40 g geriebener Parmesan · Salz, Pfeffer**

FÜR DEN KNÖPFLETEIG
200 g glattes Mehl · 4 Eidotter · Salz, Pfeffer · Muskatnuss

VORBEREITUNG
Die Tomaten kreuzweise einritzen, kurz überbrühen, abschrecken und schälen. Anschließend vierteln, entkernen und in kleine Würfel schneiden.

FÜR BESONDERS EILIGE
Die Tomaten ungeschält kleinwürfelig schneiden oder geschälte Tomaten aus der Dose verwenden.

ZUBEREITUNG
Den Schinken in breite Streifen, die Schalotte in feine Würfel schneiden und beides in heißer Butter andünsten. Obers und Geflügelsuppe zugießen und die Sauce einköcheln lassen, bis sie leicht sämig wird. Mit Salz sowie Pfeffer abschmecken und die Sauce warm halten.
Für die Knöpfle Mehl, Eidotter, Salz, Pfeffer, Muskatnuss und ca. 120 ml Wasser in einer Schüssel verrühren und den Teig so lange kräftig schlagen, bis sich kleine Bläschen bilden. In einem Topf Salzwasser zum Kochen bringen. Den Teig durch eine Knöpflepresse (Spätzlepresse oder -hobel) ins Wasser drücken, einmal gut aufkochen lassen und die oben schwimmenden Knöpfle mit einem Sieblöffel herausnehmen. In einer Pfanne in zerlassener Butter schwenken, mit Salz sowie Muskatnuss würzen und auf vorgewärmten Tellern anrichten.
Die gehackte Petersilie, das geschlagene Obers und die Tomatenwürfel unter die Sauce mischen. Die Knöpfle mit der Sauce überziehen und mit Parmesan bestreuen.
BEILAGENEMPFEHLUNG: grüner Salat

Penne mit Lammsugo

ZUTATEN FÜR 2 PORTIONEN
**150 g Penne · 200 g Lammfaschiertes · 150 g Karotten · 100 g Staudensellerie
50 g durchwachsener Speck · 100 g Schalotten · 2 Knoblauchzehen
1 Oreganozweig · 1 Rosmarinzweig · 1 EL Tomatenmark · 1 Dose geschälte, gewürfelte Tomaten (ca. 400 g) · 100 ml trockener Weißwein · 300 ml Lammfond
Olivenöl · Salz, Pfeffer · Parmesan**

ZUBEREITUNG
Für das Sugo Staudensellerie putzen, waschen und die harten Fäden abziehen. Ebenso wie Karotten, Speck, Schalotten und Knoblauch in sehr feine Würfel schneiden. Oregano- und Rosmarinzweig zupfen und die Blättchen bzw. Nadeln grob hacken.
Nun das Lammfaschierte in Olivenöl kross anbraten. Karotten-, Sellerie-, Schalotten- und Knoblauchwürfel zugeben und 2–3 Minuten mitbraten. Tomatenmark unterrühren, kurz durchrösten und dann die Speckwürfel hinzufügen. Die gewürfelten Tomaten untermischen

und Weißwein, Lammfond sowie zwei Drittel der Kräuter unterrühren. Die Sauce offen köcheln lassen, bis sie sämig ist.
Währenddessen in einem Topf Salzwasser aufkochen lassen und die Penne darin bissfest kochen. Die Nudeln abgießen und abtropfen lassen. In vorgewärmten tiefen Tellern anrichten, mit etwas Olivenöl beträufeln und mit Salz sowie Pfeffer würzen. Lammsugo auf den Penne anrichten. Den Parmesan darüber hobeln und die restlichen Kräuter darüber streuen.

Gebratene Zanderfilets auf Spinatcreme

ZUTATEN FÜR 2 PORTIONEN

2 Zanderfilets à 150 g · 300 g Blattspinat (frisch oder tiefgekühlt) · 1 EL Butter 40 ml Schlagobers · Muskatnuss · 1 EL geschlagenes Obers · Salz, Pfeffer · Olivenöl

FÜR DEN SALAT

Salate und Kräuter nach Belieben (Bärlauch, Rucola, Petersilie) · 1 EL Balsamicoessig 2 EL Olivenöl · Salz · Zucker

ZUBEREITUNG
Die entgräteten Zanderfilets mit Salz und Pfeffer würzen. In einer Pfanne Olivenöl erhitzen und die Filets auf der Hautseite braten, bis der Fisch von unten her fast ganz gar gebraten ist. Butter erhitzen und den geputzten Spinat anschwitzen. Mit Obers aufgießen und mit Salz, Pfeffer sowie Muskatnuss würzen. Zudecken und 1 Minute köcheln lassen. Vom Herd nehmen und mit dem Stabmixer pürieren. Danach durch ein Sieb streichen. Vor dem Anrichten geschlagenes Obers unterheben.
Balsamicoessig mit Olivenöl, Salz und Zucker zu einer Marinade rühren. Kräuter und Salat damit marinieren. Die fertige Spinatcreme auf den vorgewärmten Tellern anrichten. Je ein Zanderfilet darauf setzen und mit den marinierten Salaten und Kräutern rundum garnieren.

Makkaroni „Il mare"

ZUTATEN FÜR 2 PORTIONEN
1 kg Muscheln (Venusmuscheln und/oder Miesmuscheln, unbeschädigt und ungeöffnet) · 100 g Makkaroni · 4 küchenfertige Riesengarnelen (bis auf das Schwanzstück geschält) · 1/2 Zwiebel · 4 Knoblauchzehen · 1/2 Bund Schnittlauch 1/2 gehackte rote Chilischote ohne Kerne · 125 ml trockener Weißwein 1 EL gehacktes Koriandergrün · 2 EL Butter · Salz, Pfeffer · Olivenöl zum Andünsten · 2 EL geriebener Parmesan

VORBEREITUNG
Die Muscheln gründlich putzen und waschen, bereits geöffnete Muscheln aussortieren.

FÜR BESONDERS EILIGE
Bereits geputzte Muscheln verwenden, die im gehobenen Lebensmittelhandel tiefgekühlt oder vakuumiert angeboten werden.

ZUBEREITUNG
Die Makkaroni in reichlich Salzwasser al dente kochen. Währenddessen die Zwiebel und 2 (!) Knoblauchzehen in feine Würfel, den Schnittlauch in Röllchen schneiden und alles in einem großen Topf in etwa 2 Esslöffel heißem Olivenöl andünsten. Die unter fließendem kaltem Wasser geputzten und vom „Bart" befreiten Muscheln zugeben, Chili und Weißwein hinzufügen und alles einmal aufkochen lassen. Die Muscheln zugedeckt 5–7 Minuten köcheln lassen, bis sie sich geöffnet haben.
Inzwischen die Riesengarnelen waschen und sorgfältig trockentupfen. In einer Pfanne etwas Olivenöl erhitzen und die Garnelen darin nicht zu heiß anbraten. Anschließend mit Salz und Pfeffer würzen. Dabei die restlichen beiden Knoblauchzehen ungeschält halbieren, kurz mitbraten, wieder entfernen und die Garnelen mit gehacktem Koriandergrün bestreuen.
Die gegarten Muscheln mit Salz sowie Pfeffer würzen und die Butter unterrühren. Die gegarten Nudeln abgießen, abtropfen lassen und in einer Pfanne mit etwas Olivenöl und geriebenem Parmesan schwenken. Nudeln auf vorgewärmte Teller geben, mit den Garnelen und den Muscheln samt Sud anrichten.

Schweinsfilet in der Kartoffelkruste

ZUTATEN FÜR 2 PORTIONEN
300 g Schweinsfilet
5–6 mittlere Kartoffeln
1 Eidotter · 2 EL gehackte Petersilie · Mehl zum Wenden · Sonnenblumenöl zum Braten · Thymian
1 zerdrückte Knoblauchzehe
Salz, Pfeffer

ZUBEREITUNG
Schweinsfilet in 6 Medaillons schneiden. Salzen, pfeffern und mit Thymian sowie Knoblauch würzen. Die Kartoffeln schälen, raffeln und gut ausdrücken. Kartoffelmasse mit Eidotter vermischen und mit Salz, Pfeffer und Petersilie würzen. Die Schweinsfilets in Mehl wenden und auf jeder Seite eine etwa 3 mm dicke Kartoffelkruste auftragen. Gut anpressen. In einer Pfanne Sonnenblumenöl erhitzen und die Schweinsfilets beidseitig ca. 8 Minuten braten.
BEILAGENEMPFEHLUNG: Kräutersauce und Salate

Tonis **Turbo-Desserts**

Glühweinsabayon

ZUTATEN FÜR 2 PORTIONEN
1 unbehandelte Orange · 1/2 unbehandelte Zitrone · 80 ml trockener Rotwein
2 EL Zucker · 2 Gewürznelken · 1/2 Zimtstange · 2 Eidotter · Vanillezucker · Biskotten

ZUBEREITUNG
Orange und Zitrone heiß abwaschen und gut abtrocknen. Schalen fein abreiben und in einem Topf mit Rotwein, Zucker, Gewürznelken und Zimtstange bis kurz vor den Siedepunkt erhitzen, aber nicht kochen lassen, da sonst das Aroma verloren geht. In das Gefrierfach stellen und den Glühwein abkühlen lassen. Dann die Eidotter in einer Schüssel verrühren. Kalten Glühwein durch ein Sieb dazugießen und die Mischung über einem heißen Wasserbad cremig aufschlagen. Sabayon in Gläser füllen und mit Vanillezucker bestreuen. Mit Biskotten servieren.

TIPP
Achten Sie beim Wasserbad darauf, dass das Wasser die eingehängte Schüssel nicht berührt. Die Eidotter stocken sonst beim Aufschlagen zu schnell und es kommt zu wenig Luft unter die Masse. Das Wasser darf auch nur leicht perlen, auf keinen Fall sprudelnd kochen.

Beeren-Topfen-Gratin

ZUTATEN FÜR 2 PORTIONEN

200 g gemischte Beeren (Erdbeeren, Himbeeren, Brombeeren und rote Johannisbeeren) · 2 Eidotter · 30 g Staubzucker · 4 cl Sekt · Saft und abgeriebene Schale von 1/2 unbehandelten Zitrone · 30 g Topfen (20 % Fett i. Tr.) 1 EL geschlagenes Obers · Staubzucker zum Bestreuen

VORBEREITUNG

Das Backrohr auf größtmögliche Oberhitze oder Grill vorheizen.

ZUBEREITUNG

Die Beeren verlesen, kurz waschen und trockentupfen. Die Erdbeeren halbieren. Für die Gratiniermasse die Eidotter mit Staubzucker, Sekt, Zitronensaft und -schale gut verrühren und über einem heißen Wasserbad schaumig aufschlagen. Die Schüssel vom Wasserbad nehmen und Topfen sowie Obers vorsichtig unterheben.

Drei Viertel der Beeren auf kleine, flache Gratinierförmchen oder feuerfeste Teller verteilen und mit der Gratiniermasse übergießen. Die restlichen Beeren darauf streuen und etwas hineindrücken. Im Backrohr (am besten unter dem Grill) auf der mittleren Schiene so lange überbacken, bis die Oberfläche goldgelb ist. Gratin herausnehmen, mit Staubzucker bestreuen und in der Form servieren.

GARNITUREMPFEHLUNG: Vanilleeis

TIPP

Auch exotische Früchte wie Mango, Babyananas, Karambole und Papaya eignen sich für dieses Rezept optimal.

Gebratene Feigen mit Vanilleeissauce

ZUTATEN FÜR 2 PORTIONEN

6 Feigen · 1 EL Butter · 1 EL Zucker · 40 ml Portwein · 1 EL gehobelte Mandeln 1 EL Kürbiskerne · 100 g Vanilleeis (Fertigprodukt) · 3 EL geschlagenes Obers

FÜR DIE KARAMELLSAUCE

80 g Kristallzucker · 1 EL Butter · 2 EL Schlagobers

ZUBEREITUNG

Die Feigen entstielen und oben kreuzförmig einschneiden. Butter in einer Pfanne erhitzen und die Feigen darin braten. Zucker zugeben und Portwein zugießen. Feigen etwa 4 Minuten bei kleiner Hitze weich dünsten.

Inzwischen die gehobelten Mandeln und Kürbiskerne in einer Pfanne ohne Fett rösten. Für die Karamellsauce den Zucker in einer Pfanne hellbraun karamellisieren. Butter und flüssiges Schlagobers zugeben und Karamell bei kleiner Hitze auflösen lassen.

Vanilleeis mit dem Handmixer glatt rühren und geschlagenes Obers unterrühren. Die Vanilleeissauce auf Teller verteilen und die gebratenen Feigen darauf stellen. Die Karamellsauce darüber träufeln und geröstete Mandeln sowie Kürbiskerne darüber streuen.

Milchweizen mit Walderdbeeren und Balsamicoessig

ZUTATEN FÜR 2 PORTIONEN

80 g Zartweizen · 250 ml Milch · abgeriebene Schale von 1 Zitrone
2 EL Kristallzucker · ausgekratztes Mark von 1 Vanilleschote · 40 ml Erdbeerlikör
2 EL geschlagenes Obers · 100 g Walderdbeeren · 2 EL alter Balsamicoessig
2 Kugeln Vanilleeis (Fertigprodukt)

ZUBEREITUNG

Die Milch in einem Topf mit Zitronenschale, Kristallzucker, Vanillemark sowie Zartweizen aufkochen und 8–10 Minuten köcheln lassen. Der Weizen sollte nun schön weich sein. Vom Herd nehmen. Erdbeerlikör und geschlagenes Obers unterheben. Den Milchweizen in tiefen Tellern anrichten. Die Walderdbeeren obenauf platzieren, mit Balsamicoessig beträufeln und das Vanilleeis dazu servieren.

Tonis Turbo-Kaiserschmarren

(WIE TONI M. IHN SIEHT)

ZUTATEN FÜR 2–3 PORTIONEN

4 Eidotter · 4 Eiklar · 2 EL glattes Mehl · 1 EL Kristallzucker · 60 ml Milch
Vanillezucker · einige Rosinen · Butter zum Backen · Kristall- und Staubzucker zum Bestreuen

VORBEREITUNG

Das Backrohr auf 200 °C vorheizen.

ZUBEREITUNG

In einer Schüssel die Eiklar mit einem Esslöffel Kristallzucker zu steifem Schnee schlagen. Dotter, eine Prise Vanillezucker, einige Rosinen sowie Mehl unterheben und die Milch vorsichtig einrühren. Etwas Butter in einer Pfanne schmelzen lassen, den Teig eingießen und nur kurz anbacken (etwa eine halbe Minute). Pfanne ins vorgeheizte Backrohr stellen und den Kaiserschmarren fertig backen, bis er schön goldbraun ist.
Aus dem Backrohr herausnehmen und den Kaiserschmarren mit zwei Gabeln in kleine Stücke zerteilen. Mit etwas Kristallzucker bestreuen und nochmals kurz im Backrohr karamellisieren. Portionieren und mit Staubzucker bestreuen.
BEILAGENEMPFEHLUNG: Apfelmus oder Apfelkompott

Tonis Turbo-Kaiserschmarren

(WIE EVI M. IHN SAH)

„Profiköche kochen meist gerne zu Hause, auch Toni“, weiß Evi Mörwald aus Erfahrung. „Sie unterschätzen nur ein paar Kleinigkeiten. Zum Beispiel, dass es daheim außer der eigenen Ehefrau kein Personal gibt und Haushaltsküchen gegenüber Profiküchen halt letztlich doch nur mangelhaft ausgerüstet sind.“

„Aber einen Kaiserschmarren mit Apfelmus“, meinte Toni, „wird man ja wohl auch in einer einfachen Haushaltsküche zustande bringen.“

Womit die in den Rang einer „Sous-Chefin“ gelobte Ehefrau auf den Plan trat und nach des Meisters strengen Direktiven die Schmarrenmasse herstellte, die derselbe nur noch fachmännisch in die Pfanne zu gießen brauchte. Nach dem Wenden – so der Plan – sollte diese heiße Pfanne dann in den Heißluftofen zum Fertigbacken geschoben werden.

Doch es kam zu gleich zwei der oben bereits angedeuteten Misslichkeiten: Die einzige Pfanne, die für den Mörwald'schen Induktionsherd geeignet war, hatte so einen langen Stiel, dass sie nicht in den Heißluftherd passte. Die Pfanne, die hineingepasst hätte, war indessen nicht induktionstauglich.

Nach einer kurzen Aufklärung über Küchenorganisation durch den Meister fand die Sous-Chefin dann doch noch eine gusseiserne, ovale, orangefarbene Auflaufform mit kurzen, muschelförmigen Griffchen. In der Mitte des Geschirrs war zwar die Beschichtung schon ein wenig abgebröckelt, aber in der Not ...

Der ganze Schmarren wurde jedenfalls endgültig zur Chefsache und Toni M. waltete sorgsam seines Amtes. Was selbst Toni nicht ahnen konnte, war jedoch, dass Gusseisengeschirr auf einer Induktionsplatte eine dermaßen aggressive Hitze entwickelt, dass sich die Masse, vor allem dort, wo die Beschichtung fehlt, sofort anlegt. Um einem möglichen Anbrennen vorzubeugen, schob Toni M. sein Pfandl souverän, sprich: in Windeseile, in den Ofen.

Leider fraß sich die gusseiserne Hitze weiterhin wie Lava in den Schmarren. Als der Kaiserschmarren schließlich aus dem Rohr kam, war er, so Evi Mörwald „außen schwarz, innen roh und rundum brandig.“

Den Abend rettete Evis vorausblickende Idee, wenigstens das Apfelmus „outzusourcen“ und der Schwiegermutter anzuvertrauen. Evi Mörwald: „So wurde es doch noch ein netter fruchtiger und durch eine Flasche Kracher-Trockenbeerenauslese auch kulinarisch gesehen durchaus angenehmer Abend, an dem der Meister jedoch nicht umhinkam, einen milden Vorwurf an seine Sous-Chefin durchklingen zu lassen, unter welch widrigen Bedingungen man ihn in seinen eigenen vier Wänden schöpferisch zu arbeiten zwinge.“

Süßes, aber subito

DESSERTS MACHEN GLÜCKLICH:
WIE MAN SICH FÜR LANGE ALLTAGSMÜHEN
SCHNELL BELOHNT

Cremen, Schäume, Moussen – und andere coole Genüsse

Mascarponecreme mit Erdbeeren

ZUTATEN FÜR 2 PORTIONEN
150 g Erdbeeren · 2 cl Erdbeerlikör · 2 cl Grand Marnier · 1 EL Staubzucker abgeriebene Schale von 1 Orange · 2 Biskotten · Minze zum Garnieren

FÜR DIE MASCARPONECREME
250 g Mascarpone · 1 EL Honig · abgeriebene Schale von 1 Orange 50 g Staubzucker · 50 ml Schlagobers

ZUBEREITUNG
Die Erdbeeren waschen und vierteln. In eine Schüssel geben und mit Erdbeerlikör, Grand Marnier, Staubzucker und abgeriebener Orangenschale marinieren. In dekorative Gläser füllen. Für die Creme den Mascarpone mit Honig, Orangenschale und Staubzucker glatt rühren. Obers schlagen und unterheben. Die Mascarponecreme auf die Erdbeeren auftragen. Biskotten in die Gläser stecken und mit Minze garnieren.

Schokolademousse

ZUTATEN FÜR 2 PORTIONEN
80 g Zartbitterkuvertüre (Schokolade) · 1 Eiklar · 1 KL Kristallzucker 125 ml Schlagobers · Kakaopulver zum Bestreuen

ZUBEREITUNG
Die Schokolade in einem Schneekessel über Dampf schmelzen. Vom Herd nehmen. Eiklar mit Zucker zu Schnee schlagen und unter die Schokolade heben. Das Obers halbfest schlagen, 3 Esslöffel für die Garnitur beiseite stellen und den Rest unter die Schokolademasse heben. Die Schokolademousse in dekorative Gläser füllen. Mit dem restlichen Obers garnieren und kurz kühl stellen oder sofort servieren. Vorher noch mit Kakaopulver bestreuen.

Kalte Kokossuppe mit Orangenfilets

ZUTATEN FÜR 2 PORTIONEN

125 ml Kokosmark aus Dose oder Glas · 25 ml Läuterzucker (Wasser und Zucker 1:1 aufgekocht) · 60 ml Zitronensaft · abgeriebene Schale von 1 Zitrone 60 ml Kokoslikör · 2 fein geschnittene Pfefferminzblätter · 5 Eiswürfel · 2 Orangen Pfefferminzblätter zum Garnieren

VORBEREITUNG

Die Orangen schälen, in Filets bzw. Spalten trennen und die weißen Häutchen abziehen.

FÜR BESONDERS EILIGE

Verwenden Sie bereits geschälte Mandarinen aus der Dose.

ZUBEREITUNG

Das Kokosmark mit Läuterzucker, Zitronensaft und -schale, Kokoslikör, Pfefferminze und Eiswürfeln so lange gut durchmixen, bis keine Eisstückchen mehr vorhanden sind. Vor dem Servieren nochmals aufschäumen.

Die Orangenfilets in tiefe Teller legen. Mit der aufgeschäumten Kokossuppe auffüllen und mit Pfefferminze garnieren.

GARNITUREMPFEHLUNG: Vanilleeis und Orangensorbet

Weintraubenkompott

ZUTATEN FÜR 2 PORTIONEN

250 g Weintrauben · 50 g Zucker · 125 ml Weißwein · Saft von 1 Zitrone · Zimtrinde

ZUBEREITUNG

Die Weintrauben halbieren und entkernen. In einem Topf 50 ml Wasser mit Zucker aufkochen lassen und unter ständigem Rühren auflösen. Dann Weißwein, Zitronensaft und Zimtrinde zugeben und die halbierten, entkernten Trauben darin 2 Minuten ziehen lassen. Die Zimtrinde entfernen und in Kompottschalen anrichten. Je nach Belieben lauwarm oder kalt servieren.

GARNITUREMPFEHLUNG: Hippen oder Biskuit, Parfait bzw. Eis

Erdbeer-Tiramisu

ZUTATEN FÜR 2 RINGFORMEN MIT 10 CM DURCHMESSER

1 Eidotter · 2 EL Kristallzucker · 80 ml Milch · 1/2 Vanilleschote (oder Vanillezucker) 100 g Mascarino · 60 ml geschlagenes Obers · 100 g Erdbeeren · 2 EL Staubzucker 2 cl Amaretto (Mandellikör) · einige Biskotten · Erdbeeren für die Garnitur Staubzucker zum Bestreuen · Minze zum Garnieren

ZUBEREITUNG

Die Vanilleschote der Länge nach aufschneiden, das Mark ausschaben und dieses gemeinsam (oder Vanillezucker) mit der Milch, dem Eidotter und dem Zucker in eine Stielkasserolle geben. Mit dem Stabmixer glatt mixen. Auf den Herd stellen und unter ständigem Rühren kurz erhitzen, bis das Eidotter die Masse leicht bindet. Mit dem Mascarino verrühren und das geschlagene Obers unterheben.

Nun die Erdbeeren mit Staubzucker und Amaretto zu einer Sauce pürieren. Die Biskotten in kleine Stücke brechen und mit der Erdbeersauce tränken. Eine Ringform mit 10 cm Durchmesser auf einen Teller stellen. Die Biskottenstücke als Boden darin auflegen. Die Hälfte der Creme darauf verstreichen und einige Erdbeeren als Dekoration darauf legen. Die Ringform abheben und die zweite Portion ebenso zubereiten. Beide Portionen mit Staubzucker bestreuen und mit Minze garnieren.

Marinierte Pfirsiche mit Campari-Sabayon

ZUTATEN FÜR 2 PORTIONEN

2–3 Pfirsiche · Staubzucker · 1 Schuss Grappa · 1 Schuss Grenadinesirup 1 Schuss Zitronensaft · in feine Streifen geschnittene Minze

FÜR DAS CAMPARI-SABAYON

2 Eidotter · 25 g Zucker · abgeriebene Schale von 1 Orange · 4 cl Campari 6 cl Orangensaft

ZUBEREITUNG

Die Pfirsiche schälen, entkernen und in dünne Spalten schneiden. Mit Grappa, Grenadine, Zitronensaft, einigen Minzestreifen sowie etwas Staubzucker vermengen und kurz marinieren. Dann die Pfirsichspalten rosettenartig auf die Teller auflegen.

Für das Campari-Sabayon die Eidotter mit Zucker cremig rühren. In einer Schüssel über Wasserdampf mit Orangenschale, Campari und Orangensaft schaumig aufschlagen.

Campari-Sabayon über die Pfirsiche verteilen, mit Minze garniert servieren.

Erdbeeren mit Balsamicoessig

ZUTATEN FÜR 2 PORTIONEN

**300 g Erdbeeren · 2 EL Staubzucker zum Marinieren
2 cl Balsamicoessig bester Qualität (am besten mindestens 10 Jahre alt) · 100 ml Schlagobers · Staubzucker für das Schlagobers · Mark von 1 Vanilleschote (oder Vanillezucker)
Zartbitterkuvertüre und weiße Kuvertüre zum Hobeln**

ZUBEREITUNG

Die Erdbeeren vierteln. Den Staubzucker mit dem Balsamicoessig verrühren und die Erdbeeren damit marinieren. Etwa 50 Gramm der Erdbeeren pürieren und durch ein Sieb passieren.
Das Obers mit etwas Staubzucker und Vanillemark (bzw. Vanillezucker) steif schlagen und das Erdbeermark darunter heben. Das Erdbeer-Obers in Gläser füllen und die marinierten Erdbeeren darüber verteilen.
Mit gehobelter dunkler und weißer Kuvertüre dekorieren.

Schokobananen

ZUTATEN FÜR 2 PORTIONEN

4 Eiswaffeln (15 x 4 cm groß) · 1 Banane · 3 EL Nutella (oder andere Schoko-Haselnusscreme) · 2 EL Marillenmarmelade · 1 EL Kristallzucker · 1 EL Butter · 70 ml Schlagobers · 70 g gehackte Zartbitterkuvertüre

ZUBEREITUNG

Zwei Eiswaffeln mit Nutella bestreichen und die anderen beiden Eiswaffeln darauf setzen. Marillenmarmelade darauf streichen und beiseite stellen. Nun die Banane schälen und längs halbieren. Butter in einer Pfanne erhitzen, Zucker und Bananenhälften dazugeben und leicht karamellisieren lassen. Bananen herausheben und je eine Hälfte auf eine Waffelschnitte setzen. In einem Topf das Obers mit der gehackten Kuvertüre aufkochen lassen und glatt rühren. Die Bananen-Waffelschnitten mit der Schokoglasur überziehen und vor dem Servieren kurz kühl stellen.

GARNITUREMPFEHLUNG: Vanilleeis

Melonen-Limetten-Kaltschale mit Honigobers

ZUTATEN FÜR 2 PORTIONEN
1 Honigmelone · 70 ml Limettensaft (ersatzweise etwas weniger Zitronensaft) · 90 g Kristallzucker · 1 Blatt Gelatine · Limettenschale und Minze zum Garnieren

FÜR DAS HONIGOBERS
2 EL Schlagobers · 1/2 EL Honig

ZUBEREITUNG
Die Melone halbieren und die Kerne entfernen. Am besten mit einem Parisienneausstecher 6 kirschgroße Melonenkugeln als Einlage ausstechen. Restliches Melonenfleisch auslösen. Den Limettensaft mit Zucker und etwa 50 ml Wasser aufkochen lassen. Vom Herd nehmen. Gelatine in kaltem Wasser einweichen, ausdrücken und im Limettensaft auflösen. Das Melonenfleisch mit dem Stabmixer einmixen und dann durch ein Sieb passieren. Abkühlen lassen. Für das Honigobers Obers aufschlagen, mit Honig vermengen und bis zur Verwendung kühl stellen. Die Melonenmasse in tiefe Teller einfüllen und die Melonenkugeln hineinsetzen. Aus dem Honigobers mit einem Esslöffel ein Nockerl ausstechen und in die Mitte platzieren. Mit in Streifen geschnittenen Limettenschalen und Minze garnieren.

TIPP
Besonders dekorativ sieht dieses Dessert aus, wenn Sie das Melonenfleisch so auslösen, dass Sie die Schale nicht verletzen und die Kaltschale dann direkt in der Melonenschale servieren.

Schneenockerl mit Vanillesauce

ZUTATEN FÜR 2–3 PORTIONEN
3 Eiklar · 50 g Kristallzucker · 200 ml Milch · Mark von 1/2 Vanilleschote 10 g Vanillezucker

FÜR DIE VANILLESAUCE
250 ml Milch · 1 gehäufter EL Zucker · Mark von 1/2 Vanilleschote 1 EL (20 g) Vanillepuddingpulver

ZUBEREITUNG
Für die Schneenockerl Eiklar leicht aufschlagen und mit Kristallzucker zu festem Schnee ausschlagen. In einem Topf die Milch mit Vanillemark und Vanillezucker zum Kochen bringen. Aus der Schneemasse mit einem Esslöffel Nockerl abstechen und in die kochende Milch einlegen. Etwa 2 Minuten ziehen lassen, umdrehen und weitere 2 Minuten am Herdrand (oder bei stark reduzierter Hitze) ziehen lassen. Dann die Nockerl aus der Milch heben und abtropfen lassen.

Für die Vanillesauce 2–3 Esslöffel Milch mit dem Vanillepuddingpulver glatt rühren. Die restliche Milch mit Zucker und der Vanilleschote zum Kochen bringen. Vanilleschote wieder herausnehmen und das Mark abstreifen. Das angerührte Puddingpulver unter kräftigem Rühren in die Milch einschlagen. Einmal aufwallen lassen, wieder vom Herd nehmen und kurz überkühlen lassen. Die Schneenockerl anrichten und mit der lauwarmen Vanillesauce servieren.
GARNITUREMPFEHLUNG: mit flüssigem Karamell verzieren

Heidelbeer-Buttermilch-Tartelettes

ZUTATEN FÜR 2 PORTIONEN

2 fertige Mürbteigtartelettes (im Lebensmittelhandel erhältlich) · 70 ml Buttermilch ca. 1 KL Honig · 1 EL Staubzucker · 1 Blatt Gelatine · 50 ml geschlagenes Obers ca. 50 g Heidelbeeren · abgeriebene Schale von 1/2 Orange · Heidelbeeren und Staubzucker nach Belieben für die Sauce · Minze zum Garnieren

ZUBEREITUNG

Die Buttermilch mit Honig, Staubzucker und Orangenschale verrühren. Gelatine in kaltem Wasser einweichen, ausdrücken und in einem kleinen Teil der Buttermilchmasse über heißem Wasserdampf auflösen. Unter die restliche Buttermilchmasse mengen. In einer Schüssel in einem eiskalten Wasserbad kaltrühren, bis die Masse leicht zu gelieren beginnt. Nun das geschlagene Obers unterheben. Die Buttermilchmousse in die Tartelettes füllen und die Heidelbeeren darauf setzen. Heidelbeeren mit etwas Staubzucker pürieren und durch ein Sieb streichen. Die Heidelbeersauce auf Teller verteilen, die Tartelettes darauf setzen und mit Minze und Staubzucker garnieren.

Ein paar schnelle Tipps aus Tonis süßer Vorratskammer

■ **BLÄTTERTEIG** *Einen Blätterteig selbst herzustellen, kann in der Hobbyküche durchaus zum Abenteuer werden. Für die schnelle Küche daheim gibt es jedoch heute vorzügliche Fertigprodukte, die im Hobby-Küchenalltag mindestens dieselben Dienste leisten.*

■ **EIER** *Sie sind in der schnellen Küche wegen ihrer leichten Verarbeitbarkeit ein beliebter „Little Helper". Achten Sie jedoch unbedingt darauf, dass die Eier im Kühlschrank aromageschützt lagern (sie nehmen sonst schnell Fremdgerüche auf) und vor der Verwendung auf Zimmertemperatur gebracht werden.*

■ **MEHL** *Achten Sie gerade, wenn es schnell gehen soll, darauf, dass Sie immer drei Arten von Mehl vorrätig haben. Aus griffigem Mehl bereitet man alles zu, was flaumig werden soll: Mürb- und Biskuitteig, Bäckereien, aber auch Knödel oder Nockerl. Glattes Mehl braucht man zum Binden von Saucen und für Teige, die besonders glatt geraten sollen. Gemischtes Mehl, auch Universalmehl genannt, kann als „fauler Kompromiss" zwischen griffig und glatt zwar gerade noch durchgehen, ist hingegen für die Zubereitung von Germ- oder Brandteig geradezu ideal geeignet.*

■ **STRUDELTEIG**: *Wie Blätterteig gibt es auch fertigen Strudelteig in tadelloser Qualität zu kaufen. Die Zubereitung von hausgemachtem Strudelteig bringt in kleinen Mengen auch kaum Vorteile.*

■ **TIEFGEFRORENES OBST** *Grundsätzlich sollte man für die Zubereitung von „teigigen" Fruchtdesserts nur optimal reifes und frisches Obst verarbeiten, da gefrostete Früchte beim Kochen oft übermäßig viel Wasser abgeben. Das wirkt sich auf umhüllende oder darunter liegende Teige nachteilig und auf die Konsistenz von Obstknödeln oft sogar fatal aus. Tiefgefrorenes Obst kann jedoch sehr gut für Muse und Fruchtsaucen verwendet werden und ist auch für die Zubereitung von Blechkuchen oder Strudel geeignet, bei deren Zubereitung die sich bildende Flüssigkeit im Rohr verdampfen kann.*

Von lau bis warm – und mit viel Frucht

Lychees mit Krokant-Limonen-Gratin

ZUTATEN FÜR 2 PORTIONEN

16 entkernte Lychees (oder Früchte aus der Dose) · 1 Eidotter
25 g Staubzucker · Saft und Schale von 1 Limone · 1 EL Amaretto (Mandellikör)
100 ml Sekt · 1 EL geschlagenes Obers · 2 EL Krokant

VORBEREITUNG

Das Backrohr auf 250 °C (Oberhitze) vorheizen.

ZUBEREITUNG
Das Eidotter für die Gratiniermasse mit Staubzucker schaumig aufschlagen. Limonensaft, Amaretto und Sekt zugießen und weiterschlagen. Zum Schluss das geschlagene Obers unterheben. Die halbierten Lychees in eine feuerfeste Form oder Suppenteller geben und mit der Gratiniermasse überziehen. Mit dem Krokant bestreuen und im vorgeheizten Backrohr bei großer Oberhitze goldgelb gratinieren. Vor dem Servieren mit geschnittenen Limonenschalen bestreuen.

Himbeertörtchen mit Balsamicoessigsauce

ZUTATEN FÜR 2 PORTIONEN
100 g fertiger Blätterteig · 125 g Himbeeren · 3 EL geschlagenes Obers Zitronenmelisse zum Garnieren · Staubzucker · Mehl für die Arbeitsfläche

FÜR DIE HIMBEER-BALSAMICO-SAUCE
100 g Himbeeren zum Pürieren · 1 EL Honig · 5 cl alter Balsamicoessig

VORBEREITUNG
Das Backrohr auf 200 °C vorheizen.

ZUBEREITUNG
Den Blätterteig auf einer bemehlten Arbeitsfläche 2 mm dünn ausrollen. Kreisrunde Scheiben ausstechen oder in Dreiecke schneiden. Mit einer Gabel mehrmals stupfen (anstechen) und auf ein mit Backpapier belegtes Backblech legen. Im gut vorgeheizten Backrohr einige Minuten goldbraun backen. Währenddessen für die Himbeer-Balsamico-Sauce die Himbeeren pürieren und durch ein Sieb streichen. Den Honig leicht erwärmen und mit dem Balsamicoessig sowie dem Himbeermark verrühren.
Den Blätterteig herausnehmen und auf Teller setzen, geschlagenes Obers darauf streichen und die Himbeeren mit der Öffnung nach oben darauf setzen. Die Himbeeren mit der Himbeer-Balsamico-Sauce füllen bzw. beträufeln und mit Staubzucker bestreuen. Zitronenmelisse in feine Streifen schneiden und über die Törtchen streuen.
GARNITUREMPFEHLUNG: Himbeereis

Erdbeeren mit grünem Pfeffer und Grand Marnier

ZUTATEN FÜR 2 PORTIONEN
200 g Erdbeeren · Staubzucker und 1 cl Zitronensaft zum Marinieren · 2 cl Grand Marnier (Orangenlikör) · 1 EL Staubzucker
3 cl Orangensaft und 1 cl Zitronensaft zum Abschmecken
1 KL grüner Pfeffer in der Lake (oder gefriergetrocknet)
2 EL Butter · Minze zum Garnieren

VORBEREITUNG
Grünen Pfeffer in der Lake gut abtropfen lassen und grob hacken. Gefriergetrockneten grünen Pfeffer in etwas Wasser einweichen und dann grob zerhacken.

ZUBEREITUNG
Erdbeeren bei Bedarf halbieren und mit etwas Staubzucker sowie Zitronensaft marinieren. In einer Pfanne die Hälfte der Butter aufschäumen. Den gehackten Pfeffer zugeben, danach Erdbeeren und Staubzucker einmengen und alles kurz durchschwenken. Mit Grand Marnier ablöschen und mit Orangen- sowie Zitronensaft abschmecken. Vor dem Servieren die restliche Butter in die Sauce einrühren und anrichten. Mit Minze garnieren.
GARNITUREMPFEHLUNG: Vanilleeis

Topfengratin mit Marillen

ZUTATEN FÜR 2–3 PORTIONEN
3 Marillen · 250 g Topfen · 1 EL Maisstärke · 2 EL Staubzucker · 2 Eidotter
2 cl brauner Rum · 1 KL Vanillezucker · abgeriebene Schale von 1 Zitrone
2 Eiklar · 50 g Kristallzucker · Butter zum Ausstreichen · Staubzucker zum Bestreuen · Marillensorbet oder Vanilleeis zum Garnieren

VORBEREITUNG
Das Backrohr auf 220 °C (Oberhitze) vorheizen.

ZUBEREITUNG
Den Topfen mit Maisstärke, Staubzucker, Eidottern, Rum, Vanillezucker und Zitronenschale gut verrühren. Eiklar leicht auf- und mit dem Kristallzucker zu Schnee ausschlagen. Den Schnee unter die Topfenmasse heben. Die Marillen entkernen und in Spalten schneiden.
Tiefe Teller mit Butter ausstreichen, die Topfenmasse darauf verteilen und mit den Marillenspalten belegen. Ins Backrohr stellen und bei maximaler Oberhitze goldgelb backen. Gratin mit Staubzucker bestreuen und in die Mitte eine Kugel Marillensorbet oder Vanilleeis setzen.

Karamellisierte Ananas mit Limettenobers

ZUTATEN FÜR 2 PORTIONEN

1/2 Ananas · ausgekratztes Mark von 1 Vanilleschote (ersatzweise Vanillezucker)
1 gehäufter EL Kristallzucker · 1 EL Butter · 2 cl Kokoslikör · 100 ml Ananassaft
100 ml geschlagenes Obers · Saft und Schale von 1/2 Limette · 1 TL Staubzucker

ZUBEREITUNG

Ananas schälen und in 8 Spalten schneiden, dabei den harten Innenteil wegschneiden. Die Vanilleschote längs halbieren und mit dem Messer das Mark herauskratzen. Vanillemark (oder Vanillezucker) mit dem Kristallzucker vermischen.

Die Butter in einer Pfanne erhitzen und die Ananasstücke darin anbraten. Ananasstücke auf beiden Seiten mit dem Zucker bestreuen, damit sie beidseitig karamellisieren können. Zum Schluss den Kokoslikör darüber gießen. Ananas aus der Pfanne nehmen und auf Teller verteilen. Den Ananassaft in die Pfanne gießen und einkochen lassen. Sobald der Saft eine sirupartige Konsistenz hat, über die Ananas träufeln.

Das geschlagene Obers mit der abgeriebenen Schale und dem Saft der Limette verrühren. Staubzucker unterrühren und das Limettenobers mit den karamellisierten Ananasstücken anrichten.

Erdbeergratin

ZUTATEN FÜR 2 PORTIONEN
**100 g Erdbeeren · 100 g Walderdbeeren · 2 cl Grand Marnier (Orangenlikör)
1 EL Staubzucker · Saft von 1/2 Zitrone · einige Minzeblätter**

FÜR DIE GRATINIERMASSE
**2 Eidotter · 1 EL Staubzucker · Mark von 1 Vanilleschote (oder Vanillezucker)
125 ml Schlagobers**

VORBEREITUNG
Das Backrohr auf 250 °C (Oberhitze) vorheizen.

ZUBEREITUNG
Die Hälfte der Erdbeeren mit dem Stabmixer pürieren und durch ein Sieb streichen. Die restlichen Erdbeeren sowie die Walderdbeeren mit Erdbeerpüree, Grand Marnier, Staubzucker und Zitronensaft vermengen. Einige Minzeblätter in Streifen schneiden und einrühren.
Für die Gratiniermasse die Eidotter mit Staubzucker und Vanillemark (oder Vanillezucker) schaumig rühren. Das Obers steif schlagen und unterheben. Die Erdbeeren auf 2 tiefe, feuerfeste Teller verteilen und mit der Gratiniermasse bedecken. Im vorgeheizten Backrohr überbacken.

Gratin von Weintrauben und Feigen

ZUTATEN FÜR 2 PORTIONEN
**4 frische Feigen · kernlose Weintrauben (blau und grün) nach Belieben
4 cl Portwein · 2 cl Sherry · 2 EL Staubzucker**

FÜR DIE GRATINIERMASSE
1 Ei · 2 Eidotter · 2 EL Staubzucker · 100 ml Schlagobers · 2 cl Grappa

VORBEREITUNG
Das Backrohr auf 250 °C (Oberhitze) vorheizen.

ZUBEREITUNG
Die Feigen schälen und vierteln. Die Weintrauben nach Belieben halbieren oder ganz lassen und beides mit Portwein, Sherry und Staubzucker marinieren. In tiefen, feuerfesten Tellern anrichten.
Für die Gratiniermasse das Obers aufkochen lassen. Ei, Eidotter und Staubzucker in einem Schneekessel über heißem Wasserdampf schaumig aufschlagen. Das Obers zur Eiermasse geben und gut durchschlagen. Aus dem Wasserbad heben und den Grappa mit dem Stabmixer einmixen. Die Masse über die Früchte gießen und alles im vorgeheizten Backrohr überbacken.
GARNITUREMPFEHLUNG: Vanille- oder Kokoseis

Zwetschkentartelettes

Foto rechts

ZUTATEN FÜR 2 PORTIONEN
2 fertige Mürbteigtartelettes (im Lebensmittelhandel erhältlich) · 6 Zwetschken 2 Eidotter · 2 EL Zucker · 80 ml Sekt

VORBEREITUNG
Das Backrohr auf 250 °C vorheizen.

ZUBEREITUNG
Die Zwetschken entkernen, in Spalten schneiden und in die Tartelettes füllen. In einem Kessel die Eidotter mit Zucker und Sekt über Wasserdampf schaumig aufschlagen. Den fertigen Schaum über die Zwetschken gießen und im Backofen 2–3 Minuten überbacken.

Nougatzwetschken in Strudelteig

ZUTATEN FÜR 2 PORTIONEN
4 Zwetschken · 50 g Nougat · 1 Blatt Strudelteig (Fertigprodukt) · 100 g Kompottmarillen · 2 cl Marillenbrand 1 Ei · Butter und Öl · Staubzucker zum Bestreuen

VORBEREITUNG
Das Backrohr auf 200 °C vorheizen.

ZUBEREITUNG
Die Zwetschken entkernen und mit Nougat füllen. Den Strudelteig aufbreiten, mit verquirltem Ei und Butter bestreichen und in 4 Quadrate schneiden. Jede Zwetschke in ein Stück Teig einschlagen. Die Zwetschken auf ein leicht geöltes oder mit Backpapier belegtes Backblech legen und im vorgeheizten Backrohr bei 200 °C ca. 8 Minuten backen. Währenddessen die Kompottmarillen mit dem Marillenbrand mixen und durch ein Sieb passieren. Die fertig gebackenen Zwetschken herausnehmen, mit Staubzucker bestreuen und mit der Marillensauce anrichten. *Foto Seite 342*

Nougatzwetschken in Strudelteig

Soufflierte Erdbeeren

ZUTATEN FÜR 2 PORTIONEN

200 g Erdbeeren · Staubzucker und Zitronensaft zum Marinieren · 2 Eiklar 1 EL Kristallzucker für den Schnee · 2 Eidotter · 60 g Kristallzucker für die Dottermasse · 1 cl Erdbeerlikör · Staubzucker zum Bestreuen · Minze zum Garnieren

VORBEREITUNG

Das Backrohr auf 200 °C (Oberhitze) vorheizen.

ZUBEREITUNG

Die Erdbeeren nach Belieben in kleinere Stücke schneiden und mit Staubzucker sowie etwas Zitronensaft marinieren. Das Eiklar leicht aufschlagen und mit dem Kristallzucker zu Schnee ausschlagen. Die Eidotter mit Kristallzucker schaumig schlagen, bis die Masse weiß ist. Danach Erdbeerlikör zugießen und noch einmal aufschlagen. Die Dottermasse (am besten mit einer Teigkarte) vorsichtig unter die Schneemasse heben.

Die marinierten Erdbeeren in tiefe Teller setzen und die Soufflémasse darauf gleichmäßig verteilen. Mit Staubzucker bestreuen und im vorgeheizten Backrohr bei 200 °C überbacken. Mit Staubzucker bestreuen, mit Minze garnieren und servieren.

GARNITUREMPFEHLUNG: Sorbet (etwa Piña-Colada-Sorbet)

Süße Stunden – in Minutenschnelle

Nusspalatschinken

ZUTATEN FÜR 2 PORTIONEN (4 PALATSCHINKEN)
125 ml Milch · Salz · 60 g glattes Mehl · 1 Ei · Öl zum Backen
100 g Schokoladesauce · und 100 ml Schlagobers zum Garnieren
mit Zucker vermischte geriebene Haselnüsse zum Bestreuen

FÜR DIE FÜLLE
100 g geriebene Nüsse · 100 ml Milch · 1 EL Honig · 1 gehäufter EL Zucker (30 g)
2 cl Rum · Prise Zimt

VORBEREITUNG
Milch mit Ei und Salz vermengen und zuletzt das Mehl unterrühren. In einer Pfanne etwas Öl erhitzen. Ein Viertel des Teiges dünn eingießen, Pfanne schwenken, damit sich der Teig gleichmäßig verteilen kann und die Palatschinke unter einmaligem Wenden goldgelb backen. Herausheben und warm stellen. Die restlichen 3 Palatschinken ebenso backen.

FÜR BESONDERS EILIGE
Verwenden Sie bereits fertige Palatschinken, die im Lebensmittelhandel angeboten werden, allerdings meistens etwas dicker sind. Die Palatschinken müssen in diesem Fall vor dem Füllen leicht erwärmt werden.

ZUBEREITUNG
Für die Fülle Milch mit Honig und Zucker aufkochen lassen. Die geriebenen Nüsse einrühren. Mit Rum und einer Prise Zimt abschmecken. Die Schokoladesauce im Wasserbad (oder Mikrowelle) erhitzen, das Obers schlagen. Die Palatschinken mit der Fülle bestreichen, in der Hälfte übereinander klappen, dann nochmals zusammenklappen (oder zusammenrollen). Auf zwei vorgewärmten Tellern anrichten und die heiße Schokoladesauce darüber gießen. Mit dem Obers garnieren und mit etwas Nuss-Staubzucker-Gemisch bestreuen.

TIPP: Noch delikater schmeckt die Nusspalatschinke, wenn Sie in die Nussfülle noch 1–2 Esslöffel Nutella oder geschmolzenes Nussnougat einrühren.

Vanillepalatschinken

ZUTATEN FÜR 2 PORTIONEN (4 PALATSCHINKEN)
125 ml Milch · 70 g glattes Mehl · 1 Ei · 1/2 TL Kristallzucker · Prise Salz Öl zum Backen · Staubzucker zum Bestreuen · 2 Kugeln Vanilleeis zum Garnieren

FÜR DIE FÜLLE
125 ml Schlagobers · 1–2 EL Staubzucker · ausgekratztes Mark von 1/2 Vanilleschote (ersatzweise Vanillezucker)

VORBEREITUNG
Milch mit Ei, Kristallzucker und Salz vermengen und zuletzt das Mehl unterrühren. In einer Pfanne etwas Öl erhitzen. Ein Viertel des Teiges dünn eingießen, Pfanne schwenken, damit sich der Teig gleichmäßig verteilen kann und die Palatschinke unter einmaligem Wenden goldgelb backen. Herausheben und warm stellen. Die restlichen 3 Palatschinken ebenso backen.

FÜR BESONDERS EILIGE
Verwenden Sie bereits fertige Palatschinken, die im Lebensmittelhandel angeboten werden, allerdings meistens etwas dicker sind. Die Palatschinken müssen in diesem Fall vor dem Füllen leicht erwärmt werden.

ZUBEREITUNG
Für die Fülle das Obers mit Staubzucker und Vanillemark (oder Vanillezucker) halbfest aufschlagen. Auf die warmen Palatschinken auftragen und zusammenklappen. Auf Tellern anrichten, mit Staubzucker bestreuen und mit je einer Vanilleeiskugel garnieren.
GARNITUREMPFEHLUNG: zusätzlich mit gehobelter Kuvertüre bestreuen oder je ein Schokoladeblatt dazulegen

Früchteomelett

ZUTATEN FÜR 2 PORTIONEN
2 Eiklar · 2 EL Kristallzucker · 2 Eidotter · 100 g Kompottfrüchte aus der Dose (Marillen, Mandarinen, gemischte Früchte etc.) · Butter und Kristallzucker für das Backblech · Staubzucker zum Bestreuen

VORBEREITUNG
Backrohr auf 220 °C vorheizen und die Kompottfrüchte in einem Sieb gut abtropfen lassen.

ZUBEREITUNG
Eiklar schlagen und mit dem Kristallzucker zu steifem Schnee ausschlagen. Dotter unterheben. Die Kompottfrüchte bei Bedarf noch etwas zerkleinern und unter die Omelettenmasse heben. Ein Backblech mit Butter bestreichen und mit etwas Kristallzucker bestauben (oder Backblech mit Backpapier auslegen und dieses anzuckern). Omelettenmasse auf zwei kreisrunde Flächen aufstreichen und im heißen Backrohr ca. 5 Minuten goldbraun backen. Aus dem Backrohr nehmen, mit Staubzucker bestreuen und sofort servieren.

Orangenpalatschinken

ZUTATEN FÜR 2 PORTIONEN (4 PALATSCHINKEN)
125 ml Milch · 70 g glattes Mehl · 1 Ei · 1/2 TL Kristallzucker · Prise Salz Öl zum Backen · Staubzucker zum Bestreuen

FÜR DIE FÜLLE
100 ml Schlagobers · 1 EL Staubzucker · 2 cl Rum · abgeriebene Schale von 1 Orange · 2 Orangen

VORBEREITUNG
Milch mit Ei, Kristallzucker und Salz vermengen und zuletzt das Mehl unterrühren. In einer Pfanne etwas Öl erhitzen. Ein Viertel des Teiges dünn eingießen, Pfanne schwenken, damit sich der Teig gleichmäßig verteilen kann und die Palatschinke unter einmaligem Wenden goldgelb backen. Herausheben und warm stellen. Die restlichen 3 Palatschinken ebenso backen.

FÜR BESONDERS EILIGE
Verwenden Sie bereits fertige Palatschinken, die im Lebensmittelhandel angeboten werden, allerdings meistens etwas dicker sind. Die Palatschinken müssen in diesem Fall vor dem Füllen leicht erwärmt werden.

ZUBEREITUNG
Für die Fülle die Orangen schälen und in kleine Filets trennen. Obers steif schlagen und mit Staubzucker, Rum sowie abgeriebener Orangenschale vermengen. Das Obers-Rum-Gemisch auf die Palatschinken streichen, die Orangenfilets darauf verteilen und die Palatschinken einrollen. Jeweils 2 Palatschinken auf einem vorgewärmten Teller anrichten und mit Staubzucker bestreuen.
GARNITUREMPFEHLUNG: Vanille- oder Sauerrahmeis

Sauerrahmdalken mit Beeren und Joghurtsauce

ZUTATEN FÜR 2 PORTIONEN
100 g gemischte Beeren nach Belieben · 70 g Sauerrahm · 50 g glattes Mehl 2 Eidotter · Salz, Vanillezucker · etwas abgeriebene Zitronenschale · 2 Eiklar 1 EL Kristallzucker · Butter zum Herausbacken · Staubzucker zum Bestreuen Zitronenmelisse oder Minze zum Garnieren

FÜR DIE JOGHURTSAUCE
70 g Joghurt · 1 EL Staubzucker · 1 Schuss Zitronensaft

ZUBEREITUNG
In einer Schüssel den Sauerrahm mit einer Prise Salz, den Eidottern, dem Vanillezucker und der abgeriebenen Zitronenschale verrühren. Eiklar leicht aufschlagen und mit Kristallzucker zu Schnee ausschlagen. Den Schnee abwechselnd mit dem Mehl vorsichtig unterheben.
In einer Pfanne etwas Butter erhitzen und die Masse am besten in Spiegeleiformen (Ø 6 cm) herausbacken. (Oder mit einem Esslöffel kleine Häufchen in das Öl setzen, flach drücken und zu kleinen Dalken formen.)

Währenddessen für die Sauce Joghurt mit Staubzucker und einem Schuss Zitronensaft verrühren. Die Joghurtsauce auf Teller auftragen. Die fertigen Dalken darauf setzen und mit Beeren umgeben. Mit Staubzucker bestreuen und mit Zitronenmelisse oder Minze garnieren.

Beerennocken

ZUTATEN FÜR 2 PORTIONEN

250 g Beeren, nach Belieben gemischt (Heidel-, Brom- oder Walderdbeeren, Ribiseln)
100 g glattes Mehl · 100 ml Milch · 1 Prise Salz · Butter zum Herausbacken
Staubzucker zum Bestreuen

ZUBEREITUNG

Die Beeren mit Mehl und einer Prise Salz mischen. Die Milch aufkochen lassen und diese unter ständigem Rühren zur Mehlmasse gießen, bis eine zähe Masse entsteht. In einer Pfanne etwas Butter erhitzen, mit Hilfe eines Löffels Nocken aus der Masse ausstechen und in die Pfanne setzen. Nocken anbraten und unter einmaligem Wenden einige Minuten braten. Herausheben, auf vorgewärmten Tellern anrichten und mit Staubzucker bestreut servieren.
GARNITUREMPFEHLUNG: Eis

Soufflierte Topfenpalatschinken

ZUTATEN FÜR 2 PORTIONEN (4 PALATSCHINKEN)

3 EL Topfen · 2 EL Sauerrahm · 1 Eidotter · 1 KL Maisstärke · Vanillezucker
Zitronensaft · Prise Salz · 1 Eiklar · 1 EL Kristallzucker · Butter für die Form

FÜR DIE PALATSCHINKEN

125 ml Milch · 70 g glattes Mehl · 1 Ei · 1/2 TL Kristallzucker · Prise Salz
Öl zum Backen · Staubzucker zum Bestreuen

VORBEREITUNG

Das Backrohr auf 180 °C vorheizen. Milch mit Ei, Kristallzucker und Salz vermengen und zuletzt das Mehl unterrühren. In einer Pfanne etwas Öl erhitzen. Ein Viertel des Teiges dünn eingießen, Pfanne schwenken, damit sich der Teig gleichmäßig verteilen kann und die Palatschinke unter einmaligem Wenden goldgelb backen. Herausheben und warm stellen. Die restlichen 3 Palatschinken ebenso backen.

FÜR BESONDERS EILIGE

Verwenden Sie bereits fertige Palatschinken, die im Lebensmittelhandel angeboten werden, allerdings meistens etwas dicker sind. Die Palatschinken müssen in diesem Fall vor dem Füllen leicht erwärmt werden.

ZUBEREITUNG

Für die Soufflémasse den Topfen mit Sauerrahm, Dotter, Maisstärke, Vanillezucker, etwas Zitronensaft und einer Prise Salz verrühren. Das Eiklar mit Zucker zu Schnee schlagen und unter die Topfenmasse heben. Die vorbereiteten Palatschinken aufbreiten. Die Topfenmasse auf die Palatschinken streichen, zu einer Tasche zusammenklappen und in eine gut ausgebutterte Form legen. Im vorgeheizten Backrohr bei 180 °C soufflieren (überbacken).
GARNITUREMPFEHLUNG: frische Beeren und Fruchtmark

Gebackene Bananen mit Schoko-Minz-Sabayon

ZUTATEN FÜR 2 PORTIONEN

2 Bananen · Strudelteig · 1 EL Honig · Saft von 1 Zitrone · 2 cl Bananenlikör etwas Butter zum Bestreichen · Mehl für die Arbeitsfläche · Minze zum Garnieren Staubzucker

FÜR DAS SCHOKO-MINZ-SABAYON

1 Ei · 1 Eidotter · ca. 60 ml Milch · 1 EL Kakaopulver · 2 cl Pfefferminzlikör

VORBEREITUNG

Das Backrohr auf 200 °C vorheizen.

ZUBEREITUNG

Den Honig mit Zitronensaft und Bananenlikör verrühren. Die Bananen schälen und mit dieser Marinade beträufeln. Den Strudelteig auf einem bemehlten Küchentuch ausbreiten und in zwei 20 x 20 cm große Quadrate schneiden. Mit etwas Butter bestreichen, die marinierten Bananen darauf legen und den Strudelteig gut einschlagen. Nochmals mit etwas Butter bestreichen und auf ein befettetes oder mit Backpapier ausgelegtes Backblech setzen. Im vorgeheizten Backrohr bei 200 °C ca. 10 Minuten backen. Währenddessen für das Sabayon das Ei mit Dotter, Milch und Kakaopulver in einem Schneekessel über Wasserdampf schaumig aufschlagen. Pfefferminzlikör zugeben, noch einmal kräftig durchschlagen. Aus dem Wasserbad nehmen und noch etwas kaltschlagen. Sabayon in tiefe Teller füllen und die gebackene Banane darauf setzen. Mit Minze garnieren und mit Staubzucker bestreuen.

Gebackene Apfelspalten

ZUTATEN FÜR 2 PORTIONEN

2 Äpfel · Saft von 1 Zitrone · 1 EL Rum · 1–2 EL Staubzucker · Sonnenblumenöl Staubzucker und Zimt zum Bestreuen

FÜR DEN WEINBACKTEIG

100 g Mehl · 100 ml Wein · 1 EL Öl · 1 Eidotter · Prise Salz · 1 Eiklar 1 KL Kristallzucker

ZUBEREITUNG

Äpfel schälen, mit einem Apfelausstecher das Kerngehäuse entfernen und Äpfel in 1 cm dicke Scheiben schneiden. Mit Zitronensaft sowie Rum beträufeln und mit Staubzucker bestreuen. Für den Backteig Mehl, Wein, Öl, Eidotter und Salz zu einem glatten Teig verrühren. Eiklar mit Kristallzucker zu Schnee schlagen und unter den Teig heben.

In einer Pfanne Öl erhitzen (ca. 170 °C). Die Apfelscheiben durch den Backteig ziehen, einlegen und auf beiden Seiten goldbraun backen. Herausheben und auf Küchenkrepp abtropfen lassen. Auf Tellern anrichten und mit der Zimt-Staubzucker-Mischung bestreuen.

GARNITUREMPFEHLUNG: Vanilleeis oder Vanillesauce

Marillenpofesen

ZUTATEN FÜR 2 PORTIONEN

2 Stk. altbackenes Briochegebäck · 2 entkernte und in Spalten geschnittene Marillen 1 Schuss Zitronensaft · 100 ml Milch · 1 Ei · Prise Vanillezucker · Staubzucker Marillenmarmelade · Butter und Öl zum Braten · Beeren, Vanilleeis, Minze und Staubzucker nach Belieben zum Garnieren

ZUBEREITUNG

Das Briochegebäck entrinden und bei Bedarf halbieren. Für die Vanillemilch die Milch mit dem Ei und einer Prise Vanillezucker versprudeln. Die Marillenspalten mit Zitronensaft, etwas Staubzucker und Marillenmarmelade marinieren.

In einer Pfanne Butter und Öl erhitzen, Brioche in die Vanillemilch eintunken und im heißen Fett von beiden Seiten braun braten. Herausheben, mit Küchenkrepp trockentupfen und auf Tellern anrichten. Die marinierten Marillen darauf verteilen. Ganz nach Belieben mit Beeren, Vanilleeis, Minze und Staubzucker garnieren.

Ein paar flotte Argumente für leidenschaftliche Naschkatzen

- *Nach jüngsten neurowissenschaftlichen Erkenntnissen haben Süßigkeiten, denen man bislang jede gesundheitsfördernde Bedeutung absprach, doch auch ihre positiven Wirkungen – und zwar auf Hormonhaushalt und Wohlbefinden. Süßigkeiten, so war man sich beispielsweise auf einem der letzten Jahrestreffen der „Society for Neuroscience" in Washington einig, hätten sehr wohl die Fähigkeit, unser Wohlbefinden zu steigern. Die Kombination von Kohlehydraten und Fetten stimuliere nämlich das Hormonsystem, welches für das Wohlgefühl der menschlichen Seele verantwortlich sei und damit leicht antidepressiv wirke.*
- *Einer Studie aus Cincinnati zufolge drosselt der Konsum von Süßigkeiten, Bonbons und Schokolade die Produktion von Hormonen, die in Stresssituationen ausgeschüttet werden und in großen Mengen oder auf Dauer den Stoffwechsel negativ beeinflussen. Voraussetzung für diese positive Nebenwirkung sei jedoch die Verwendung von echtem Zucker.*
- *Mit Zuckerkonsum zum richtigen Zeitpunkt werden körperliche Anstrengungen weniger unangenehm empfunden, meint der deutsche Lebensmittelchemiker Udo Pollmer. Zucker enthalte nämlich keineswegs nur „leere Kalorien" für den Körper, sondern halte sehr wohl volle Kraftreserven für die Seele auf Lager: Säuglinge schrieen weniger mit Zucker im Fläschchen, und auch Erwachsene schliefen nach dem Genuss von Süßem nicht nur besser, sondern seien auch leichter in der Lage, Schmerzen zu ertragen.*
- *Der Glücksbringer in den Süßigkeiten hat übrigens auch einen Namen und heißt Serotonin. Unter diesem Neurotransmitter sei, so manche Forscher etwas vereinfachend, eine Art „Götterbote" in den Hirnzellen zu verstehen, der dort gute Nachrichten verbreite. Je mehr Serotonin sich im Gehirn befinde, desto mehr steige das Glücksgefühl, während Serotoninmangel zu Depressionen führe. Serotonin hebe den Gute-Laune-Pegel, steigere die Konzentrationsfähigkeit – und verringere Appetit und Heißhunger. Wenn das keine „göttlichen Botschaften" sind, was dann?*

Arme Ritter

ZUTATEN FÜR 2 PORTIONEN

2 Scheiben Butterbrioche (ersatzweise Toastbrot ohne Rinde) · ca. 3 EL Semmelbrösel · 1 Eidotter · 1 Eiklar · etwas Milch zum Wenden · 1/2 Pkt. Vanillezucker 1 KL Kristallzucker · 1 Schuss Rum · Öl zum Backen · 1/2 TL Zimt · Staubzucker

FÜR DIE FÜLLE

Preiselbeeren und klein gehackte Dörrzwetschken

ZUBEREITUNG

Die Briocherinde wegschneiden. In einem tiefen Teller etwas Milch mit Eidotter, Vanillezucker, Kristallzucker und Rum verrühren. Das Eiklar leicht verschlagen. Die Briochescheiben diagonal zu Dreiecken halbieren. Zwei Dreiecke mit Preiselbeeren bestreichen und die gehackten Dörrzwetschken darüber streuen. Mit den restlichen beiden Briochescheiben abdecken und jeweils leicht zusammendrücken. In der Vanillemilch kurz wenden, durch das Eiklar ziehen und in den Bröseln wälzen. Öl in einer Pfanne erhitzen und die Armen Ritter darin schwimmend goldgelb backen. Aus dem Fett heben und auf Küchenpapier gut abtropfen lassen. Staubzucker mit Zimt vermengen und die Armen Ritter vor dem Servieren damit großzügig bestreuen.

GARNITUREMPFEHLUNG: Eis und Fruchtsaucen

Tempura-Trauben mit Vanilleschaum

ZUTATEN FÜR 2 PORTIONEN

20 weiße und blaue Weintrauben · 50 g Maisstärke · 50 g glattes Mehl · Salz Pflanzenöl zum Ausbacken · Staubzucker zum Bestreuen

FÜR DEN VANILLESCHAUM

125 ml Milch · 1 KL Zucker Vanillepuddingpulver

ZUBEREITUNG

Die Maisstärke mit Mehl sowie etwa 100 ml Wasser vermischen und mit dem Schneebesen so lange rühren, bis der Teig schön homogen ist. Mit einer Prise Salz würzen.

In einer Pfanne Pflanzenöl erhitzen. Nun die Trauben durch den Teig ziehen, ins heiße Öl einlegen und rundum goldgelb ausbacken. (Sollte der Teig durch das kurzfristige Stehen zu dick werden, mit etwas Wasser verdünnen.) Trauben herausheben und auf Küchenkrepp abtropfen lassen.

Für den Vanilleschaum die Milch mit Zucker aufkochen. Vanillepuddingpulver mit etwas kaltem Wasser verrühren, in die heiße Milch einrühren und die Milch damit leicht binden. Mit dem Stabmixer aufschäumen. Vanilleschaum gemeinsam mit den Trauben anrichten und mit Staubzucker bestreuen.

Wenn unerwartet Gäste kommen

DIE BESTEN TIPPS FÜR KULINARISCHE NOTSITUATIONEN – UND WIE MAN SIE SO SCHNELL WIE MÖGLICH BEWÄLTIGT

„Erste Hilfe" für schnelle Gäste

Geht es Ihnen nicht auch so? Man liebt sie, man freut sich, sie alle wieder einmal zu treffen. Und dennoch sind und bleiben sie alle Jahre wieder der Angstgegner Nummer eins, die lieben Verwandten und Bekannten, die unerwartet an der Wohnungstür klingeln oder, so sie gnädig gestimmt sind, ein Stündchen zuvor anrufen.
Wenn Sie zum Typus jenes gastfreundlichen Zeitgenossen gehören, der immer gerne Leute in seiner Wohnung hat und nur die Einsamkeit wirklich fürchtet, so werden plötzlich auftretende Gäste für Sie kein großes Problem verursachen.
Sollten Sie jedoch ein Vertreter jener gar nicht so kleinen Gruppe sein, die nicht jederzeit für jedermann empfangsbereit ist, so heißt es improvisieren. Und auch darauf sollte man vorbereitet sein:

- *Sorgen Sie dafür, dass in Ihrem Kühlschrank niemals völlige Ebbe herrscht und immer etliche Komponenten vorhanden sind, aus denen sich ein kleines Buffet oder eine improvisierte Mahlzeit zaubern lässt. Schon etwas Salami, Schinken, Käse, Cocktailtomaten und Eier reichen für eine hübsche Kalte Platte.*

- *Halten Sie immer eine Pastete, Terrine oder Sulz auf Vorrat, die Ihnen oder Ihren Familienmitgliedern gut schmeckt, aber sich bei Bedarf auch schnell aufschneiden und hübsch anrichten lässt. Auch Aufstriche wie Liptauer, Kräutertopfen, Taramasalat, Leberstreichwurst u. Ä. lassen sich schnell in Schüsselchen umfüllen und können auf diese Weise selbst dann als „hausgemacht" angepriesen werden, wenn sie es gar nicht sind.*

- *Achten Sie darauf, immer auch Fleischloses in der Vorratskammer zu haben, es sei denn, Sie können schwören, nur „Fleischtiger" zu Ihren potenziellen Gästen zu zählen.*

- *Besonders während der kalten Jahreszeit ist es nützlich, immer eine gute Suppe „in petto" zu haben. Das macht zwar einmal ein bisschen Arbeit, beschert aber viele kleine schnelle Mahlzeiten (bei richtiger Rezeptwahl auch: Diätmahlzeiten) und eignet sich perfekt als „Soforthilfe", wenn Gäste einfallen. Auch bei Gerichten, die (wie etwa Vitello tonnato) kalt gegessen werden oder (wie Lasagne oder Moussaka) schnell aufgewärmt werden können, lohnt es sich, größere Mengen auf Vorrat zu produzieren. Dann ist man „für alle Fälle" gerüstet oder kehrt „notfalls" bei sich selbst gerne ein.*

- *Sorgen Sie dafür, dass Ihr Brotvorrat nicht nur aus Weißbrot besteht, das schnell alt und unansehnlich wird. Bauernbrot, Vollkornbrot oder Knäckebrot hält wesentlich länger. Wenn Sie öfters unerwartete Gäste haben, ist es auch empfehlenswert, eine Packung „vorgebackenes" Brot vorrätig zu haben, das Sie nur noch kurz im Backrohr aufbacken müssen.*

- *Machen Sie öfter einen „Großeinkauf" für Mineralwasser, Bier, Fruchtsäfte, Kaffee, Tee und – last not least – Wein. Da gilt die Formel: Besser selbst eine Bouteille zu viel trinken als mit guten Freunden und einer Bouteille zu wenig auf dem Trockenen zu sitzen.*

Für den **ersten Hunger**

Weiße Zwiebelcremesuppe

ZUTATEN FÜR 4 PORTIONEN
700 ml Geflügelfond oder -suppe · 400 g Zwiebeln · 1 KL Mehl · 2 EL Butter
4 cl Wermut · 80 ml Weißwein · 100 ml Schlagobers · Salz, Pfeffer aus der Mühle
Dille zum Garnieren · 4 EL geschlagenes Obers

FÜR DIE CROÛTONS
2 Scheiben Toastbrot · 2 EL Butter · Salz

ZUBEREITUNG
Die Zwiebeln halbieren, in Streifen schneiden und in einem Topf in heißer Butter hell anschwitzen. (Die Zwiebeln sollten dabei keine Farbe annehmen.) Danach mit Mehl bestäuben und kurz verrühren. Mit Wermut sowie Weißwein ablöschen und einkochen lassen. Den Geflügelfond zugießen und ca. 5–7 Minuten bei geringer Hitze köcheln lassen. Schlagobers eingießen und für weitere 3 Minuten köcheln lassen.
In der Zwischenzeit für die Croûtons das Toastbrot entrinden und in Würfel schneiden. In einer Pfanne Butter schmelzen und die Brotwürfel goldbraun braten. Aus der Pfanne nehmen und auf Küchenkrepp abtropfen lassen. Leicht salzen. Dille grob hacken.
Die Suppe mit Salz und Pfeffer abschmecken, mit dem Pürierstab mixen und durch ein Sieb passieren. Vor dem Anrichten nochmals kurz aufkochen lassen. Das geschlagene Obers zugeben und aufmixen. In tiefe Teller gießen und mit Croûtons und Dille garnieren.

Marinierte Tomaten mit Prosciutto di Parma

ZUTATEN FÜR 4 PORTIONEN
8 Tomaten · 300 g in Scheiben geschnittener Prosciutto di Parma
(oder anderer Rohschinken) · 2 gehackte Schalotten · 2 gehackte Knoblauchzehen
2 EL gehackte Petersilie · 4 cl Marsalawein · 4 cl weißer Balsamicoessig
Salz, Pfeffer · 5 EL Olivenöl · Kerbel zum Garnieren

ZUBEREITUNG
Die Tomaten in Scheiben schneiden und auf je einem Teller rosettenartig auflegen. Etwa einen Esslöffel Olivenöl erhitzen und die gehackten Schalotten, Knoblauch und Petersilie darin hell, also ohne Farbe nehmen zu lassen, anschwitzen. Vom Herd nehmen. Marsala und Balsamicoessig eingießen. Mit Salz und Pfeffer würzen. Das restliche Olivenöl zugießen.
Diese Marinade über die Tomaten verteilen und den Prosciutto di Parma dekorativ darüber legen. Mit frischem Kerbel garnieren.
BEILAGENEMPFEHLUNG: frisches Weißbrot

Backhendlsalat

ZUTATEN FÜR 4 PORTIONEN

2 Hühnerbrüste à ca. 150–200 g · Salz, Pfeffer · Zitronensaft gehackte Petersilie · glattes Mehl, Ei und Semmelbrösel zum Panieren Öl zum Ausbacken · Blattsalate nach Wahl · 8 Kirschtomaten

FÜR DAS DRESSING

2 EL Sherryessig · 4 EL Raps- oder Distelöl · Salz, Pfeffer · Staubzucker etwas Estragonsenf

ZUBEREITUNG

Die Hühnerbrüste in 3 cm große Stücke schneiden. Mit Salz, Pfeffer und Zitronensaft würzen, mit gehackter Petersilie einreiben. Zum Panieren zuerst in Mehl wälzen, dann durch das verquirlte Ei ziehen und anschließend in Semmelbröseln wenden. In einer Pfanne Öl erhitzen (ca. 150 °C) und die Backhendlstücke darin ca. 7 Minuten schwimmend herausbacken. Herausnehmen und auf Küchenpapier abtropfen lassen.

Währenddessen für das Dressing den Sherryessig mit Öl und Senf verrühren. Mit Salz, Pfeffer und Staubzucker abschmecken. Die geputzten Blattsalate damit marinieren und auf Tellern anrichten. Die Backhendlstücke darauf platzieren. Mit den Kirschtomaten garnieren.

Mozzarella-Tomaten-Tempura auf Kräutersalat

ZUTATEN FÜR 4 PORTIONEN

8 Scheiben Mozzarella · 4 Scheiben Tomaten · 8 Basilikumblätter · Mehl 4 Eiklar · Polentagrieß zum Panieren · Öl zum Frittieren · Salz, Pfeffer Rucola, junge Petersilie, Basilikum, Kerbel etc.

FÜR DAS DRESSING

2 EL weißer Balsamicoessig · 2 fein gehackte Schalotten · Salz, Pfeffer · Zucker 4 EL Olivenöl · 2 EL gehackte Petersilie

ZUBEREITUNG

Die Mozzarella- und Tomatenscheiben salzen sowie pfeffern. Nun jeweils eine Scheibe Mozzarella auflegen, mit einem Basilikumblatt sowie einer Tomatenscheibe belegen und nochmals ein Basilikumblatt darauf legen. Mit einer Mozzarellascheibe abdecken und gut zusammendrücken.

Nun das Mozzarellatörtchen mit Mehl bestäuben. Eiklar verschlagen und Törtchen darin wenden. Mit Polentagrieß panieren. In einer Pfanne Öl erhitzen (ca. 180 °C), die Mozzarellatörtchen einlegen und rundum goldgelb backen. Herausheben und auf Küchenkrepp abtropfen lassen.

Für das Dressing den Balsamicoessig mit den gehackten Schalotten, der Petersilie und dem Olivenöl verrühren. Mit Salz, Pfeffer und einer Prise Zucker würzen. Kräuter sowie Blattsalate mit dem Dressing marinieren und auf Tellern anrichten. Die Mozzarella-Tomaten-Tempura halbieren und mit den Salaten anrichten.

BEILAGENEMPFEHLUNG: Ciabatta, frisch getoastetes Toskanabrot

Nudelsalat mit Käsestreifen

ZUTATEN FÜR 4 PORTIONEN

250 g Penne (kurze Röhrennudeln) · 150 g Gouda (nach Möglichkeit schon gut gereift und alt) · 1 Karotte · 1 rote Paprikaschote · 100 g Staudensellerie 100 g Jungzwiebeln · 4 Schalotten · 2 Knoblauchzehen · 1 TL edelsüßes Paprikapulver · 60 ml Gemüsesuppe · 4 EL weißer Balsamicoessig · 2 EL Olivenöl für die Nudeln · 3 EL Olivenöl zum Anschwitzen · Salz, Pfeffer · 1 TL gehackter Schnittlauch · 1 TL gehackte Petersilie · Petersilblättchen zum Garnieren

VORBEREITUNG

Die Paprikaschote längs halbieren, entkernen und (am besten mit einem Sparschäler) schälen. In kleine Würfel schneiden.

FÜR BESONDERS EILIGE

Die Paprikaschote ungeschält in kleine Würfel schneiden.

ZUBEREITUNG

In einem großen Topf Salzwasser zum Kochen bringen und die Penne darin bissfest garen. Die Nudeln abgießen, kurz kalt abschrecken und gut abtropfen lassen. In eine große Schüssel geben, mit Olivenöl beträufeln und gut durchmischen.

Parallel dazu den Sellerie und die Karotte in kleine Würfel oder Streifen schneiden. In einem Topf reichlich Salzwasser zum Kochen bringen. Karotten- und Selleriewürfel darin bissfest blanchieren (überbrühen), kurz abschrecken und gut abtropfen lassen. Jungzwiebeln und Schalotten in feine Streifen, den Knoblauch in feine Würfel schneiden und alles in Olivenöl glasig andünsten. Paprikawürfel sowie das blanchierte Gemüse zugeben und das Paprikapulver einrühren. Alles kurz durchschwenken und mit Gemüsesuppe und Balsamicoessig ablöschen. Nun das Gemüse unter die Nudeln mischen und mit Salz sowie Pfeffer würzen. Den Gouda in dünne Streifen schneiden und mit dem gehackten Schnittlauch sowie der Petersilie unter den Salat heben. Nach Möglichkeit noch etwas durchziehen lassen. Mit Petersilblättchen garnieren und servieren.

Rindfleisch-Gemüse-Türmchen

ZUTATEN FÜR 4 PORTIONEN
4 Tomaten · 8 Scheiben Rindsfilet (Rindslungenbraten) à 50 g
8 Scheiben Melanzani (7 mm dick) · 4 kleine Jungzwiebeln · Olivenöl zum Braten
getrockneter Oregano · 2 gehackte Knoblauchzehen · Salz, Pfeffer
Rucolasalat oder Kräuter als Garnitur

ZUBEREITUNG
Die Tomaten horizontal in 3 Scheiben teilen. Rindsfiletscheiben mit Salz und Pfeffer würzen. In einer Pfanne etwas Olivenöl erhitzen und die Rindsfiletscheiben darin auf jeder Seite je nach gewünschter Garstufe (rare oder medium) braten. Danach herausnehmen und warm stellen. Melanzani- und Tomatenscheiben sowie die ganzen Jungzwiebeln ebenfalls in der Pfanne in Olivenöl braten. Mit Salz, Pfeffer, Oregano und gehacktem Knoblauch würzen. Nun jeweils auf einem Teller Tomaten, Melanzani und Rindfleisch abwechselnd aufeinander legen und zu einem Türmchen aufschichten. Je eine gebratene Jungzwiebel obenauf legen. Nach Belieben mit mariniertem Rucola oder Kräutern garnieren.
BEILAGENEMPFEHLUNG: knuspriges Baguette

TIPP
Bei der Wahl der verwendeten Gemüse kann man selbstverständlich der Phantasie freien Lauf lassen, wobei zusätzlich eingelegte Mozzarellascheiben diese Rindfleisch-Gemüse-Kreation noch delikater machen.

Foto rechte Seite

Karamellisierte Chili-Ananas aus dem Wok

ZUTATEN FÜR 4 PORTIONEN
500 g Ananaswürfel (aus der Dose) · 3–4 EL Kristallzucker · 1 Chilischote
2 EL gehacktes Jungzwiebelgrün · gemahlener Koriander · Salz, Pfeffer
Blattsalate nach Angebot (Brunnenkresse, Feldsalat, Rucola etc.)
nach Belieben auch essbare Blüten

FÜR DIE VINAIGRETTE
2 EL weißer Balsamicoessig · 1 TL Honig · 2 fein gehackte Schalotten
2 EL Sherry · Salz, Pfeffer · 4 EL Olivenöl

ZUBEREITUNG
Die Ananaswürfel in einer heißen Wokpfanne (oder anderen beschichteten Pfanne) ohne Fett andünsten. Den Zucker zugeben und leicht karamellisieren lassen. Chili in feine Streifen schneiden und zu den Ananaswürfeln geben. Mit Salz, Pfeffer und Koriander würzen. Das gehackte Jungzwiebelgrün einstreuen.
Für die Vinaigrette den weißen Balsamicoessig mit den gehackten Schalotten, dem Honig, dem Sherry sowie dem Olivenöl verrühren. Mit Salz und Pfeffer würzen. Die geputzten Salate damit marinieren. Salate und nach Belieben auch essbare Blüten auf Tellern anrichten und die karamellisierten Ananaswürfel in der Mitte darauf anrichten.
BEILAGENEMPFEHLUNG: Hummerchips, Knäckebrot

Was satt macht und schmeckt

Schinkenfleckerl

ZUTATEN FÜR 4 PORTIONEN
400 g Fleckerl · 300 g Schinken · 2 Knoblauchzehen · 1 Zwiebel
100 g Sauerrahm · 100 ml Schlagobers · 2 EL Butter zum Anschwitzen
2 EL gehackte Petersilie · Salz, Pfeffer

ZUBEREITUNG
In einem großen Topf Salzwasser aufkochen lassen. Fleckerl zugeben und „al dente" kochen. Inzwischen den Schinken kleinwürfelig schneiden. Knoblauch und Zwiebel fein hacken. In einer großen Pfanne oder Kasserolle die Butter schmelzen lassen. Zwiebel- und Knoblauchwürfel zugeben, kurz anschwitzen und dann die Schinkenwürfel ebenfalls darin anschwitzen. Mit Sauerrahm und flüssigem Obers aufgießen. Petersilie zugeben und die Sauce glatt rühren. Die währenddessen bissfest gekochten Fleckerl abgießen und gut abtropfen lassen. Fleckerl unter die Schinkensauce mischen und mit Salz sowie Pfeffer abschmecken. Auf vorgewärmten Tellern anrichten.
BEILAGENEMPFEHLUNG: grüner Blattsalat

Krautfleckerl mit Topfen

ZUTATEN FÜR 4 PORTIONEN

400 g Fleckerl · 1/2 Kopf Weißkraut · 2 Knoblauchzehen · etwas Zucker
100 g Butter · etwas edelsüßes Paprikapulver · 4 EL Sauerrahm · 2 EL Topfen
Salz, Pfeffer · Kümmel · 2 EL gehackte Petersilie

ZUBEREITUNG

Reichlich Salzwasser aufkochen lassen und die Fleckerl darin bissfest kochen. Währenddessen das Weißkraut in Rauten schneiden. Butter in einer Pfanne erhitzen, Weißkraut zugeben und darin anschwitzen. Knoblauch hineinpressen und eine Prise Zucker einrühren. Die inzwischen al dente gekochten Fleckerl abseihen, abtropfen lassen und unterheben. Etwas Paprikapulver, Sauerrahm sowie Topfen einrühren und alles gut durchmischen. Mit Salz, Pfeffer und einer Prise Kümmel abschmecken. Gehackte Petersilie unterrühren und auf vorgewärmten Tellern anrichten.

BEILAGENEMPFEHLUNG: Tomatensalat

Gemüsefleckerl

ZUTATEN FÜR 4 PORTIONEN

400 g Fleckerl · 4 Jungzwiebeln · 150 g Zucchini · 2 rote Paprikaschoten
4 geschälte Tomaten aus der Dose · 2 EL Balsamicoessig · Salz, Pfeffer
150 g Rucola · 2 EL Olivenöl · frisch gehobelter Parmesan

ZUBEREITUNG

In einem großen Topf reichlich Salzwasser zum Kochen bringen. Fleckerl zugeben und bissfest kochen. Inzwischen die Tomaten grob hacken. Zucchini und Jungzwiebeln in Scheiben schneiden. Die Paprikaschote halbieren, entkernen und in Streifen schneiden. In einer großen Pfanne (oder einem Topf) Olivenöl erhitzen und die Tomaten darin andünsten. Zucchini, Jungzwiebeln sowie Paprika zugeben und ebenfalls mit anschwitzen. Mit Salz sowie Pfeffer würzen und mit Balsamicoessig ablöschen. Rucola in Streifen schneiden und gemeinsam mit den gekochten, abgeseihten Fleckerln untermischen. Nochmals abschmecken. In tiefen Tellern anrichten und mit gehobeltem Parmesan servieren.

Nudelrisotto mit Gemüse

ZUTATEN FÜR 4 PORTIONEN

**350 g Reiskornnudeln (reiskornförmige Teigware, s. Tipp)
2 gehackte Schalotten · 3 gehackte Knoblauchzehen · 100 g Staudensellerie
1 kleine Karotte · einige in Öl eingelegte getrocknete Tomaten · 1 Lorbeerblatt
100 ml trockener Weißwein · 400–500 ml Geflügelfond · 2 EL Öl · Salz, Pfeffer
Muskatnuss · frisch geriebener Parmesan · 1 EL Pinienkerne · Basilikum
zum Garnieren**

ZUBEREITUNG

Staudensellerie putzen, waschen, die harten Fäden abziehen und ebenso wie die Karotte in kleine Würfel schneiden. Die eingelegten Tomaten mit Küchenkrepp abtupfen und ebenfalls kleinwürfelig schneiden. In einem Topf Öl erhitzen und die gehackten Schalotten gemeinsam mit dem Knoblauch glasig anschwitzen. Sellerie-, Karotten- und Tomatenwürfel zugeben und alles gut durchrühren. Das Lorbeerblatt und die Reiskornnudeln untermischen und mit Weißwein ablöschen. Nach und nach Geflügelfond zugießen und alles bei mittlerer Hitze unter vorsichtigem Rühren garen, bis die Nudeln bissfest sind.

Inzwischen die Pinienkerne in einer Pfanne ohne Fettzugabe goldgelb rösten. Den fertig gegarten Nudelrisotto mit Salz, Pfeffer und Muskatnuss abschmecken, zuvor das Lorbeerblatt wieder entfernen. In vorgewärmten Tellern anrichten und mit frisch gehobeltem Parmesan, gerösteten Pinienkernen und grob geschnittenen Basilikumblättern bestreuen.

BEILAGENEMPFEHLUNG: Radicchiosalat

TIPP

Reiskornnudeln (Risi, Kritharaki, Arpa Sehriye) werden in griechischen und türkischen Lebensmittelgeschäften sowie in gut sortierten Supermärkten angeboten. Ersatzweise können Sie auch kleine Suppennudeln (z. B. in Muschelform) verwenden.

Zartweizenrisotto mit Steinpilzen

ZUTATEN FÜR 4 PORTIONEN

**500 g Zartweizen · 300 g Steinpilze · 2 EL gehackter Kerbel
Currypulver · 80 ml Sherry · 80 ml flüssiges Schlagobers · Butter zum Anschwitzen
4 EL geschlagenes Obers zum Verfeinern · Kerbel zum Garnieren · Salz, Pfeffer**

ZUBEREITUNG

Reichlich Salzwasser aufkochen und den Zartweizen 8–10 Minuten weich kochen. Währenddessen die gut geputzten Steinpilze in mundgerechte Stücke schneiden. Etwas Butter in einer Pfanne schmelzen lassen. Die Steinpilze zugeben und anschwitzen. Mit Salz, Pfeffer und Curry würzen. Sherry sowie flüssiges Obers zugießen und alles kurz einmal aufkochen lassen. Den Topf vom Herd nehmen. Gekochten Zartweizen abseihen und zugeben. Den gehackten Kerbel einrühren und geschlagenes Obers unterheben. Risotto in vorgewärmten, tiefen Tellern anrichten und vor dem Servieren noch mit Kerbelblättchen garnieren.

Weizen-Risibisi mit Shiitakepilzen

ZUTATEN FÜR 4 PORTIONEN

500 g Zartweizen · 200 g Shiitakepilze · 150 g Erbsen (Tiefkühlware)
10 Salbeiblätter · 80 ml Marsalawein · 2 EL geriebener Parmesan
4 EL geschlagenes Obers · Butter zum Anschwitzen · Salz, Pfeffer

ZUBEREITUNG

In einem Topf Salzwasser zum Kochen bringen und den Zartweizen 8–10 Minuten weich kochen. Die Shiitakepilze vierteln. Etwas Butter in einer Pfanne erhitzen und die Pilze darin anschwitzen. Erbsen zugeben und mit Salz sowie Pfeffer würzen.

Die Salbeiblätter in feine Streifen schneiden und einstreuen. Mit Marsalawein aufgießen, einmal aufkochen lassen und vom Herd nehmen. Den inzwischen gar gekochten Zartweizen abseihen und dann zu den Erbsen geben. Den frisch geriebenen Parmesan sowie das geschlagene Obers unterheben und in tiefen, vorgewärmten Tellern anrichten.

Spinat-Oliven-Gnocchi

ZUTATEN FÜR 4 PORTIONEN

160 g Topfen · 2 Eier · 50 g passierter Tiefkühlspinat · 30 g geriebener Parmesan 130 g Semmelbrösel · Salz, Pfeffer · gemahlene Muskatnuss · Mehl für die Arbeitsfläche · frisch gehobelter Parmesan · 2 EL gehackte Petersilie zum Bestreuen

FÜR DIE SAUCE

300 g entkernte schwarze Oliven · 4 geschälte Tomaten aus der Dose · 4 gehackte Knoblauchzehen · 2 gehackte Schalotten · Olivenöl zum Anschwitzen · Salz, Pfeffer

ZUBEREITUNG

Für die Gnocchi den Topfen mit Eiern, Spinat, Parmesan und Semmelbröseln vermengen. Mit Salz, Pfeffer und Muskatnuss würzen. In einem großen Topf reichlich Salzwasser zum Kochen bringen. Währenddessen die Arbeitsplatte mit Mehl bestäuben. Den Teig darauf mit bemehlten Händen zu 1,5–2 cm dicken Rollen formen. Diese wiederum in ca. 1,5 cm große Stücke schneiden und zu ovalen Gnocchi formen. Die Gnocchi ins kochende Wasser einlegen und knapp unter dem Siedepunkt ziehen lassen, bis sie an der Oberfläche schwimmen. Mit einem Schaumlöffel herausnehmen, kurz abschrecken und gut abtropfen lassen.
Für die Sauce die schwarzen Oliven halbieren und die geschälten Tomaten in Würfel schneiden. In einer großen Pfanne Olivenöl erhitzen und Schalotten- sowie Knoblauchwürfel darin anschwitzen. Die Oliven untermischen. Die Gnocchi vorsichtig zugeben und kurz mitbraten. Mit Salz sowie Pfeffer abschmecken. Die Tomaten kurz mitdünsten. Gnocchi auf vorgewärmten Tellern anrichten. Parmesan darüber hobeln und mit gehackter Petersilie bestreuen.

TIPP

Geübte Hobbyköche werden dieses einfache Rezept in 15 Minuten durchaus schaffen. Wer die Mühe dennoch scheut, der bevorzuge einfach bereits vorgefertigte Gnocchi, die mittlerweile auch durchaus in beachtlicher Qualität angeboten werden.

Kreative Hauptgerichte mit dem „gewissen Etwas"

Garnelen mit Curry-Kartoffelpuffer

ZUTATEN FÜR 4 PORTIONEN

16 geschälte und geputzte Riesengarnelen · 8 mehlige Kartoffeln Saft von 2 Zitronen · 2 Knoblauchzehen · 2 EL gehacktes Basilikum · 2 EL Mehl 2 Eier · Olivenöl · 80 ml Weißwein · 2 EL kalte Butter · Currypulver · Salz, Pfeffer

ZUBEREITUNG

Die Kartoffeln schälen und fein reißen. In eine Schüssel geben und mit Eiern, Mehl, Curry, Salz und Pfeffer gut vermengen. In einer beschichteten Pfanne Olivenöl erhitzen, aus der Masse mit einem Esslöffel Puffer formen und diese darin beidseitig braten. (Die Erdäpfelmasse dabei vor dem Einlegen gut ausdrücken.) Fertig gebratene Puffer herausheben und auf Küchenkrepp abtropfen lassen.

Inzwischen die Garnelen der Länge nach halbieren und den Darm entfernen. Mit Salz sowie Pfeffer würzen und mit Zitronensaft beträufeln. In einer anderen Pfanne in heißem Olivenöl braten. Dabei die Knoblauchzehen darüber pressen und gehacktes Basilikum zugeben. Die gebratenen Garnelen wieder aus der Pfanne heben. Die Puffer auf vorgewärmten Tellern anrichten und die Garnelen darauf gruppieren. Den Bratrückstand mit Wein aufgießen und kurz aufkochen lassen. Vom Herd nehmen, die kalte Butter einrühren und die Sauce damit sämig binden. Die Garnelen mit der Sauce überziehen.
BEILAGENEMPFEHLUNG: Blattsalat

Überbackene Lachsforellenfilets mit Brunnenkresse-Salat

ZUTATEN FÜR 4 PORTIONEN
2 Lachsforellenfilets à ca. 200 g, ohne Haut und Bauchlappen · 2 Schalotten 2 EL trockener Wermut (z. B. Noilly-Prat) · 100 ml Fischfond · 60 ml Schlagobers 3 EL eiskalte Butter zum Binden · 2 EL geschlagenes Obers · Olivenöl zum Bestreichen · Butter zum Braten · Salz, Pfeffer · gemahlener Koriander

FÜR DEN SALAT
120 g Brunnenkresse (s. Tipp) **· 6 Radieschen · 4 EL Walnussöl etwas weißer Balsamicoessig · Salz, Pfeffer**

VORBEREITUNG
Das Backrohr auf maximale Oberhitze (oder Grill) vorheizen.

ZUBEREITUNG
Die Lachsforellenfilets sorgfältig entgräten, waschen und mit Küchenkrepp trockentupfen. Vier kleine feuerfeste Teller (sie müssen nebeneinander in das Backrohr passen) mit Olivenöl bestreichen. Die Filets schräg in 0,5–1 cm breite Streifen schneiden und diese so auf die Teller verteilen, dass sie dabei nicht übereinander liegen. Die Forellenfilets mit Salz, Pfeffer und gemahlenem Koriander würzen.
Die Schalotten in feine Würfel schneiden und in Butter glasig dünsten. Wermut, Fischfond und flüssiges Obers zugießen und auf ein Drittel einkochen lassen. Dann die eiskalte Butter in kleine Würfel schneiden und mit dem Pürierstab unter die nicht mehr kochende Sauce mixen, bis sie bindet. Anschließend das geschlagene Obers mit dem Pürierstab darunter mischen. Die Fischfilets mit der aufgeschäumten Sauce beträufeln und unter dem Backofengrill auf der mittleren Schiene 4–5 Minuten überbacken, bis alles schön gebräunt ist.
Inzwischen für den Salat die Brunnenkresse verlesen, waschen und trockenschleudern. Die Radieschen putzen, waschen und in feine Stifte schneiden. Radieschenstifte und Brunnenkresse in einer Schüssel mit Walnussöl, Balsamicoessig, Salz und Pfeffer abmachen. Die gratinierten Forellenfilets aus dem Backofen nehmen und den Kressesalat jeweils in der Mitte anrichten.
BEILAGENEMPFEHLUNG: in Nussöl knusprig getoastete Baguettescheiben

TIPP
Steht keine Brunnenkresse zur Verfügung, so ersetzen Sie diese einfach durch Rucola.

Hühnerbrust mit Paprikakruste und Prinzessbohnen

ZUTATEN FÜR 4 PORTIONEN

4 Hühnerbrüste à 150 g · 200 g bunt gemischte Paprikawürfel (gelb, rot, grün) 2 feinwürfelig geschnittene Schalotten · 2 EL fein gehackte Petersilie · 100 g Semmelbrösel · Dijonsenf zum Bestreichen · Salz, Pfeffer · Butter zum Anbraten

FÜR DIE BOHNEN

400 g Prinzessbohnen (junge Fisolen, Tiefkühlware) · 2 EL Butter · 4 EL Speckwürfel 2 fein gehackte Knoblauchzehen · 120 ml Gemüsesuppe · Salz, Pfeffer

VORBEREITUNG

Das Backrohr auf 180 °C vorheizen.

ZUBEREITUNG

Die Hühnerbrüste mit Salz sowie Pfeffer würzen und in einer Pfanne in heißer Butter auf beiden Seiten scharf anbraten. Im gut vorgeheizten Backrohr noch ca. 5 Minuten braten.
Für die Paprikakruste unterdessen die Paprikawürfel und die gehackten Schalotten in einer anderen Pfanne ebenfalls in heißer Butter andünsten. Die gehackte Petersilie und die Semmelbrösel zugeben. Mit Salz und Pfeffer würzen. Die Hühnerbrüste herausnehmen, dünn mit Dijonsenf bestreichen und die Paprikakruste etwa 5 mm dick auftragen. Bei größtmöglicher Oberhitze oder unter der Grillschlange nochmals kurz überbacken.
Währenddessen die Bohnen in kleinere Stücke schneiden und in heißer Butter gemeinsam mit Speck und Knoblauch anschwitzen. Mit Salz und Pfeffer würzen. Gemüsesuppe zugießen und noch 2 Minuten köcheln lassen. Die Bohnen auf vorgewärmten Tellern anrichten und die überbackenen Hühnerbrüste darüber legen.

Überbackene Schweinsmedaillons

ZUTATEN FÜR 4 PORTIONEN

12 kleine Schweinsmedaillons (Schweinslungenbraten) à 40 g · 4 Scheiben Prosciutto di Parma (oder anderer Rohschinken) · 250 g Mozzarella · 8 Basilikumblätter 8 Kapernbeeren mit Stiel · Salz, Pfeffer aus der Mühle · Öl und Butter zum Braten

VORBEREITUNG

Das Backrohr auf maximale Oberhitze (250 °C oder Grill) vorheizen.

ZUBEREITUNG

Die Schweinsmedaillons salzen und pfeffern. In einer Pfanne etwas Öl und Butter erhitzen und die Medaillons auf jeder Seite etwa 2 Minuten braten. Fleisch aus der Pfanne heben. Die Prosciuttoscheiben dritteln und auf jedes Medaillon ein Stück Rohschinken legen. Mozzarella in Scheiben schneiden und ebenfalls darauf legen. Schweinsmedaillons in eine mit Öl bestrichene feuerfeste Form setzen und bei großer Oberhitze überbacken.
Währenddessen die Basilikumblätter in Streifen schneiden. Dann die überbackenen Medaillons auf vorgewärmten Tellern anrichten. Basilikum darüber streuen und mit Kapernbeeren garnieren.

BEILAGENEMPFEHLUNG: Risotto und Blattsalat

Pommery-Senf-Schnitzel mit Nudeln

ZUTATEN FÜR 4 PORTIONEN

8 Schweinsschnitzel à 80 g · 350 g Nudeln · 200 ml Rindsuppe · Salz, Pfeffer glattes Mehl · Pommery-Senf zum Bestreichen · 2 TL Pommery-Senf für die Sauce Sonnenblumenöl und Butter zum Braten · Olivenöl

ZUBEREITUNG

Reichlich Salzwasser aufkochen lassen, die Nudeln hineingeben und bissfest kochen. Währenddessen die Schnitzel zwischen Klarsichtfolie legen und dünn klopfen. Salzen, pfeffern und mit Pommery-Senf bestreichen. Auf beiden Seiten in Mehl wenden und überschüssiges Mehl zart abklopfen. Öl und Butter in einer Pfanne erhitzen und die Schnitzel darin rasch beidseitig braten. Wieder herausheben und warm stellen.

Das Bratfett aus der Pfanne abgießen und reichlich frische Butter in der Pfanne schmelzen. Mit Rindsuppe aufgießen. Den Senf einrühren und den Bratrückstand aufkochen lassen. Durch ein Sieb seihen und wieder erwärmen. Die Schnitzel einlegen und vor dem Servieren noch kurz ziehen lassen. Die inzwischen al dente gekochten Nudeln aus dem Kochwasser heben, abtropfen lassen und mit Salz sowie etwas Olivenöl vermengen. Senfschnitzel auf vorgewärmten Tellern anrichten, die Nudeln dazugeben und mit dem Saft übergießen.

BEILAGENEMPFEHLUNG: grüner Blatt- oder Gurkensalat

Entrecôte mit Semmelkrenkruste

ZUTATEN FÜR 4 PORTIONEN

4 Scheiben Beiried à 180 g · 2 altbackene Semmeln · 400 ml Rindsuppe einige Safranfäden · 2 Eiklar · frisch gerissener Kren · Öl zum Braten · Salz, Pfeffer Wasser oder Rindsuppe zum Aufgießen · einige eiskalte Butterflocken · Dijonsenf zum Abschmecken

VORBEREITUNG

Das Backrohr auf maximale Oberhitze (250 °C) vorheizen.

ZUBEREITUNG

Für den Semmelkren zunächst die Rindsuppe mit einigen Safranfäden aufkochen lassen. Die altbackenen Semmeln in Würfel schneiden, in eine Schüssel geben und mit der Rindsuppe übergießen. Nach Belieben mehr oder weniger gerissenen Kren zugeben. Mit Salz und Pfeffer würzen. Eiklar verschlagen und untermengen. Das Fleisch zuputzen (von Haut und Sehnen befreien) und mit Salz und Pfeffer würzen. In einer Pfanne etwas Öl erhitzen und darin die Beiriedscheiben beidseitig rosa braten. Herausnehmen, mit der Semmelkrenkruste bestreichen, in eine mit Öl bestrichene Form setzen und im vorgeheizten Backrohr bei starker Oberhitze überkrusten. Währenddessen das Fett aus der Pfanne ab- und mit einem Schuss Wasser oder Rindsuppe aufgießen. Auf- und kurz einkochen lassen. Pfanne vom Herd nehmen, die eiskalte Butter einrühren und die Sauce damit binden. Mit Salz, Pfeffer und eventuell etwas Senf abschmecken. Fertig überbackene Entrecôtes auf vorgewärmten Tellern anrichten und mit der Sauce umgießen.

BEILAGENEMPFEHLUNG: Erbsen oder Fisolen und Bratkartoffeln

Lamm-Tomaten-Spießchen mit Tsatsiki

ZUTATEN FÜR 4 PORTIONEN

500 g Lammrückenfilet · 8 Cocktailtomaten · 3 Knoblauchzehen · 1 Schalotte 80 ml Olivenöl · 3 EL Butter · 1 EL gehackte Petersilie · Salz, Pfeffer

FÜR DAS TSATSIKI

1/2 Salatgurke (300 g) · 50 g Topfen (20 % Fett) · 150 g Joghurt · 3 EL Milch 2 Knoblauchzehen · 1 EL gehackte Petersilie · Chilipulver · Salz

ZUBEREITUNG

Das zugeputzte Lammrückenfilet (von Haut und Sehnen befreit) in ca. 2 cm große Würfel schneiden und in eine Schüssel geben. Den Knoblauch sowie die Schalotte in feine Scheiben schneiden und gemeinsam mit Olivenöl und Pfeffer unter die Lammfleischwürfel mischen. Kurz ziehen lassen.

Dann das Lammfleisch abwechselnd mit den Cocktailtomaten auf Spießchen stecken. Die Marinade durch ein Sieb seihen. Etwa 3 Esslöffel von diesem aufgefangenen Öl in einer Pfanne erhitzen und die Spießchen darin von allen Seiten goldbraun braten. Mit Salz würzen. Die Pfanne von der Herdplatte nehmen und Butter sowie gehackte Petersilie einrühren. Die Spießchen darin kurz unter wiederholtem Wenden ziehen lassen.

Währenddessen für das Tsatsiki die Gurke schälen, längs halbieren und die Kerne mit einem Teelöffel entfernen. Die Gurke fein raspeln, mit Salz bestreuen und zum Abtropfen in ein Sieb geben. Inzwischen Topfen, Joghurt und Milch glatt rühren. Knoblauch in feine Würfel schneiden und mit der gehackten Petersilie unterrühren. Unmittelbar vor dem Servieren mit der Gurke vermengen. Mit Salz sowie Chilipulver abschmecken. Das Tsatsiki mit den Lammspießchen anrichten.

BEILAGENEMPFEHLUNG: frisches, knuspriges Fladenbrot

TIPP

Noch aromatischer schmeckt das Lammfleisch, wenn Sie statt der Metallspießchen stärkere, abgezupfte Rosmarinzweige verwenden. Die Lammspießchen eignen sich auch prima zum Grillen.

Wie man Blamagen vermeidet

Auch wenn Ihre Gäste noch so sehr beteuern, Sie mögen sich ihretwegen „doch ja keine Arbeit antun", so sollte man die spitzen Zungen nicht unterschätzen, die nach dem Verlassen Ihrer Wohnung schon auf dem Nachhauseweg über Ihre „Kochkunst" zu ätzen beginnen. Um übler Nachrede aller Art von vornherein vorzubeugen, sollten Sie die folgenden Tipps beachten:

- *Überschätzen Sie Ihre Kochkunst nicht. Gerade wenn aus Zeitgründen improvisiert werden muss, sollten Sie nur solche Gerichte zubereiten, die Sie technisch auch wirklich beherrschen.*
- *Legen Sie sich einen Grundstock einfacher Rezepte zurecht, die Sie schon einmal oder zweimal mit Erfolg ausprobiert haben. Denn eine der goldenen Regeln bei der Bewirtung von Gästen lautet: An Gerichten, die schon mehrmals gut gelungen sind, scheitert man nicht so leicht.*
- *Übernehmen Sie sich nicht. Niemand, der kurz bei Ihnen vorbeischaut, erwartet von Ihnen ein mehrgängiges Menü.*
- *Sorgen Sie dafür, dass Vor- und Zubereitung möglichst „nebenher" passieren. Unerwartete Gäste kommen im Normalfall nicht, weil sie einen Bärenhunger haben, sondern weil sie sich mit Ihnen unterhalten wollen. Es ist also wenig sinnvoll, wenn Sie den halben Abend in der Küche zubringen.*
- *Wenn Ihnen Gäste anbieten, bei der Küchenarbeit oder beim Abräumen zu helfen, nehmen Sie ruhig an. Es geht schneller und Sie vergeben sich nichts.*
- *Wenn Sie glauben, wirklich nichts auf Vorrat zu haben, das Sie Ihren Gästen guten Gewissens vorsetzen können, lassen Sie erst gar keine unnötigen Peinlichkeiten aufkommen, sondern treten Sie lieber gleich die Flucht nach vorne an und lassen Sie einen Pizzaservice kommen oder den Chinesen ums Eck liefern.*

Good Night Food Night

WAS TUN, WENN SPÄTABENDS NOCH DER MAGEN KNURRT UND IN DER NACHT DER KÜHLSCHRANK LOCKT?

Late-Night-**Snacks**

Kartoffel-Gemüse-Suppe mit Zartweizen

ZUTATEN FÜR 2 PORTIONEN
1 speckige Kartoffel · 1/2 Karotte · 1/2 Sellerieknolle · 1 Schalotte
50 g Erbsen (tiefgekühlt) · 1 EL Speckwürfel (Bauchspeck) · 1 Lorbeerblatt
1 Spritzer Balsamicoessig · 1 TL ganzer Kümmel · 1 KL Speisestärke
1 EL frisch gehackte Kräuter (Petersilie, Majoran etc.) · Salz, Pfeffer
80 g Zartweizen als Einlage

ZUBEREITUNG
Kartoffel, Karotte und Sellerieknolle in kleine Würfel schneiden. Die Schalotte fein hacken. Dieses Gemüse sowie die Erbsen mit 1/2 Liter Wasser aufkochen und 5–8 Minuten köcheln lassen. Dann Speckwürfel, Lorbeerblatt, Balsamicoessig und Kümmel in die Suppe geben. Die Speisestärke mit etwas Wasser verrühren und die Suppe ganz leicht damit binden. Mit Salz und Pfeffer abschmecken.
Währenddessen den Zartweizen in leicht gesalzenem Wasser weich kochen. Den gegarten Zartweizen aus dem Kochwasser heben und in die Suppe geben. Suppe in tiefen Tellern anrichten und mit den frisch gehackten Kräutern bestreuen.

Foto rechte Seite

Räucherlachskuppel mit Avocadotatar

ZUTATEN FÜR 2 PORTIONEN
150 g Räucherlachsscheiben · 1 Avocado · Zitronensaft · gehackte Dille
Salz, Pfeffer · Blattsalate und Dillzweige für die Garnitur

FÜR DIE BUTTERMILCHSAUCE
125 ml Buttermilch · gehackte Dille · 1 EL Honig · 1 KL Senf

ZUBEREITUNG
Für die Buttermilchsauce die Buttermilch mit gehackter Dille, Honig und Senf verrühren. Die Avocado halbieren, den Kern entfernen, das Fruchtfleisch mit einem Löffel auslösen und grobwürfelig schneiden. Sofort mit Zitronensaft beträufeln, damit sich das Fruchtfleisch nicht verfärbt. Mit Salz sowie Pfeffer würzen und die gehackte Dille unterheben.
Einen Suppenschöpfer mit Klarsichtfolie auslegen und mit Räucherlachsscheiben auskleiden. Das Avocadotatar einfüllen, mit einer Lachsscheibe abdecken und vorsichtig hineindrücken. Die Lachskuppel behutsam auf die Teller stürzen bzw. setzen, die Klarsichtfolie entfernen und mit der Buttermilchsauce umgießen. Mit marinierten Blattsalaten und einigen Dillzweiglein garnieren.
BEILAGENEMPFEHLUNG: knusprige Toasts oder getoastete Briochescheiben

Ziegenkäsecreme in Parmesanhippen

ZUTATEN FÜR 2 PORTIONEN

100 g Ziegenfrischkäse · 50 g Crème double (ersatzweise mit Schlagobers verrührte Crème fraîche) · 1 TL Tomatenmark · 1 EL gehacktes Basilikum Salz, Pfeffer aus der Mühle · Basilikumblättchen zum Garnieren

FÜR DIE PARMESANHIPPEN

100 g fein geriebener Parmesan · 1 KL Speisestärke

ZUBEREITUNG

Für die Ziegenkäsecreme den Ziegenfrischkäse mit Crème double und Tomatenmark glatt rühren. Gehacktes Basilikum einmengen, mit Salz sowie Pfeffer würzen und zugedeckt kurz kühl stellen.

Für die Hippen den Parmesan mit der Speisestärke mischen. Eine beschichtete Pfanne (Ø 16–18 cm) bei mittlerer bis starker Temperatur erhitzen. Nun 2 Esslöffel der Käsemischung als Kreis mit ca. 12 cm Durchmesser dünn einstreuen und schmelzen lassen. Die Parmesanhippe vorsichtig aus der Pfanne nehmen, sofort über eine umgedrehte Teetasse stülpen und die Hippe dadurch in etwa tulpenartig formen. Erkalten lassen. Restliche Parmesanmischung ebenso verarbeiten. Die Käsecreme in einen Spritzbeutel mit großer Sterntülle (sternförmige Öffnung) füllen und in die Hippen hineinspritzen (oder mit einem Löffel hineinsetzen). Die Parmesanhippen mit Basilikumblättchen garnieren und Pfeffer grob darüber mahlen.

TIPP
Käsecreme und Parmesanhippen lassen sich gut vorbereiten, wobei die gut gekühlte Creme allerdings erst kurz vor dem Servieren in die Hippen gespritzt werden darf, damit die Hippen nicht weich werden. Zudem sollten die Hippen trocken und in einem gut verschließbaren Behälter gelagert werden, damit sie schön knusprig bleiben.

Wurstsalat mit Wasabicreme

ZUTATEN FÜR 2 PORTIONEN
150 g Wurst (Extra- oder Schinkenwurst) · 1/2 Kopf Eisbergsalat
2 EL Mayonnaise · Wasabikrenpaste · 50 g Joghurt · 40 ml klare Gemüsesuppe oder Milch · Saft von 1/2 Zitrone · 1 EL gehackte Petersilie · Salz
4 Häuptelsalatblätter und weißer Balsamicoessig zum Anrichten

ZUBEREITUNG
Die Wurst in feine Streifen oder Scheiben schneiden und in eine Schüssel geben. Eisbergsalat waschen, trockentupfen, in feine Streifen schneiden und mit der Wurst vermengen.
Für die Wasabicreme die Mayonnaise mit etwas Wasabikrenpaste glatt rühren. (Achtung! Wasabi ist sehr scharf!) Mit Joghurt und Gemüsesuppe oder Milch verrühren. Mit Salz und Zitronensaft abschmecken. Wasabicreme über den Wurstsalat gießen und alles vorsichtig mischen. Die gehackte Petersilie unterheben.
Die Häuptelsalatblätter waschen, trockentupfen und dekorativ auf die Teller legen. Mit weißem Balsamicoessig beträufeln und den Wurstsalat darauf anrichten.
BEILAGENEMPFEHLUNG: frisches Bauernbrot

TIPP
Der japanische Wasabikren ist ungleich schärfer als europäischer Kren. Sollten Sie keinen bekommen, können Sie ersatzweise auch geriebenen Kren aus dem Glas nehmen.

Pikanter Obstsalat mit Maishendlbruststreifen

ZUTATEN FÜR 2 PORTIONEN
2 Hühnerbrustfilets à 100 g (am besten vom Maishendl) · 1 Knoblauchzehe
3 EL Sesamöl · Salz, Pfeffer

FÜR DEN OBSTSALAT

6–8 Erdbeeren · 1/2 Mango · 1 Honigmelone · 1 TL Sesamsamen
1 gehackte rote Chilischote · 1 EL gehackte Mandeln · 1 TL Zucker · Salz
Saft von 1 Limette · 1 EL gehacktes Koriandergrün · Korianderblättchen zum Garnieren

ZUBEREITUNG

Die Hühnerbrust in Streifen, den Knoblauch in feine Würfel schneiden. In einer Pfanne das Sesamöl erhitzen und die Hühnerbruststreifen darin kurz anbraten. Den Knoblauch dazugeben und kurz mitbraten. Mit Salz sowie Pfeffer würzen und mit dem verbliebenen Bratöl in eine große Schüssel geben. Abkühlen lassen.

Inzwischen für den Obstsalat die Erdbeeren halbieren. Die Mango mit dem Sparschäler schälen, das Fruchtfleisch zunächst vom Stein und dann in 2 cm große Würfel schneiden. Die Melone vierteln und die Kerne mit einem Esslöffel entfernen. Melonenviertel schälen und das Fruchtfleisch in feine Scheiben schneiden. Nun das Obst unter die Hühnerbruststreifen mischen.

Die Sesamsamen in einer Pfanne ohne Fettzugabe rösten, bis sie zu duften beginnen. Den Zucker mit Salz sowie Limettensaft verrühren und mit den Sesamsamen, dem Chili, den Mandeln und dem Koriandergrün unter den Obstsalat heben. Auf Tellern anrichten und mit Korianderblättchen garnieren.

TIPP

Dieser Obstsalat eignet sich auch bestens als Hauptgericht für heiße Sommertage, wenn der Hunger nicht allzu groß ist.

Sardellen-Ciabatta mit Rotweinschalotten

ZUTATEN FÜR 2 PORTIONEN

12 eingelegte Sardellen · 100 g Camembert · 2 kleine Ciabatta · 250 ml Rotwein
4 Schalotten · 1 EL kalte Butter · Salz, Pfeffer · Olivenöl

ZUBEREITUNG

Die Schalotten vierteln. Etwas Olivenöl in einer Pfanne erhitzen und die Schalotten darin anschwitzen. Mit Rotwein aufgießen und diesen auf ca. 80 ml einkochen lassen. Dann mit Salz sowie Pfeffer würzen. Vom Herd nehmen, die kalte Butter einrühren und die Reduktion damit etwas binden.

Sardellen auf Küchenpapier abtupfen, damit sie nicht zu salzig sind. Camembert in Scheiben schneiden. Ciabatta ebenfalls in Scheiben schneiden und in Olivenöl auf beiden Seiten knusprig braten. Herausnehmen, auf Küchenkrepp trockentupfen und jede Ciabattascheibe mit einer Scheibe Käse sowie Sardellen belegen. Auf Tellern anrichten und mit der Rotweinschalotten-Reduktion beträufeln.

Mozzarella-Pofesen auf Rucolasalat

ZUTATEN FÜR 2 PORTIONEN

12 dünne Baguettescheiben · 100 g Mozzarella · 150 g Rucola
1 EL Balsamicoessig · 2 EL Olivenöl zum Marinieren · 8 Kirschtomaten
4 Kapernbeeren mit Stielen · Olivenöl · Salz, Pfeffer

ZUBEREITUNG

Den Mozzarella in 6 Scheiben schneiden und mit Pfeffer bestreuen. Je eine Mozzarellascheibe zwischen zwei Baguettescheiben legen und gut festdrücken. Etwas Olivenöl in einer Pfanne erhitzen und die Mozzarella-Pofesen darin beidseitig goldbraun braten. Herausheben und auf Küchenkrepp trockentupfen.

Rucola mit Balsamicoessig und Olivenöl marinieren. Mit Salz sowie Pfeffer würzen und auf Tellern anrichten. Mozzarella-Pofesen darüber verteilen und mit Kirschtomaten sowie Kapernbeeren garnieren.

Räucherlachs mit Kräuterrührei

ZUTATEN FÜR 2 PORTIONEN

150 g Räucherlachsscheiben · 2 Eier · 1 EL Butter · 1 EL gehackte Kräuter (Liebstöckel, Petersilie) · Salz, Pfeffer · Kresse zum Garnieren

ZUBEREITUNG

Die Räucherlachsscheiben Zimmertemperatur annehmen lassen und jeweils auf einen leicht vorgewärmten Teller legen. Die Eier in eine Schüssel schlagen und mit den gehackten Kräutern, Salz sowie Pfeffer gut verrühren. Etwas Butter in einer Pfanne erhitzen und die Eiermasse eingießen. Leicht stocken lassen (die Eier sollten noch schön cremig sein) und dabei mit einer Bratschaufel ständig rühren. Das Rührei auf den Lachs verteilen. Mit Kresse bestreut servieren.

BEILAGENEMPFEHLUNG: frisch getoastetes Weiß- oder Toastbrot

Tortillachips-Salat mit Faschiertem und Avocado

ZUTATEN FÜR 2 PORTIONEN

50 g Tortillachips (s. Tipp) **· 150 g faschiertes Rindfleisch**
1 reife Avocado · Zitronensaft · 50 g Maiskörner aus der Dose · 50 g Feta
1/2 Zwiebel · 1 Knoblauchzehe · 3 EL Olivenöl · abgeriebene Schale und Saft von 1 unbehandelten Limette · 2 EL Ketchup · Salz, Pfeffer · Chilipulver
Korianderblättchen oder Petersilie zum Garnieren

ZUBEREITUNG

Zwiebel sowie Knoblauch in feine Würfel schneiden und in Olivenöl glasig dünsten. Faschiertes dazugeben, kräftig anbraten und in eine Schüssel geben.
Ketchup mit der abgeriebenen Limettenschale und dem Limettensaft unter das Faschierte rühren. Mit Salz, Pfeffer und Chilipulver abschmecken. Die Avocado schälen, halbieren und den Kern entfernen. Das Fruchtfleisch in dünne Spalten schneiden und sofort mit Zitronensaft beträufeln. Die Maiskörner abtropfen lassen. Avocadospalten und Maiskörner mit der noch lauwarmen Faschiertenmischung und den Tortillachips dekorativ auf Tellern anrichten. Zuletzt den Feta leicht zerbröckeln und über den Salat streuen. Mit Korianderblättchen garnieren.

TIPP

Verwenden Sie für dieses Rezept nur ungewürzte Tortillachips. Mit Chilipulver oder anderen Würzmischungen aromatisierte Chips überdecken das Aroma des Faschierten. Tortillachips werden mittlerweile nahezu in jedem gut sortierten Lebensmittelgeschäft angeboten.

Lockruf der Speisekammer

Gesundheitsapostel weghören, aber: Wie soll man nächtliche Heißhunger-Attacken nun tatsächlich parieren, wenn im Kühlschrank Ebbe herrscht? Denn Kühlschrank oder Speisekammer entscheiden, ob aus der Hungerattacke zur – oder gar nach der – Geisterstunde Lust oder Frust wird.

■ **AVOCADOS** *Sie sind verhältnismäßig lange lagerfähig und werden, wenn man sie noch relativ „grün", also unreif, kauft, täglich weicher und besser. Avocados sind, je nach Konsistenz, von der feinen Garnitur bis zum Aufstrich zu – fast – allem bereit, vor allem zur Vermählung mit (möglichst schon vorgekochten) Schalentieren jeglicher Façon von Krabben über Scampi bis Langusten und Hummer.*

■ **COCKTAILTOMATEN** *Sie sehen nicht nur gut aus, sondern lassen sich auch und gerade in der Pastaküche sehr gut (z. B. auch in Verbindung mit sonnengetrockneten Tomaten) als Geschmacksträger verwenden.*

■ **DOSENANANAS** *Es muss nicht immer „Hawaii-Toast" sein, denn Ananasstücke machen sich auch in vielen und keineswegs nur in (Frucht-)Salaten sowie pikanten Cocktails sehr gut. Freilich ist eine frische Ananas geschmacklich vor-, aber auch viel schwerer „auszuziehen".*

■ **DOSENMAIS** *Er gibt nicht nur, mit ein paar Eiern und etwas Omelettenteig aufgemixt, eine herrliche Basis für gebackene „Maistaler" ab, sondern lässt sich auch in der Salat- und Garniturküche perfekt verwenden.*

■ **DOSENTOMATEN** *Hat man vollreife Pelati, also geschälte Tomaten aus der Dose, zur Hand, so ist die „Pastaschlacht" praktisch gewonnen. Ein bisschen Speck, ein wenig frisches Basilikum und eine Prise Peperoncini dazu – und fertig ist ein köstliches Sugo für rasch gekochte Pasta oder Gnocchi.*

■ **EIER** *Ob es der Onkel Doktor nun gerne hört oder nicht: Eier sollte der nächtlich umherstreunende Kühlschranktiger immer in seiner Höhle haben. Ham-and-Eggs oder Kaiserschmarren, Soufflé oder Palatschinken, Gröstl oder Eiernockerl – wenn Eier da sind, hat der Hunger Pause.*

■ **FRISCHE PASTA ODER GNOCCHI** *Beides hat den Vorteil, durch die perfekte Verpackung länger haltbar und zudem im Nu (nämlich in wenigen Minuten) bissfest gekocht zu sein. Dann reicht oft eine Spur Pesto, ein Schuss aromatisiertes Öl, etwas Reibkäse oder ein wenig Sugo – und die wunderbarste Mitternachtsjause ist fertig. Diese Vorzüge besitzen übrigens auch vorgefertigte Nockerl oder Spätzle, die mit Schinken oder Speck, verschlagenem Ei und etwas Käse eine deftigere Spielart abgeben.*

■ **FRISCHKÄSE** *Gleichgültig, ob von Kuh, Schaf oder Ziege – Frischkäse hat den Vorteil, dass man ihn gleich aus dem Kühlschrank nehmen kann und nicht erst mühsam temperieren muss. Ideal zum Marinieren und Verfeinern, aber auch zum Überbacken ist Mozzarella geeignet.*

■ **JOGHURT ODER RAHM** *Lässt sich schnell mit Beeren oder Früchten zu einer spätabendlichen Näscherei verrühren, ist aber, vor allem in Verbindung mit Curry oder frischen Kräutern, auch für schnelle Marinaden und Saucen bestens geeignet.*

■ **KARTOFFELN** *Es ist zwar nicht ganz nach Gourmet-Art, aber wenn sie schon geschält und vakuumiert sind, vergeht die Hungerattacke gleich noch einmal so schnell. Vor allem wenn die Kartoffeln beispielsweise etwa in Scheiben geschnitten und mit Speck sowie Eiern gebraten werden.*

KÖRNER *Ob Zartweizen oder Couscous, alles, was rasch quillt, ist gut geeignet, den schnellen Hunger zu stillen und lässt sich auch fein mit Zutaten wie Gemüse, Shrimps, Fisch, Oliven etc. kombinieren.*

KRÄUTER *So duftig und aromatisch grüne Kräuter in frisch geschnittenem oder gehacktem Zustand auch sein mögen, wer will nächtens schon mit der Taschenlampe sein Kräuterbeet inspizieren? Ein paar tiefgekühlte Kräuter aus dem Dreisternefach tun's zu vorgerückter Stunde auch – vom Butterbrot mit Schnittlauch bis zum „Petersil" auf der Suppe.*

MAYONNAISE *Eine Tube oder Tüte davon sollte in keinem Kühlschrank fehlen. Wer's lieber ein wenig leichter hat, zieht Jogonaise (mit Joghurtanteil) vor. Feinen Scampi- oder Meeresfrüchtesalaten ist damit ebenso Tür und Tor geöffnet wie einer Gemüsemayonnaise (beispielsweise zu kaltem, gekochtem Schinken oder zu kalten Bratgeflügelresten).*

PROSCIUTTO, ROHSCHINKEN ODER SPECK *Die Frage, ob er aus Parma, Bayonne, Tirol oder der Oststeiermark stammt, ist angesichts der vielfältigen Einsatzmöglichkeiten von Schinkenspeck und seinen zahlreichen Verwandten müßig: Eignet er sich doch für Röllchen, Rouladen, gebratene Muscheln, umwickelte Filets sowie Füllungen und Sughi aller Art.*

RÄUCHERLACHS *Er ist ein perfektes „Ganz-Nachts-Vademecum", das sich zudem durch solide Haltbarkeit auszeichnet. Räucherlachs harmoniert mit Toast ebenso wie mit Spaghetti und ist als Zutat eines feinen Gervaisaufstrichs nicht minder geeignet wie als Begleiter von Kaviar. Für letzteren Fall empfiehlt es sich auch, wenigstens ein Piccolofläschchen Sekt oder Prosecco im Kühlschrank eingelagert zu haben.*

STEAKS *Ein oder zwei mit etwas Meersalz, einem Rosmarinzweiglein und eventuell auch einer Knoblauchzehe in Öl eingelegte „Sicherheitssteaks" halten lange, werden dabei immer mürber und retten im Fall der Fälle jede nächtliche „Notsituation".*

THUNFISCH AUS DER DOSE *Ob „naturel" (z. B. für Nizzasalat mit mediterranen Gemüsen) oder in Kombinationen mit Gemüse – Dosenthunfisch ist, ebenso wie die Ölsardine, einer der langlebigsten Kühlschrankbewohner. Mittlerweile wird Dosenthunfisch auch in (teuren) Top-Qualitäten angeboten, was ihn selbst für Gourmets zur standesgemäßen Alternative macht.*

WURST *Am besten eignet sich Extrawurst oder Puten-Extra, es kann aber auch Krakauer oder Braunschweiger sein. Alles andere als zu verachten ist in diesem Zusammenhang auch der klassische Leberkäse. Der Bogen der Anwendungsmöglichkeiten reicht dabei vom schnell gebratenen Wurstschüsserl (mit Erbsen und Spiegelei) über Schweizer Wurstsalat (mit Emmentaler) bis zu „Wurst- oder Leberkäslasagne" (mit Käse oder Aufstrich gefüllt) und – last not least – der guten alten Fleckerlspeise.*

WÜRZSAUCEN *Von Sojasauce bis Wasabi, vom Chili-Dip bis zur Austernsauce und vom pikanten Balkan-Ajvar bis zur Sardellenpaste reicht die Palette der Möglichkeiten, neutral Schmeckendes zu nächtlicher Stunde in Windeseile geschmacklich aufzupeppen. Besonders geduldige Würz-Kandidaten sind gebratenes Truthahn- und Hühnerfleisch, frisches rohes Lachs-, Thunfisch- oder Butterfischfilet (Sashimi) sowie vorgekochter Reis oder vorgekochte Nudeln, die sich mit etwas Phantasie im Nu in „Fried Rice" oder „Bami Goreng" verwandeln lassen.*

Midnight-Favourits

Kartoffel-Schwammerl-Gulasch

ZUTATEN FÜR 2 PORTIONEN

200 g Schwammerl (Steinpilze, Champignons oder Eierschwammerl)
1 Zwiebel · 2 große mehlige Kartoffeln · 2 Knoblauchzehen · 1 TL Tomatenmark
1 Msp. edelsüßes Paprikapulver · Majoran · Kümmel · Salz, Pfeffer · Sonnenblumenöl und Butter zum Anbraten · frisch gehackte Kräuter zum Garnieren

ZUBEREITUNG

Kartoffeln schälen und in 1 cm große Würfel schneiden. Die Zwiebel fein hacken und in heißem Öl goldgelb anschwitzen. Etwa einen Esslöffel Butter zugeben und die Kartoffelwürfel einmengen. Tomatenmark sowie Paprikapulver einrühren und alles gut anschwitzen. So viel Wasser zugeben, dass die Kartoffeln gerade bedeckt sind. Mit Salz, Pfeffer, Majoran und Kümmel würzen. Knoblauch hineinpressen und nun die Kartoffeln zugedeckt 8–10 Minuten weich köcheln lassen. Sollte währenddessen zu viel Flüssigkeit verdunsten, eventuell noch etwas Wasser zugießen.

Die Schwammerl inzwischen in mundgerechte Stücke schneiden und in etwas Butter anschwitzen. Unter das Kartoffelgulasch mischen und in vorgewärmten Tellern anrichten. Mit frischen Kräutern bestreuen.

Räucherforellen-Palatschinken mit Sauerkraut

Räucherforellen-Palatschinken mit Sauerkraut

ZUTATEN FÜR 2 PORTIONEN
**1 Räucherforellenfilet mit ca. 50 g · 50 g Sauerrahm · 1 EL Mayonnaise
Salz, Pfeffer · gehackte Dille · 100 g Sauerkraut**

FÜR DIE PALATSCHINKEN
125 ml Milch · 3 EL glattes Mehl · 2 Eier · Salz · Butter zum Backen

VORBEREITUNG
Für den Palatschinkenteig alle Zutaten miteinander verrühren. (Bei Klümpchenbildung mit dem Mixer nachhelfen und den Teig glatt schlagen.) In einer Pfanne sehr wenig Butter erhitzen, die Hälfte des Teiges eingießen, Pfanne etwas schwenken und die Palatschinke auf beiden Seiten goldgelb backen. Herausheben und warm stellen. Zweite Palatschinke ebenso backen.

FÜR BESONDERS EILIGE
Verwenden Sie fertige Palatschinken aus dem Kühlregal, die vor dem Füllen leicht erwärmt werden müssen.

ZUBEREITUNG
Das gut entgrätete Räucherforellenfilet in kleine Stücke zerdrücken. Mit Sauerrahm und Mayonnaise vermengen. Mit Salz sowie Pfeffer würzen und etwas gehackte Dille einmengen. Die Palatschinken auflegen, die Fülle auf die Palatschinken streichen und einschlagen. Mit Sauerkraut servieren.

Überbackene Gnocchi

ZUTATEN FÜR 2 PORTIONEN
**200 g Gnocchi (Fertigprodukt) · 60 ml Schlagobers · Parmesan zum Darüberhobeln
1 EL gehackte Petersilie · Oregano · Salz, Pfeffer · Butter für die Form**

VORBEREITUNG
Das Backrohr auf 220 °C vorheizen.

ZUBEREITUNG
In einem großen Topf reichlich Salzwasser aufstellen und zum Kochen bringen. Die Gnocchi zugeben und 2–3 Minuten kochen, bis sie aufsteigen. Eine feuerfeste Form gut mit Butter ausstreichen.
Gnocchi abseihen und in die Form füllen. Schlagobers zugießen. Mit Salz, Pfeffer sowie Oregano würzen und mit gehackter Petersilie bestreuen. Parmesan großzügig darüber hobeln und im gut vorgeheizten Backrohr goldbraun überbacken.
BEILAGENEMPFEHLUNG: Blatt- oder Tomatensalat

Shrimps-Gnocchi mit Erbsenschoten

ZUTATEN FÜR 2 PORTIONEN

**150 g kleine geschälte Shrimps · 200 g Gnocchi (Fertigprodukt)
1 kleine Karotte · 1 Hand voll junge Erbsenschoten · 1 EL gehackte Dille
50 ml Rindsuppe · 1 EL Olivenöl · 1 EL Butter · Salz, Pfeffer**

ZUBEREITUNG

In einem großen Topf reichlich Salzwasser aufstellen und zum Kochen bringen. Die Gnocchi zugeben und 2–3 Minuten kochen, bis sie aufsteigen. Gnocchi abseihen, kurz abschrecken und gut abtropfen lassen.

Die Karotte in feine Streifen schneiden, Erbsenschoten zuputzen und schräg halbieren. Olivenöl in einer Pfanne erhitzen und Karotten sowie Erbsenschoten darin anschwitzen. Shrimps zugeben. Mit Salz und Pfeffer würzen, die gehackte Dille einstreuen. Mit Rindsuppe aufgießen und die Butter zugeben. Alles für 2–3 Minuten köcheln lassen.

Die abgetropften Gnocchi untermengen, kurz ziehen lassen und dann auf vorgewärmten Tellern anrichten.

Wallerfilet im Rohschinkenmantel mit getrüffelter Polenta

ZUTATEN FÜR 2 PORTIONEN

**2 Wallerfilets (Welsfilets) à 150 g ohne Haut · Pfeffer · 2 Scheiben Rohschinken
Öl und Butter zum Braten**

FÜR DIE POLENTA

**125 ml Milch · 1 KL Butter · 40 g Polenta (Maisgrieß) · 1 EL geschlagenes Obers
1 TL Trüffelöl · Salz, Pfeffer**

VORBEREITUNG

Das Backrohr auf 150 °C vorheizen.

ZUBEREITUNG

Die Wallerfilets mit Pfeffer beidseitig würzen. Die Rohschinkenscheiben auflegen und je ein Wallerfilet darin einschlagen. In einer Pfanne etwas Öl gemeinsam mit Butter erhitzen und die Filets darin auf beiden Seiten kross braten. Ins vorgeheizte Backrohr stellen und bei 150 °C etwa 5 Minuten fertig garen.

Währenddessen für die Polenta die Milch mit Butter aufkochen lassen. Den Maisgrieß einstreuen und mit Salz sowie Pfeffer würzen. Etwa 3 Minuten quellen lassen. Vor dem Anrichten das geschlagene Obers unterheben und mit Trüffelöl abschmecken. Die fertig gegarten Wallerfilets herausnehmen, auf vorgewärmten Tellern anrichten und mit der Polenta servieren.

TIPP

Noch delikater schmeckt dieses Gericht, wenn Sie als Krönung etwas frisch gehobelte Trüffel über die Polenta streuen. Ist das nicht möglich, so peppen frische Kräuter, die man als Garnitur auf Polenta und Wallerfilet legt, die Optik aber auch gehörig auf.

Pfannengerührte Hühnerbruststreifen mit Ananassauce

ZUTATEN FÜR 2 PORTIONEN

2 Hühnerbrustfilets à ca. 150 g · 2 EL helle Sojasauce · 1 kleine Zwiebel 2 Knoblauchzehen · etwas Ingwerwurzel · 1 Stück Lauch (100 g) · 80 ml Geflügelfond · 1 KL Speisestärke · 2 EL Öl · 1 EL gehackte Walnüsse · Salz, Pfeffer

FÜR DIE ANANASSAUCE

150 g Ananaswürfel aus der Dose · Saft von 1/2 Zitrone · 1 EL Honig 1 Msp. Chilipulver · 1 Prise gemahlener Kardamom · 2 EL Sweet Chilisauce 125 ml trockener Weißwein

ZUBEREITUNG

Für die Ananassauce die Ananaswürfel mit Zitronensaft, Honig, Chilipulver, gemahlenem Kardamom, Sweet Chilisauce und trockenem Weißwein in einem Topf aufkochen. Dann bei milder Hitze zugedeckt kurz köcheln lassen.

Inzwischen die Hühnerbrustfilets in Streifen schneiden und in einer Schüssel mit Salz, Pfeffer sowie der Sojasauce mischen. Zwiebel und Knoblauch in feine Würfel, die Ingwerwurzel schälen und in feine Streifen schneiden. Den Lauch ebenfalls in feine Streifen schneiden.

Dann den Geflügelfond aufkochen lassen. Die Speisestärke mit etwas Wasser anrühren, in den Fond einrühren und den Fond damit leicht binden. Beiseite stellen.
Öl in einer großen Pfanne erhitzen und die Zwiebel- sowie Knoblauchwürfel darin glasig andünsten. Die Hühnerbruststreifen dazugeben und ebenfalls pfannenrühren, d. h. unter ständigem Rühren ca. 3 Minuten braten. Ingwer und Lauch hinzufügen und ca. 1 Minute mitbraten. Die Hitze reduzieren, den Geflügelfond seitlich zugießen, die gehackten Walnüsse untermischen und alles mit Salz sowie Pfeffer abschmecken. Die Hühnerbruststreifen auf vorgewärmten Tellern anrichten und mit der Ananassauce servieren.
BEILAGENEMPFEHLUNG: Reis

Taglierini mit Steinpilzen und Petersilpesto

ZUTATEN FÜR 2 PORTIONEN
200 g Taglierini (sehr dünne Bandnudeln) · 2 kleine Steinpilze
1/2 Bund Petersilie · 1 Knoblauchzehe · 1 EL Pinienkerne · 2 EL geriebener Parmesan · Trüffelöl · Olivenöl · Salz · frisch gehobelter Parmesan

ZUBEREITUNG
In einem großen Topf Salzwasser aufkochen, die Nudeln einlegen und al dente kochen. Währenddessen die Petersilie zupfen und mit Parmesan, Pinienkernen, Knoblauch, einer Prise Salz und 5 Esslöffeln Olivenöl im Mixer zu einem sämigen Pesto pürieren. Sollte die Masse zu dick sein, noch etwas Olivenöl zugeben. Die geputzten Steinpilze in feine Scheiben schneiden und in etwas Trüffelöl anschwitzen.
Die inzwischen bissfest gekochten Bandnudeln abseihen und abtropfen lassen. Mit dem Petersilpesto vermengen und in tiefen vorgewärmten Tellern anrichten. Steinpilze darüber geben und mit frisch gehobeltem Parmesan bestreuen.

Thunfisch-Hörnchen mit Kirschtomaten

ZUTATEN FÜR 2 PORTIONEN
200 g Hörnchen (ersatzweise Makkaroni oder ähnliche Teigware)
12 Kirschtomaten · 6 Basilikumblätter · 100 g Dosenthunfisch · Olivenöl
Salz, Pfeffer

ZUBEREITUNG
Reichlich Salzwasser in einem großen Topf aufkochen lassen und die Hörnchen darin „al dente" kochen. Inzwischen die Kirschtomaten halbieren und die Basilikumblätter in feine Streifen schneiden. Den Thunfisch abtropfen lassen und in kleine Stücke zerteilen. In einer Pfanne etwas Olivenöl erhitzen. Tomaten, Thunfisch und Basilikum zugeben und kurz anschwitzen. Die bissfest gekochten Hörnchen abgießen, abtropfen lassen und dann untermengen. Mit Salz und Pfeffer abschmecken und in vorgewärmten Tellern anrichten.

Satéspießchen vom Huhn

ZUTATEN FÜR 2 PORTIONEN

300 g Hühnerbrustfilet · 80–100 g durchwachsener Bauchspeck, in dünne und etwa 8 cm lange Scheiben aufgeschnitten · 1 Knoblauchzehe · 1 daumennagelgroßes Stück Ingwer · 2 EL Sojasauce · 2 EL Fischsauce (asiatische Würzsauce, im Asia-Shop erhältlich) · 2 EL Sweet Chilisauce · Prise Zucker · Sesamöl Salz, Pfeffer

ZUBEREITUNG

Das Hühnerbrustfilet in etwa 4 cm große Würfel schneiden und mit Salz sowie Pfeffer würzen. Nun die Hühnerfleischwürfel mit dem dünn aufgeschnittenen Speck umwickeln und auf Holzspießchen stecken.

Die Knoblauchzehe und den Ingwer fein hacken und beides mit Sojasauce, Fischsauce, Chilisauce, Zucker und etwa 1 Esslöffel Sesamöl verrühren. Die Spieße damit marinieren und kurz ziehen lassen.

Etwas Sesamöl in einer Pfanne erhitzen und die Spieße darin von jeder Seite etwa 2 Minuten braten. Dabei immer wieder mit Marinade bestreichen. Herausheben, auf vorgewärmten Tellern anrichten und mit der Sauce beträufeln.

BEILAGENEMPFEHLUNG: Basmatireis und kurz gebratenes Gemüse nach Belieben (Brokkoliröschen, Pilzgemüse etc.)

Marinierte Hühnerspießchen auf karamellisierten Ananaswürfeln

ZUTATEN FÜR 2 PORTIONEN

300 g Hühnerbrustfilet · 3 EL Sojasauce · 1 EL Chilisauce für die Marinade
2 EL Chilisauce zum Abschmecken · 150 g Ananaswürfel aus der Dose
1 EL brauner Zucker · 1 Jungzwiebel · 1 daumennagelgroßes Stück Ingwer
1 Msp. Maisstärke · Prise Zucker · Salz, Pfeffer · Erdnussöl zum Anbraten

ZUBEREITUNG

Die Hühnerbrust in 3 cm große Würfel schneiden. Sojasauce mit Chilisauce, etwa 2 Esslöffeln Wasser, Maisstärke und einer Prise Zucker verrühren. Das Fleisch in die Marinade legen und mit Salz sowie Pfeffer würzen. Kurz ziehen lassen und dabei das Fleisch wenden.

Währenddessen den Ingwer schälen und fein hacken, die Jungzwiebel in feine Streifen schneiden. Ananaswürfel abtropfen lassen und mit Küchenkrepp trockentupfen. Etwas Erdnussöl in einer Wokpfanne erhitzen. Die Ananaswürfel zugeben und darin anschwitzen. Die geschnittene Jungzwiebel einmengen, braunen Zucker sowie Ingwer einstreuen und eine Minute mit anschwitzen. Vom Herd nehmen und die Chilisauce einrühren.

Das marinierte Hühnerfleisch auf 2 Spieße stecken. Etwas Erdnussöl in einer Pfanne erhitzen und die Spieße darin rundum für 3–4 Minuten braten. Dabei immer wieder mit der Marinade bepinseln. Die gebratenen Ananaswürfel auf vorgewärmten Tellern anrichten und die Hühnerspieße darüber legen.

BEILAGENEMPFEHLUNG: Reis

Filetsteak mit Marsalasauce und Couscous

ZUTATEN FÜR 2 PORTIONEN

2 Filetsteaks (Beefsteaks) à 160–180 g · 1 Knoblauchzehe · 100 ml Marsalawein 80 ml Rindsuppe · 1–2 EL eiskalte Butterflöckchen · Salz, Pfeffer aus der Mühle Olivenöl und Butter zum Braten

FÜR DEN COUSCOUS

150 g Couscous · 125 ml Rindsuppe · Salz, Pfeffer

ZUBEREITUNG

Steaks beidseitig mit Salz und Pfeffer würzen. Etwas Olivenöl mit Butter in einer Pfanne erhitzen, Steaks einlegen und beidseitig anbraten. Unter mehrmaligem Wenden auf den gewünschten Garungsgrad hin fertig braten (4–5 Minuten für medium).

Steaks aus der Pfanne nehmen und warm stellen. Fett aus der Pfanne abgießen. Die Knoblauchzehe halbieren, in die Pfanne geben und den Bratrückstand mit Marsalawein ablöschen. Mit Suppe aufgießen und die Sauce einkochen lassen. Dann eiskalte Butterstückchen einrühren, um die Sauce zu binden, aber nicht mehr kochen lassen.

Für den Couscous Rindsuppe aufkochen lassen. Couscous in eine Schüssel geben und mit der heißen Suppe übergießen. Mit Salz sowie Pfeffer würzen und zugedeckt 5 Minuten stehen lassen. Couscous auf vorgewärmten Tellern anrichten, die Steaks darauf setzen und mit der Sauce überziehen.

Golden-**Slumber-Drinks**

Champagner-Beeren-Schale

ZUTATEN FÜR 2 PORTIONEN

100 g Himbeeren · 100 ml kalter Champagner (ersatzweise Sekt)
1 EL brauner Zucker · Saft und Schale von 1/2 Limette · 40 ml Orangensaft
100 g Sauerrahm · 1 EL Honig · 2 Kugeln Zitroneneis

ZUBEREITUNG

Den Orangensaft mit Limettensaft, braunem Zucker und Limettenschale vermischen. Die verlesenen Himbeeren in dekorative Schalen oder dickwandige Gläser (Whiskytumbler oder großes Longdrinkglas) füllen und mit dem Saft beträufeln.

Den Sauerrahm mit Honig verrühren und gleichmäßig auf die Beeren verteilen, sodass die Beeren völlig bedeckt sind. Nun behutsam mit Champagner begießen, ohne die Trennschicht aus Rahm aufzuwirbeln. Abschließend je eine Kugel Zitroneneis darauf setzen.

Kaffeecocktail

ZUTATEN FÜR 2 PORTIONEN

2 kleine Tassen warmer Espresso · 1 EL grob gehackte Haselnüsse
4 cl Grappa · 1 Kugel Vanilleeis · 1 EL Mascarpone · 120 ml Milch
1 KL Vanillezucker · Kakaopulver zum Bestreuen

ZUBEREITUNG

Die gehackten Haselnüsse auf 2 Longdrinkgläser verteilen. Mit Grappa und Espresso übergießen. Vanilleeis mit Mascarpone verrühren und vorsichtig auftragen. Milch mit Vanillezucker aufkochen und aufmixen (oder einfach mit dem Milchschäumer der Espressomaschine aufschäumen). Den Milchschaum darüber geben und mit Kakaopulver bestreut servieren.

Bellini mit Beeren

ZUTATEN FÜR 2 PORTIONEN

160 ml kalter Sekt oder Champagner · 100 g Heidelbeeren · 80 ml Pfirsichlikör
2 Pfirsiche · 1 EL Staubzucker

ZUBEREITUNG

Die verlesenen Beeren in dickwandige Gläser (Whiskytumbler oder großes Longdrinkglas) füllen und mit dem Likör beträufeln. Die Pfirsiche nach Belieben schälen und in 5 mm große Würfel schneiden. Mit Staubzucker marinieren und dann gleichmäßig auf die Beeren auftragen. Vorsichtig mit Sekt oder Champagner aufgießen, damit die Pfirsiche nicht aufgewirbelt werden.

Glossar

TYPISCH ÖSTERREICHISCHE UND ALLGEMEINE KÜCHENAUSDRÜCKE, DIE MAN KENNEN SOLLTE

ABSCHRECKEN nach dem Kochen (oder Blanchieren) unter fließendem kaltem Wasser auskühlen lassen
AÏOLI provenzalische Knoblauchmayonnaise
AL DENTE KOCHEN Nudeln oder Gemüse bissfest, d. h. nicht zu weich kochen
ANSCHWITZEN in heißem Fett kurz anrösten
ANTIPASTI kalte oder warme Vorspeisen (italienisch)
BACKHENDL paniertes, in heißem Fett herausgebackenes Huhn
BARBECUE auf dem Holzkohlengrill zubereitete Gerichte
BEIRIED ausgelöstes Rippenstück vom Rind
BEUSCHEL pikantes Ragout aus Kalbslunge und -herz
BISKOTTE Löffelbiskuit
BLANCHIEREN kurz mit siedendem Wasser überbrühen
BLINI kleines Küchlein aus Hefe- oder Kartoffelteig
BLUNZN (BLUNZE) Blutwurst
BRATHENDL knusprig gebratenes Huhn bzw. Hähnchen
BRIES Kalbsmilch
BRUSCHETTA mit Olivenöl beträufeltes, knusprig geröstetes Landbrot, das beliebig belegt werden kann (italienisch)
BURRITOS gerollte und würzig gefüllte Tacos
BUSSERL kleine, runde Plätzchen
CARPACCIO ursprünglich hauchdünn aufgeschnittenes und mariniertes rohes Rinderfilet, heute allgemeine Bezeichnung für roh Aufgeschnittenes und Mariniertes von Fleisch, Fisch oder auch Gemüse
CHICKEN WINGS pikant gewürzte, knusprige Hühnerflügerl
CHUTNEY dickliche Würzpaste zu Fisch- und Fleischgerichten (indisch)
CIABATTA flach geformtes, außen knuspriges Weißbrot (italienisch)
CONSOMMÉ gehaltvolle Kraftbrühe
CONVENIENCE-PRODUKTE Sammelbegriff für industriell zur Gänze oder teilweise vorgefertigte Produkte für die schnelle Küche
COUSCOUS Hartweizengrieß (mitunter auch mit Hirse vermengt), der nach dem Aufquellen durch Dämpfen oder Dünsten ganz nach Geschmack mit gegartem Fleisch, Gemüse und Kräutern pikant abgerundet oder einfach als Beilage verwendet wird
CRÊPE hauchdünne Omelette, die pikant (mit Schinken, Käse etc.) oder süß gefüllt werden kann (französisch)
CROSTINI beliebig garnierte Weißbrotscheiben, die knusprig überbacken werden (italienisch)
CROÛTONS knusprig geröstete Brotwürfel
CURRY ursprünglich stark gewürztes Saucengericht, heute auch Ausdruck für die diesem zugrundeliegende Gewürzmischung (indisch)
CUTTERN in einer Küchenmaschine äußerst fein zerkleinern, mixen oder pürieren
DAMPFL Vorteig (Hefeansatz)
DIM SUM kleine gedämpfte oder frittierte und gefüllte Teigbällchen oder -röllchen, meist im Bambuskörbchen serviert (chinesisch)
DIP pikante, würzige Sauce zum Eintauchen kleiner Happen
DOTTER (EIDOTTER) Eigelb
EIERSCHWAMMERL Pfifferling
EIERSPEISE Rührei
EIKLAR Eiweiß
EINBRENN braune Mehlschwitze
EINMACH helle Mehlschwitze
ERDÄPFEL Kartoffeln
FASCHIERTES Hackfleisch
FISOLEN grüne Bohnen
FLECKERL Teigwaren in Form kleiner Quadrate
FOND Grundbrühe mit dem Geschmack des jeweils verwendeten Ausgangsproduktes (Fleisch, Fisch, Geflügel)
FRANKFURTER Wiener Würstchen
FRITTATEN Suppeneinlage aus fein geschnittenem Pfannkuchen
GELBE RÜBE Möhre
GERM Hefe
GESELCHTES Rauchfleisch
GNOCCHI Klößchen, kleine Nocken (italienisch)
GRAMMELN Grieben
GRATINIEREN bei starker Oberhitze im Backrohr überbacken
GUGELHUPF Napfkuchen
HÄUPTELSALAT Kopfsalat
HEIDELBEEREN Blaubeeren
HENDL Huhn, Hühnchen, Hähnchen
HEURIGE Frühkartoffeln mit meist zarter Schale, die auch mitgegessen werden kann
HOLLER Holunder
KALTSCHLAGEN eine warme Masse in einem eiskalten Wasserbad so lange schlagen, bis sie kalt ist
KARFIOL Blumenkohl
KAROTTE Mohrrübe
KARREE Rippenstück
KERNÖL Speiseöl aus gerösteten Kürbiskernen (steirisch)
KIPFERL Hörnchen
KITZ junge Ziege
KLETZEN Dörrbirnen
KNÖDEL Kloß
KOHL Wirsing
KOHLSPROSSEN Rosenkohl, Kohlröschen
KRAPFEN in Schmalz herausgebackenes, zumeist süßes Hefegebäck
KRAUT Weißkohl
KREN Meerrettich

LÄUTERZUCKER zu gleichen Teilen mit Zucker aufgekochtes Wasser
LEGIEREN Binden von Flüssigkeiten (vor allem von Saucen und Suppen) mit Eidotter oder Schlagobers
LUNGENBRATEN Lenden-, Filetstück (etwa vom Rind, Schwein oder Lamm)
MARILLE Aprikose
MARMELADE Konfitüre
MARONI Edelkastanien
MEHLSPEISE Sammelbegriff für Desserts und Süßspeisen
MELANZANI Auberginen
MONTIEREN eine Sauce kurz vor dem Anrichten binden, meist durch das Einrühren kalter Butter
MISO japanische Sojapaste
NOCKERL Spätzle, kleine Teigklößchen oder kleine, meist oval geformte Speisen (Grießnockerl, Fischnockerl)
OBERS (SCHLAGOBERS) Schlagsahne
OCHSENSCHLEPP Ochsenschwanz
OMELETT Eierkuchen
PALATSCHINKE Pfannkuchen
PARIEREN das Vorbereiten von Fleisch bzw. Fisch durch Wegschneiden von Sehnen, Häutchen etc.
PESTO aromatische kalte Würzpaste (meist aus Kräutern wie Basilikum, Estragon etc.)
PFANNENRÜHREN Braten im Wok unter ständigem Rühren
POCHIEREN knapp unter der Siedegrenze gar ziehen lassen
POFESEN pikant oder süß gefüllte Weißbrotschnitten, die in Fett herausgebacken werden
POLENTA Maisgrieß, der nach dem Aufquellen cremig oder in schnittfester Form serviert werden kann
PORREE Lauch
POWIDL Pflaumenmus
RAHM (Sauerrahm) Saure Sahne
REDUZIEREN Flüssigkeiten für Saucen (Wein, Fond etc.) bei großer Hitze auf die gewünschte Konsistenz einkochen lassen
RIBISEL Johannisbeere
ROSTBRATEN Hohes Roastbeef, Hohe Rippe
ROTE RÜBE Rote Bete
ROTKRAUT Rotkohl
SABAYON im heißen Wasserbad aufgeschlagener cremiger Schaum
SASHIMI kleine Scheiben von rohem Fisch (japanisch)
SATÉ Spießchen mit Fleisch- oder Fischstückchen und Würzsauce (indonesisch)
SAUERKRAUT Sauerkohl
SAUERRAHM Saure Sahne
SCHLAGOBERS Schlagsahne
SCHMALZ ausgelassenes Fett (von Schwein, Gans oder Ente) oder geklärte Butter (Butterschmalz)
SCHOPFBRATEN Schweinekamm
SCHWAMMERL Sammelbegriff für Pilze
SELCHSPECK Räucherspeck
SEMMEL Brötchen
SEMMELBRÖSEL (BRÖSEL) Paniermehl
SOUFFLÉ durch geschlagenen Eischnee luftiger, pikant oder süß gewürzter, gebackener Auflauf
SPANFERKEL Milchschwein
SPICKEN Fleisch (Wild, Rindfleisch) mit langen Speckstreifen durchziehen, um es saftiger zu machen
STAUBZUCKER Puderzucker
STELZE Haxe vom Kalb oder Schwein
STICKS kleine, stäbchenförmige Happen aus Gemüse, Fisch- oder Fleischmasse etc.
SUSHI mit rohem Fisch (oder auch Gemüse) belegte bzw. gefüllte Klebreisbällchen (japanisch)
TABASCOSAUCE pikante, scharfe Würzsauce
TACOS pikant gefüllte Tortillas (s. dort)
TAFELSPITZ edelstes Stück vom Siedefleisch des Rindes
TAPAS kleine, pikante Happen, die als Appetitmacher zu einem Glas Wein oder zwischendurch gereicht werden (spanisch)
TEMPURA mit hauchdünnem Teig überzogene, frittierte kleine Stückchen von Fleisch, Fisch, Geflügel oder Gemüse (japanisch)
TOPFEN Quark
TORTILLA dünne Fladen aus Weizen- oder Maismehl (mexikanisch)
TRAMEZZINI dünne, saftige, mit Prosciutto, Mozzarella, Shrimps etc. gefüllte Weißbrotscheiben (italienisch)
WALLER Wels
WAN TAN kleine Täschchen oder Säckchen aus dünnem Teig mit pikanter Fülle, die frittiert oder gedämpft werden (chinesisch)
WARMSCHLAGEN eine Masse in einem heißen Wasserbad so lange schlagen, bis sie schön cremig und schaumig ist
WASABIPASTE ODER –KREN grüne, sehr scharfe Würzpaste für Sushi und Sashimi (japanisch)
WASSERBAD mit heißem Wasser gefülltes größeres Gefäß, in das eine kleinere Schüssel eingehängt wird, in der eine Masse warmgeschlagen oder zum Schmelzen gebracht wird
WEICHSEL Sauerkirsche
WEISSKRAUT Weißkohl
WOK große, schwere Eisenpfanne mit gewölbtem Boden zum raschen Anbraten auf größtmöglicher Hitze (chinesisch)
WORCESTERSHIRESAUCE pikante Würzsauce
WÜRSTEL meist Frankfurter (Wiener) Würstchen
ZWETSCHKEN Pflaumen
ZWETSCHKENRÖSTER gedünstete Pflaumen

Register nach Sachgruppen

SUPPEN

KALTE VORSPEISEN UND FEINE SALATE

DELIKATE BROTE

EIERGERICHTE

WARME GEMÜSEGERICHTE

PIZZA, PASTA, NOODLES & CO.

FISCH UND SCHALTIERE

WARME FLEISCHGERICHTE

KALTE DESSERTS

WARME SÜSSSPEISEN UND KÄSEDESSERTS

SHAKES & DRINKS

Alphabetisches Register

A

B

C

D

E

I

J

K

L

M

N

O

P

R

S

Toni Mörwald im Kreis seiner Familie